叢書・ウニベルシタス　848

悪の記憶・善の誘惑

20 世紀から何を学ぶか

ツヴェタン・トドロフ
大谷尚文 訳

法政大学出版局

Tzvetan Todorov
MÉMOIRE DU MAL,
TENTATION DU BIEN
Enquête sur le siècle

目次

ジェルメーヌ・ティヨンのために。
彼女は自分を善の化身と見なすことなく
悪を横断することができた。

プロローグ——世紀末

私は一九五〇年一月一日のことを思い出す。私は一一歳だった。そしてこの日付はそれだけでも十分に切りのよい数字だったので、当時、元日のモミの木と呼ばれていたクリスマスのモミの木の根元に座って、私ははたして二〇〇〇年一月一日という、もっとずっと切りのよい日付を迎えることができるだろうかと、いささか不安を覚えながら自分に問いかけたのであった。それほど遠く思われた。なおも半世紀を待たなければならないのだ！　きっとその前に死ぬに違いなかった。ところで、瞬く間もあらばこそ、このもう一つの日付がやってきたのである。そしてこの日付によって、だれもがそうであるように、私はつぎのような問いを自分に対して突きつけることを余儀なくされる。この世紀から何を記憶にとどめるべきだろうか。同時に千年紀が変わるけれども、私は世紀といいたい。千年紀はとらえきれないが、世紀はそれができるからである。ロンドンの文芸新聞『タイムズ・リテラリー・サプリメント』は毎年、「その年の書物」とは何かを答えるように私たちに依頼する。一九九九年末、彼らは「千年紀の書物」についても答えるようにいっていた。私はこの問いを無意味だと判断したので、まったく返事を送らなかった。それにひきかえ、世紀には意味がある。それは私たちの人生プラス私たちの両親の人生、せいぜい私たちの祖父母までである。一世紀、それは個人の記憶で手の届く時間である。

歴史家、社会学者、政治学者がそうであり得るようには、私は二〇世紀の「専門家」ではない。私はいまそうなりたいとは思わない。さまざまな事実が、少なくともその大まかな輪郭は知られている。今日ではすべてのちゃんとした、いわゆる概説書に書かれている。しかし事実はひとりでにみずからの意味を明かすことはない。ところで、私の興味を惹くのは、この意味なのだ。私は歴史家に取って代わろうとは思わない。彼らはすでに立派に彼らの仕事をおこなっている。そうではなく、私がしたいと思うのは、歴史家が現に書いている歴史について考えをめぐらせることである。私が世紀に対してそそぐ眼差しは「専門家」のそれではなく、歴史にかかわった証人の眼差し、自分の時代を理解しようとする作家の眼差しである。部分的には私の個人的な運命が、私が選択するアプローチのアングルを決定する。しかも二重の仕方でである。すなわち、私の人生の紆余曲折によって、そして私の職業によってである。簡単にいえば、私はブルガリアで生まれ、一九六三年までこの国で暮らした。当時、ブルガリアは共産主義体制におかれていた。以後、私はフランスに住んでいる。他方、私の職業は、文化、道徳、政治上の事象を対象とした仕事である。そして、とくに取り扱っているのは思想史である。

この世紀で起こったもっとも重要な事柄の選択、つまりこの世紀の意味を構築することを可能にする事柄の選択は、みなさんのアイデンティティに依存している。たとえばアフリカ人にとっては、決定的な政治的な出来事とは、間違いなく植民地化であり、ついで非植民地化である。ヨーロッパ人にとってさえも――しかも私がここで取り組むのは本質的にヨーロッパの二〇世紀で、他の大陸について語るのはほんの手短にでしかないが――選択の幅は大きく開かれている。ある人々は、長期的に見て、最大の出来事とは、いわゆる「女性解放」であるというかもしれない。すなわち、女性が政治生活に参加するようになったこと、女性が生殖能力をコントロールするようになったこと（経口避妊薬）、同時に伝統的に「女性的」な諸価値——プライベートな世界の諸価値——が男女両性の生活に拡張されたことである。ほかの人々が主張するのは、幼児死亡率のドラスティックな減少であり、欧米諸国における寿命の延びであり、人口統計学上の変動であるだろう。また別の人たちは、二〇世紀の意味は技術の飛躍的な進歩によって決定されると考えるかもしれない。すなわち、原子エネルギーの支配、遺伝子コードの解読、電子技術による情報交換、テレビである。

私はいずれにも賛成であるが、私の私的な体験がこれらの主題に補足的な光を当てることはまったくない。私の私的な体験はむしろ異なった選択へと私をみちびいていく。私にとって中心的な出来事とは、新奇な悪、未曾有の政治体制——**全体主義**——の出現である。全体主義はその絶頂期には世界のかなりの部分を支配した。今日ではヨーロッパからは姿を消したが、他の大陸ではかならずしもそうではない。しかもその後遺症は私たちのあいだに厳然として残っている。だから私がここでまず最初に問うてみたいのは、全体主義とその敵対者との衝突の教訓である。

この世紀をこの二つの勢力の闘いによって支配されたものとして提示することは、万人が共有しているわけではない諸価値の区分をすでに前提としている。問題はヨーロッパが体験した全体主義は一**つ**ではなく二つ——共産主義とファシズム——だということ、これら二つの運動がイデオロギーの領域でも戦場でも激しくぶつかり合ったということ、あるときは一方が、あるときは他方が、民主主義国家と比較されたということから生じる。これらの政治体制のあいだで可能な三つの組合せがすべて、そのときどきにおこなわれた。はじめのうちは共産主義者はすべての敵対者をまとめて排除した(みなが資本主義者だ!)。自由《リベラル》主義的な民主主義とファシズムが区別されるのは、同じ悪の穏健な形式と極端な形式としてである。しかし三〇年代の半ば、第二次世界大戦中はなおいっそうそうであるが、区分が変化する。そのとき民主主義者と共産主義者が反ファシストの同盟を形成するのである。最後に、戦争勃発の数年前、とりわけ戦争終結以後、ファシズムと共産主義を同じ類概念――全体主義――の亜種とみなそうと提案された。全体主義は当初、イタリア・ファシストによって要求された語であった。私は定義と境界画定について、もっと遠くまでさかのぼりたい。だが私が選択する全体的な構成によって、この三番目の区分が私の目にとって、もっとも理にかなっていることはすでに明白である。

最大の出来事の選択は私の主題を著しく制限する。私は本質的にただ一つの大陸――私の大陸――のみにとどめるが、そればかりでなく、世紀それ自体も若干短縮される。その中心的な時期は一九一七年から一九九一年である。たとえ過去にさかのぼらなければならず、他方ではごく最近の一〇年間について問いかけなければならないとしてもである。もっと重要なことは、私が公的な生活というただ一つの出来事にとどめ、私生活、芸術、科学、または技術といったほかのすべてを等閑に付すということである。しかし意味の探求にはつねに代価がともなう。意味の探求は選択と関連づけによっておこなわれる――この選択と関連づけは別なものでもあり得たのである。私がかいま見えると信じる意味は、別な選択と関連づけから導き出される意味を排除するものではない――最善の場合、これに付加されるのである。

私の出発点、すなわち全体主義は今世紀の偉大な政治改革であり、同時に極度の悪であるとするこの二重の主張から、すでに最初の帰結を引き出すことができる。すなわち、過去の諸世紀の何人かの偉大な精神の持ち主が信じていたような連続的進歩の理念は放棄しなければならないということである。全体主義は革新である。そしてそれ以前にあったものよりも悪なのだ。このことが証明しているのはまた、人類がいやおうなく下り坂を滑り落ちているということではない――ただ、歴史の方向はいかなる単純な法則にも、ひょっとしたら形容抜きのいかなる法則にも服していないということである。

全体主義と民主主義の衝突が、全体主義の二つの異本——共産主義とナチズム——の衝突と同様、私の調査の第一のテーマをなしている。これらの出来事は本質的に過去に属しているのであって、それらが私たちのあいだに存続しているのはもっぱら記憶のおかげであるがゆえに、この第一のテーマから第二のテーマが導き出される。ところで、記憶は、存続しているものの機械的な記録とはとても同一視できない。記憶はさまざまな形態と機能を有しており、不可避的にそれらのなかから選択しなければならない。記憶の確立にはさまざまな段階があり、それぞれの段階が特殊な混乱をこうむる可能性を秘めている。記憶の確立は異なった当事者たちによっておこなわれ、対立する道徳的態度にみちびく可能性がある。記憶はつねに、そして必然的に、よきものなのだろうか。忘却は絶対的な不幸なのだろうか。過去は現在をよりよく理解することを可能にするのだろうか、それとも多くの場合、現在を隠蔽するのに役立つのだろうか。過去の用法すべてが推奨すべきなのだろうか。そういうわけで、今世紀のもろもろの記憶もまた検討に付されることになるだろう。

最後に、問題なのは何よりもまず、この中心となる出来事の意味について考えることだとしても、私はもっとも直接的な過去、つまりベルリンの壁の崩壊後の過去についても検討せざるを得ない。先におこなわれた分析から明らかにされた教訓に照らして、この過去に問いかけるためである。全体主義がひとたび打倒されて、善の支配がやってきたのだろうか。それとも、新しい危険が自由主義的な民主主義を脅かしているのだろうか。私がここで選び出す事例は、最近のニュースから引かれている。というのは、問題とされるのはユーゴスラヴィアにおける戦争、とりわけコソボ事件だからである。全体主義的な過去、この過去が記憶のなかで生きつづけるその仕方、最後にこの過去が現在に投じる光、つまりこれらが以下の調査における三つの段階を形成している。

私は今世紀の政治的な善と悪をめぐるこの考察に、全体主義によって強く刻印されていながら、全体主義に抵抗することができた何人かの個人の運命をまとめたものを挿入することにした。それは私が語る男性であれ女性であれ、これらの人々がほかの人々と全面的に異なっているからではない。この人たちは英雄でも、聖人でも、「義人」でさえない。彼らはみなさんや私のように間違えやすい個人である。しかし彼らは全員がドラマティックな経路をたどった。全員が自分たちの骨肉に被害をこうむり、同時に自分たちの体験の果実を著作に移し換えようとした。全体主義の悪を間近に見せつけられたとき、彼らは自分たちが人並み以上に明晰であることを身をもって示した。そして彼らの才能と雄弁さのおかげで、自分たちが学んだことを私たちに伝達することができた。しかも問答無用の教訓好きにもならずにである。これらの人々は、ロシア、ドイツ、フランス、イタリアなどさまざまな国の出身者である。だが彼らはよく似ている。同じ感情が、ニュアンスの違いはあるにしても、それぞれの著者のうちに見出される。すなわち、麻痺状態にみちびくことのない激しい恐怖の感情である。また同じ思考である。この思考については、私は適切なレッテルは一つしか見出せない。**批判的ヒューマニズム**というレッテルである。ワシーリー・グロスマンとマルガレーテ・ブーバー＝ノイマン、ダヴィッド・ルーセとプリーモ・レーヴィ、ロマン・ガリとジェルメーヌ・ティヨンの肖像は、私たちが絶望しないよう手助けするためにあるのである。

この世紀はやがては、どのように思い出されるのだろうか。スターリンとヒトラーの世紀と呼ばれるのだろうか。それではこれらの暴君に、彼らがあたいしない名誉を授けることになるだろう。犯罪人を称賛するのは無益である。生前、最大の影響力をもち、多大な熱狂と論争を巻き起こした作家たちと思想家たちの名が与えられるのだろうか——彼らがほとんどいつも選択を間違え、彼らを熱愛している何百万もの読者に間違いを犯させたことが事後的に明らかになっているのに？　このようにして過去の芳しからぬ事情を現在によみがえらせることは遺憾である。私としては、この暗い世紀のなかで記憶にとどめたいのは、むしろドラマティックな運命を体験し、しかも情け容赦ない明晰さを備え、にもかかわらず人間は人間の目的であるにあたいすると信じつづけた、これら何人かの個人の輝かしい人物像であるだろう。*(1)

1　世紀病（一）

世界全体が——広大無辺な〈宇宙〉全体が——無機物の受動的な服従をあらわにしている。唯一、生命のみが自由の奇跡である。

ワシーリー・グロスマン『システィナ礼拝堂のマドンナ』

私たちの自由主義的な民主主義

〈第一次世界大戦〉——八五〇万人の戦死者、非戦闘員の死者約一〇〇〇万人、六〇〇〇万人の傷痍軍人。同じ時期のアルメニア人の民族虐殺《ジェノサイド》——トルコ権力によって殺された一五〇万の人々。一九一七年に誕生したソヴィエト・ロシア——一九二二年の市民戦争と飢饉のために五〇〇万人の死者、四〇〇万人の弾圧の犠牲者、一九三二年—一九三三年の計画的な飢饉のあいだに六〇〇〇万人の死者。〈第二次世界大戦〉——ヨーロッパだけで三五〇〇万人以上の死者。そのうち少なくとも二五〇〇万人はソ連で。戦時中のユダヤ人、ジプシー、精神障害者の絶滅——六〇〇〇万人以上の犠牲者。ドイツと日本の非戦闘員に対する連合国の爆撃——数十万人の死者。たとえばフランスがマダガスカル、インドシナ、アルジェリア……に対しておこなったような、ヨーロッパ列強が自国の植民地でおこなった血なまぐさい戦争については語らぬとしてもである。

これが日付と場所と犠牲者数にしぼった二〇世紀の大規模な大殺戮である。一八世紀は歴史家によって「啓蒙の世紀」として指示された。私たちの世紀はいつの日か「暗黒の世紀」と名づけられることで決着がつくのだろうか。大量虐殺と苦痛のこの延々たる列挙に耳を傾け、できればひとりひとり思い起こさなければならない人々の顔を隠しているこれら度外れた数字を聞くと、最初の反応は幻滅のそれである。だが、ここにとどまっていることはできない。

二〇世紀のヨーロッパ史は全体主義の歴史と不可分である。最初の全体主義国家——ソヴィエト・ロシア——は第一次大戦のあいだに誕生した。だから〈第一次大戦〉の刻印を帯びている。ナチス・ドイツがつづくのは、そのすぐあとだろう。〈第二次大戦〉がはじまるのは、この二つの国家が同盟を結ぶときである。〈第二次大戦〉は両者の情け容赦ない闘いによって続行されるだろう。今世紀の半分は欧米を共産主義の収容所と対立させる冷戦の傘下で展開する。過ぎ去ったばかりの一〇〇年は、全体主義と民主主義との闘争によって、あるいは全体主義の二つの分派相互間の闘争によって支配されたといえるだろう。衝突が終結した現在、私たちはシナリオがいかなるものであるかをはっきり認識することができる。すなわち、すべてはあたかも、ヨーロッパ諸国がそれまでのさまざまな病気から癒えるために、ある治療薬を試み、ついでこの治療薬が病気よりも悪いと気づいたかのようにおこなわれるのである。ヨーロッパ諸国はこれを棄てた。この観点からすれば、この世紀は長い余談のように見なすことができる。二一世紀は一九世紀が放置していたところで物事を再開するのである。

全体主義はいまやほぼ過去に属している。この独自の悪は克服された。しかし私たちは何がおこなわれたのかを理解する必要がある。ページをめくる前に——と、一時、ブルガリア大統領になった旧反体制派のジェリュ・ジェレフは述べた——そのページを読まなければならないからである。そしてこのページを生きた私たちにとって、この必要は私的な差し迫った必要のように感じられる。「過去を明らかにせずに将来に備えることはできない」とジェルメーヌ・ティヨンは書いている。過去を内部から知っている人々は、過去を知らない人たちに過去の教訓を伝える義務がある。だが、その教訓とは何か。

この問いに答えはじめるためには、前もって別の問いを提起しなければならない。すなわち、これらの「全体主義」と「民主主義」という用語は正確には何を意味しているのだろうか。

ここで問題なのは——ただちにおわかりのように——今日、政治体制の「理想型」と呼ばれているものの二つの審級である。この最初の境界画定は二つの要素を含んでいる。理想型——マックス・ヴェーバー以降、このように呼ばれているのは、現実をいっそう理解しやすくするためのモデルの構築のことであるが、このモデルは〈歴史〉の中で完璧に具体化されるのを観察できなくてもいい。理想型は地平、パースペクティヴ、傾向を示している。経験的に観察可能なもろもろの事実は、多少とも高いレベルでこの理想型を例証している。その本質的特徴のすべてまたはいくつかが、それら観察可能な事実の中に見出されるのは、一つの歴史的時代を通じて、あるいはその歴史的時代を形成するもろもろの部分のただ一つの部分において、云々である。このことは力説しなければならない。というのは、ある種の歴史家、社会学者はこうした概念構築は必要ないと考え、彼らには経験的な素朴な常識と見えるものだけで満足しているからである。実際には、彼らはそれと知らずに、だから批判することもできずに、共通語によって伝えられる概念と「理想型」を受け入れている。理想型はそれ自体としては真ではない。それは多少とも有用で、示唆的で、啓発的であることができるだけである。

他方で、問題になるのは、そのつど政治体制であって、全体としてとらえられた社会でもなければ、社会の諸次元のうちの別の次元——たとえば経済——ではなおさらない。とりわけ、経済システム、種々の政治集団の社会構成がナチス・ドイツとソヴィエト・ロシアでは異なっているということ、それらを共通の用語で指示しても大したものは得られないということは、あまりにも明白だからである。

理想型としての近代民主主義は、二つの原理が同時に存在することを前提としている。これらの原理はすでに一七世紀にジョン・ロックによって一緒くたにして述べられているが、とくにフランス革命の翌日になって明確に分節されるだろう。要するに、その間におこなわれた「実践的な仕事」によって理論を調整することが余儀なくされるそのときにである。この分節が、とりわけ『政治原理』（一八〇六年）においてバンジャマン・コンスタンがおこなうことであるだろう。すなわち、共同社会の自律と個人の自律である。

共同社会の自律は、もちろん古くからの要請である。「民主主義」とか国民の権力という語が含んでいるのは、まさにこの共同社会の自律である。ここで関与する問題とは、権力をにぎるのは国民か、その一部か、さらには唯一無二の個人（王または専制君主）かということ、ついで、この権力が人間の意志にのみ由来するのか、それとも超人間的な力――神、〈宇宙〉の構造そのもの、あるいは伝統――によって授与されるのかということである。政治的な自律とはこの意味では、共同社会が、みずから自分自身に付与し、欲するときに修正できる法律のもとで生きることに存する。アテネはこの観点からすれば、まさしく民主主義国家である。その「国民」の定義がきわめて制限されているとしてもである。というのも、この定義からは女性、奴隷、外国人が、つまり人口の四分の三が排除されているからである。

ローマ帝国の崩壊後のキリスト教諸国家は、政治的自律――これは国民主権とも呼ばれる――を認めない。権力はいまや自分の起源を神に見出すのである。しかし一四世紀にウィリアム・オヴ・オッカムは、神はこの世の秩序（または無秩序）に責任はないと主張する。ウィリアムはこのようにして原始キリスト教の原理（我が王国はこの世の王国にあらず）に回帰する。人間の権力は――と彼は宣言する――人間のみに属する。そういうわけで、彼は皇帝と教皇の衝突のさいには皇帝の側に与《くみ》する。教皇は教権と世上権を兼ねようとするからである。この時期以降、政治的自律の主張はしだいに大きな力を獲得し、アメリカとフランスの革命で勝利するまでにいたる。「正当な政府はすべて共和的である」と、ルソーは『社会契約』の中で宣言した。そして注でつぎのようにつけ加えた。「この語によって、私は一般意志――つまり法律――によってみちびかれるすべての政府を意味している。[1]」この意味では君主制それ自体が共和的であることができる。いいかえれば、唯一、正当なのは、共和制――国民の一般意志によって統治される体制――である。民主主義、共同社会の自律、国民主権は、この観点からすれば同じ起源の語なのである。

フランス革命は君主たちの手から権力を奪い、国民の手にゆだねる（この国民が相変わらず制限された仕方で定義されるとしてもである）。ところが、結果は輝かしいものではない。自由の代わりに恐怖が君臨するのである。どこで間違えたのだろうか、と、偉大な自由主義精神の持ち主たち、国民主権の理念を支持する人々はみずからに問う。それは共同社会の自律の原理を個人の自律の原理によって制限することを忘れたからだ。一方は他方から生じるのではない。それらの原理は別個である。「社会の権力が」と、しかしながらロックは述べていた、「公益以上に拡大されるとは決して考えてはならない(2)。」フランス革命の翌日、自由主義精神の持ち主たち――とりわけシエイエス、コンドルセ、バンジャマン・コンスタン――はこのことに注目する。権力は王の手から国民の代表者たちの手にわたった。だが権力は相変わらず同じように絶対的なままであった（それ以上になったとはいわぬまでも）。革命家たちは自分たちは旧体制と関係を断つと信じている。実際には彼らは旧体制のもっとも不幸な特徴の一つを継承するのである。ところで、個人は共同社会に負けず劣らず自律を熱望している。この自律を保護するためには、個人を、この個人が参加していない権力（個人は王の神授権から排除されている）からのみならず、国民の権力からも守らなければならない。国民の権力はある種の限界（「公益」）まで拡大されなければならない。だが、それ以上であってはならないないのだ。

近代民主主義に対応する「自由主義的な民主主義」という表現が意味しているのは、この二つの原理の結合である。私たちの民主主義の「共和的な」側面と「自由主義的な」側面について語ることもできる。コンスタン自身は「〈古代人〉の自由」と「〈近代人〉の自由」としてこれらの側面に言及した。これらの側面のそれぞれは他とは別個に存在することができた。すなわち、古代ギリシアにおけるような個人の自由をいっさい保証することのない国民主権、神授権の君主制のただ中にある自由主義体制、である。政治的な近代性の誕生を画するのは、それらの結合なのである。

つまり、私たちの民主主義諸国は、意志の表現よりも優位にあるものは何も知らない国家ということなのだろうか――この意志の表現が、共同社会的なものであれ個人的なものであれである。それでは国民がこれを欲し個人がこれを受け入れたのだからといって、民主主義では、犯罪は正当なものと化すことができるとでもいうのだろうか。そんなことはない。何かが個人の意志および一般意志よりも上にある。とはいえ神の意志ではない何かが、である。それは正義の理念そのものである。しかしこの優位は自由主義的な民主主義にのみ特有なものではない。それはいっさいの正当な政治的協同組織、いっさいの公正な国家によって前提とされている。この協同組織の形態がいかなるものであれ、つまり部族的な集まりであれ、世襲的君主制であれ、自由主義的な民主主義であれ、協同組織が正当であるためには、協同組織はその臣民の幸福、および臣民どうしの関係の公正な調整を原理としてみずからに与えなければならない。クライストの有名な中編小説に登場するミヒャエル・コルハースは民主主義の中では生きていない。だが彼は自分がその犠牲者である不公正に対して反抗し、自分の正当な権利を要求することができる。私利私欲の専制と支配はいかなる国家においても我慢できないからである。いかなる正当な国家もそうであるが、民主主義国家は不文の正義しか認めない。政治的な協同組織そのものを臣民のために役立たせ、このことを通じて臣民に払われるべき敬意を主張する正義は、国民の意志の表現や私的な自律よりも優位にある。まさしくそういうわけで、私たちは一部の国の法律が認可し、さらには推奨するもの――たとえば、死刑――を「犯罪」と形容したり、人民の意志（たとえばヒトラーを権力の座につかせる意志）の表現を「災厄」と形容することができるのである。

これが自由主義的な民主主義諸国の「近似的な類概念」である（これらは正当な国家である）。それらの「種差」については、これは二重の自律からなっている。共同社会の自律と個人の自律である。この二つの原理の周囲に、さらにいくつもの規則が蓄積される。これらの規則は多少とも直接的にこれらの原理に依存し、全体として民主主義にかんする私たちのイマージュを形成する。たとえば共同社会の自律の場合は、権利の平等の理念、およびこの理念が含意するすべてのものが、そうである。主権者が国民であるならば、その場合、万人が権力に参加しなければならない。しかもだれもが同じ資格においてである（この国民を構成する諸部分として）。したがって民主主義においては、金持ちであろうとなかろうと、有名であろうとなかろうと、有力者であろうとなかろうと、法律は万人にとって同じである。この観点からすれば、現実のさまざまな民主主義が、それらの理想型には一致していないながら、いかに不完全であるかが理解できる。というのも、往々にして人口の大きな部分をのけ者にしているからである（フランスでは貧者は一八四八年まで、女性は一九四四年まで）。真の普通選挙が私たちにとって民主主義の定義の一部をなす。そういうわけで南アフリカのアパルトヘイトの体制は民主主義から排除される。しかも、普通選挙は個々の問題に直接に決着をつける代わりに、代議士の選出にみちびく。自由主義的な民主主義は代議制であって、直接的な聴取、すなわち国民投票に訴えることは例外でしかない。

個人の自律——これが全面的であることは決してない、これがかかわるのは、あらかじめ境界を画定された領域、つまり私生活のみである——については、ある方法が他のあらゆる方法よりも個人の自律を保証できることが判明した。その結果、この方法が自由の同義語と化し、それ自身が目的として受けとめられ得たほどである。**多元主義**である。この用語は社会生活の多数の面に適用される。しかしその意味と目的はつねに同じである。すなわち、多元性は個人の自律を保証するのである。まず最初にウィリアム・オヴ・オッカムによってはじめられた、神学的なものと政治的なもの、神的なものと人間的なものの分離がそうである。問題なのは――このことに注目しよう――分離であって、一方の他方に対する勝利ではないということである。民主主義はその市民に神を信じることを要求することはない。民主主義が市民に要求するのは、たんに彼らの信仰を私生活に閉じ込めておき、隣人の信仰が異なっていても、これを許容するということである。民主主義は非宗教的な体制であって、無神論の体制ではない。民主主義は個々の個別的な生活の理想を固定することを拒否し、これら多様な理想のあいだに平和を保証することで満足する――とはいえ、これらの理想が正義という表面にあらわれない理念に違反しないかぎりにおいてである。

各個人の実存にかかわるさまざまな領域も、同じく分離していなければならない。第一の分離は、ここでは公的なものとプライベートなものとの分離である。これは共同社会と個人的なものの分離の延長である。コンスタンはつとにこのことに気づいていた。すなわち、これらの領域は異なった原理に従っているのである。私的な自律が共同社会の自律から生じないのと同様、私的な関係の世界は、人間が社会生活を営んでいるがゆえに人間どうしのあいだに成立する関係の世界と混同されてはならない。国家が多少とも完全な仕方で引き受けていると見なされているのが、人間的実存のこの後者の部分である。そしてその活動の理想とは正義である。だが私的な関係――すなわち、個人どうしがおたがいに対して唯一無二の存在、置き換え不可能な存在となる関係――についてはまったくそうはいかない。この世界は平等と正義の原理に従うどころか、偏愛と拒絶によって織りなされている。それ特有の頂点は愛である。民主的国家は――これは本質的なことだが――愛について法律を制定することはない。理想的にいえば逆であるべきだろう。「愛はつねに正義を監視しなければならない」とレヴィナスは、ヒューマニズムを民主主義の哲学として記述するさいに書いている。(3)現実の人々に触れて、非人称的な法律を適切なものにすることができなければならないのである。

公的な世界の内部でも政治的なものと経済的なものの分離が維持される。つまり、経済をも全面的に統制することは、政治権力を掌握している者の役割ではない。だから、ある種のマルクス主義正統教義が、なぜ自由主義的な民主主義と相容れないかが理解できる。生産手段の収用は、すでに政治権力を掌握している者の手に経済的な権力をわたすことになるからである。私的所有の維持は、これが個人の自律を保証するかぎりにおいて、民主的精神を勝利させるには十分ではないとしても、民主的精神と一致する。逆に経済的な思惑に全面的に左右される政治は、すべての問題は市場経済のおかげで解決すると主張するウルトラ－自由主義の言説が今日、何をいおうと、自由主義的な民主主義の精神とは無縁である。

政治生活それ自体が、民主主義においては多元主義の原理に従う。まず第一に、個人は権力を掌握している者に由来するいっさいの働きかけから法律によって保護される。これがモンテスキューが要求した行政権と立法権（および司法権）の例の有名な分離の結果である。モンテスキューが**穏和政体**と呼んでいるもの、そして彼の政治体制の理想をなすものは、他方でその起源や形態がいかなるものであれ、つまり共和制であれ君主制であれ、個人の自律を保証する多元主義の別名にほかならない。法と権力はここでは明確に分離されており、前者が後者をコントロールする。社会とは、社会に住み着いているさまざまな力の戦場であるばかりではない。社会は法治国家を形成し、すべての市民を拘束する暗黙の了解によって支配されているのである。

同じ原理が、政党と呼ばれる政治組織の多元性を要求する。市民はそれらの政党のあいだで自由に選択することができる。選挙を通じて政党の一つが権力を奪取するときですら、敗北して野党となった政党もまた権利を有する。社会それ自体において、少数派が多数派の意志に服さなければならないとしても、自分たちが望むように私生活を編成する権利を失うことがないのと、まさしく同じである。さまざまな公的な組織や団体もまた、ただ一つの政治的傾向に所属したり、さらには必然的に何か一つの政治的選択を後ろ盾にするようなことがあってはならない。最後に、情報の伝播の手段——新聞、メディア、図書館など——も、唯一無二の政治的監督をまぬがれるために、それ自体、多元的なままである。

今度は、政治権力を制限し個人の自律を保証するこの多元主義もまた制限される。たとえば、民主的国家は暴力の合法的な使用における多元主義はいっさい許容しない。民主的国家のみが軍隊と警察を所有するべきであって、これと同じ暴力を私的に表明すること、さらには暴力への道を進むようそそのかすことは、いっさいこれを抑圧する。国家がその市民に正しい生活のいかなる理想をも強制せず、しかもその原理に反対する特定の人々を排除するのと同様、国家はたとえば暴力を説く人々や、ある種のグループを差別し、かくして法の前の平等に打撃をあたえる人々を罰する。多元主義の拒否は、とはいえ民主主義のアイデンティティに疑問を投ずることなく、ほかの分野にも拡張することができる。かくして、フランスにはただ一つの公的な言語——フランス語——、ただ一つの中等教育修了試験——バカロレア——しか存在しない。その代わりに、前に列挙した多元主義のさまざまな形態は不可欠である。

アメリカ革命とフランス革命は一八世紀末にヨーロッパと北米大陸に自由主義的な民主主義の時代の幕を切って落とす。たとえ自由主義的な民主主義の勝利の道にはさまざまな陥穽がばらまかれているとしてもである。一九世紀がこのタイプの政治体制が地固めされるのを体験することに異論の余地はない。同時に、信仰と理性の分離が強化され、教会と国家が徐々に自律していく。だからといって、万人がこの変化に賛成しているわけではない。フランスには旧体制の信奉者が大勢おり、自分たちが目で見ているものよりも、しばしば旧い社会のあれやこれやの面に執着する。この新しい世界ではすべてが完全であるわけではないといわなければならない。私的自律の喜びは、伝統的な目印の喪失や、これまで見たこともないような極貧によって支払われるのである。

とりわけ二つの非難がしばしば保守主義者（現在よりも過去を好む人たち）によって民主主義者に投じられる。いずれの非難も新しい社会の現実的な特徴に対応している。これらの批判者は新しい社会の不幸な結果しか見ないのである。第一の非難は社会的なきずなの弱体化である。民主主義社会は「個人主義的」である。民主主義社会が人々の自律を保証するとすれば、人々の存在そのものを形成するもの――社会的な相互作用――を代償にしてそれをおこなう。公的空間は肥大化したプライベートな空間を利する形で縮小し、危機に陥る。民主主義国家は――と保守主義者たちが予言する――不幸な孤独な人たちでいっぱいになるだろう。第二の特徴は共通の価値観の消滅である（民主主義社会は「虚無主義的」である）。民主主義社会は国家と教会を分離させることからはじまり、個人からいっさいの共通の目印を奪うことで終わるだろう。各人は他人の価値観を気にせずに自分自身の価値観を選択することができるのである。

この二つの批判は一九世紀を通じて絶えずくり返されるだろう。今日、私たちにその時代の最良の精神の持ち主と映じる人たち――フランスでは、ボードレール、フロベール、ルナン、その他大勢――が、どれほどまで民主主義を軽蔑し、けなしているかを思い出さなければならない。しかしこれらの批判は暴力的な政治行動にまでいたることはない。これらはむしろ、部分的には想像上の過去へのノスタルジーだからである。事態は一九世紀後半に変化するだろう。そのとき理想が過去から抽出され、未来に投影されるのである。全体主義的な計画が準備されるのはこうした文脈においてである。実際、全体主義的な計画は保守主義者が民主主義に差し向ける批判――社会的なきずなの破壊、共通の価値観の消滅――をふたたび採り上げ、急進的な政治行動によってそれをただそうとするだろう。

全体主義——理想型

「全体主義」体制によって、私たちは何を理解するのだろうか。ハンナ・アーレント[4]からクシシトフ・ポミアン[5]にいたる二〇世紀の政治学者と歴史家は、そのさまざまな特徴に目印をつけ、これを記述することに没頭した。もっとも単純なのは、この新しい現象を、先ほど言及した民主主義の理想型と比較対照することだろう。二大原理——共同社会の自律、個人の自律——は異なった扱いを受ける。全体主義は二番目の原理を公然と破棄する——この原理もまた保守主義者たちからの批判の対象であった。ここで価値を付与されるのは、各個人の**私**ではもはやなく、集団の**私たち**である。論理的に、個人の自律を保証する偉大な方法——多元主義——もまた退けられ、その正反対——**一元論**——によって置き換えられる。この観点からすれば、全体主義国家は民主主義国家に逐一対立するのである。

この一元論（「全体主義的」という語それ自体の同義語）は、二つの意味で解されなければならない。これらの意味は相補的だが、いずれもが同じ程度に活用されるわけではかならずしもない。一方で、個人の生活全体が再統一される。それはもはや、さまざまな拘束をともなう公的な領域と自由なプライベートな領域に分割されることはない。というのも個人は自分の信仰、嗜好、友情も含めた自己の実存の基調を公的な規範に一致させなければならないからである。私的な世界は非人称的な秩序の中に解消する。ここでは愛はもはや独自なステイタス——愛が異論の余地なき支配者として君臨する専用の領域——をもたない。まして愛が正義そのものの活動を方向づけるなどと主張することはできない。個人の損壊は個人間の関係の損壊を引き起こす。全体主義国家と愛の自律は、相互に排除し合うのである。

他方で、統一、共同体、有機的なきずなという理想に到達するために、全体主義国家はいっさいの公的な生活に一元論を強制する。全体主義国家はただ一つの理想を国家のドグマに格上げすることによって、つまり「有徳な」国家を創設することによって、またその臣民に精神的な賛同を要求することによって、神学‐政治的な統一を再確立する（はるかな過去において教皇が同時に皇帝になったようなものである）。全体主義は経済的なものを政治的なものに従属させるが、それはこの部門のすべての活動を国有化したり強い統制下においたりすることによってであり、同時に経済が政治的なものを支配するとする理論を禁ずることによってである（共産主義の場合）。全体主義は一党体制を確立し――このことは党を廃止するに等しい――、他のすべての組織と団体をもみずからに従属させる。それゆえ全体主義権力は伝統的な宗教に敵対的である（全体主義権力が保守主義にも対立するのは、それゆえである）。伝統的宗教が全体主義権力に対して忠誠の身振りを示さなければであるが。この統一が社会的ヒエラルキーを条件づける。大衆は〈党員〉に服し、〈党員〉はノーメンクラツーラ（「幹部」）のメンバーに服する。ノーメンクラツーラのメンバーは今度は指導者たちの小グループに服従し、その小グループの頂点に君臨するのが最高責任者、あるいは「最高指導者」である。この体制はすべてのメディアを統制し、反体制的意見の表現をいっさい許容しない。民主的国家も保持していた独占権を、この体制が維持することはいうまでもない。すなわち、教育の独占権、合法的暴力の独占権である（国家、〈党〉、警察という用語は、かくしてしまいには同義語と化す）。

最初はレーニンとスターリンによって具現され、その後は他の国々の彼らの弟子によって具現された共産主義の実践において、イデオロギーが特別扱いされるのは、その内容によってだけでなく、そのステイタスによってでもあることは、ここではっきりさせておかなければならない。というのも〈一〇月革命〉以来、イデオロギーと政治、目的と手段のあいだの分離は、意味をもたなくなりはじめるからである。以前は、革命、党、恐怖は、理想の社会に到達するために必要な道具であると信じることができた。今後は分離はもはや不可能であり、全体主義体制の特徴である一元論が、ここでそのまったき十全性において明らかになる。「イデオクラシー」という用語そのものが冗語法と化す。というのも、問題の「イデー〔観念〕」とは共産主義権力の勝利以外の何ものでもないからである。〈党〉とは別に独自に近づくことができるような共産主義の真実は存在しない。すべてはあたかも教会が神の位置に就くかのようにおこなわれるのである。

イデオロギーのこの奇妙なステイタスによって、一九三四年から一九三九年にかけてボルシェヴィキの執行部に襲いかかる弾圧が、これまでよりも若干、理解できるようになる。しばしばつぎのような問いが発せられた。すなわち、この時期に弾圧されるのが、もっとも確信に満ちた共産主義者であるのは、いったいどうしてなのか。同じ問いが戦争の翌日、東欧でふたたび発せられる。当時（一九四九年—一九五三年）の粛正の犠牲者は、実際には煮え切らなかったりためらったりした人ではなく、まさしく指導者たちの中でももっとも闘争心旺盛な人たちなのだ。すなわち、ブルガリアのコストフ、ハンガリーのラジク、チェコスロヴァキアのスランスキーである。共産主義自体の見方からしても、彼らこそ最良の奉仕者であり、彼らの不幸は「無垢な正しい」人であるヨブを苦しめる不幸にほぼ匹敵すると考えることができるかもしれない。あるいはさらに、セネカが記述するストア学派の有徳の士たちのことを考えることもできるだろう。神は自分が優遇する者たちをうるさく攻め立て、最良の人々を痛ましい出来事で苦しめ、高潔な魂の持ち主たちを手厳しく試すのである。地上の神スターリンは、同じように行動することに決めたのだろうか。この迫害は栄誉のしるし、美徳の特権なのだろうか。この問いは発せられるにあたいする。というのも、今日では周知のように、東欧におけるこれらの訴訟はそれぞれ別個のものではないからである。これらの訴訟は、モスクワを起源とするただ一つの推進力および意図に従っているのである。

私たちはいま、こうした政策の理由をかいま見ることができる。各人が理想に向かってそれぞれの道をたどり、この理想についてそれぞれの解釈を提案することを体制が望んでいたのであれば、レーニンの仲間のボルシェヴィキや東欧で死刑に処せられた指導者たちは最高の志願者であったことだろう。だがこれは共産主義的な政治参加の深い意味ではない。思想のであれ行動のであれ、いっさいの個人的な自律は断罪すべきである。〈党〉だけが正しいからである。正しき共産主義者になるためには、理想に向かう最善の道を自分自身で探すだけで十分なのであれば、全体主義的一元論に裂け目が導入されるだろう。というのも、人は自分の正当性を権力の手から、いいかえれば〈党〉およびその最高責任者から受け取る代わりに、自分自身が自分の正当性の源と化したことになるからである。この一元論に対する侵害は指導者には許容し得ないものであったことだろう。だから指導者は、自分自身で考え行動したがっていると嫌疑をかけられた中枢の執行部のすべてのメンバーを排除したり叩きつぶしたりすることに専念するのである。イデオロギーと権力の関係は、ナチス・ドイツにおいても似通っている。そこでも、ヒトラーは、そのイデオロギー上の熱意には少しも問題がないような闘争仲間たちをきわめて早くから排除し、絶対的な忠誠を、しかも抽象的なナチスの教義に対してではなく――いずれにしても『我が闘争』には哲学書のようなところはまったくない――、総統の人格によって具現された権力それ自体に対して絶対的忠誠を要求する。これがとりわけ、はっきりした例をもち出せば、ナチス親衛隊の政治参加である。権力の集中と人格化は、どちらでも似たようなものである。

民主的国家のもう一つの原理――共同社会の自律――およびその結果については、全体主義国家はこれらを維持すると主張する。実際には、全体主義国家はそれらの中身を空洞化する。国民主権は書類の上では保存されている。だが「一般意志」は、実際には指導者グループのために放棄される。指導者グループは選挙を国民投票に変えてしまったのである（有権者の九九パーセントによって選出されるのは、たったひとりの候補者である）。万人は法の前で平等だと見なされている。だが実際には、法は上級カーストのメンバーには適用されないし、体制の敵対者を保護することもない。敵対者は正当な理由もなしに迫害されるだろう。宣言される理想は平等である。しかし全体主義社会はその内部に無数のヒエラルキーと特権を生み出す。ある社会的カテゴリーはパスポートをもち、これこれの通りを通り、これこれの店で買い物をし、子供たちをこれこれの専門学校に通わせ、バカンスをこれこれの保養地で過ごす権利をもっている。ほかのカテゴリーはそのような権利をもたない。公式の言説とその対象とのこのずれ、世界の表象の現実的根拠のないこの虚構的性格は、スターリン的社会の大きな特徴の一つとなるだろう。

したがってこの観点からすれば、民主主義と全体主義の対立はやはり現実であるとしても、この対立は隠蔽されている。それに反して、この二つのタイプの体制のあいだにある種の連続性が存在するとすれば、外交政策と国家間の関係である。自由主義的な民主主義の計画がかかわるのは、何よりもまずそれぞれの国家内部の機能の仕方であって、実際に外交上の諸問題の運営を明確に定めることはないといわなければならない。事実、外交問題は、一九世紀においては、それ以前の諸世紀の哲学者たちが「自然状態」と呼んでいたものに対応している。すなわち、法にいっさい準拠することのない純然たる力の対決の領域である。この時期、内政レベルではもっとも進んだ民主主義国である英国とフランスは、同時に世界的な覇権を熱望する植民地政策の最前線にある国家である。二〇世紀になってこれらの国は軍事的征服を放棄するが、可能なかぎり広い地域を経済的にコントロールしようとする。全体主義国家も、当初は別な仕方で行動するわけではない。すなわち、それが可能になるそのつど、全体主義国家は領土を、そして国土全体を併合するだろう。民主的国家に倣って、この帝国主義政策を高潔な建前によって覆い隠しながらである。たしかに、併合がおこなわれるさいに、全体主義国家がそこに導入する体制は、異なったタイプの体制である。全体主義独裁体制と植民地支配とは同じではないからである。

つまり、この新しいタイプの国家が、〈第一次世界大戦〉を利用してヨーロッパに創造されるだろう——まず最初にロシアに、つぎにイタリアに、最後に一九三三年にはドイツに。

二大体制の提示は、先におこなわれた提示と同じく図式的なものであるが、書いている者の民主主義体制に対する偏愛をおのずとあらわしていることは明白である。ここで、この二つの体制のもう一つの重要な差異を指摘しなければならないだろう。この差異が、なぜこの主題にかんする意見が、それでも分かたれたままであるかを部分的に説明できるのである。全体主義は、充溢、調和に満ちた生活、幸福の約束を含んでいる。たしかに全体主義はこの約束を守りはしない。だが約束はそこに残っている。だから、次回はいいだろう、自分は救われるだろう、と、人はつねに考えることができるのである。自由主義的な民主主義には同じような約束は含まれていない。自由主義的な民主主義が約束するのはただ、それぞれの人が自己自身で幸福、調和、充溢を探求することができるということである。それが保証するのは、せいぜい市民の安寧、公共問題の運営への市民の参加、市民どうしの関係および市民と国家との関係における正義である。救済などまったく約束しない。自律は自己自身で探求する権利に呼応しているのであって、見出す確信にではない。カントは、人間は「自分自身の過ちによってとどまっている未成年の状態の外部に」(6)出ることを可能にするこの状態を高く評価すると信じていたらしいが、実際には、万人が未成年より成年のほうを、幼年期よりも成年期のほうを好んでいるかはわからない。

万人に対する幸福の約束は、全体主義の教義——いまや民主主義との対立においてではなく、それ自身として考察された全体主義の教義——が属している家系を特定することを可能にする。理論的な全体主義はユートピア思想である。今度は、ヨーロッパ史のパースペクティヴにおいて見られた場合、ユートピア思想そのものは一種の千年王国思想、すなわち無神論の千年王国思想である。

千年王国思想とは何か。それはキリスト教内部の宗教運動（「異端」）であって、神の王国においてではなく現世での救済を市民に約束するのである。原始のキリストのメッセージはこれら二つの世界の分離を要求する。だからこそ、聖パウロは声高に叫ぶことができる。「そこではもはや、ユダヤ人もギリシア人もなく、奴隷も自由な身分の者もなく、男も女もありません。あなたがたは皆、キリスト・イエスにおいて一つだからです。(7)」しかし主人と奴隷の身分を問題にすることはない。他の区別についてはいうまでもない。こうした見方では、人間の平等と統一は神の国においてしか実現されないだろう。宗教は現世の秩序をまったく変えないことを提案するのである。たしかに国家宗教と化したカトリシズムはこの原理に違反し、現世内部の問題に介入する。しかしカトリシズムが現世での生活における救済を約束することはない。

ところで、一三世紀に突然あらわれるのが、まさしくキリスト教の千年王国思想が説くであろうことなのである。たとえば、スガレリ某は最後の審判が近いことを、そしてその前に、千年王国がただちに到来することを告げる。メシアの再臨によってはじまる一〇〇〇年間の治世である。その弟子たちは、いまこそ金持ちたちから財産を奪い、地上に完全な平等を実現する時だと決める。今度は一五世紀に、ボヘミアの急進的な宗派であるタボル派が、キリストの再臨が差し迫っていると考えた。そしてキリストの再臨とともに、平等とあり余る豊かさによって特徴づけられる千年王国のはじまりが。だから、それに備える時がやってきたのだ。つぎの世紀には、トーマス・ミュンツァーがドイツの千年王国思想の反逆の先頭に立ち、君主たちおよび教会の財産を断罪し、地上に天国が到来するのを早めるために、農民たちにこれを掠奪するようにそそのかす。

中世やプロテスタントの千年王国思想と違って、ユートピア思想のユートピア思想たる所以は、神にはまったく依拠することなく、人間の努力だけで完全な社会を建設しようとすることにある。つまり、ユートピア思想は原始キリスト教の教義と比較して二度だけずれているのである。ユートピア思想は、知的なでっち上げ——理想的社会のイマージュ——でしかないユートピアからその名を引き出している。ユートピアの機能は多岐にわたっている。それは省察をはぐくみ、既存の世界を批判するのに役立つことができる。ユートピア思想だけが現実世界にユートピアを導入しようと試みる。ユートピア思想は必然的に強制と暴力に結びついている（これらは神の行為を待つだけでは満足しないキリスト教の千年王国思想の中にも存在する）。というのも、ユートピア思想は人間が不完全であることを知りながら、その完全さをここにいま実現しようとするからである。だから——とロシアの宗教哲学者セミオン・フランクは指摘する（一九四一年）——「社会的な手段によって、あますところなく善を実現する可能性を前提としているユートピア思想は、独裁政治への内在的な傾向を有している(8)」。全体主義の教義はユートピア思想の、そしてまさにこのことによって千年王国思想の、特殊ケースである。近代において知られている唯一の教義なのである。このことが意味しているのは、全体主義の教義は（他のすべての救済の教義と同様）、宗教の領域に属しているということである。この神なき宗教がキリスト教の凋落というコンテクストの中で発展するとしても、もちろん偶然ではない。

しかしこのユートピア思想のベースは、宗教にとってまったくの逆説である。問題なのは、二〇世紀になる前、全体主義国家が到来する前に形成された教義、一見したところ、宗教とはまったく共通点をもたない教義である。それが**科学主義**である。だから今度は科学主義のほうを振り向かなければならない。

科学主義とヒューマニズム

科学主義の出発点は、世界の構造にかんするある仮説である。すなわち、世界の構造は何から何まで首尾一貫しているという仮説である。したがって世界はいわば透明で、人間の理性によってあますところなく認識されうるのである。この認識のつとめは、科学と呼ばれる適合した実践にゆだねられる。物質的であれ精神的であれ、生命をもとうがもつまいが、世界のいかなる小部分も科学の支配を逃れることはできないのである。

この最初の公準から、当然のことながら一つの帰結が生じる。人間の科学が自然のあらゆる秘密を解明することに成功するのであれば、科学が個々の事実、個々の既存の存在にみちびくもろもろの連鎖を再構成することを可能にするのであれば、その場合、これらのプロセスを変更し、望ましい方向にこれらのプロセスを方向づけることができるはずである。科学——認識の活動——から生じるのが、技術——世界の変化の活動——である。たとえば、すでに火の熱さを発見していた未開人は、これを飼い慣らし、自分の住居を暖める。「自然的な」生活環境は変化させられるのである。あるいは、ずっとあとになって、ある種の牛が他の牛よりもたくさんミルクを出すことを知って、またはある種の種子が一ヘクタール当たりいっそう多くの小麦を産することを知って、近代の人間は計画的に「人為的淘汰」をおこない、これが自然淘汰につけ加えられる。ここでは、自由を排除する世界の全面的な決定論と、自由を前提とする学者‐技術者の主意主義とのあいだに矛盾はまったく存在しない。まさしくその逆である。現実の透明性が人間の世界にも拡張されるならば、新しい人間――種が元来もっている不完全さから解放された種――の創造を考えることを妨げるものは何もない。「救済は知によってもたらされる(9)」とアラン・ブザンソンは要約して述べている。

だが、いかなる方向にこの種の変化を方向づけなければならないのだろうか。だれがこれらの不完全さの意味、および私たちが熱望している完全さの性格を特定し、分析する権限を付与されるのだろうか。答えは最初の例については簡単である。すなわち、人間は暖まりたがり、腹いっぱいに食べたがるということである。ここでは人間にとって都合のいいことは自明である。人間にとっていいことは、端的にいいことなのである。だが問題が人類をそのものとして修正することであるならば？　科学主義は答える。あらためて科学が解答をもたらすだろう、と。人間と世界の目的は、認識作業そのものの副産物、自動的な結果のようなものである――あまりに自動的なので、しばしば科学主義者はこれをあえて述べようとさえしない。マルクスはそのフォイエルバッハにかんする有名な第一一のテーゼで、つぎのように言明することだけで満足している。「哲学者はこれまで世界についてさまざまな解釈しかしてこなかった。大切なのは、世界を変えることである(10)。」かくして、技術（または変化）が科学（または解釈）のあとに即座にやってくるばかりではない。その上、変化の性格は言及にあたいしないのである。変化の性格は認識そのものによって産出される。数十年後、イポリット・テーヌはこのことをはっきりと述べるだろう。「科学は真実のみを探求することによって道徳に到達するだろう(11)。」

社会または人間の理想が、科学およびその他の認識によって産出されるということが、今度は一つの重要な帰結を生み出す。もし最終目的が意志のみの結果であるならば、それぞれの人は自分の選択が隣人の選択と一致しないこともあり得ることを認めなければならないだろう。その結果、ある程度の寛容を示し、妥協と和解を求めなければならないだろう。善についていくつもの概念が共存し得るだろう。しかし科学の結果についてはそうはいかない。ここでは虚偽は情け容赦なく退けられ、覆された仮説にもう少し多くの寛容を求めようなどとはだれも考えない。真実について多数の概念を容れる場所がないように、多元主義へのいかなるアピールも問題外である。誤謬のみが多数であり、真実はただ一つだからである。理想が証明の産物であって、見解の産物でないとすれば、理想は異議を唱えることなく受け入れなければならない。

科学主義は科学の存在に基礎をおいている。しかし科学主義はそれ自体では科学的ではない。その出発点となる公準——現実の全面的な透明性——は証明不可能である。またその到達点——認識のプロセスそのものによる最終目的の形成——についても同様である。足のつま先から頭のてっぺんまで、科学主義は忠誠心を要求する(「理性への信仰」とルナンはいった[12])。それゆえ科学主義は科学の系譜ではなく宗教の系譜に属している。このことを納得するには、科学主義的な前提に基礎をおいた全体主義的社会が、自分たちのプログラムに対していかなる態度をとるかを見るだけでいい。すなわち、科学の通常の規則が忌憚のない批判を好きなようにさせているのに対し、これらの社会は自分の反対意見は押し殺して、盲目的に服従することを要求するのである——宗教に対してそうするようにである。

この点については強調しなければならない。すなわち、科学主義は科学ではない。それはむしろ一つの世界観、科学という肉体の上にいぼのように生じた世界観である。そういうわけで、全体主義体制は、かならずしも科学研究の発展を優遇することなく科学主義を採用することができる。理由は、科学研究が要求するのは真実の探求のみに服することであって、ドグマに服することではないということである。共産主義者もナチス党員もこのような道をみずからに禁じるのである。一方は「ユダヤ的身体」（だからアインシュタイン）を断罪し、他方は「ブルジョア的生物学」（だからメンデル）を断罪する。URSSでは、ルイセンコの生物学、パヴロフの心理学、またはマールの言語学に異議を唱えることは、自分を強制収容所にみちびくことになりかねない。したがって、これらの国は科学的なやぼったさを強いられる。全体主義は最悪の大罪を犯すためには、それ以上の最先端の学術研究を必要としない。火器、毒ガス、棒でのめった打ちには、精神の驚異を思わせるものはまったくない。しかしながら、科学との関係は厳然として存在する。大きな変化が起こったのである。すなわち、〈宇宙〉をその全体性においてとらえ、〈宇宙〉を同じく全面的に改良しようとすることが「可能」となったのである。人間の永遠の悪を未曾有の世紀病〔世紀の悪〕に変化させるのは、この変化である。根本的な新しさが人類史に導入されるのもまた、この変化を通じてである。

これらの体制の一元論は、この同じ計画から生じる。理性的な思考だけで宇宙全体を支配できる以上、たとえば社会内部のグループどうし、個人の生活の領域どうし、異なった見解どうしのうわべだけの区別を維持する理由はもはやない。真実は一つである。人間世界もまた一つにならなければならない。

科学主義を歴史の中にいかに位置づけるべきだろうか。フランスの伝統だけにとどめるならば、科学主義の前提はデカルトのうちに見出される。たしかに、デカルトは理性的認識の領域から神にかかわる事柄をすべて排除することからはじめている。だがそれ以外のこと、つまり「神への信仰がわれわれに何も教えていない(13)」世界の部分については、全面的認識は——これを理性と意志だけにゆだねさえすれば——可能であると彼によって判断される。したがって、人間は「ある意味で神に似て[14]」自分を自然の支配者であり自己自身の支配者であると考えることは禁じられていないのである。この認識から出発すれば、ただひとりの「建築家」が国家とその市民の新しい組織を検討し直すことができるだろう（この結論をデカルトは望ましくはないが可能ではあると判断する）。要するに、変化の方向はこの認識作業そのものによって明らかにされるだろうし、共通の幸福は科学主義者の研究から自動的に生じるだろう。「これらの原理の含む真実は、人々の心をやさしくし、なごやかにしてくれるだろう[15]。」

こうした理念は一七世紀と一八世紀の「唯物論者」によってくり返し採り上げられ、増幅され、体系化されるだろう。道徳的な規則を気にかける代わりに、何ごとにおいても自然に従おう、とディドロが微笑みながらいう。このことが含意するのは、第一に人々はこの自然を知っているということ（ところで、だれが科学主義者以上にこの知を私たちにもたらすことができるだろう）、第二に人々はこの認識から自動的に生じる方針に従うということである。だが科学主義が政治に導入されるのは、とりわけフランス革命のあとである。というのも、新しい国家はもはや専制的な伝統ではなく、理性の決定に基礎をおくと見なされているからである。科学主義は一九世紀になって、フランス革命の友であれ敵であれ、この上なく多岐にわたる思想家のうちで花咲くだろう。衰弱した宗教の代わりに設立できると期待されている科学の威信はそれほど大きい。フランスではサン＝シモンとオーギュスト・コントのようなユートピア思想家と実証主義者も、ド・ゴビノー伯爵のようなディレッタントの保守主義者、あるいは自由主義的なインテリゲンチャの思想的指導者と民主主義に対する批判者である学術的な歴史家――ルナンとテーヌ――も科学主義を標榜する。科学主義の二大系統がはっきりしてくるのもこの時期である。歴史的科学主義――その最大の影響力をもった思想家はカール・マルクスである――と、生物学的科学主義――これに対してはゴビノーの名が象徴として役立つことができる——である。

つまり科学主義が近代性に属していることは、この近代性という語でもって、社会がみずからの法律を神からでも伝統からでもなく人間自身から受け取ることを欲する教義を意味するのであれば、異論の余地がない。科学主義はまた科学の存在を前提としている。これもまた世代から世代へと機械的に伝えられるのではなく、人間の理性だけによって獲得される知である。しかし科学主義は、あれほど多くの才人たちがあくまでもそう考えようとしているように、いっさいの近代性の不可避的な到達点、隠された真実なのではない。科学主義の諸原理に霊感を汲んだ体制である全体主義は、民主主義のひそかな宿命的な傾向なのではない。それは近代性の内部にある思考の系統は一つだけではないからである。あるがままの主意主義も、平等の理想も、自律の要求も、合理主義も、自動的に全体主義へとみちびくことはない。科学主義の学説は絶えず他の学説——とはいえ、これまた広義で解された近代性を標榜している他の学説——の攻撃を受けている。この衝突はとりわけ示唆的な仕方で、科学主義者を、民主主義の思想家と見なすことができる人々——ヒューマニスト——に対立させる。

ヒューマニストは現実の全面的な透明性、つまり現実をあますところなく認識することが可能であるとする最初の公準に抗議する。一八世紀前半のヒューマニストの代表者であるモンテスキューのような人は、二重の抗議を唱える。[二] まず最初に、〈宇宙〉のいっさいの小部分については、今日、ときに「慎重さの原理」«principe de précaution» と呼ばれるものに服さなければならない。〈宇宙〉はなるほど原則として認識可能な首尾一貫性を有している。しかし原理から実践へは遠く隔たっている。具体的には、個々の現象の原因はきわめて多数で、しかも相互作用はきわめて複雑なので、私たちは私たちの認識の結果に確信をもつことは決してできないということである。だから疑いが残存するかぎり、過激で取り返しのつかない行動は慎んだほうがいい（このことは、いっさいの行動を慎まなければならないことを意味しない）。もっと根本的には、いかなる知もみずからを絶対的で決定的であると主張することは決してできないということである。さもなければ知は知であることをやめ、たんなる信仰告白と化してしまうからである。まさにこのことによって、いかなるユートピア思想にも存在する野心はすでに損なわれている。というのも全面的透明性が不在であるということは、局部的で一時的な改良しか正当化されないということだからである。科学主義者とヒューマニストが標榜する普遍性は、したがって同じではない。科学主義が基礎をおくのは理性の普遍性である。科学によって見出される解決は定義からして万人に適合する。たとえその解答がだれかの苦しみ、さらには破滅をさえ引き起こすとしてもである。それに反して、ヒューマニズムは人間性の普遍性を公準として立てる。すなわち、すべての人類は同じ権利を有し、等しく尊敬にあたいするということである。たとえ人類の生活様式が異なったままだとしてもである。

それだけにとどまらない。とりわけ人間世界は〈宇宙〉の一部であるだけではない。人間世界はまたその特異性をもっている。この特異性は人間が自意識を有しているということに存する。自意識は人間をして、自分の存在から自分をいわば切り離し、自分たちがこうむっている決定論に反して行動することを可能にする。「人間は、自然的存在としては、他の物体と同様に、不変の法律に支配される。叡知的存在としては、彼は絶えず神が定めた法律を破り、また、みずから定めた法律を変更する」とモンテスキューは書いている。[16] トクヴィルは、個人は自分たちの人種の法律に従っていると彼に説明する友人のゴビノーに言い返す。「私の目には、人間の社会が、個人と同様、何ものかであるのは自由の使用によってでしかありません。[17]」人間を全面的に認識できると信じることは、人間について間違った認識をすることである。動物にかんする認識でさえ不完全である。だから今日の乳牛に明日は乳が出なくなることが判明しないともかぎらない。しかも人間の認識は原則として完結し得ない。というのも人間は自由を付与された動物だからである。まさしくそういうわけで、人間の明日の行動を予見することは決してできないだろう。

その上、在るべきものは在るものから由来すると主張することにはアクロバットじみた論理の飛躍がある。人間の行動の世界が何よりもまず観察者に暴き出すのは、法ではなく、力である。すなわち、最強の者たちがもっとも弱い者たちを犠牲にして生き残っているのである。だが力が法を基礎づけることはない。だからルソーとともにこういった類の演繹に反論することができるだろう。「これよりも筋の通った論法をもちいることもできようが、これよりも暴君に好都合な論法は、ほかにないだろう。[18]」つまり、変化の方向を決めるには、科学がとりわけたけている事実の観察と分析だけでは十分ではない。意志的な選択に属する目標に訴えなければならない。そして、こうした選択は論証と反証とを前提とするのである。理想には真も偽もあり得ない。高いか低いかだけである。

認識が道徳を産み出すことはない。教養ある人々が善良とはかぎらない。これが、ルソーが自分の同時代の科学主義者と啓蒙哲学者たちに差し向ける偉大な批判である（ルソーもまた、もちろん啓蒙哲学者に属している。しかもヴォルテールやエルヴェシウスよりもはるかに深い意味においてである）。「私たちは博学でなくても人間であることができる[19]」と、彼の記憶すべきことばが述べている。そして政治体制にもどるならば、民主主義はすべての市民の民主主義であって、博学で教養ゆたかな人々だけのものではない。その政治が前提とするのは、真実の認識ではない。意志の自由（自律）である。そういうわけで、民主主義がはぐくむのは多元主義であって一元論ではない。誤謬だけが多数なのではない。人間の欲望もそうである。

ヒューマニズム思想にもとづいた民主主義の計画は地上の楽園の創設にみちびくことはない。それはヒューマニズム思想が世界と人間のうちなる悪を知らないからでも、悪を甘受しようとしているからでもない。そうではなく、民主主義の計画は、この悪は根本的にこれを最後と根絶され得るということを公準として立てていないのである。「善行も悪事も私たちの生活と不可分である」[20]とモンテーニュはいう。一方、ルソーはいう、「善悪は同じ源から生じる」[21]と。善と悪が私たちの生活と不可分であるのは、それらが人間の自由、つまり私たちが絶えずいくつもの選択肢から選ぶことができるという可能性から生じるからである。善と悪の共通の源とは、私たちの社会性と不完全性である。この社会性と不完全性の結果、私たちは自分の実存の感情を確固たるものにするために他人を必要とする。ところで、この必要は二つの対立する仕方で満足させることができる。他人を慈しんで幸せにしようとするか、他人に対する自分の力を享受するために他人を屈服させ辱めるか、である。善と悪のこうした不可分の性格を理解したヒューマニストは、人間的困難の全面的かつ決定的な解決という考えを放棄する。人間が自分のうちなる悪から解放されうるのは、人間性そのものから「解放される」ことによってでしかないだろう。改良された政治体制が、いっそう高性能となったテクノロジーが、人間の苦しみに決定的な治療薬をもたらすことができると期待しても無駄である。

最後に科学主義者とヒューマニズムが対立するのは、人間社会の目的についてのそれぞれの定義においてである。科学主義のヴィジョンは、いっさいの主観性、したがって個人の意志の偶然性を退ける。社会の目的は人間性全体、さらには〈宇宙〉全体の特徴である非人称的なプロセスの観察から生じるはずだ。自然、世界、人間性が命令し、個人は服従するのである。ヒューマニズムの場合には、逆に、個人は手段としての役割に無条件に還元されてはならない。こうした還元は――とカントは述べた――中間的な目標に到達するために一時的で部分的な仕方では可能である。だが最終的な目的はつねに個々の人間である。

すなわち、すべての人間、だがひとりひとりとして理解された人間である。

全体主義の教義の誕生

善を強制する方法としての暴力は科学主義に内在的に結びつけられているわけではない。というのも暴力は大昔から存在するからである。フランス革命は〈恐怖政治〉を合法化するために科学主義にもとづいた正当化を必要としないのである。しかしながら、ある時期から、それまで別々に存在していたいくつもの要素のあいだで結合がおこなわれる。すなわち、暴力の使用を前提とする革命精神、ここにいま地上の楽園を建設しようとする千年王国思想の夢、最後に人類の全面的認識は手の届く範囲にあるということを公準として立てる科学主義の教義である。この時期は全体主義イデオロギーの出生証明書に相当している。たとえ権力の奪取それ自体は平和裏におこなわれるとしても（レーニンおよびムッソリーニと違ってヒトラーの権力奪取がそうである）、新しい人間が住む新しい社会を創造し、あらゆる問題をこれを最後と解決しようという計画、実現のために革命を必要とする計画は、すべての全体主義国家で維持される。千年王国思想の夢もなく暴力に訴えることもなく科学主義者であることができるし（今日、多くの技術の専門家がそうである）、科学主義的な教義もなく革命家であることができる。たとえば、自然の猛威を求めていた世紀初頭のあんなに多くの詩人たちである。全体主義のほうはこれら三つの要素の結合を要求するのである。

革命的暴力も、千年王国思想の希望も、それだけでは全体主義へとみちびくことはない。全体主義の知的な諸前提が確立するためには、その上さらに、科学的精神、いやそれ以上に科学主義思想に支えられた〈宇宙〉の全面支配という計画がつけ加えられなければならない。デカルトのラディカリズムと啓蒙の世紀の唯物論によって用意されて、科学主義思想は一九世紀になって開花する。そのときはじめて全体主義の計画が誕生しうるのである。もう一度いうが、ここで問題となっているのは全体主義のイデオロギー的な根源だけである――というのは、全体主義はもちろん、ほかにも経済的、社会的、または厳密な意味での政治的な根をもっているからである。

厳密な意味での全体主義社会の最初の構想はいつにさかのぼるのだろうか。一方ではマルクスの著作が、他方ではゴビノーの著作が、世紀半ばに出版される。彼らは科学主義を例証はしているが、未来社会の詳細な記述はしていない（しかもゴビノーはユートピア思想家ではまったくない。彼はデカダンスしか予見していない）。レーニンに大きな霊感をあたえたニコライ・チェルヌイシェフスキーの理論的・文学的テクストは、一九世紀の六〇年代に書かれている。彼の科学主義宣言である『哲学における人類学的原理』は一八六〇年、問題小説『何をなすべきか』は一八六三年である。ネチャーエフの『革命家の教理問答集』は創造すべき社会の計画よりも革命の実践のほうにかかわっているが、これが書かれるのは一八六九年であり、公刊されるのは一八七一年である。こうしたコンテクストでもっとも意味深長なテクストの一つ、同時にもっとも知られていないテクストの一つは、一八七一年にさかのぼるエルネスト・ルナンの『哲学的対話』の第三の対話である。(22) テオクティストという名の登場人物が――はじめてだと私には思われるが――そこで未来の全体主義国家の諸原理を提示するのである。

まず最初に、社会の最終的な目的は、個別的存在の要求からではなく、種全体、さらには生きた自然全体の要求から演繹される。ところで、生命の偉大な法とは人間のあらゆる法律および慣習よりも強い「存在することへの欲望」以外の何ものでもない。生命の法、それは強者の支配であり、弱者の敗北と服従である。こうした見方では、個人の運命は取るに足りない。個人は高次の意図のために犠牲にされる。「自然によって欲せられた目的のためにある種の生物を犠牲にすることは正当である。」何ごとにおいても自然の法に従わなければならない以上、予備的な作業が不可欠である。すなわち、これらの法を認識する作業である。だから、これが学者のつとめとなるだろう。知を支配する学者にはごく自然に権力が付与されるだろう。「現実のもっとも重要な秘密の支配者である知的な人々からなるエリート集団は、自分たちの権限内にある強力な行動手段によって世界を支配し、そこにできるだけ多くの理性を君臨させるだろう。」つまり、世界が支配されるのは、哲学者王によってではなく、「実証主義者の暴君」によってであるだろう。実証主義者の暴君は、ひとたび〈宇宙〉の自然的運行の秘密に通暁するや、これを遵守することを強制されることはないだろう。彼らは逆にあらゆる技術者に倣って、種を改良することによって、自然のいとなみを延長しなければならないだろう。「自然が放置したところで自然の営みを引き受けるのは、今度は科学の番である。」必要な場合には欠陥のある人類を排除することによって、種を改良し、よりすぐれた知的・身体的能力を備えた新しい人間を創造しなければならないのである。

これらの原理に基礎をおく未来の国家は民主主義に逐一、対立するだろう。というのも、その目的は万人に権力を付与することではなく、これを最良の者たちに割り当てることだからであり、平等をはぐくむことではなく超人の開花を助長することだからである。個人の自由、寛容、協議は、そこでは演ずるべき役割をもたない。というのも、人は真実を手中にしているからである。ところで、真実は一つであり、議論ではなく服従を要求する。「偉大な営みは科学によって実現するだろう。民主主義によってではない。」このようなやり方で、新しい国家は民主主義よりもはるかにすぐれたみずからの効率のよさを弁護するだろう。民主主義のほうはつねに意見を求め、理解し、説得することを余儀なくされる。この対立は意外かもしれないが、示唆的である。科学と民主主義は姉妹どうしである。両者は伝統の監視からの自律と解放の肯定という同じ運動の中で誕生する。しかし、科学が一種の世界認識であることをやめ、社会の導き手、理想の生産者へと変化するならば（いいかえれば、科学が科学主義に変化するならば）、科学は民主主義と衝突する。真実の探求は善の探求と一つにはならないからである。

科学主義の国家は、国内問題の順調な発展を期すために、それに適合した道具を備えなければならないだろう。恐怖である。宗教と結びついた旧い専制政治の問題とは、この専制政治が駆使できる恐怖――もし従わなければ、あなたは地獄の堕ちるだろう！――が、残念ながらあまりにも脆弱だということである。人間はもはや地獄も悪魔も信じなくなるや、自分にはすべてが許される！と思い込むからである。「その存在を証明できない架空の地獄ではなく、現実の地獄」を創造することによって、この欠如をたださなければならない。こうした場所の創造、すなわち万人の心に恐怖を生じさせ、万人の無条件の服従を生み出すこうした絶滅キャンプの創造は正当化される。というのも、このような場所は種の利益に役立つからである。「科学を所有する存在は、無制限の恐怖を真実に仕えさせるだろう。」こうした恐怖政治の確立のために、科学的な政府は、しかるべく訓練された個人たち、すなわち「道徳的な嫌悪感から解放され、あらゆる残忍な行為をおこなう用意ができている従順な機械たち」からなる専門集団を駆使するだろう。この要求は五〇年後に、ソヴィエトの政治警察――チェカ――の創設者であるジェルジンスキーのうちにふたたび見出されるだろう。ジェルジンスキーは自分の部下を「断固として非情で心の迷いのない確固たる仲間たち」[23]として記述するのである。

外交政策については――と、ルナンはつづける――政権の座に就いた科学者たちは、絶対兵器、すなわち敵の人口の大部分を即座に破壊できる兵器を見出さなければならないだろう。これを見出してしまえば、彼らは全世界の支配を保証されるだろう。「理性に恵まれた何人かが地球を破壊する手段を所有する日、彼らの主権が創造されるだろう。これら理性に恵まれた人々が絶対的恐怖によって支配するだろう。というのも、彼らは万人の存在を手中におさめるからである。」精神的な権力は、このようにして物質的な権力へとみちびくだろう。

これがルナンのユートピアの大まかな輪郭である。私たちとしては、半世紀後に現実化されはじめるユートピア思想がごく細部にいたるまで、これに従っていることを認めざるを得ない。ナチズムとの類似はとりわけ大きい。ナチズムにおいては、新しい人間の生産プロジェクトは同じ生物学的な解釈を受け入れる。しかもルナン自身、自分のユートピアの実現を、他のもろもろの伝統と衝突したと思われるフランスにおいてではなく、まさしくドイツ――「平等への配慮、さらには個人の尊厳への配慮をさえあまり示さない」国――において予想していた。しかし共産主義社会に対する距離は、もっとずっと大きいというわけではない。ただもっと巧妙に隠蔽されているのである。共産主義社会は平等主義的理想を標榜するが、すでに述べたように、少しもこれに従っていない。実際には、〈党〉に付与された前衛の役割、および〈党〉内部での指導者への無条件の服従もまた、すべての全体主義社会の中で働いている超人崇拝を示している。日常生活それ自体も、平等主義のスローガンにもかかわらず、ヒエラルキーにもとづいてしっかり確立された慣行に従って展開する。

科学主義的なユートピア思想は全体主義的な計画の中心部にある。これが民主主義にまったく無縁であると断定できるだろうか。実をいえば、科学主義的なユートピア思想は他のもろもろの傾向の一つとして民主主義の中にも存在している。私たちが世界を完全に認識しており、物理学、生物学、経済学における認識そのものから導き出される方向に世界を変化させなければならないと考えるそのつど、私たちがその中で生きている政治体制の形態がいかなるものであれ、私たちは科学主義的な精神で行動している。科学主義が民主主義国の中で猖獗を極めることは、かなり頻繁でさえある。これを納得するのは、たとえば政治的決定が、研究者によって確立された経済法則、あるいは医師と生物学者にのみ接近可能な自然法則の不可避的な結果として提示されるときである。政治家は専門家の能力を後ろ盾にしたがるものである。とはいえ、この科学主義がユートピア思想、つまりただちに実現すべき完全な社会の計画と化してしまわないかぎり、根本的な差異は存続するだろう。この錬金作業は——と、ルナンに反対していうこともできるだろう——ここでは民主主義によって実現するのであって、科学によってではない。社会が科学に仕える代わりに、いま社会に仕えているのが科学なのである。だからまた民主主義は革命を称賛せず、恐怖を使用することもなく、一般に一元論を犠牲にして多元主義をはぐくむのである。

近代民主主義が熱望しているのが、地上を完璧なものにすることでも、改良された人類を生産することでもないことは私たちにとって幸せなことである——というのも、これら魔術師見習いたる二〇世紀の全体主義者たちと違って、近代民主主義であれば、こうした道をどこまでも遠く行くことができるだろうからである。近代民主主義は比類なき監視と統制の手段を手中にし、地球全体を破壊できる武器を所持しており、遺伝子コードを制御する、すなわち厳密な意味での新種をこしらえる能力をもつ研究者を身内に抱えているからである。遺伝子操作に比較すれば、新しい人間をこの世に出現させようとするに再教育と恐怖をもってしようとする共産主義者、あるいは生殖の統制と劣等と判断された「人種」と個人の排除をもってしようとするナチス、そのいずれもが所有しているお粗末な手段は、まさに先史時代である。

いっさいのユートピア思想に断固として背を向ける民主主義は、それではいっさいのユートピアを断念しなければならないのだろうか。そんなことはまったくない。民主主義は保守主義——つまり、ありのままの世界を諦めて受け入れること——ではない。排中律の論理の中に閉じこもらなければならない理由はまったくない。排中律は全体主義者たちが精神の中に無理矢理押しつけようとしたのであったが、いっさいの理想の断念と、理想を強制するためのありとあらゆる手段の受容とのあいだで選択する必要はないのだ。民主主義もまた在るものを在るべきものによって置き換えようとする——だが民主主義は、理性が在るべきものを在るものから演繹できるとは主張しない。レーニンは一元論を実践しようとした。その結果、経済的なものを政治的なものに従属させようとした。民主主義では、この二つの力は切り離されたままである。だからといって、それらは孤立したままでいなければならないということではない。経済的な力は政治的な行為者をみずからに服従させようとする。政治的な行為者もまた社会理想の名において経済的な力に制限を加えることができるし、また加えなければならない。民主主義のユートピアは、ここに、いま、力によって具象化されようとするのでないかぎり、存在する権利を有している。

人間は何を必要としているのか。民主主義諸国の住民、少なくともその代弁者は、人間が熱望しているのは自分の直接的な欲望と物質的な欲求の充足でしかないと、しばしば信じてきた。もっと多くの快適さ、もっと多くの便利さ、もっと多くの余暇、である。この点については、全体主義の戦略家は、よりすぐれた人類学者であり心理学者であることを見せつけた。人間はたしかに快適さと楽しみを必要としている。しかしもっと目立たないが、もっと有無をいわせぬ仕方で、人間は物質的な世界では手に入れることのできない幸福をも必要としている。自分たちの生活に意味があることを、自分たちの存在が〈宇宙〉の秩序の中に居場所をもつことを、自分たちと絶対なるものとのあいだで接触がおこなわれることを、人間は望んでいるのである。全体主義は民主主義と違って、これらの欲求を満足させると主張する。だからこそ、全体主義は当該の国民によって自由に選択されたのである。レーニン、スターリン、ヒトラーは大衆によって求められ、愛されたのである。このことを忘れてはならない。

民主主義諸国は、みずからの存在そのものを危うくする危険を冒してまで、この超越性への人間的欲求を無視する権利をもたない。この超越性への欲求が、二〇世紀に全体主義が引き起こしたものに匹敵するカタストロフにみちびくことを回避するには、いかにすればいいのだろうか。この熱望を無視することによってではない。そうではなく、これを社会的次元と断固として切り離すことによってである。絶対なるものは国家構造とは両立しない。このことは絶対なるものが消え去ることができるということを意味するわけではない。キリストのもともとのメッセージは明白であった。すなわち、「我が王国はこの世の王国にあらず」である。このことが意味するのは、王国は存在しないということではなく、それが見出されるのは公的な制度のうちではなく各人の精神の中だということである。このメッセージは何世紀にもわたって長いあいだ括弧に入れられた。キリスト教が国家宗教と化したからである。今日、超越性との関係は昔と同様に必要とされている。全体主義的な逸脱を回避するためには、この関係は政治綱領とは無縁なままでなければならない（地上に楽園が建設されることは決してないだろう）。しかしそれは、それぞれの人の生命を内部から照り輝かせなければならない。人は芸術作品や風景の前でも、祈ったり瞑想することによっても、哲学を実践したり子供が笑うのを眺めることによっても、法悦を生きることができる。民主主義が救済や絶対への欲求を満足させることはない。とはいえ、民主主義は救済や絶対への欲求の存在を無視することを、みずからに許すこともできないのである。

戦争、すなわち生命の真実

全体主義イデオロギーは同時代の科学主義の中に人間社会にかんする根本的なテーゼを見出す。すなわち、生命の法則とは戦争であり、情け容赦ない闘いなのである。自然淘汰と適者生存にかんするダーウィンの思想は、単純化され、硬化させられて人間社会に適用されるだろう。人間社会の進化の法則もまた同じ観点から表現される。すなわち、階級闘争、性の戦争、人種の衝突、民族戦争である。選ばれた人間集団がいかなるものであろうと、その存在はつねに権力への意志（ルナンの言い回しによれば、「存在することへの欲望」）と不可避的な衝突によって支配されている。のちに人種主義のイデオローグたちがおこなうように、マルクスは自然科学とダーウィンを引き合いに出す。「私は経済組織の発達の中に自然史の過程を見る」(24)と彼は書いている。アーレントが想起しているように、エンゲルスがマルクスを「歴史学のダーウィン」と呼んでいるのも偶然ではない。しかしダーウィニズムから生命と歴史の一般法則としての仮借ない闘争の理念を採用するのは、とりわけレーニンとヒトラーである。いかなる生命も政治である。いかなる政治も戦争である。アラン・ブザンソンが指摘しているように、クラウゼヴィッツの大ファンであるレーニンは、実際にはクラウゼヴィッツの原則を逆さまにして、つぎのように主張した。「政治とは他の手段による戦争の継続にほかならない。」

こうした理念はダーウィンとともに、あるいはダーウィンを普及させた者たちとともに生まれたわけではない——過去の思想家のうちの何人かはすでにこうした理念を擁護していた（「人間は人間にとって狼である」）。だがこの理念はここでは科学の威信に包まれており、したがって異議申し立てを免れているのである。もう一度いえば、「科学的な」裏づけがなければ、全体主義は誕生しなかっただろう。世界の真実とは——と、いまや主張される——世界が私たちと彼ら、友人と敵、すなわち二つの階級、二つの人種等々に分かたれており、これらが情け容赦ない闘いを交えているということである。ひとたびこの真実が認められるや、私たちがなすべきよりよきこととは、自然の働きを補佐し、相変わらずルナンの言い回しに従えば「自然が放置したところで自然の営みを引き受け」、自然淘汰に人為的淘汰をつけ加えることである。アウシュヴィッツの収容所も「クラーク〔ロシアの大富豪〕」の処刑も、このプログラムに組み込まれているのである。対立の行き着く果ては、敵の排除である。この点でもレーニンとヒトラーの語彙は示唆的である。打倒しようとする相手を非人間化することからはじめるのである。相手は「ダニ」、「爬虫類」、「ジャッカル」になる。このようにして敵の排除は万人に受け入れ可能なものとされる。「自由の敵は情け容赦なく絶滅し」、「血みどろの絶滅戦争」をおこない、「反 - 革命的なごろつきを屈服させ(25)」なければならない、とレーニンは述べている。つまり、いかなる全体主義も、世界を相互に排除し合う二つの部分、善いものと悪いものとに分割する善悪二元論であって、この善悪二元論の目的とは後者を全滅させることなのである。

これらの原則の政治への字義どおりの翻訳は、内政のレベルでは、あらゆる領域に及ぶ恐怖政治の実践を開始させる。レーニンはソヴィエト国家が登場したときから恐怖政治を導入し、これを包み隠さずに擁護するだろう。「恐怖政治は原則として政治では正当であり、恐怖政治の基礎となりこれを正当化するのはその必要性であることを公然と認めなければならない(26)。」共産主義諸国では「プロレタリアート独裁」は警察による恐怖政治を意味するコードネームと化す。これでもって、大量殺戮、拷問、および身体的暴力の脅威を理解しなければならない。これにつけ加えられるのが、あの特殊でことのほか便利な制度、すなわち強制収容所である。全体主義国家はすべてこれを所有している。収容所での生活は同時に自由の剥奪であり拷問である。それは矯正訓練所である。収容された人たちはそこから出ることができるとは決して思っていない。国の残余の部分にも別種の恐怖が君臨している。どこでも恒常的におこなわれている監視のおかげで、いっさいの不服従の行為、あるいは現行の規範からのちょっとした逸脱でさえ告発される可能性があり、その当事者は、ある場合には強制収容所送りの刑に処せられたり、ある場合には仕事や住居が剥奪され、本人だけでなく子供からも、大学に入学したり外国旅行したりする権利が剥奪される、云々である。嫌がらせの可能性は無数にある。

恐怖政治は全体主義国家のどうでもいい任意の性格なのではない。恐怖政治は全体主義国家の土台そのものの一部をなしている。だから、さまざまな「修正主義」の流派がおこなったように、この事実を考慮に入れずに、これらの国家が古典的な衝突と緊張によって動かされている社会であるかのように研究しようとしても無駄なのである。一九八九年に確認されたのがこのことである。恐怖政治が中断されるや（警察も軍隊もデモ隊に発砲せよとの命令を受けていなかった）、共産主義の全体主義国家はトランプの城のように崩壊したのである。

国外では、恐怖政治は戦争（あるいは後退した状況では冷戦）といういっそう身近な相貌をふたたび獲得する。条約は必然的に一時的なものである。目的はつねに支配である。手段は時の情勢に適合させられる。結局は、全体主義という枠組みの中で、暴力はさまざまに正当化されるのである。暴力は第一に生命と生存の法である。しかも暴力は科学的な真実を所有している者たちにふさわしい。どこに行くべきか、何をなすべきかを知っているとき、議論にかかずらっている暇はないからである。

人類を相互に排除し合う二つの部分に分割することは、全体主義の教義にとって本質的である。ここには中立の立場を容れる場所がない。煮え切らないどんな人も反対者である。どんな反対者も敵である。差異を対立に還元し、つぎにこれを体現する人々を排除しようとする全体主義は、根本的に他者性を否定する。すなわち、同時に**私**と比較可能であり、さらには**私**と交換可能であるけれども、**私**とは断固として区別されたままである**あなた**の存在を否定するのである。ここで私たちは全体主義的な思想の定義の一つを手にしている。この思想は全体主義国家よりもはるかに広範な広がりを見せている。それは他者性と多元性に対していかなる合法的な場所も残すことのない思想である。その象徴はシモーヌ・ド・ボーヴォワールのこの逸品である。「真実は一つであり、誤謬は多数である。右翼が多元主義を表明するのも偶然ではない。[27]」とはいえ、ボーヴォワールの精神のまねをして、左翼は必然的に全体主義的であると主張してはならないだろう。この文が例証している思考においては、むしろ戦争の諸原則が市民生活に拡張されているからである。内部の敵は外部の敵と同様、死にあたいする。この意味で、全体主義は普遍主義に対して敵対的である。普遍主義は逆に平和の理想をはぐくむからである。

　この点はもう少し長く論ずるにあたいする。共産主義は普遍主義的なイデオロギーに基礎をおいていると、しばしば主張される。そしてこの事実の中に、共産主義とナチズムを「全体主義」という同じレッテルのもとに再組織することの大きな困難を見ることができる。というのもナチズムは明らかに反‐普遍主義的だからである。たとえばレイモン・アロンは共産主義の思想と政治に対するもっとも非妥協的でもっとも聡明な反対者の一人であるが、そのアロンが、フランスでは古典となったこの問題にかんする彼の論述において、これらのイデオロギーの一方は「普遍主義的で人道的[28]」であり、他方は「国家主義的、人種主義的であって、人道的でないこと以外、何でもありである」と苦もなく主張しているのである。このことが彼をして、共産主義的な計画にかんして「気高い熱望」、「人道的な普遍的価値観への共産主義者の信念」、「人道的な理想に霊感を得た」共産主義者の意志を云々することを可能にする。

これらの表現を前にして戸惑いをぬぐい去ることができない。というのも、二つのうちの一つだからである。すなわち、これらの表現が適用されているのは、〈歴史〉上のきわめて異なった時代に観察できるような、その最大の普遍性においてとらえられた共産主義の理念——平等、正義、友愛の理念——に対してである（その場合、共産主義はキリスト教とさほど区別されない）。だが〈一〇月革命〉から生じた体制、さらにはその綱領の特徴を記述するのに、いかにしてこれで満足できるのかがわからない。あるいは、実際に問題になっているのは、レーニンによって実現されたソヴィエト国家のイデオロギーである。だがその場合、いかなる奇妙な選別によって、アロンはこのイデオロギーからその信奉者によって伝播せられたイマージュしか採り上げないようなことができるのかがわからない。というのも、レーニン主義の特性とは、この点で社会主義、さらにはマルクス主義の伝統（レーニンはこの伝統を「社会の‐裏切り者」扱いしないときには「社会‐民主主義者」扱いする。その後継者は「社会的‐ファシスト」である）と真っ向から対立して、まさしくこの普遍性の放棄だからである。というのは、いまや勝利の獲得は、弁解の都合上「ブルジョワジー」とか「敵」とか呼ばれる国民の一部分の敗北と物理的排除を通しておこなわれるからである。

共産主義は人類の幸福を願う——だが「悪人」があらかじめ人類から退けられていることを条件としてである。結局はナチスの場合もそうである。教義が闘争、暴力、永久革命、憎悪、独裁、戦争にもとづいているとき、この教義の普遍性をいかにすれば信じることができるだろうか。この教義がみずからを正当化しようとする場合、プロレタリアートが多数派で、ブルジョワジーが少数派だということを根拠としている。このことがすでに私たちを普遍主義から遠く隔てている。しかしレーニンの共産主義理論に対するもう一つの偉大な貢献が、〈党〉の指導的役割にかかわっていることが知られているとき——プロレタリアの大半は〈党〉に服従すべく定められるのである——、多数派という論拠さえ意味をなさない。レーニンは自分をヒューマニストとして表象しようとするアロンの試みを笑っただろう。

アロンのテクストは一九五八年にさかのぼるが、当時は、彼ほど聡明な観察者でさえ、権力に就いた共産主義者の実践のみならず、彼らの綱領にかかわるさまざまな必要な情報を入手できなかったのではないだろうか。しかし『民主主義と全体主義』の同じ一節で、アロンはソヴィエトの共産主義者を「党が最初は少数派である或る国において、そのすべての敵に対して暴力を使用する権利をみずからに認めている党」として記述している。だがそれでは、この組織的で不可欠な暴力の中に、彼はいかにすれば「人道的な普遍的価値観」を見ることができるのだろうか。彼の書物が書かれた冷戦というコンテクストが、奇妙にも、ソヴィエトのプロパガンダを過度にまじめに受け取ることを余儀なくさせ、彼がよそでは観察することができる共産主義イデオロギーの諸特徴を考慮に入れることを妨げているような気がするのである。

その結果、全体主義体制の比較にかんするアロンの考察には、いささか危なっかしいものがある。実際、彼の結論によれば、全体主義体制のあいだの「差異は本質的である。いかに類似していようともである」。というのは「一方のケースで働いているのは、いかなる手段によってであろうと、新しい体制、ひょっとすると別の人間を構築しようとする意志であり、他方では似非‐人種を破壊しようとする厳密に悪魔的な意志」だからである。ところで、ここでは差異はアロンがこれら二つの体制について有している偏った表象にのみ由来している。この表象では、アロンは一方については、自分の側から正式に宣言した目標を採り上げ、他方については活用された手段を採り上げているのである。このように目的と手段を比較することはできない。ヒトラーはユダヤ人という似非‐人種を破壊することによって、自分の民族を浄化し、かくしてより優秀なアーリア人種を、つまり別の人間を、そしてもちろん新しい体制を得ようとする。同様に、スターリンも自分の目的を追求するのに、似非‐階級——クラーク——の破壊を必要と考える。クラークは無理矢理銃殺や餓死の刑に処せられる。これこそまさに「いかなる手段によってであろうと」である。つまり、これが普遍主義と手を切った両体制の理想なのである。ヒトラーが望むのは、一つの国民、最終的にはユダヤ人抜きの人類である。スターリンは階級なき社会を要求する。つまり、ブルジョワ階級抜きの社会である。人類の一部分がそのつどあきらめる。ここで異なっているのは、たんに同じ政策を実現するために活用される技術である。

したがって、アロンがヒトラー体制の特殊性を証明できると信じてつぎのように結論づけるとき、すなわち、「近代史において、かつて国家元首が工業的に六〇〇万人の同類の絶滅を企てることを冷静に決定したことは一度としてない」と結論づけるとき、つぎのように反駁することができる。すなわち、一九三二年から一九三三年にかけて、イオシフ・スターリンという名の国家元首が「手工業的な手法で」六〇〇万人の同類、つまりウクライナ、コーカサス、カザフスタンの農民の絶滅を企てることを冷静に決定した、と。たしかにアロンは、ソヴィエト権力が企てた中で最大のこの虐殺を知らなかったと思われるが。

そういうわけで、このことは力説しなければならない。すなわち、普遍主義の不在は、ナショナリズムの運動からはみ出してあからさまに地方主義を誇示するナチズムのみならず、インターナショナルな理想を標榜する共産主義においても明白なのである。「インターナショナル」は「普遍的」を意味しないからである。実際には、共産主義はナチズムと同じほど「地方主義的」である。というのも、共産主義は人類全体がこの理想にかかわっているわけではないと、あからさまに主張するからである。「超‐国家的」は「超‐階級」を意味しないし、人類の一部分をあらかじめ除去しておくことが、つねに要求されるからである。スターリンの親密な協力者の一人であるカガノヴィチの言い回しがこのことをしかるべく表現している。「きみは人類を大きな肉体のように考えなければならない。しかもこの大きな肉体は絶えず外科を必要としているのだ。外科は手足を切断し、組織を破壊し、血を流させることなくしてはおこなわれ得ないことを、きみに思い起こさせるべきだろうか。(29)」たんに分割はもはや領土的または「水平」なものではなく（これは国の境界線によって範囲を定められる）、同じ一つの社会の階層間の「鉛直的」なものだということである。一方では国民どうしの戦争、または人種どうしの戦争が出現するところに、他方では階級闘争が位置づけられるのである。

この最後の対立そのものは乗り越えられないものではまったくない。〈一〇月革命〉直後、いずれにしてもレーニンの死後、世界革命の利害と、この世界革命を具現するソヴィエト・ロシアの利害が奇妙にも一致する。一方に役立つものすべてが他方にも役立ち、その逆も同様である。この等価の成立のおかげで、インターナショナリストの目標が一国の利害と混同されはじめる。インターナショナリズムの表現と見なされた〈コミンテルン〉は同時にロシアの諜報活動に仕える道具であり、ロシアの拡張と覇権の意志の道具である。「コミンテルン派」のうちでこの一致に理解を示さない者たちは、強制収容所か銃殺隊の前で遅からずついえる。ソヴィエトのインターナショナリズムは、国境を越えて遂行される国家利益の防衛と何一つ変わるところがない。〈第二次世界大戦〉のおかげで、この政策は白日のもとに明らかになる。大ロシア帝国主義のベルエポックのときと同様、ソヴィエト連邦はそれまで隣国ルーマニア、ポーランド、またはフィンランドに所属していた広大な領土を併合するか、バルト諸国のように国全体を併合する——すべてはこれらの国々を社会主義への道へといっそうすみやかに前進させるためである。戦時中は、さまざまな民族集団、さらにはさまざまな国民ですら、スターリンによって「階級の敵」と同一視され、その理由で虐げられ、強制収容所に送られ、徹底的に除去されるだろう。ナチスのほうでも事情はほぼ同じである。問題となるのがもはやユダヤ人やジプシーではなく、ポーランド人とロシア人のある種の**カテゴリー**を排除することであるときには、人種の集団虐殺から階級の集団虐殺へと容易に移行するだろう。

アロン自身、この点にかんして意見を変更したということ、彼の政治的遺言書と見なすことができるもの、すなわち彼の『回想録』(一九八三年)の「エピローグ」の中で、つぎのように書いていることを私としては付言しなければならない。「共産主義はナチズムがそうであったのと同様、私にはおぞましいものである。人種のメシア信仰から階級のメシア信仰を区別するために、私が一度ならず引き合いに出した論拠は、もはや私を動かすことはほとんどない。前者の外見上の普遍主義は、結局はだまし絵である。[……]それは衝突や戦争を神聖視する。国境を越えて共通の信念という脆弱なきずなを保護するなどということからはほど遠いのである。(30)」

この点でも全体主義は民主主義および民主主義を支えるヒューマニズム思想に対立する。ヒューマニズム思想はまさしく普遍主義的である。しかしこの原理は国境の外では大きな影響を及ぼし得ない。国境の外では、民主主義諸国間の関係は、求められている支配が本質的に経済的なものであるがゆえに――原則として――戦争の勃発にはもはやいたらないとしても、依然として力に服したままである。それにひきかえ、普遍性の要求は内政においては義務的である。内政は万人の名において、万人の幸福のためにおこなわれなければならないからである。このことから、公共の利益に役立ちうるものを絶えず探求し、社会を構成する諸勢力のそれぞれが自分の利益を部分的に放棄しなければならなくなる。民主主義の政策とは妥協の芸術である。民主主義では、敵対者の一方を物理的に排除することによって争いを解決しようとすることはない。そうではなく、いかなる人間集団においても不可避的である敵対関係を相補性へと変化させるのである。社会通念とは逆に、普遍主義は他者性の足かせになることはない。反対に、普遍主義は他者性を可能にする。他者性を破壊するのは、差異の対立への還元であり、敵を壊滅させようとする欲求である。これらは全体主義と一体の動きである。全体主義では、平和と普遍的調和ははるかな理想としてあり得るが、この理想に到達するためには、まず最初に、これに反対すると見なされる者をすべて排除しなければならない。革命当初の勝利は満足すべきことからはほど遠い。というのは、階級闘争はスターリンによれば、共産主義の祖国の内部においてさえ、年を追うごとにますます激化していくからであり、この共産主義の祖国はつねに敵に取り巻かれているからである。

ヒューマニズムの文法は三つの人称の区別を前提としている。みずからの自律を行使する**私**、**私**と区別されると同時に**私**と同じ次元に位置づけられる**あなた**（それぞれの**あなた**は今度は**私**と化す。またその逆）。ひとりの**あなた**はつぎつぎに、または同時に、協力者、ライバル、忠告者、愛の対象、等々の役割をになっている。最後に**彼ら**である。すなわち、自分が所属する共同体、さらには私的な関係の外部で考えられた人類全体である。そこではすべての個人は同じ尊厳をあたえられているのである。全体主義の文法のほうは、二つの人称しか知らない。個人的な**私**のあいだの差異を吸収し排除した**私たち**、および闘い、さらには打破すべき敵である**彼ら**である。遠い将来、全体主義のユートピアが実現されるときには、**彼ら**はもはや隷属する奴隷でしかないか（ナチズムにおいてそうであったように）、最終的には排除されるだろう（共産主義において――これはただ一つの人称しかもたない文法である）。

統一を至高の理想として措定することによって、全体主義イデオロギーは逆説的に民主主義に対する保守主義者の批判と軌を一にする。民主主義体制は保守主義者の目には――このことを思い出していただきたい――個人主義とニヒリズムに病んでいた。社会全体をただ一つの規則に従属させ、すべての個人に

〈党〉の指示に服従することを要求することによって、全体主義国家は個人主義を不可能にする。その価値観を科学から導き出し、この価値観を万人に押しつけることによって、全体主義国家はまたニヒリズムをも排除すると見なされるのである。

全体主義の両義性

全体主義イデオロギーは複合的な構築物である。それは相容れないさまざまな要求を和解させようとするとさえいえるだろう。このことが弱さの源であり――いつの日か、その矛盾が爆発し、建物全体が崩壊する――、同時に強さの源である。最終的な崩壊まで、ちぐはぐな諸原理が選挙の票をかえってますます広範に掘り起こしたり、ここでの欠落をあちらでの逆の主張によって穴埋めすることを可能にする。教義に内在する緊張は三つに還元されうる、と私には思われる。

最初の緊張の源は、必然性と自由意志という根本的な哲学的二律背反にある。一方で、世界の流れはある者によれば歴史的で社会的な、他の者によれば生物学的な、厳密な因果性に従っている。起こるものはすべて起こるべくして起こる。というのも、すべては抗しがたい原因によって前もって決定されているからである。しかし他方、将来は私たちの手中にある。ある一つの理想が提示されると、万人がそれに到達するのに必要な努力をおこなうだろうからである。過去については、これを一掃し、よりよき世界を、さらには新しい人間をさえ作り出す用意ができている。科学主義は第三の項を介入させることによってこの二律背反を解消する。その第三項とは科学的認識である。というのは、もし世界が全面的に認識可能であるならば、つまり、もし史的唯物論がすべての社会の法則を、生物学がすべての生命の法則を私たちに明らかにするならば、これら科学の秘密を支配している私たちには、既存の形態を説明することが可能になるだけでなく、私たちが選択する方向にこれらの形態の変化を方向づけることが可能になるからである。まさしくこのようにして、意志の領域に属する技術は、必然性を認識することにつとめる科学を後ろ盾にする。

しかし認識すべき対象が単一方向の歴史であり、永遠のくり返しではなくなるときから、緊張の解消はいっそう困難になる。もし人類史がいずれにしても不可避的であるならば、人類史をほんのわずか加速させる場合にすら必要とされる犠牲は、正当化されるのだろうか。ところで、共産主義者とナチスは同時に出来事の結末をあらかじめ知ることができると主張し、出来事の流れを修正するために可能な限り積極的な仕方（「革命」）で介入するのである。

全体主義の哲学的諸前提における第二の大きな両義性は、近代性にかかわっている。全体主義は同時に――こういうことができるならば――反近代的であり超近代的であるからである。このことをすでに例証しているのが、一方の宿命論であり、他方の積極的介入主義である。全体主義が反近代的であるのは、伝統的社会におけるように、個人の利害を犠牲にして集団の利害を特権化し、個人の価値観よりも社会の価値観を特権化するからである。利害よりも価値観を、といってもいいかもしれない。たとえ平等主義的なレトリックを駆使しようと、全体主義社会は伝統的社会と同様、つねにヒエラルキーを土台としている。カリスマ的な指導者の崇拝も同断である。ところが、それは私たちが通常、近代的だと判断する選択――工業化、グローバリゼーション、技術革新――を優遇する社会でもある。共産主義者は急ピッチでロシアを工業化する。ヒトラーは自家用車と高速道路の推進者となる。したがって、近代主義的熱望は軍事的な効率のよさのみを目指しているわけではない。すべてはあたかも、伝統的社会を特徴づけるものとは逆に、事物への関係が個人どうしの関係に代わって確立されるかのごとくにおこなわれるのである。

この両義性はナチスにおいてとりわけ顕著である。彼らは自分たちの教義に、ゲルマン的伝統、異教の神々、古代社会の構成要素、人間的介入から解放された自然、への指示機能一式を装わせることを選んだ。何ものも手を組ませることができるはずのないさまざまな精神——すなわち、生物学的決定論と優生学を信じる精神、および、たとえばハイデガーのように世界を技術の支配から解放することを夢見る精神——を彼らのほうに惹きつけることを可能にするのは、この両義性なのである。

ソヴィエト国家においては緊張はそれほど顕著ではない。すべてが「進歩」のほうに向かっている。それでも緊張がないわけではない。「共産主義＝電気＋ソヴィエト権力」というレーニンの公式もまた、この二元性をあらわにする。共産主義国家は工業社会であって、そこでは経済的要因が主導的な役割を演じている。しかし逆でもある。それは、道徳的、イデオロギー的、神学的理想に服した社会であり、そのモデルに合致するためにはみずからの効率のよさを犠牲にすることさえいとわないのである。電気とソヴィエトは矛盾する諸要求へとみちびく可能性がある。すぐれた技術者を、もし彼がすぐれた共産主義者でなければ、罷免しなければならないことになるのだろうか。それとも、〈党員証〉をもっていなくても、有能な人に電気設備の管理をまかせるべきなのだろうか。それらの結合が不可能であると判明したとき、二つの解決策が交互に試みられた。私が思い出すのは、資料編纂所の運営をしていた私の父が絶えずこのジレンマに直面していたことである。「西側の」言語を駆使できる人を雇うべきなのか。しかしそのような人は「ブルジョワ」教育を受けているに違いない。「ブルジョワ」教育というのは、これが西側の言語教育を含んでいるからである。それとも、ブルガリア語、せいぜいロシア語しか話さない、れっきとした共産主義者か。前者を選択したために、父は長の職から外された。

しかしこれら二つの矛盾する選択は、その同居を容易にするある共通点をもっている。いずれもが私たちの活動の最終目的としての個別的人間存在の肯定に反対しているのである。その目的はここでは、あるいは個人を超えたもの（人民、プロレタリアート、〈党〉）であるか、あるいは個人以下のもの（技術）でなければならない。おそらく、これこそがこれらの体制の歴史的にもっとも際立った特徴である。これらの体制は二〇世紀初頭において、個人主義の漸進的上昇に対して、この推移が生み出すあらゆるフラストレーションを利用して対立するのである。

最後に、三つ目の重要な両義性は、これらの体制におけるイデオロギーの位置にかかわっている。全体主義の理論家はこの点で意見が分かたれている。理論家のうちでももっとも古い人たち——たとえばレイモン・アロン——は、これをイデオクラシーと解釈する。すなわち、権力がみずからの合法性をイデオロギーの中に見出すばかりでなく、イデオロギーへの一致が他のいっさいの思惑より優位に立っている国家である。権力は道具で、政治的理想が目的なのである。しかし二番目の解釈が、共産主義にかんして、とりわけ〈東〉の反体制派によって、あるいはさらにフランスでは、コルネリウス・カストリアディスによって提起された[31]。すなわち、権力は実際には全面的に自分自身に仕えており、自分自身を強化することしか目指していない以上、そこでは権力は見せかけでしかない、ということである。つまり、もはやイデオクラシーではなく、いわば「軍人政治」、権力のための権力、意志の意志である。

この状況をもっとはっきり見るためには、遠回りをし、全体主義国家の歴史を簡単に検討しなければならない。出発点として採り上げるのは、その共産主義的異本である。というのも、共産主義的異本はことのほか教訓に富んでいるからである。実際、ナチズムが権力にとどまったのは一二年間にすぎず、連合国の勝利のあと力によって廃止された。共産主義ははるかに長いあいだ存続した。一二年ではなく七四年である。そして戦争も革命もなく、こういってよければ自然的な死によって死んだ。〈共産党〉の「最高指導者たち」は無制限の権力をほしいままにするのであるから、私たちはソヴィエト史の諸時代を固有名によって指示しようとする慣行に従うことができる。すなわちレーニン時代（一九二四年まで）、スターリン時代（一九五三年まで）、フルシチョフ時代（一九六四年に辞任）、ブレジネフ時代（一九八二年没）である。もっとも重要なものしか命名しないとしてもである。この体制を構成するさまざまな要素が、同じテンポで変化するわけではないことは容易に確認することができる。

最初の目覚ましい変更は恐怖政治にかかわっている。恐怖政治はレーニンによって創始され、スターリンによってその支配の期間中、ずうっと維持される。恐怖政治がかなり大きな強度になるいくつかの時期があるとしてもである。ところで、スターリンの死後、程度ではなく、性格の変化が生み出される。大量の死刑執行は中断され、多くの収容所が閉鎖される。拷問と流刑は、行政的冷遇と職業上の困難に置き換えられる。迫害、つまり精神病院への幽閉のような種々の新しい措置は、相変わらずよくおこなわれるが、その犠牲者はいまや個人であって住民のカテゴリーではない。教訓が功を奏して、いっさいの反逆が粉砕されたのだといわなければならない。むろん「ブルジョワ的な」適法性と個人の自由からは依然として遠くにある。住民全体が監視されており、個人は法律によっては権力の自由裁量から保護されていないのである。にもかかわらず、反体制派——すなわち多少とも公然と国家への対立を表現する者たち——の出現を可能にするのは、この変化である。こうしたグループはレーニンとスターリンのもとでは考えられもしなかっただろう。彼らのもとでは反対者は即座に死に追いやられたのである。いまや彼らは「たんに」監視され、迫害されるだけであって、最悪の場合でも収容所や精神病院に追いやられるだけである。

二つ目の変更はすでに指摘したとおりである。インターナショナルな理想が、ナショナリズムにもとづいた帝国主義的な政策と一つになるのである――しかしこの変更は以前のレトリックを維持することによって隠蔽される。あらゆる変更のうちでもっとも重要で、まさしくイデオロギーの性格と位置にかかわる三つ目の変化は、同じモデルに従っている。この変化が生じるのはスターリンの死後である。この時期から、公的なイデオロギーはますます中身のない貝殻となり、だれもそんなものは信じなくなるのである。千年王国思想の救済の約束は万人にとって徐々に忘却の中に後退し、集産主義の理想は思い出されることがますます少なくなる。それらに代わって肯定されるのは、権力への欲望の通常の同伴者である。すなわち、富裕さと特権への渇望、私的な利益の追求に他のすべての目標を従属させること、である。旧ボルシェヴィキ、すなわち共産主義信仰の狂信者は、自分たちの特権を何よりも配慮する官僚と臆面もない出世主義者に取って代わられる。

教義と現実世界のあいだには、つねに深淵が口を開けている。しかし私がここで記述している変化の前後では、この深淵に対する反応の仕方が異なっている。レーニンとスターリンのもとでは、言説と世界のあいだの距離に気づくと、人々は世界を変化させようとする。レーニンはソヴィエト共和国を押しつける。スターリンは土地を共有化し、国を工業化する。代償を人間の苦しみと経済の荒廃で支払うことになろうと、そんなことはどうでもいい。肝心なのはプログラムを実施し、それによって理論と実践、表象と現実のあいだの深淵を埋めることである。スターリンの死後でも、言説と世界の隔たりは同じように大きい。だがこれを埋めようとするよりも、いまやこの隔たりを隠蔽することに専念する。実際、このときから、公的な言説は世界との真の連関を失い、全面的に独立した生き方をしはじめる。経済の責任者たちが気を使っているのは、政策を実現することよりも数字を改竄して、自分たちの地位から私的な特典を引き出すことである。これはカムフラージュ、幻想、虚飾の支配である。国をみちびいているのは共産主義イデオロギーだと主張される。実際には、若干の例外をのぞけば、それは権力への欲望であり私的な利益である。国家的なコンテクストとの関連で幅はあるけれども、これと同じ変化は東欧の他の共産主義諸国でも見られるだろう。

全体主義国のかつての国民として、私は証言することができる。私が記憶している時期、すなわち五〇年代には、大半のケースで、イデオロギーは見せかけでしかなかった。しかし同時にイデオロギーは不可欠であった。私たちは似非‐イデオクラシーの中で生きていたのである。私の友人たちも私も、あらゆる領域に拡大された嘘の世界に住んでいるような気がしていた。この世界では、理想を意味する用語——平和、自由、平等、繁栄——は、ついにはその逆を意味するようになった。ところが公的なイデオロギーはレトリック上のある種の一貫性を保持しており、まず第一に若干の狂信者には生き残ることを、つぎには大多数の人々——順応主義者——には自分たちの状況を自由に合理化することを可能にした。そしてだれでもが順応主義者であった。少なくともその時代の一部分は。つまりイデオロギーは、別な内容ではなくこの内容のままで必要だった。たとえ、たいていの場合、目的よりも手段だったとしても。だがこのカムフラージュの重要性を過大評価するわけにはいかないだろう。結局は、私たちは権力だけに忠実な臆面のない人物よりも、「誠実」でまじめな共産主義者を相手にすることのほうを好んでいた、とは言い添えておかなければならない。後者が〈党〉への服従によってではなく私的選択によって信じていたという事実は、彼らが私的自律を完全に放棄することはなかったということの指標である。彼らの共産主義への積極的関与は、逆説的に、権力の専制に対する防御物の役割を果たすことができたのである。

体制の中心部であれ表層であれ、イデオロギーのいろいろと変化する役割は、一貫性を欠いたもう一つ別の面を説明することを可能にする。公的なスローガンを信じれば、個人の利益、すべての個人の利益は、共同社会の利益に服していた。しかし私たち全体主義国のふつうの国民が直面していたのは、まったく別の現実である。それは私的利益の無制限な支配である。各人は自分の最大の特典を求めるのである。公共の利益はたんなる包み紙であった。組織的な共同体の名において個人主義的な社会を批判していながら、全体主義はみずからが追求していると主張するものとは逆の結果に到達する。全体主義は、現実にはいかなる公共組織に所属していようと否認し得ない、バラバラな諸個人からなる「大衆」を最終的には産み出すのである。しかも一九八九年または一九九一年にイデオロギーの見せかけが崩壊したときには、明白な事実に屈せざるを得なかった。すなわち、社会の小さな分派（反体制派）をのぞけば、この国の住民はエゴイズムという至上命令しか知らなかったのである。

最後の変化は、それほどの重要性をもたないが、ブレジネフ政権下の七〇年代に生じた。この変化は一元論の原理にちょっとした違反を犯させることに存した。公的な生活とプライベートな生活があらためてもう一度、区別されたのである。いいかえれば、公的な規範（こっちのほうはイデオロギーに服したままであった）から独立したプライベートな生活を送ることが可能となった。ファッション、バカンスの場所、外国旅行は、いまや多少は自由に選べるようになった。

共産主義的全体主義の変遷にかんするこれらの考察によって、それとナチズムとの比較もそうだが、そこから中核を明らかにし、そのさまざまな特徴が形成するヒエラルキーがいかなるものかを特定することが可能になる。この核が含んでいるのは、まず第一に、最初の革命的な段階の必然性である。この段階のあいだに、あらゆる抵抗が退けられ、現実のであれ想像上のであれ、あらゆる内部の反対者が排除される。つぎに、ある原理の周囲に、私的自律の廃棄、自由の排除、絶対権力への万人の服従——恐怖や抑圧によって保証される服従――が組織される。最後に、この選択のさまざまな結末がある。すなわち、生命の真実としての衝突の肯定、いっさいの他者性の対立への還元、政治的または経済的多元性の廃棄である。

反対に、この体制の他のいくつかの特徴は――もっとも人目を引くもののなかでもである――、全体主義の「理想型」を捨て去ることなく消え去ることができる。たとえば、大衆の恐怖である。これが不可欠なのは過渡期だけであった（しかし過渡期はＵＲＳＳの歴史の半分を占めた）。あるいは、なおいっそう驚くべきことに、活動の原動力たる科学主義イデオロギーである。これは最初の段階には必要であったが、その破壊者としての役割を果たすと、たんなるだまし絵に変化することができるのである。

全体主義体制のこれら漸進的な変化が、ゴルバチョフの「ペレストロイカ」と「グラスノスチ」のあいだに加速され、増加され、強度を増して、一九九一年、システムの平和的な退場を可能としたのである。これをフランコ主義と現代スペインとの関係になぞらえて「スペイン式」解決とでもいえるかもしれない。だがつぎのような大きな違いをともなってである。すなわち、共産主義によって引き起こされた破壊のほうがずっと深刻であることが明らかになり、東欧諸国の発展にブレーキをかけつづけているのである。したがって、〈第二次世界大戦〉の翌日に民主主義諸国と全体主義を対立させた冷戦は、交戦国の一方――共産主義体制――の無条件の敗北で終焉を迎えたが、この敗北はナチス・ドイツの場合のように外部の干渉の結果ではなく、全体主義のシステムそれ自体の崩壊によって起こったのであった。

こうした結末の中に絶望を回避するためのいくつかの理由を見出すことができる。というのも、個人の自由を無視し、これほど大々的に抑圧する政治システムは、しまいには崩壊することが判明するからである。七四年間は個人の人生には長すぎる期間であるが、〈歴史〉上ではつかの間にすぎない。共産主義が死んだのは一連の政治的、経済的、社会的理由のためであるが、同時に国民のみならず指導者チームのメンタリティの変化の結果でもある。最後には万人がこの体制では保証し得ない幸福の諸形式を熱望するようになっていた。すなわち、私的な平穏さと安全、個人の自律――いずれも全体主義によって妨害され、民主主義によってはぐくまれる価値である。たしかに民主主義は集団の救済を保証しないし、幸福を約束することもない。しかし民主主義は灰色の服を着た男たちがみなさんを尋問に連行するために「牛乳屋の時間〔明け方〕」にベルを鳴らしたりしないことは保証している。たとえ〈党〉の幹部で特権階級だとしても明け方に連行されるかもしれないような可能性は少しも喜ばしいものではない。その上、民主主義体制は商店の棚を商品でいっぱいにすることを可能にする。だから、「資本主義」のこうした効果を共産主義の窮乏よりも好む人々を軽蔑するような愚かなまねをしてはいけない。

しかし共産主義体制の崩壊は東欧およびソ連の人々が期待していた幸福をもたらすことはなかった。〈党〉の権力が国家の権威に置き換えられていた以上、一方の失墜は他方がそれ以前に消滅していたことを暴き出すことになった。ところで、国家の不在は、不正な国家の存在以上に悪しきことである。というのも、国家の不在は暴力どうしの自由な対決を生み出すからである。つまり、犯罪の恐るべき増加である。公共生活に固有の価値についても同じことがいえるだろう。共産主義の時代にその詐欺的な使用の悪影響を受けたこれらの価値は、今日では廃れてしまっている。アダム・ミシュニクの警句のやってくる所以である。「共産主義においてもっとも恐るべきものとは、共産主義の後にやってくるものである。」この体制によって腐敗したのは政治制度だけではなかった。その失墜の翌日、損害は自然だけでなく経済にも人間の魂にももたらされたことが明らかになった。なおも長期間、子供たちは自分の親たちの悪習の弁済をしなければならないだろう。くつろげる習慣、経済的慣習、ある種の快適さ（自分のねぐらと毛布の心配をする必要のない囚人の快適さに匹敵する快適さ）を放棄することによってである。これらの国々の住民は往々にしてつぎのように自問しているほどである。すなわち、自由な浮浪者の生活は穏やかな奴隷の生活よりも本当に好ましいのだろうか、と。彼らが苦しみの終わりにあると保証するものは何もない。あるのは或る確信である。だがこの確信は決定的である。すなわち、全体主義社会は救済をもたらすことはないということである。

ワシーリー・グロスマンの世紀

ワシーリー・グロスマン，50 年代初頭

暗黒の世紀は隅から隅まで暗いわけではない。そこに足跡を刻んだ個人たちのうちの数人は、この悪の横断において私たちの導き手となってくれるだろう。

私は私の肖像画のギャラリーをワシーリー・グロスマンの像からはじめたい。ワシーリー・グロスマンは今世紀の偉大な作家のひとりである。ユダヤ人に生まれ、ロシア語で書き、国籍はソヴィエトである。死後、何年も経て出版された彼の二冊の書物、『人生と運命』と『すべては過ぎゆく』は、全体主義社会の驚くべき分析を含んでいる。驚くべきというのは、この主題にかんするいかなる文学からも、公的な、さらにはプライベートな、いかなる議論からも遠く離れ、まったき孤独の中でおこなわれたにもかかわらず、歴史家たちが追求しているのと同じ真実に到達しているからである。すなわち、もろもろの出来事の深い意味を暴き出す真実である。

グロスマンの運命はある謎を含んでいるが、この謎はつぎのようにあらわすことができるだろう。すなわち、どうして彼が服従から反逆へ、盲目から明晰さへと移行するという根本的な転向を経験した、ただひとりの有名なソヴィエト作家であるのだろうか。最初は体制へのびくびくした正統的な奉仕者であったが、つぎには全体主義国家のありとあらゆる問題と勇敢にも対決したただひとりの人であるのは？　試みに彼と比較できそうな二人の作家は、パステルナーク（彼は評価していない）とソルジェニーツィン（彼は敬服している）、すなわちソヴィエトの二人のノーベル賞受賞者である。しかしパステルナークが何年も前からすでに第一級のソヴィエト作家であるとしても、一九五八年に西洋で出版される彼の小説『ドクトル・ジバゴ』は全体主義の現象の分析をテーマとはしていない。ソルジェニーツィンのほうは収容所と日常的な恐怖について公然と語り、彼の最初の物語『イワン・デニーソヴィチの一日』は一九六二年にモスクワで上梓されるが、彼自身はソヴィエトの文学界においては駆け出しである。つまり、いうなれば失うものは何もないのだ。グロスマンは完全な転身——奴隷の死と自由な人間の復活——をやってのける第一級のソヴィエト作家の、唯一のとはいわぬまでも、いずれにしてももっとも重要な例である。かくまで希有な運命はいかにして説明されるのだろうか。

私がまず第一に想起したいのは、彼の人生の大きなステップである。ワシーリー・セミョーノヴィチ・グロスマンは一九〇五年にベルジチェフに生まれた。ウクライナのユダヤ人の「中心都市」の一つである。両親は、彼ら自身には大した財力はなかったが裕福な家柄の出である。両親は彼の生後まもなく離別し、子供は母親とともに一九一〇年―一九一二年をジュネーヴで過ごす。一生涯、彼はフランス語を使用するだろう。その後、彼の母親は生活費を稼ぐためにフランス語を教えることになるだろう。グロスマンはもっと富裕な医者であるおじに養われてキエフで学業を続行するだろう。一九二三年にモスクワで彼の姿をふたたび見ることができる。化学者になるために大学に入学したのである。一九二九年、大した感動もなく勉学を終え、翌年から鉱山で働きはじめる。しかしながら、新しい性向が彼のうちで明確になる。作家を志望するのである。すべてが順調のように見える。初期のテクストが出版され、好評を博する。一九三四年、彼は職業作家になるために科学を棄てる。

一九三〇年から一九四一年にわたる第一期では、彼が熱望するのは正真正銘の作家としてみずからを確立することであり、同僚たちに受け入れてもらうことである。彼の初期の著作はゴーリキーによって称賛されるが——これは大いなる救いである——、同時にブルガーコフやバーベリのような当時はマージナルな作家によって称賛される。彼はいくつかの中編小説、一つの長編小説、ジャーナリスティックな（*ocherki*）エッセイを書く。グロスマンは自分ではマルクス主義者を自任するが、彼のヒューマニズムへの傾向は彼の友人たちを微笑ませる。友人たちは彼を「メンシェヴィキ」扱いする。つまり、社会‐民主主義者の同義語である。彼が〈党員〉になることは決してないだろう。どちらかといえば、彼の登場人物はソヴィエトの価値を真摯に信奉する質素な人々である。

共産主義世界で作家であることは、羨望の的であると同時に危険の多い立場でもある。羨望の的であるというのは特権的な立場だからである。文学者は大きな名誉にあずかるのである。〈作家連盟〉の一員として、文学者は数々の特権の恩恵に浴する（より快適な家、海辺の別荘）。彼は名を知られ、尊敬される。しかし、これらの特権にはある代償がつきまとっている。これらの特権のせいで、作家は羨望され、嫉妬される。つまり、脅かされるのである。同時に、作家は国家に対していわば恩返しをしなければならない。つまり、権力にとって有益な作品である。国家にとって適切であるものと個々の作家の才能にふさわしいものとの交わりは、往々にして危険なまでに狭まっていく。

URSSにおける三〇年代は安全確実な時期ではない。そしてグロスマンもこのことを知らないわけにはいかない。というのも、彼の身近で事件が起こるからである。しかし自分が無事でありたいのであれば、本音をさらけ出すことは避けなければならない。一九三三年、彼が作家として第一歩を踏み出すのに多大な援助をした従姉妹のナディアが逮捕される（彼女は労働組合のインターナショナル〔国際労働者同盟〕

で働いている)。しかも彼はモスクワに来ると彼女の家に寝泊まりしているのである。グロスマンは身を固くしてやり過ごし、ナディアのためには何一つ奔走しようとしない。一九三七年、彼と同様、非公式の作家協会である「ペレヴァル」グループに所属している彼の親友の小説家二人が逮捕され、流刑に処せられる。一九三八年にはベルジチェフで、彼のおじが逮捕され、処刑される。高校時代の彼を養ってくれたまさにその人である。グロスマンは相変わらずなりをひそめている。その代わり、一九三七年、裏切りで告発されたボルシェヴィキの指導者たち——そこにはブハーリンも含まれている——に対して進行中の一大訴訟の予審被告人たちに死刑を要求して新聞に発表された共同書簡の下に彼の署名を見ることができる。一九三八年、「人民の敵」の先妻であったとして逮捕された彼自身の妻をNKVD(内務省)の刑務所から釈放させるために働きかけることはたしかである。彼女の最初の夫はグロスマンの友人であった。政治警察の長であるエジョーフに対する働きかけは功を奏し、妻は釈放される。しかしグロスマンが支持のことばを一言も発しなかったかつての友は刑務所で銃殺に処せられるだろう。

こうした類の「小事件」は当時の特権的な階層では日常茶飯事である。密告と卑屈な服従は生き残るための方法と化していたのである。グロスマンはこれに満足などしていない。三〇年代末の彼の精神状態を、当時、未刊のままだったいくつかの中編小説(「娘と老婆」、「悲しみの四日」)のおかげでかいま見ることができる。これらの小説には人間の弱さへの苦しい胸の内がしみ通っているのである。グロスマンがずっとあとになってからしか語ろうとしないもう一つ別のエピソードが位置しているのは、それより数年前(一九三二年)である。ベルジチェフに家族を訪ねたあとで、彼は列車に乗らなければならない。列車に乗るとすぐに、彼は見るのである。車両から車両へと、ぼろを着た痩せこけた人々がさまよっているのを。ひとりの女が彼の窓に近づいてきて、聞き取れないような声で懇願する。「パンを、パンを。」グロスマンは無言である。

一九四一年、戦争が勃発し、グロスマンはホッとして戦争に身を投じるように見える。祖国を防衛することによって、今度だけは祖国が自分に要求するものを自分自身を偽ることなく祖国に贈ることができるからである。この一致は彼に希望を与える。『人生と運命』の中で登場人物のひとりがいうように、「自分はドイツ人と闘うことによってロシアでの自由な生活のために闘っているのであり、ヒトラーに対する勝利は、自分の母、姉妹たち、父が死んだ絶滅キャンプに対する勝利ともなるだろうと彼は感じていた。(1)」

グロスマンはソ連でもっとも有名な従軍記者となる。彼はあらゆる闘いに参加する。モスクワの手前、スターリングラード、ウクライナ、ポーランドである。そして一九四五年、ベルリンに到達する。いつでもどこでも彼は模範的な勇気を発揮する。彼のコラム、談話、考察は、〈赤軍〉の新聞に掲載され、たちまちいたるところで引っ張りだこになる（一九四五年三月、フランス共産党はスターリングラードについて書いたものを選んで公表する(2)）。彼の好みのテーマはつねに、ふつうの人々の宿命、尊厳、ヒロイズムにかんするものである。だがこの時期、彼はまた深い悲劇を生きている。彼は一九四四年に、自分の母親が一九四一年のベルジチェフ占領のさいに殺戮部隊、**アインザッツグルッペン** *Einsatzgruppen* の犠牲者となって死んだことを知るのである。

終戦前、彼はまた、当初『スターリングラード』と題した長編小説の執筆を開始する。彼がこれを終えるのは一九四九年である。その間に彼はもっとも尊敬されるソヴィエト作家のひとりとなった。しかしながら、この小説の出版はいくつかの困難にぶつかる。この書物は現行の規範にかならずしも一致していないのである。主人公シュトルム（彼は『人生と運命』にも登場するだろう）はユダヤ人である。このような設定は、この当時はあまり見られない。その上、英雄は〈党〉の精神を体現した政治局員ではなく下層民である。グロスマンは出版を急がせるようスターリンに手紙を書く（国家の想像を絶する一元論的中央集権である。首長がさまざまな雑誌への発表のスピードを左右するのである！）。好意的な若干の介入のあと、小説は『正義のために』という題で一九五二年に出版される。

最初、この本はソヴィエトの偉大な作品として称賛される。しかし一九五二年末と一九五三年のはじめにかけて、作者に対する攻撃が、とりわけて盲従的な批評家、嫉妬深い作家、あるいは熱烈な称賛者によってはじめられる。褒めたたえていたものを口を極めて非難するのである。グロスマンは打ちひしがれる。検閲者の勧告をすべて受け入れたのに、自分の最近一〇年の仕事は評価してもらえないのだ。彼がその後、自分に許そうとしない最後の行動が位置するのは、正確にこの時点である。反国際的な（反ユダヤ人の、をあらわす機械語）キャンペーンが最高潮に達する。「白衣の陰謀」（ユダヤ人出身の医者たちが国家の指導者たちを毒殺しようとしたらしい）が「暴かれた」のである。グロスマンは不幸にして『プラヴァ』委員会に所属している。この委員会は「善良な」ユダヤ人が痛めつけられないように、罪人を厳罰に処すよう要求する手紙を書く。グロスマンは「何人かの人々の死と引き換えにすれば、この不幸な民族を救うことができるものと考えていた。そして出席者の大多数とともに署名をした」。その後、『人生と運命』を書くときになっても、彼がこの体験を忘れることはないだろう。この小説で、彼はこの体験をシュトルムに託すのである。このようにして彼の人生の第二期、一九四一年―一九五二年が終わる。

断絶点はここでは一九五三年三月のスターリンの死である。私たちはグロスマンの精神の中で何が起こったのかを想像しようと試みる以外にない。彼の親友、セミオン・リプキンが報告するところによれば、グロスマンはこの時期、チェーホフのつぎの一節を我が物としていた。すなわち、「いまや私たちひとりひとりが、私たちのうちにいる奴隷をやっかい払いする時であった(3)」。全体主義のシステムは崩壊はしていない。しかし恐怖政治は大幅に弱まった。収容所のドアが開かれ、幽霊たちが出ていく。彼らは自分たちの人生の一五年、二五年をここで過ごしたのである。恣意的な逮捕と死刑執行は終わりを告げる。そのときはじまるのが、フルシチョフの名と結びつけられる「雪解け」である。グロスマンはもはや死の危険が自分の頭上にぶら下がっていないという事実に気づき、決意する。肝心なことについては妥協すまい、と。

彼が体験した内的危機に対応しているのは一九五四年である。この年には、いかなる著作も書かれていない。一九五五年、それは逆に爆発である。グロスマンはスターリングラードにかんする小説の第二部になるはずであったものに再着手し、これを修正する。彼が作り上げるのは、今日、私たちが知っているような形での『人生と運命』である。同年、物語とエッセイの境界に位置する、ずっと短い書物である『すべては過ぎゆく』の最初の版、および短いテクストである『システィナ礼拝堂のマドンナ』のプランを立てる。『システィナ礼拝堂のマドンナ』はさまざまな同じテーマをきわめて稠密な数ページに集約したものである（本書の銘句はすべてこのテクストからの抜粋である）。一九五六年、別の虚飾と関係を断ち、妻と離別し、彼が愛する女性と新しい生活を開始する。

グロスマンは『人生と運命』を一九六〇年に書き上げ、これを出版することに決定する——この決定は、いま振り返ってみると、素朴であるとともに大胆である。全体主義のURSSでは、たとえフルシチョフ政権下であっても、このような書物が出版されるとは想像できないからである。そして起こるべきことが起こる。グロスマンが原稿を送った雑誌の小心な編集者は、あわてて彼をやっかい払いする。KGB（ソ連国家保安委員会）の機関に彼の動きを追わせるのである。一九六一年二月、政治警察の警官が出し抜けに彼の家にやってくる。これが時代の特徴だが、彼らは作家を逮捕《アレテ》せず、原稿を「ストップさせる《アレテ》」ことで満足する。作家が二度と原稿を復元できないように、あらゆる草稿、あらゆる写しを運び去る（グロスマンがコンピュータとか他の電子郵便についてはいうまでもなく、複写機以前の時代に生きていることを忘れてはならない）。スターリン政権下では、作家は逮捕されると殺害された。フルシチョフ政権下では、体は自由のままにして、精神のいとなみを閉じ込めることで満足するのである。

　グロスマンは打ちのめされるが、降参してしまうことはまったくない。今回は慚愧の念は少しも起こらない。逆に、彼は抗議し、わめき散らす――しかしわずかの成果も得られない。一九六二年二月、彼はフルシチョフに長文の書簡を送り、補償を要求する。この手紙では小説の中で書いたことに後悔の念はまったく表明されていない。フルシチョフは直接には答えないが、同年七月、グロスマンは〈党〉のイデオロギー部門の長であるスースロフの呼び出しを受ける。スースロフは温情主義をもってグロスマンを扱う。つまり、収容所に送ると脅しはしないが、彼を叱りつけ、もう一度、以前のようなすぐれたソヴィエト的作品を書くように勧めるのである。

　グロスマンは一九六四年に癌で死ぬ。逮捕されもせず流刑に処せられることもなかったが、自分の著作がいつの日か出版されるかどうかを知ることもなかった。病院でのことである。死の数週間前、目を覚ましたとき彼は恋人に訊ねる。「ゆうべ尋問に連れて行かれたよ……。ねえ、ぼくはだれも裏切らなかっただろう？」[4] 彼は最後の時期にはほとんど何も出版しなかった。『人生と運命』の押収のあと、彼が執筆する時間をもてるのは、『すべては過ぎゆく』の新しい版――彼はこれを出版しようとはしない――と、数編の短い物語だけである。これらの物語のうちでもっとも重要なのは、アルメニア旅行にかんするノートである『幸福が諸君とともにあらんことを！』である。つまり、彼の書物が出版されるのは、死後、何年も経たあと、それも外国においてでしかないだろう。『すべては過ぎゆく』は一九七〇年、『人生と運命』

は一九八〇年である。

以上がグロスマンの伝記の大ざっぱな輪郭だが、謎を解く鍵はまだ私たちに与えられていない。つまり、このような変身を遂げることができたのが、彼であって他のだれかでないのはなぜなのか、ということである。彼のユダヤ人としての意識の目覚めを引き合いに出して、この問いに答える試みをおこなうこともできる――もう一つの、同じように異論の余地のない変化である。想起しなければならないのは、まず第一にグロスマンがロシア語しか話さない同化されたユダヤ人の家系に属するということである。彼が『人生と運命』で自分の環境に言及するとき――この環境はここではシュトルムの家族に託されている――、物理学者の母親にこう言わせている。「わたしゃ、自分をユダヤ人だなどと感じたことは一度もないよ。子供のころからロシア人の友人たちに囲まれて生活してきたし、好きな詩人はプーシキンとネクラーソフなんだから。」母親が亡命を勧められると、母親は反駁する。「ロシアを去るなんてとんでもないよ。首を吊されたほうがまだましだよ。」息子についても同断である。「シュトルムは戦争になる前は、自分がユダヤ人で、自分の母親もユダヤ人であるなどとは、一度も考えたことがなかった。」これらの言明は、帝政ロシアにおいて反ユダヤ主義からユダヤ人迫害《ポグロム》にいたるまで、ユダヤ人が組織的な迫害の犠牲者となっていたことを思い出せば、そのあますところのない意味を獲得する。他方でグロスマン家は、ほかの大勢の同化された都会のユダヤ人と同様、革命と新しいソヴィエト体制に惹きつけられている。革命とソヴィエト体制はロシア帝国における賤民としての彼らのステイタスを廃棄する。なぜなら、それらは反ユダヤ主義を断罪し、すべての人間が平等であると宣言するからである。

自分たちを何よりもまずロシア人でありソヴィエト人であると考えているこれら同化されたユダヤ人に、自分たちは永久にユダヤ人のままであると思い出させる役をはじめて引き受けたのは、ヒトラーである。

いまや彼らは起源への配慮によってではなく、脅かされた者たち、および苦しんでいる者たちとの連帯によって、ふたたび見出されたこのアイデンティティを後ろ盾にする用意ができている。シュトルムの母親は、死ぬ数時間前に書いたゲットーからの手紙で、つぎのように述べている。「それは恐ろしい日々でしたが、私の心はユダヤ民族に対する母性的なやさしさでいっぱいになりました。[5]」グロスマン自身についても事情は同じであった。彼は自分の母親の運命を小説の中で不朽なものとするのである。ベルジチェフのすべてのユダヤ人が銃殺刑に処せられるだろう。一九四一年九月五日に約一〇万人、同年九月一五日には残りの二万人である。彼の母親はこの二番目のグループに入っている。小説の登場人物と違って、彼女は自分の息子に一通の手紙も送ることができない。息子はウクライナ奪回のさいに真実を目の当たりにする。だが彼は当初からこのことを恐れていた。戦争の開始とその二週間後のドイツ軍による占領のあいだに、母親をベルジチェフから脱出させようとしなかったことに自責の念に駆られているがゆえに、彼はこの喪失をますます過酷な苦痛をもって生きるのである。

それがすべてではない。解放されたすべての領土の中で、グロスマンは大虐殺の痕跡を見る。彼は〈赤軍〉の先陣をつかさどる諸師団に同行する。これらの師団はポーランドに到達し、トレブリンカ収容所の残骸を発見する。彼は何日間にもわたって調査し、拘留された証人と看守を尋問して、『トレブリンカの地獄』と題された、絶滅キャンプにかんしては、これをもって嚆矢とする最初の物語をただちに発表する。

その間、ソヴィエト政府はユダヤ人犠牲者によってかもされる普遍的な共感からある程度の利益を引き出すべきだと決定している。政府は一九四一年八月、外国のユダヤ人に連帯を呼びかけるべく〈反ファシスト・ユダヤ人委員会〉を結成する。そして当時のもっとも有名な二人のユダヤ人作家――イリヤ・エレンブルクとワシーリー・グロスマン――をナチスによるソヴィエト・ユダヤ人の迫害と虐殺にかんする証言を収集した『黒書』を作成する任に当たらせる。グロスマンはこの使命に情熱的に身を捧げる。彼は指揮を執り、材料をまとめ、いくつかの物語を書き直し、自分自身で調査をおこなう。

しかし戦争直後にソ連で事態が変化する。ユダヤ人のとりわけ深刻な苦痛を力説することはもはや上品なことでなくなる。冷戦も相まって、ユダヤ人の国際的な連帯はよく思われなくなるのである。『黒書』の出版は延期され、ついで取り消されるだろう。最初、アインシュタインが序文を書いていた簡約版は合衆国で発表されるだろう。完全な版が公刊されるのは一九八〇年でしかないだろう——イスラエルにおいてである。(6) 国家社会主義《ソシアリスム・ナシオナル》——グロスマンの言い方に従えばである——がますます公然と表明され、反ユダヤ主義もふたたび姿をあらわすだろう。イディッシュ語の出版社は閉鎖され、反ファシスト・ユダヤ人委員会は解体され、ユダヤ人出身のもっとも著名な人々は逮捕され、処刑される。いわゆる白衣の陰謀が暴かれる。問題になるのは、すべてのユダヤ人を東アジアのどこかに流刑に処することである。

ユダヤ人迫害に直面して、グロスマンは一九五二年の書簡に署名したようなミスはあり得るとしても、自分がユダヤ人であることをもはや忘れることはできなくなる。そしてこれらのテーマは二度と彼の書物から消え去ることはないだろう。ユダヤ人であるシュトルムを『正義のために』と『人生と運命』の主人公に据えるばかりではない。ヒトラーのジェノサイドが二つ目の小説の主たる主題の一つとなるのである。ロシアとウクライナの反ユダヤ主義が沈黙のうちに見過ごされることはないだろう。グロスマンは『人生と運命』でも『幸福が諸君とともにあらんことを！』でも、その展開に重要な部分を割いている。しかしグロスマンの作品におけるユダヤ的側面は、彼の思想を忠実に記述しようとすれば無視するわけにいかないことは間違いないとしても、これを想起するだけでは作家の根本的な転向を説明するには不十分である。

日付を見ながらまず最初に気づくのは、戦時中に絶滅を定められた人々に自分が所属していることにグロスマンがショックを受けるのは一九四一年と一九四五年のあいだだということである。ところで、リアクションが生じるのは一九五三年から一九五四年にかけてである。変化の中身が別の方向にもあらわれはじめる。グロスマンに自分のユダヤ性を発見させるのはヒトラーである。ところでヒトラーに対する糾弾はURSSにおいては完全に合法的である。グロスマンの転向はスターリンにかんするものであって、ヒトラーではないのだ。この転向は、万人によって満場一致で断罪されるヒトラーも、ソヴィエト世界の偶像であるスターリンに比べれば悪質さにおいては大差ないということを自覚することにある。ところでスターリンがその上、反ユダヤ主義者であることが問題なのではない。スターリンの最大の罪をなすのはユダヤ人迫害ではない。グロスマンを転向へとみちびくのは、自分のユダヤ的アイデンティティの発見とは直接には関係のない出来事である。その出来事とは、彼の小説『正義のために』の却下、ついでその出版、その出版ののちに彼がこうむった迫害、迫害のために彼がおこなった妥協、最後にスターリンの死である。

グロスマン自身は自分の行動が特殊な民族的アイデンティティによって説明されることを肯んじ得なかっただろう。彼は自分が唯一の共同体——人類——の一員であることをつねに望んでいた。残余の共同体は、そこに到達するために各個人がたどる道筋であるに過ぎない。『黒書』を作成するに当たって交わされた議論では、彼はもうひとりの執筆者であるイリヤ・エレンブルクとはかなり異なった立場を占めている。この会議の速記録によって、私たちはグロスマンが「ユダヤ人」という語の頻繁な反復を回避しようとしていたことを知ることができる。議論のあいだに彼はユダヤ人犠牲者は人類として扱われるべきであって、特殊な民族としてではないと主張する。彼はユダヤ人犠牲者は最初はユダヤ人として特定されるが、つぎに個人および人類の一員として認められることを望む(7)。彼はこの主題を『人生と運命』において一般化させ、一八世紀のヒューマニストの調子をふたたび見出す。「大切なこと、それは人間は人間であるということあって、人間が司教、ロシア人、商店主、タタール人、労働者であるということは二の次だということである。[8]」彼はいっさいのナショナリズムに警戒を示す。大民族の迫害の通常の対象である小民族のナショナリズムに対してもである。彼はアルメニア民族にかんして彼の物語『幸福が諸君とともにあらんことを！』の中でこのことを説明している。「小民族のナショナリズムは、油断のならない容易さで、みずからの人間的で気高い土台を喪失する。」

そういうわけで、グロスマンは自分がユダヤ人であることを二度と決して忘れることはないが、今後、自分の苦い体験を、ユダヤ人だけでなく他の迫害の犠牲者のために役立てようとするだろう。『人生と運命』が可能となるのは、唯一、特殊から一般へ、さらにそこからもう一つの特殊へと移行することによってのみである。グロスマンは自分の骨肉にヒトラーの暴虐の被害をうけたからこそ、ソヴィエト世界を理解できるようになるのである。ナチズムは共産主義の真実を物語っている。グラーグ〔ソ連の強制収容所制度〕の秘密を暴き出すことが可能になるのは、**ラーゲル** *Lager*〔ナチスの強制収容所〕のおかげにほかならない。だが勢いはその地点では止まらない。一九六二年のアルメニア旅行の印象を報告するとき、彼はひとりのアルメニア人の老人が、彼がずっと以前にアルメニア人がうけた迫害について語ってくれたことを彼に感謝する様子を物語っている。「その老人はアウシュヴィッツのガス室で死んだユダヤ人の女性と子供たちへの哀れみと愛について語った。〔……〕老人は犠牲となったアルメニア人民の息子がユダヤ人について書くことを願っていた。[9]」このとき、悪の被害を受けたという認識が、他者を援助するのに役立ったのである。

ユダヤ人グロスマンがアルメニア人とウクライナの農民の大虐殺のみならず、日本国民の大虐殺にも関心を示すのは間違いなく偶然ではない。しかし日本国民は、全体主義体制によってではなく、ヒューマニズムの理想を公言する民主主義大国によって発明され投じられた原爆によって殺されるのである。グロスマンは爆弾の内部で使用された核分裂についてしっかりとした知識を得ている（『人生と運命』におけるシュトルムは物理学者であり、似たような発見をおこなう。グロスマンが受けた教育によって化学者であることを忘れてはならない）。一九五三年、彼は広島の破壊のために短い物語『アベル』を捧げる。その中で彼は爆弾を町に投下した搭乗員の精神状態を想像しているが、同時に犠牲者の精神状態にも思いをめぐらせている。「この四歳の男の子もその祖母も、なぜパール・ハーバーとアウシュヴィッツのために釈明するのが、まさしく自分たちの役目であるのかを理解できなかった。」(10)

著作そのものから明らかになる個性の中に、グロスマンの転身の説明を見出すことができるだろうか。二つの特徴がこの作品をのっけから特徴づけている。身分の低い人々への愛着と真実への嗜好である。自分自身は教養ある家族の出で、知的な職業にたずさわっているけれども、グロスマンは彼の作品全体でありふれた人々への偏愛を示している。このようにしてルソーも（「私たちは博学でなくても人間であることができる」）、『イエス＝キリストのまねび』〔一四―一五世紀の宗教作家トマス・ア・ケンピスの作品〕も褒めたたえている古いキリスト教の伝統を受け継いでいるのである。富裕さも、教養も、才能そのものも、彼の目には人間の価値を保証するには不十分である。晩年に彼は書いている。「天賦の才に恵まれ、才能にあふれた人々の中には、数学の公式、詩句、楽句、鑿、絵筆の天才的な巨匠の中にさえ、心底、無能で、弱々しく、けちで、好色で、食い意地が張り、卑屈で、貪欲で、物欲しげで、ぐうたらで、のろまな人たちがたくさんいるが、この人たちにあっては、良心の苛立たしい苦しみから真珠が誕生するのである。」(11)

グロスマンはまた、このコントラストに彼の最後の物語の一つ『燐』(12)を捧げている。一群の友人たちの運命の物語である。全員がそれぞれ異なった分野で傑出しており、精神性が高く、才能豊かである。ひとりは数学者、もうひとりは天才的音楽家、三番目は古生物学でさまざまな発見をし、四番目は巨大な工場の工場長、五番目——グロスマン——は有名な作家である。彼らのうちに非凡でない者がひとりいる。名前はクルーグリアク。しかし彼は他人に対してもっとも思いやりの深い人である。歳月が流れる。旧友たちは全員がそれぞれ自分の職業において勝利者である。クルーグリアクのほうは一〇年の強制労働の刑で収容所にいる。収容所を出ると平凡な生活に舞いもどる。しかしながら全員のうちでもっともすぐれているのは彼である。彼だけが彼を必要としている人たちに援助の手をさしのべるのである。

真実に対するグロスマンの嗜好も同じく高らかに述べられる。そして彼は同時代人のやり玉に上げられる。三〇年代初頭、彼はゴーリキーの意味深長な反応を引き起こす。ある出版社に宛てた読書報告で、ゴーリキーは若き作家の初期の作品についてつぎのようにコメントしている。「自然主義はソヴィエトの現実には適していません。ソヴィエトの現実を歪曲することにしかならない。作者はいう、〝私は真実を書く〟と。しかし彼は二つの問いを自分に提起しなければならなかったのです。どんな真実を？　と、なぜ？　です。[……]　ことほどさように、なぜ私は書くのか、どんな真実を私は確証しつつあるのか、どんな真実が勝利することを私は欲しているのか、と作者がみずからに問うことで、作者は吟味された本来の素材を獲得できるのです(13)。」

ゴーリキーにとって、社会主義リアリズム——換言すればプロパガンダ文学——の偉大な組織者としてのこの時代においては、真実を述べるということは満足すべき原理ではない。すべてが評価できるわけではない多数の真実が彼には存在する。このことは、当時の政治的なコンテクストでは、ただ一つのことをしか意味しない。すなわち、真実はソヴィエト社会を益する場合にのみ述べるべきなのである。あるいはそれにとどまらず、〈党〉にとって有益なものが真実なのである。ゴーリキーがその著作を評価しているこの若き作家は、明らかに別種の方針にみちびかれていた。

三〇年後、フルシチョフに手紙を書くとき、グロスマンは相変わらず真実を引き合いに出している。「私が私の本の中に書いたのは、私が真実であると信じていたし、真実であると信じつづけていることだけでした。私は自分が考え、感じ、苦しんだことしか書きませんでした。」だから原稿が押収されたにもかかわらず、グロスマンは前言を撤回しないし、いかなる文も取り消そうとしない。しかも誹謗者たちは彼が嘘をついたとして非難しているわけではない。彼らはこのような真実はソヴィエト国家にはあまり役に立たないと主張しているのである。そして彼に対して使用された方法――本の隠匿――は、彼が真実を述べたことをさらに確証している。虚偽であれば反駁されるからである。グロスマンは結論としていう。「私が真実を述べたということ、人間を愛しながら、人間を憐れみながら、人間を信頼しながら、私はこの本を書いたということを、私は信じつづけています。私は私の本のために自由を要求します。[14]」

すでに見たように、彼がこの自由を獲得することはないだろう。スースロフが彼にしてくれる説明は、ゴーリキーの難癖とまったく同じ精神であるだろう。すべての真実を口にしていいわけではない。「率直さが現代の文学作品の創造のただ一つの要請なのではない。」もう一つの要請、それはもちろん有用性である。ところで、グロスマンの真実はパステルナークの『ドクトル・ジバゴ』以上にソヴィエト社会に害をなすだろう。URSSの敵によって準備されている原子爆弾とほとんど同じほど！　真実も自由も自律的な価値をもたない。「われわれは自由を資本主義諸国のような仕方では理解しない。つまり社会の利益を気にかけずに言いたい放題をいう権利としては理解しない。ソヴィエトの作家が生産すべきは、もっぱら社会にとって必要で有益なもののみである。[15]」ここに「ビヤンクールを悲しませてはならない[二]」の論理を認めることができる。

これらがグロスマンの精神の定数である。彼の新しい個性が確立するのも、これらの定数からだろう。しかし決定的な変化がはじまるには、徐々に、ゆっくりとした長いプロセスを経て、グロスマンが母親の死というこの例外的な心的外傷の意味を理解できることが必要だった。

グロスマンの死後、彼の書類の中に二葉の写真と二通の手紙の入った封筒が発見された。最初の写真に写っていたのは子供のグロスマンと母親である。二枚目は残虐極まるものである。裸の女性たちの死体で埋め尽くされた窪地が映っているのである。この写真はソ連のユダヤ人女性の死刑執行のあとにSS〔ナチスの親衛隊〕が撮ったものである。グロスマンの母親はこのようにして地上での生活を終えたのであった。手紙は二通ともグロスマンが母親に宛てたものであるが、その日付が奇妙である。一九五〇年九月一五日と一九六一年九月一五日、つまりこの殺害の九年後と二〇年後である。ところがグロスマンは生きている人に書くように自分の母親に手紙を書いているのである。一通目は、したがって彼が自分の小説の第一巻をまだ発表するにいたらない時期に書かれたもので、自分の母親に当の母親の死の発見——一九四四年である——について語っている。だが同時に、すでに一九四一年九月の予言的な夢によってこれについて語っている。その夢の中で彼は一つの部屋に入っていく。彼はそれが母親の部屋であることを知っている。空っぽな肘掛け椅子と背もたれに投げかけられた肩掛けが見える。この肩掛けは母親のものであった。手紙の中で、彼は自分の揺るぎない愛と、同じく変わらぬ苦しみについて母親に語っている。彼は母親の死を思い描くことができないのである。

二通目は、したがって小説『人生と運命』の第二部のために彼が困難に陥っている時期であるが、なおいっそう衝撃的である。彼は相変わらず母親にじかに語りかけている。自分の中で彼女が生きつづけていること、自分の彼女に対する愛が日々ますます募っていくことを彼は強い調子で述べている。彼はそこで

『人生と運命』は彼女に献じられていること、この小説は彼女が彼に霊感を与えた感情と思想の表現であることを明らかにしている。すなわち、彼女に対する憐れみ、彼女という模範に対するあこがれである。母親は彼にとって何を象徴しているのだろうか。ロシア、女性、ユダヤ人の運命？「私にとって、あなたは人間性そのものです。そしてあなたの恐るべき運命は、この非人間的な時代における人類の運命なのです。」同時に、彼の母親は不幸と悪に直面したときに彼があこがれている態度を具現している。彼女は他人をその不完全さ、弱さとともに愛することができた。彼女はつねにやさしく寛大でありつづけることができた。彼女は憎しみの対象となったが、その憎しみは彼女を憎しみで満たすことはなかった。つまり、まさしくユダヤ人の大虐殺が転向の出発点であるが、それは万人にみずからを開き、世界を理解し、人間を愛することへとグロスマンをみちびく動きなのである。母親の運命の意味を把握したことで、彼は驚くべき力を獲得することになった。「私には恐れるものは何もありません。なぜなら、あなたの愛が私とともにあるからです。なぜなら、私の愛があなたとともに永遠にあるからです。[16]」彼の母親は彼に力と勇気を与える内的な証人と化したのである。母親の愛の確信は彼を不屈なものとし、彼に他人を愛することを可能にする。この自覚ののちに彼が書いた書物は、この自覚の直接の結果である。それらの書物はグロスマンが、みずからを母親の死まで含めて母親のうちに投影することによって、母親のうちに発見した精神状態のことばへの翻訳にすぎない。つぎにスターリンの死が彼を恐怖から解放した。つまり、彼はある日、別人として目覚めたのである。

いまや私たちはグロスマンの思想へと目を向けることができる。とりわけ、彼が全体主義体制に加えている分析である。全体主義体制の本質的特徴とは何か。今世紀の三〇年代、四〇年代、五〇年代のソ連に住んでいる個人にとって、答えは自明ではない。個人が日常的に耐えているのは、経済的な欠乏、住居の狭さ、交通手段の困難である。しかしそれはこの体制の構造的特徴の一つの結果に過ぎない。彼がそれ以上に苦しんでいるのは、死刑執行、強制収容所への移送、拷問にかんする話によってかもされる恐怖である。あるいはまた、ノーメンクラツーラ〔幹部〕のメンバーの尊大さ、プロパガンダの虚偽、日常的行動の規則にまで格上げされた密告と卑屈さである。だがこれらは共産主義政権下の生活の特徴であって、その原理の定義ではない。

全体主義社会のベースには、グロスマンによればある要請が見出される。個人の服従という要請である。というのも、この社会が熱望する目的は社会を構成する人々の幸福ではなく、国家として指示することができる抽象的な実体の開花だからである。この抽象的実体は〈党〉さらには警察とも混同される。同時に、個人は自分を自分の活動の源として受け取ることはやめなければならない。彼らは自分の自律を放棄し、公権力によってたどたどしく述べられる〈歴史〉の非人称的な法に、またさまざまな公共機関によって日ごとに発布される命令に服従しなければならないのである。この意味でソヴィエト国家は「自由のない国家であることを本質的原理として有している」ということができる。

共産主義体制のイデオロギー的な起源であるマルクス主義理論からしてすでに個人の自由にいかなる場所も残していない。だがソヴィエト国家は、権力が定めた定数を歴史や経済が駆使する定数に重ね合わせることによって、マルクスが思いもよらないさまざまな分野にこの原理を拡大した。「自由は政治と公的活動の分野でのみ敗北したのではなかった。それが農業——自由に種をまいたり刈り入れる権利——であろうと、詩であろうと、哲学であろうと、いたるところで自由は圧殺された。注文靴業者であろうと、読書サークルに加わっていようと、住まいを変えようと望もうと、もはやいかなる自由もない。(17)」自由の不在はあらゆる活動に押し広げられる。そこには真実の探求も含まれている。その結果、科学はプロパガンダ部門の下位部門に変化する。このようにしてソヴィエト・ロシアではアインシュタインの「相対性理論なる代物」が断罪されるだろう。[18]

国民の服従を確実なものにするために国家が使用する手段である恐怖政治は、したがって非合理的なものではまったくない。それは逆に不可欠なのである。恐怖政治のうちに「残酷な人間によって行使される無制限の絶対的権力の常軌を逸したあらわれ」を見るとすれば、それは時代と体制を間違えている。恐怖政治は個人のいっさいの自律を破壊するために必要なのである。「反自由がこの血を流させたのは自由を打破するためであった。[19]」これが求められる目標であった。国家警察はこの世には罪人はいないというトルストイの原理をひっくり返した。「われわれチェカの委員は」と『人生と運命』の一登場人物はいう、「地上には無垢な人はいないという上級のテーゼの仕上げをするのだ。[20]」万人は自分たちの自由意志の名において行動し、他の個人の幸福を自分たちの行動の目標とする個人のままであろうと望むがゆえに、罪人なのである。このテーゼから出発するならば、恐怖政治は合法的である。まさしくそういうわけで、強制収容所はこの体制の象徴と化す。個人の服従が強制収容所の唯一の正当化なのである。強制収容所は同時に、この体制全体の隠された真実を暴き出す。「有刺鉄線の外部であろうと内部であろうと、生活はその秘められた本質においては同じだった。」

世界の全体主義的ヴィジョンの起源はどこに求めるべきなのだろうか。全体主義の現在の敵はその起源を自分たちの伝統から可能なかぎり遠くへと押しやろうとする。ロシア人ソルジェニーツィンにとって、それは西洋から輸入したものにすぎない。ドイツ人ノルテにとって、それはアジアの影響であるか、最悪の場合にはフランスの影響である。グロスマンはあたうかぎり自分をロシア人であると感じており、偉大な文学的伝統の継承者であるが、まず最初に、非は服従への、さらには隷属状態へのロシア人の嗜好にあるのではないかと考える。しかし彼は考え直さなければならない。「ロシア人だけがこのような道を体験したわけではない。めずらしくはないのだ、すべての大陸で同じ不幸を多少なりとも体験した民族は。」せいぜいいえることは、全体主義の到来を容易ならしめる条件とは、ロシアにも他のいくつかの国にも見られる、肉体と精神、具体的なものと抽象的なもの、日常的なものと崇高なものを根本的に分離する傾向であるということである。魂が肉体から独立していると信じられているとき、肉体の隷属はより容易に受け入れられるからである。

それにひきかえ確実なこととは、はじめての全体主義国家が誕生したのは、一九一七年、まさしくロシアにおいてだということである。そしてその産婆役の名はレーニンという。これがグロスマンの恒常的なテーゼの一つである。政治警察の長官であるエジョーフやベーリヤを国家の首長であるスターリンと切り離すことも、スターリンをレーニンから切り離すこともできないのである。新しい体制の大きな特徴を定めるのはレーニンである。彼の行動の第一の特徴は、全面的にある目標に服しているということである。すなわち、何としてでも勝つという目標である。これは極端にまで押しやられたマキャヴェリズムであって、目標はあらゆる手段を正当化し、いかなる絶対も存在しないのである。「レーニンは議論において真実を求めなかった。彼が求めていたのは勝利である。(21)」彼は自分のメスしか信じない外科医に似ている。カガノヴィチが言及した外科医である。目標に到達するためには、この外科医はためらわずに生身の組織を切開するのである。戦争は生命の真実である以上、戦争を仕掛けることを差し控えるいかなる理由もない。そして内部の敵に対する戦争が恐怖政治と呼ばれるのである。

レーニンとスターリンの連続性は、スターリンが改革をおこなわなかったことを意味しない。スターリンの寄与は二つの主要な分野にかかわっている。まず最初に、国家《ネーション》という理念——もっと正確にいえば国民国家《ネーション・ステイト》に認められた優先権――をURSSで強調するのは彼である。〈一〇月革命〉から派生した体制は、すでにユニークなところは少しもなかった。というのも、この体制は服従を、さらには人類の一部の粛正、敵である階級、すなわち「貴族階級、産業ブルジョワジーと商業ブルジョワジー」の粛正を強制していたからである。また当初から、革命の計画は、ただ一つの国――ロシア――の運命と混同されつつあった。この意味で――とグロスマンは書いている――レーニンはそれと知らずに「二〇世紀の偉大なナショナリズムの基礎を築こうとしていた」。しかしこの計画は当時、世界革命の地位の格上げで隠蔽されている。この計画が実践の中で体系化され、理論（「一国社会主義」）[22]の中に導入されるのを見るためには、スターリンを待たなければならない。そのとき、インターナショナルな社会主義が国家社会主義であることが明らかになる。それは社会主義であることをやめ、目標は国家の目標と混同されるのである。

ヒトラーの侵略のさいロシア人の大奮起を可能にするのは、体制と国家とのこの同一視である。自分たちの体制に適度に満足していたロシア人は、こぞって侵略者に対して立ち上がり、自分たちの祖国を防衛するためにしゃにむに闘う。それは「偉大な愛国戦争」であって、そのさいに歌われるのは、マルクスとエンゲルスの栄光ではなく、アレクサンドル・ネフスキーとピョートル大帝の栄光である。スターリングラードの勝利は公然と容認されたこの「国家－社会主義《ナシオナル－ソシアリスム》」の結果である。しかしそのもう一つの結果が、この同じ年代に、同じ領土に居住する国民的少数派の誰彼の区別なくおこなわれる迫害である。このとき人々は、彼ら少数民族がロシア人に対する先祖伝来の敵であることを思い出すのである。カルムイク人〔キルギスタンに居住するモンゴル系民族〕とクリミア半島のタタール人、チェチェン人とバルカール人、ブルガリア人とロシア化したギリシア人が、シベリアの広大な亜寒帯林《タイガ》に流刑に処せられる。それからまもなく、もう一つの少数民族、ユダヤ民族への迫害が開始される……。

スターリン政権下で共産主義体制がこうむった二つ目の革新は、自分でみずからの信念に到達した人々が、国家の方針で、中央権力に全面的に服した個人によって置き換えられるということである。一部の人たちはボルシェヴィキ第一世代に所属している。この世代が考えているのは何よりも現実にユートピアを導入することであり、この目的に達するためには恐怖を君臨させることにもためらいを見せない。この人々を特徴づけるのは、エネルギー、勇気、自己犠牲であるが、同時に暴力、性急さ、個人の運命に対する配慮の欠如である。自由のいっさいのあらわれを圧殺したのは彼らである。しかしこれらの人たちが邪魔者と化すときがやってくる。スターリンはこの人たちをやっかい払いするために、完璧に合理的な仕方で〈大恐怖政治〉を敷く。〈大恐怖政治〉は、とりわけ共産党の幹部たちに襲いかかる。

戦争直後に権力のあらゆるレベルでポストを獲得する新しいチームは、もはや「無私無欲の男たち」、「裸足の使徒たち」ではなく、美しい別荘、自動車、物質的特権の愛好者たちである。彼らの敵対者はもはやとうに消滅した自由ではなく、革命である。当初のユートピア――理想社会の理念――は目標であることをやめ、手段でしかなかったことが判明する。権力を獲得し、つぎにはこれを固め、強化し、やがては権力を国家の位置にまで昇らせる手段である。「この国家を創造した人々は、国家は彼らの理想を実現する手段だと考えていた。ところが、強い恐るべき国家に手段として役立ったのが、彼らの夢と理想なのである。」理想主義者には、すなわち自分自身の信念の名において行動する人々には――これが厳密に共産主義的な信念であろうともである――、もはや居場所がない。しかし当初のイデオロギーは放棄しないのであるから、同時にスターリン時代に見られるのは偽善の支配の確立である。言説は世界を指示することにも、世界に変化をうながすことにも役立たない。言説の機能とはいまや世界を隠蔽することである。今後、人々が目の当たりにするのは「大がかりな演出」[23]である。世界全体が劇場と化す。選挙民は投票するふりをし、指導者は指導するふりをする。組合は本物の組合のやり方を模倣する。作家は自分の感情を表現すると主張し、農民はたゆまずに働くまねをする。芝居の観客だけが、ありのままの自分である！このつとめを果たすためには、服従した精神のほうが独立心に富んだ精神よりもずっと適している。

以上の全体主義国家の記述は、共産主義ロシアの観察から来ている。しかしその特徴の多くはナチス・ドイツにおいても見出される。ドイツ・ファシズムのほうも個人の自由の否定に基礎をおいている。ドイツ・ファシズムは人間をあたかも無機物であるかのように扱う。それゆえ、同時代の他の科学主義と似ている。「ファシズムは個人という概念、人間という概念を捨て去った。ファシズムは大群衆によって働きかける。」共産主義と同じく、それが公準として立てるのは、戦争は人間関係の真実を述べているということである。また共産主義と同じく、しかもなおいっそう公然と、社会主義の理念（個人の服従）と国家の理念（無制限の権力の崇拝）を結びつける。共産主義のあとに出現したファシズムは、おそらく共産主義から霊感を得たのである。「国家革命のヨーロッパの使徒たちは〈東〉に炎が立ち上るのを見た。イタリア人が、つぎにドイツ人が、それぞれの仕方でこの国家社会主義の理念を発展させはじめた。」最後に恐怖政治がそれらに共通している。だからグロスマンは「シベリアのタイガの有刺鉄線とアウシュヴィッツ収容所の有刺鉄線が絡み合って軋む音(24)」について語ることができるのである。

全体主義のこれら二つの分派――共産主義とナチズム――の類似は『人生と運命』の偉大な場面のテーマである。この場面では、ドイツの収容所に監禁されたボルシェヴィキの老人で、ドストエフスキーの登場人物を思わせるモストフスコイと、ヒムラーの直接の代理者であるゲシュタポの高級将校、リースが対決する。リースは二つの体制はおたがいに鏡に映ったイマージュどうしだとモストフスコイを説得しようとする。すでに指摘した特徴に、さらに彼がつけ加えるのは経済構造である。これはそう見えるほどには対立していない。ドイツの資本主義者はそれほど自由な動きはできないからである。二つの国家は——と彼は付言する——同じ敵をもっている。「われわれが収容所に拘置したドイツ共産党員は、一九三七年にあなた方によって投獄されたことがあるのだ。」ユダヤ人の迫害については、「明日にはあなた方もこれを採用する」と想像するだけで満足している。しかし模倣はときおり方向を変える。「スターリンが三七年の大粛正のアイデアを思いついたのは、われわれの〝長いナイフの夜〟(二)からなのだ。」このように似ているからといって、もちろん二つの国が衝突することがないわけではない。そうではなく、この衝突を逆説的なものにするのである。敗者は自分自身の諸原理が勝利するのを見るからである。「われわれが戦争に敗れれば、われわれは戦争に勝ったことになるだろう。われわれは別の形式で、だがわれわれの本質を保持しつつ発展しつづけるだろう。(25)」モストフストイは動揺する。だが納得はしない。

ナチズムの最大の大罪——ユダヤ人の絶滅——のことを考えるならば、このような類似の観念を力説することは可能だろうか。自分の母親がその犠牲になった以上、ユダヤ人絶滅を何から何まで知っているグロスマンは、これについて考える。三〇年代の初頭、共産主義権力によって引き起こされた恐るべき大虐殺——ウクライナの農民の皆殺し——をめぐってである。ウクライナの農民の皆殺しは三つの段階を踏んでおこなわれる。(26)第一段階は土地の共有化と、それと同時に起こる「非クラーク化」、つまり収入が最低限度を超えるすべての農民の収用と排除である。この排除が意味するのは、クラークが逮捕され、その一部が——地域によって割合は異なるが——略式判決ののちに死刑に処せられるということである。第二段階は生き残ったクラークを家族もろともシベリアの無人の地域に流刑にすることである。人員過剰の家畜運搬用貨車は最終目的地に到達するのに五〇日もかかる。途中で多数の旅行者が死んでいく。身を隠す場所もない森の真っ直中に、数人また数人とおろされていく。若干の初歩的な道具が彼らに向かって放り投げられる。彼らは家を建て、土地を開墾し、種をまき、収穫しなければならない。彼らの大多数はこの試練から生き残ることができない。

だが最大の不幸はまだやってこない。それはシベリアではなく、もっとも積極的な農民を失ったウクライナの肥沃な大地で起こる。旧地主がいなくなったために収穫は激減する。にもかかわらず〈党〉の代表者は万事は順調であると主張する。残された農民は自分たちに要求された量の小麦を国家に引き渡すことができない。当局は活動家を送り込み、食料用の蓄えをすべて力ずくで取り上げる。彼らのやる気のなさを罰するために、町で食料を仕入れることが禁止される。農民は最初は数少ない蓄えを食べ、つぎに種を食べ、つぎはジャガイモ、最後に家畜を食べる。冬がやってくると、コナラのドングリに殺到する。ひとたびそれらを食べ尽くすと、彼らは犬、猫、ネズミ、マムシ、アリ、ミミズを食物にする。飢饉が広がりを見せるのは、つぎの春である。しかし死ぬ前に人々は狂気に陥る。すなわち、彼らは逃げだそうとするが、警察に押しもどされる。そして人食いの行為に走るのである。「飢饉は完全であった。死が襲いかかった。まず子供と老人、つぎに中年の人々である。最初のうちは埋葬したが、やがて埋葬することもやめてしまった。通り、庭先、いたるところに死骸が転がっていた……。最後に死んだのは、イズバ〔ウクライナの丸木造りの農家〕で横になっていた人々であった。シーンと静まり返っていた。村全体が死滅したのだ。」[27]今日、六〇〇万人以上の人たちがこうした状況の中で死んだと見積もられている。

これら二つの絶滅——農民の絶滅とユダヤ人の絶滅——は弁別特徴をもっている。だが同時に共通の特徴ももっている。まず最初に、あらためて確認して驚くのは、それらが一部分は同じ土地でおこなわれていることである。ドイツの**アインザッツグルッペン**、すなわち殺戮機動部隊が猛威を振るうのは、ウクライナ地方の同じ諸地域なのである。より密接な関係さえ存在している。長くは語らないけれども、グロスマンはこのことを指摘している。すなわち、ユダヤ人迫害はウクライナ補充民兵によって容易にされるということである。彼らが犠牲者の周囲を固めるのである。農民はこのようにして、ロシア人とボルシェヴィキから受けた暴行の報復をしていると信じている。ロシア人とボルシェヴィキはこれを機にユダヤ人に結びつけられるのである。ナチスの犠牲者にもボルシェヴィキの犠牲者にも、同じ受動性、全体主義国家の権力に抵抗することに対する同じ不可能性を見ることができる。いずれも、彼らが何ものであるかによって罰せられるのであって、彼らが何をするかによって罰せられるのではない。「一つのことが私には明白であると思われる」と、シュトルムは『人生と運命』で考える。「ユダヤ人をユダヤ人だからという口実で殺すことは、恐ろしいということである。」これがまさしくヒトラーがおこなうことである。「だが最終的に私たちは同じ原理に与《くみ》している。重要なのは、貴族の出であるか否か、クラークまたは商人の息子であるか否かということである。」排除のために選ばれる基準が何であろうと、暴力は似ている。「暴力は一つの大陸からもう一つの大陸へと飛び跳ね、階級闘争に姿を変え、階級闘争から人種の闘争に姿を変える。[28]」

自分の任務をしやすくするために虐殺者はいつもいう。彼らは人間ではない。劣等の種に属しており、それゆえ生きるにあたいしないのだ、と。非クラーク化に参加した『すべては過ぎゆく』の登場人物、アンナ・セルゲイエヴナは思い出す。「どれだけ苦しんだことでしょう！　あの人たちは。何という扱い方をしたことでしょう！　でも、私はいいました。これは人間ではない、クラークだって。［……］あの人たちを殺すのには、はっきりといわなければならなかったのです。クラークは人間じゃない。ちょうどドイツ人たちがいったようにですわ。ユダヤ人は人間ではない、と。それはちょうどレーニンとスターリンがいったことです。クラークは人間ではない。[29]」ところで、彼らはどちらも人間である。その代わりに、人間として振る舞うことをやめるのは、相手を絶滅するために自分のうちでいっさいの人間性を殺す人たちのほうである。

そして、グロスマンはいずれの全体主義体制の犠牲者の死を想起しても、同じ感情をあらわにし、同じ憐れみを体験する。『人生と運命』では、グロスマン自身の母親がそうであったように、シュトルムの母親は**アインザッツグルッペン**によって銃殺される。彼の恋人ソフィア・オシポーヴナ・レヴィントンはガス室で死ぬ。他方、『すべては過ぎゆく』では、やさしいマーチャは、夫からも子供からも引き離されて収容所で死んでいく。ワシーリー・ティモフェイエヴィチの家族が滅びたように。彼の妻のガンナ、子供のグリーチカは飢餓の果てに命がつきたのであった。死の一方は急速で残酷である。他方の死は緩慢で残酷である。二つの死の犠牲者は等しく同情されるにあたいし、人間の記憶に想起されるにあたいする。

戦争においてはスターリンは西洋の民主主義諸国と同盟を結び、ヒトラーを打ち破るだろう。そしてそこから計り知れない威信を引き出すだろう。スターリンはファシズムに打ち勝つことによって、彼自身の大罪——血みどろの三〇年代——を忘れさせるか、少なくとも過小評価させることに成功する。一部の者たちの目には、この勝利はさかのぼって恐怖政治を正当化することをさえ可能にする。もし彼が内部で自分の反対者をすべて粉砕していなかったら、外部の敵を打倒できただろうか、というわけである。だがひとたび勝利がかち取られると、リースの予言が現実化しはじめる。いまやロシアが〈東欧〉諸国を服従させ、住民全体の強制移送を組織的におこない、収容所の門をふたたび開いて、ドイツ人戦争捕虜のみならず、ドイツの収容所から解放されたばかりのソヴィエト人戦争捕虜をも収容所に収監するのである！　新しくユダヤ人迫害を組織的におこない、新しい強制収容所送りを準備するのはロシアである——これが中断されるのは暴君の死によってでしかないだろう。これら二つの全体主義は何から何まで似ているわけではない。だがそれらはどっちもどっちなのである。

グロスマンの思想は全体主義という現象の批判的分析で立ち止まることはない。この批判的分析にみずからの土台を見出しているとしてもである。彼が全体主義の悪の根源に見ているもの――個人の服従と価値低下――から、彼は自分の至高の価値を演繹する。すなわち、行動の源（**私**の自律）であると同時にその受け手（**あなた**という合目的性）としての個人礼賛である。個人とは自由と善意の同時的具象化なのである。『人生と運命』の哲学的な一節でグロスマンは書いている。「人間の意識への〈宇宙〉の反映が人間の力強さの基礎である。しかし生命が幸福、自由、至高の価値と化すのは、人間が無限の時間の中でだれも決して反復できない世界として存在するときでしかない。人間が自分自身のうちに見出したものを他人のうちに見出すことによって自由と善意の幸福を感ずるのは、このような条件のもとにおいてでしかない。」自由と善意の価値は個人の唯一性によって説明されている。書物の中でこのような省察が語り手の想念に上るのは、ガス室でソフィア・オシポーヴナと見知らぬ小さな男の子ダヴィッドが死を迎えることによってである。ダヴィッドは最期まで絶望的に彼女にしがみついている。「〝私がお母さんよ〟と彼女は思った。それが彼女の最後の思いとなった。」(30)

グロスマンは一九世紀ロシアの偉大な散文家の継承者である。彼の登場人物たちはドストエフスキーの『悪霊』とか『カラマーゾフの兄弟』のように哲学的な議論を展開する。『人生と運命』はトルストイの『戦争と平和』の全体的な構造を模倣している――しかしイデオロギーの観点からすれば、彼がもっとも身近に感じている「古典的作家」とは、彼自身の告白によれば、チェーホフである。というのも、自由と善意の思想を中心としたこの新しいヒューマニズムをロシア文学にもたらすのは、チェーホフだからである。自由とは広い意味で理解しなければならない。個人が自律的主体として行動する可能性である。「かっては」とグロスマンの代弁者の一人がいう、「自由とはことばの自由、出版の自由、良心の自由のことだと私は思っていました。しかし自由は**すべての**人間の人生**全体**に広がっていきます。自由とは、望むものを撒き、靴と外套を作る権利のことです。種を撒いた人がパンを作り、そのパンを売り、自分が望めば売らない権利のことです。それは錠前屋が、鋼鉄の湯出し工が、芸術家が、命じられるがままにではなく自分が納得するように、生き、働く権利です。[31]」自分の運命を選ぶことができるという点で、人間は無機物から、さらにはほかの動物からさえも区別される。というのも人間は意識をもっているからである。人間が自由の王国から別れて必然の王国に合流するのは、死ぬことによってのみである。それゆえ、現実的なものすべてが合理的であるわけではない――この合理的という語を道具的理性の意味ではなく、最終的な正当化という意味で解するならばである。すなわち、この世で自由を妨げるものはすべて、この合理性に逆行するのである。

自由への跳躍が人類の生物学的性向の一部をなしているということには、安堵させるものがある。このことが意味しているのは、個人の自由の徹底的な排除にもとづく体制は、多かれ少なかれ短期間で断罪されるということだからである。全体主義国家ですら、自由への嗜好を忘れさせるために、人類の突然変異を誘発することに成功しなかった。「奴隷状態を強いられている人間は、運命によって奴隷なのであって本性からではない。人間性がもつ自由へのあこがれは、粉砕されうるが、無に帰することはない」とグロスマンは書いている。近代国家がその国民を服従させるために駆使する圧迫の手段の驚くべき発達にもかかわらず、二〇世紀のもろもろの出来事が例証しているのは、このことである。だがそれだけでは私たちを安心させるには足りない。たとえこれが生物学的進化の方向だとしても(「生命世界の進化全体は最小限の自由から最大限の自由へと進んでいく[32]」)、同時にこれが人類史の方向であることを証明するものは何もない。私たちの祖先は、私たち——祖先の国家より強力な国家を所有した私たち——よりも自由が少なかっただろうか。

自由はヒューマニズムの第一の価値であり、善意は第二の価値である。というのは、人間ひとりでは完全な人間ではないからである。「個人主義は人間性そのものではない。」人間は自分たちの活動の目的と化す。その源であるだけではないのだ。ところで、対他関係の頂点とは、たんなる善意——すなわち、私たちの心遣いで他の人間を幸福にさせる行為——の発現である。

グロスマンは善意を善の教義に対立させることによって、善意の礼賛を展開させる。善の教義はことごとく克服しがたい欠陥をもっている。すなわち、善の教義は価値の頂点に、人間個人ではなく、ある抽象的観念をもってくるということである。ところで、人間は悪のために悪をなすのではない。彼らは自分たちはつねに善を追求していると信じている。ただ、その途中で他人を苦しめざるを得ないことになるだけである。『人生と運命』の中で、ドイツの強制収容所に拘留された「佯狂」〔神における狂気〕であるイコーニコフが詳細を極めて展開しているテーゼがこれである。「ヘロデ王ですら悪の名において血を流させなかった。」善の追求は、その受益者たるべき個人を忘却するかぎりにおいて悪の実践と区別できない。人間の苦痛は、悪の追求よりもむしろ、しばしば善の追求からやってくる。「善の夜明けがはじまるところでは、子供たちと老人たちが死に、血が流される。」この規則は古代の諸宗教のみならず、たとえば共産主義のような近代的な救済の教義にも適用される。つまり、地上から悪を根絶させ、地上に善を君臨させようとする総合的な計画はいっさい放棄するほうがいいのだ。

チェーホフがグロスマンに教えるのは「偉大な進歩主義思想」はわきに放っておき、心の奥底ではじめなければならないということである。「人間からはじめよう。人間に対して思いやり深くなろう。それがいかなる人間であろうと、つまり司教、帝政ロシアの農民《ムジク》、百万長者の実業家、サハリンの徒刑囚、レストランのウェーターであろうとである。[33]」個人のあらがいがたい性格をこのように想起することによって、好意が善へと直接に方向転換することが可能になる。それはグロスマンを解釈しつつレヴィナスが指摘したように、「ひとりの人から隣人へと向かう〝小さな善意〟は、みずからが教義、政治と神学の論説、〈党〉、国家、さらには教会たらんとするときから、道に迷い、歪曲される[34]」からである。義人は善を追求するのではなく、善意を実践する。彼らはたとえ敵であろうと負傷者を助け、迫害されるユダヤ人をかくまい、拘留された人たちの手紙を渡してくれる。『人生と運命』の一場面が善意の出現を物語っている。ひとりのロシア人女性がドイツ人捕虜に一切れのパンを差し出す。この捕虜は自分がリンチされるものと予想しているのである。この善意は母性愛の中に象徴的に具現される。このようにして、みずからの善意の身振りで母親となったソフィア・オシポーヴナの人生は終わる。またこのようにして人々の人生がはじまる。「女性のやさしさ、激励、情熱、母性本能、それは生命のパンであり水である。[35]」

　しかし人間はその本性そのものによって自由と善意への傾向をもつと述べるだけでは足りない。それは、人間はまた自分の本性の外部で、運命、歴史をもっているからであり、二〇世紀ヨーロッパにおいて、この歴史は全体主義の色彩を帯びているからである。ところで、全体主義は個人を否定し、個人の自由を廃棄する。拘束の中で生きている人間は善良であることをやめる。善の追求は彼らの冷酷さとエゴイズムに言い訳として役立つ。気立てのよいグリーチカ（『すべては過ぎゆく』の中で）は、日暮れになると村で踊ったり歌ったりすることの好きな男だが、飢餓に苦しむ農民を死へと追いやる。一〇年後、今度は彼ら農民のうちで生き残った者たちが、ユダヤ人が苦しむのを見、ユダヤ人の家具や家を掠奪してよろこぶのである。「残酷なよろこび[36]」は人間的相互作用の一部をなしている。

『すべては過ぎゆく』の忘れることのできない一章が、一連の「ユダ」の肖像画を作成している。全員が自分の同時代人に対して卑劣な仕方で振る舞った。彼らは告発し、中傷し、裏切った。しかし彼らには言い訳も用意されている。全体主義のもとでは、「万人は罪人である」と「万人は無垢である」とは混同されるのである。国家はいずれにしても自分たちよりも強力であることを納得して、彼らはみずから自由の行使を放棄した。このようにして彼らはこの国家の勝利を保証した。だがしかし、彼らは人間であることを、身近な者たちを愛することを、美しい音楽と偉大な文学にあこがれることを、認識を前進させることをやめなかった。「この人たちはだれにも悪を望んだわけではなかった。しかし一生を通じて彼らは悪をおこなった。(37)」人間の歴史は、少なくとも人間の一生という短い期間では人間の本性と同じほど強力である。

ここから何を演繹すべきだろうか。一方で、はっきりと述べているわけではないが、グロスマンはある結論へと私たちをみちびいていく。この上なく卑しい虐殺者と接触して、彼はある事柄を納得した。すなわち、悪人の行動を彼らの生まれや狂気のせいにし、彼らが私たちとはまったく異なっていると判断することによって、悪人をやっかい払いすることはできないということである。トレブリンカの殺人者の正体が明らかになって、彼はつぎのように結論する。「ぞっとさせるのは、これらの存在ではなく、彼らが有用で、必要で、不可欠であるがゆえに、彼らを彼らの穴倉から、暗闇から、地下室から引きずり出した国家である。(38)」悪いのは「ドイツ人」とか「ロシア人」ではない。ナチズムと共産主義である。だがそれでは、闘うべき相手は体制であり、そのためにはたんなる善意では足りない。人間の美徳を当てにすることはできない。人間はあまりに弱いからである。全体主義を不可能にする唯一の手段、それは全体主義に対して別の政治体制を突きつけることである。正義と民主主義体制はおそらく善意と愛から生まれたのだろうが、正義も民主主義体制も善意と愛とから切り離されてしまった。ところで、もし必要ならば武力でもって全体主義をストップさせ、善意と愛を行使することを可能にするのは、それらだけ、つまり政治的な力だけなのである。

個人についていえば、善人と悪人を対立させても無駄である。「だれでもが弱い。義人も罪人も。」差異はむしろ、それぞれの人が自分の行動について抱くイマージュに、どちらかといえば自分の手柄を思い出すか裏切りを思い出すかによって、良心に恥じるか恥じないかにある。これを最後と定まったものは何もない。「日々、毎時間、年々歳々、人間である権利、善良で純粋である権利のために闘わなければならなかった。しかもこの闘いには、いかなる誇り、いかなる思い上がりも伴っていてはならなかった。それは謙虚さ以外のものであってはならなかった[39]。」自由と善意のためのこの日常的な闘いの中では、「内的な証人」の存在——愛を具現する存在の思い出——は、大きな救いであることが明らかになるかもしれない。

ワシーリー・グロスマンはみずからの復活を果たし、素晴らしい書物を書くための力をそこに汲むことができた。彼がそこに休息と平穏さを見出し得たかはわからない。トレブリンカの土地を大股で歩き回ったあとで、彼は押し寄せてきた印象をつぎのように報告している。「あまりもの悲しみ、痛み、苦悩に締めつけられて、心臓はいまにも鼓動をやめるかのようだ。人間はこんなものに耐えられるものではない。」そして人生も押しつまったある日、アルメニアの心なごむ小さな村を訪れてきた彼はつぎのように告白する。「人間の魂の苦悩は恐るべきもので、癒すことなどできるものではない。この苦悩は鎮めることはできない。それから逃れることもできない。平和な田園の夕暮れ、永遠の海の潮騒、ディリジャンの穏やかな町でさえ、それを前にすれば無力である[40]。」

2 比較

人間のうちの人間的なものが自分の運命を迎えに行く。ところで、これらの運命は時代から時代へと変化する。それらが同じであることは決してない。それらの運命の唯一の共通点とは、つねに重いということである。

ワシーリー・グロスマン『システィナ礼拝堂のマドンナ』

ナチズムと共産主義

「全体主義的」とか「全体主義」という用語のたんなる使用そのものが、歴史的に他とはっきり区別されるいくつかの国家――それら自身、おたがいに相対立するものとしてみずからを見ているいくつかの国家――が、ただ一つのグループに所属していることを前提としている。このように関連づけられる諸体制の広がりは、同時に議論の対象となっている。それは一方では、共産主義、またはそのロシア的異本、すなわちボルシェヴィズムのことなのだろうか。たとえ、このボルシェヴィズムがその後、輸出され得たとしてもである。または、そのもっとも旺盛な時期のスターリン主義のことなのだろうか。また他方では、私たちが相対しているのはナチズムだけなのだろうか。それとも、私たちはナチズムをファシズムというもっと広いグループの中に含めなければならないのだろうか。そして、もし諾《ウィ》であるならば、このグループはドイツとイタリア以外のメンバー、たとえばスペインを含んでいるのだろうか。

これらの問いにもたらされる答えがいかなるものであれ、ナチズムと共産主義を比較し関連づけるという事実それ自体が、今日でもなお激しい抵抗を呼び起こす。これにはいくつもの理由がある。最初の答えは政治的分析とは無関係である。この答えは、自分が歴史的な世代のごくありきたりの例に還元されるとき、私たちひとりひとりの中に生じる不愉快さに由来する。この不愉快さは、問題なのが苦痛に満ちた体験であるときには傷と化す――ところで、全体主義体制に関係する体験は、ほとんどつねに苦痛に満ちている。このような見方では、比較はその個人にとって不作法であり、その上、侮辱的であることは明白である。自分の子供を失ったばかりの人に、あなたの苦しみは、ほかにも大勢いる不幸な両親の苦しみと似たり寄ったりだなどといったりはしないだろう。このことは強調しなければならない。そしてこの主観的な観点を等閑に付してはならない。私たちひとりひとりにとって体験は必然的に特異である。しかもあらゆるものの中でもっとも強度である。自分の過去に無縁な見解の名において、自分の過去と自分がこの過去に認めていた意味が奪われることには、個人にとって耐えがたい理性の傲慢さがある。

神秘的な体験の道に深く踏み込んでいる人は、自分に適用されるいっさいの比較、さらには自己にかんしていっさいの言語使用を絶対的に拒否する。神秘的体験は口に出せず表象不可能であり、理解不可能で認識不可能である。そして、そうでなければならない。というのも、聖なるものだからである。これらの態度はそれ自体として尊敬にあたいする。しかしこれらの態度はプライベートな領域に限定される。したがって、ここでは私たちには関係しない。それに反して、公的な論争の場合、比較は唯一性と相容れないどころか、この唯一性の基礎を築く唯一の手段である。実際、ある現象を他の何ものとも比較しなかったならば、その現象が唯一無二であることをいかにして主張すればいいのだろうか。

比較に対する抵抗の第二の理由も同じく納得できないわけではない。しかしより以上にここに居場所をもつわけでもない。それは、ファシズムのドイツ的分派であるナチズムが、とりわけあの不気味な制度――絶滅キャンプ――とともに、私たちの大多数の目にとって悪の完璧な具現と化したということである。この痛ましい特権の結果、今度は、これと比較される他のいっさいの出来事がこの絶対的な悪という考え方と関連づけられるのである。したがって、ナチズムの観点に身をおくか共産主義の観点に身をおくかによって、関連づけは二つの対立する意味作用を獲得する。自分にナチスとの親近性を認める人たちにとっては、言い訳という意味作用であり、自分が共産主義と近いと感じている人たちにとっては、非難としての意味作用である。実際には事情はもう少し複雑である。というのも、それぞれの収容所において虐殺者と犠牲者とを区別しなければならないからである。あるいは、もっと正確にいえば、時間が経過したために、私たちはこれらのドラマの主役たちそのもの——すなわち、国家的所属またはイデオロギー上の所属という理由で、無意識的にであれ、みずからに虐殺者か犠牲者かの役割を認めているグループ——に相対することがますます少なくなっているからである。その結果、私たちはアウシュヴィッツとコルイマの関連づけを前にして四つの典型的な反応を区別しなければならないだろう。逆説的に、一方の虐殺者は他方の犠牲者に関連づけられる。

(一)　ナチス側の「虐殺者」は関連づけに賛成する。この関連づけは彼らに言い訳として役立つからである。

(二)　ナチス側の「犠牲者」は関連づけに反対する。彼らはこの関連づけに言い訳を見るからである。

(三)　共産主義側の「虐殺者」は関連づけに反対する。彼らはそこに非難を見るからである。

(四)　共産主義側の「犠牲者」は関連づけに賛成する。非難として役立つからである。

もちろん、この心理学的決定論には例外がある。これについては、あとで論じることにしよう。大ざっぱに考えれば、その人がどのグループに自分が入っていると認めているかを知れば、この主題にかんするその人の意見を予測できる可能性はたくさんある。たとえば、共産主義体制の支配の最後の数十年に反体制派であり異議申立人だった人たちの場合、関連づけは自明の理である。その結果、すでに言及したジェリュ・ジェレフは、当時、歴史と政治学の無名の研究者だったが、ブルガリアにおける共産主義体制と闘うために、西ヨーロッパにおける三〇年代の政治的な動きにかんして『ファシズム』と題する書物を書くことで事足れりとしていた。公式の検閲は言外の意味を完全に理解し、この本を禁書にした。その後、ジェレフはその職から解雇された。共産主義体制の崩壊後、一九八九年の再版の序文で、いまや率直にもののをいう権利を得たジェレフは、「全体主義体制の二つのヴァリアント、すなわちファシズムという異本と、私たちの異本、共産主義という異本との完全な一致」について語っている。何が何でも差異を見出さなければならないとすれば、差異はファシズムに有利なものであるだろう。「ファシズム体制は、いっそう早く滅び去っただけでなく、もっと遅く設立された。このことによって、ファシズム体制は、正真正銘の、本物の、完全な、完璧な全体主義体制の色褪せた模倣であり剽窃でしかないことが証明される。[1]」

〈東〉でも〈西〉でも共産主義のテーゼや権力を身近に感じている人たちは、関連づけに反対している。自分をヒトラー主義の犠牲者であるユダヤ人やジプシーの仲間だと認めている人たちもそうである。もちろん、二つの反対は一致することができる（容易に理解できる歴史的な理由で、ユダヤ人びいきであり同時に共産主義びいきであることができる）。ドイツ人の側からすれば、ナチズムによって呼び起こされる二つのタイプの態度に自分を投影して、最近の「歴史家論争[二]」が具体的に示したように、ある場合は二つの体制の類似を、ある場合には差異を強調することができる。

こうした類の抵抗は完全に理解可能だし、プライベートな次元では受け入れ可能だが（だれが悪魔のグループの一員たろうとするだろうか）、二〇世紀の歴史研究者をストップさせてもならないし政治的なものの理論家をストップさせてもならないだろう。比較はこれらの分野では認識の不可欠な道具である。比較はもちろん、類似と差異とを明らかにする。科学はつねに冒瀆である。科学は個々の出来事を孤立させて考えることを拒否する。それに対し、個人的にこの出来事を生きた人は、出来事を孤立的に考えようとする。道徳的評価のほうは認識作業に先行するのではなく、認識作業に結果として付随しなければならない。これが、思うに、歴史研究者および社会学者の現在のコンセンサスである。彼らはあらゆる角度から問題を取り扱ってきたのである。いわんやフランスおよび他のヨーロッパ諸国における社会全体の問題は、である。これはまた本書のこれまでのページで私が採った立場でもある。

しかし、このことは全体主義の概念が正当化されたことを証明するものではない。概念は私たちに発見されることを待ちつつ自然の中に存在しているわけではない。つまり、いかなる概念についても、それが真実であるということはできない。多少とも有用であるということができるだけである。「全体主義」がナチズムと共産主義の本質的特徴を定義する一助となるのであれば、この概念を使用することは物事を解明するのに役立つことになる。表面的な特徴しか把握しないのであれば、これを使わないでもかまわない。つまり、私たちに残されているのは、比較はいかなる点で解明に役立つか、いかなる点で役立たないかを考えることである。

関連づけはまず第一に、両政治体制にかんする総体的な類型学のパースペクティヴにおいて正当化される。全体主義が民主主義に対立することは重要である。他方で、全体主義は過去の独裁体制とも同程度に明確に区別される。これまで検討してきた諸特徴を蒸し返すことはすまいと思う。すなわち、革命の段階の必要、共同社会の自律の純然たる見せかけへの変化、個人の自律の廃棄、あらゆる次元における多元主義に対する一元論の優位、生命の真実としての戦争、社会の目標としての差異の根本的な排除、つまり住民の一部の徹底的な破壊、あらゆる領域に及ぶ恐怖政治、計画的集産主義、である。これらの特徴は共通していると同時に本質的である。

つぎに関連づけが正当化されるのは、厳密に歴史的な次元においてである。二〇世紀前半の歴史は、この複雑な絡み合いを抜きにして理解できない。ナチズムはボルシェヴィズムへの反応の一つでしかないとまで主張するつもりはない。それでは地域の伝統の強さを否定することになるからである。ルナンが自分のユートピアをドイツにおいたこと、ゴビノーの人種不平等にかんする書物がドイツで最大の成功を収めるだろうとトクヴィルがゴビノーに予言したことは偶然ではない。にもかかわらず、闘うためであろうと模倣するためであろうと、両者の密接な相互作用を無視するわけにはいかない。相互作用は、ロシアの収容所のモデルのドイツへの移植のようなひそかな場合もあるし、独ソ不可侵条約のときのような公然たる場合もあるのである。

実際、全体主義がその絶頂期に達するのは一九三九年八月から一九四一年七月にかけてであるということができる。そのときURSSとドイツは、ヨーロッパを分割統治することを可能にする数多くの条約に調印するのである。一九三九年から一九四一年にかけて、ソ連はバルト諸国を占領し、ルーマニア、ポーランド、フィンランドの一部を占領した。ナチス・ドイツについては、英国をのぞいて、ヨーロッパの残余の部分を掌握した。一部の国家は併合され、そのほかの国は占領され、さらに他の国は従属的な同盟国である。残りはヒトラーにとって好都合な中立的な態度に閉じこもる。もしヒトラーがこの状況だけでとどめておき、自分が獲得したものを強化し、もっとよく組織化することで満足していたならば、今日のヨーロッパはおそらくまだヒトラーの後継者の手中にあるだろう。その上、二つの運動は自由主義的な民主主義と個人の自律の共通の危機に根ざしている。〈第一次世界大戦〉の殺戮から同種の推進力を受け取るのである。

最後に、ナチスと共産主義という二つの体制は等しく合理的な認識に適しているということを確認しなければならない。この点については強調しなければならない。というのも、その逆も主張され得たからである。両体制が合理的であると考えることをためらう原因は、おそらく私たちが理性に威信を認めており、その結果、私たちがおぞましいと判断する行為が何らかの合理性に属しているとは認めがたいということである。私たちがスターリンやヒトラーの行為のように恐るべき行為を「狂気じみた」、「偏執的な」、あるいは「非理性的」、あるいはさらに「悪魔的」と形容するときには、私たちは彼らと私たちのあいだに障壁を設け、これらの行為の主導者を人類の欄外の部分に押しやることによって、無意識に自分たちをそれらの行為から守ろうとしているのである。こんなふうに行動するには狂人でなければならない。私のように正常な人間にはこれほどのことは決してできないだろう！　というわけである。そうすることによって、私たちは彼らの行為に過度に脅威を感じずにいることが可能になるのである。

ところで、理性は善と悪に無差別に奉仕する。理性は意のままにたわめることができ、いかなる目的の道具ともなりうる。バンジャマン・コンスタンは一九世紀のはじめにつぎのように指摘した。「無謬の理性の名において、人々はキリスト教徒を動物に与え、ユダヤ人を火刑台に送った。(2)」つぎの事実を採り上げてみよう。すなわち、スターリンはこの国でもっとも肥沃な地域の農民を餓死させることに決めるのである。この決定は、ソヴィエト国家、そこで農民が果たすべき役割、あるいは首長としての自分自身の使命にかんするスターリン自身の表象から論理的に派生している。この決定は革命直後にレーニンによって開始された政策と連続性を保っている。すなわち、社会を一気に改善しようという政策である。ここには不合理性について語るべきいかなる理由もない。異なったコンテクストにおいてではあるが、ヒトラーによるユダヤ人の絶滅も事情は同じである。ユダヤ人絶滅もまた彼の世界改善計画の中に論理的に組み込まれているのである。それらの行動の足場として役立つ表象、イマージュ、信仰、または確信については、それらは合理的でも非合理的でもない。そうではなく、多少とも適切で、忠実で、示唆的で、暗示的なのである。世界にかんする解釈は、それ自体では真実でも論理的でもない。それらの解釈はおたがいに程度が異なっているのであって、本性において異なっているのではない。

この点においても、私は『民主主義と全体主義』におけるレイモン・アロンの解釈と一線を画すだろう。

「企図それ自体［ユダヤ人の絶滅］もまた、大粛正がソヴィエト体制の目標に比較して非合理的であるのと同様、戦争の目標に比較して非合理的である」と彼はたとえば書いている。(3) しかしここで非合理と見えるのは、この主張そのものである。アロンは彼らの目標を直視する代わりに、自分がスターリンとヒトラーの立場に立てば合理的だと思われる目標を選んでいる。彼が引用している行為はおそらくナチス国家それ自体にもソヴィエト国家にもあまり役立たなかった。しかし二人の首長のすべての行為がこのような目的にねらいを定めていたとア・プリオリに証明するものは何もない。スターリンとヒトラーの見方からすれば、彼らの選択は、彼らがみずからに与えていた目標とともに、残念ながら合理的である。日常生活で何らかの目標に到達するために私たちがおこなう何らかの手段の選択以上でも以下でもない。彼らの選択のほうが格段に犯罪的だったとしてもである。しかし他のテクストでは、アロンが一見、理性を欠いているように見えるこれらの身振りの合理性を明晰に分析していることはもう一度、指摘しておかなければならない。

私たちにはここで、これらの行為と彼らだけを説明するための独自のカテゴリーを導入する必要はない。人類史が体験したあらゆる悪と質的に異なる「根源的な悪」――まるで悪魔に突き動かされたかのように、悪それ自体のために遂行される悪――の存在を公準として立てる必要がないのと同様である。全体主義の悪は極端であるけれども、この語の本来の意味において「根源的」なのではない。悪を欲する人はだれもいないというソクラテスの古いことわざは、ここでも有効である。善への熱望は私たちを他者に対して悪人にすることがあると、ソクラテスは付言してはいないが、言い添えなければならないとしてもである。どんな行動でも、たとえもっとも断罪すべき行動であっても、それなりの理由《レゾン》がある。モンテスキューも書いた。「だれもゆえなくして悪人になるものはない。［判断を］決定する理由がなければならないし、その理由とはつねに利益という理由である。[4]」このことが意味しているのは、〈歴史〉においてはすべてが説明可能だということではない。そうではなく、分析の道具としての理性《レゾン》を放棄してはならないということである。

「敵」を死に追いやるチェカの委員やSSは善に貢献し、合理的に行動していると信じている。ロニー・ブローマンが述べているように、チェカの委員やSSは「漠然とした悪への渇きによって責めさいなまれてではなく、義務の感覚、法とヒエラルキーへの瑕疵なき尊敬によって突き動かされて[5]」行動する。悪をおこなう者は、自分の目にも自分の仲間たちの目にも、つねに善の戦士として映じている。私たちの目には純粋な悪の化身と化したヒトラーでさえ、悪を引き合いに出したことは一度もない。地獄への途上には、善き意図しか見出されない。こうしたパースペクティヴ——個人的な心理的動機というパースペクティヴ——では、私たちの「世紀病〔世紀の悪〕」は少しも新しいものではなく、特殊なものは何もない。新しいのは、全体主義の政治構造とその根底にある科学主義的なメンタリティであって、この政治構造と科学主義的なメンタリティが、当初の同じ傾向を格段に破局的な結果へといたらしめる原因なのである。悪の成就に責任のある個人と、ない個人については、彼らは異なった種に属しているのではない。そうではなく、一方は自分たちの人間性の感情が衰えるがままにまかせたのに対し、他方はそうではなかったということである。

しかしこれらの犯罪行為の理由は、万人によって共有されたり、されなかったりしうる。したがって重要な区別は、純粋に主観的な合理性（このような合理性は個人的主体のパースペクティヴの中にのみ存在する）をもつ行為か、それとも同時に間主観的な合理性、すなわち同時代人や後世の歴史研究者によって当然のこととして受け入れられうる合理性をもつ行為かということである。この二番目の合理性のみが正当性へと転換することができる。ヒトラーの演繹は彼自身の視点からは非合理ではない。ヒトラーの演繹は、たとえばボルシェヴィキ党の初期の指導部にユダヤ人が大きな割合で占めているというような、異論の余地のない観察から出発する。しかしこのような演繹には与《くみ》することはできない。というのも、それは人類に共通の道徳的直観に背いているからである。

国家の論理のみにとどめるならば、残りの国民に敵を名指しし、この敵からあらゆる財産を剥奪し、奴隷状態に追いやる必要は納得することができる。しかし絶滅それ自体は権力を強化することには役立たない。逆に国家が何を失うのかは一目瞭然である。有能で献身的な奉仕者、無償で有効な労働力である（とくに戦時中は）。また、これらの行為は、全体主義国家の論理をまだ理解していない人たちの期待にはまさしく一致しないがゆえに、秘密と偽装を要求するということも指摘しておきたい。反ユダヤ主義の迫害の例である〈水晶の夜〉(二)については、あらゆる宣伝がおこなわれうるのに対し、「最終解決」は国家機密のままである。ロシアでも似たり寄ったりの仕方で、公然の敵とかライバルを大っぴらに攻撃する。共産党の高級幹部の訴訟の場合は、被告は有罪判決を受けうるためにはでっち上げられた犯罪の責任を負わなければならない。

だからこそ私たちは故意に沈黙しなければならないのである。しかし最高権力を掌握している者は伝統的な国家の論理の外部で行動しながらも、非合理と化さないことができる。彼が熱望している善が変化したのであって、善が消え去ったのではないのだ。アロンが引用した行動は、非全体主義的な国家の論理に組み込むことはできないとしても「非合理」ではない。それは、共産主義の計画では、あらゆる個人的な意志はその首長によって具現される〈党〉の意志に全面的に服さなければならないということである。首長の権力に由来する正当性以外、いかなる正当性も無に帰せしめなければならない。この要請が外見上の不条理——モスクワから訴訟を企て、共産主義の名においてもっとも確信に満ちた共産主義者を殺すこと——を説明するのである。

ユダヤ人絶滅についても事情は同じであると私には思われる。もちろん、これこそがナチズム最大の犯罪である。ヒトラーの場合、戦争の歴史のある明確な時点で、ユダヤ人の絶滅は他のすべての目標に優先する目標と化すのである。この別の論理の存在の手がかりは、スターリンの決定とヒトラーの決定の類似によって私たちにもたらされる。周知のように、ヒトラーは軍用列車を転用して、絶滅キャンプに新たなユダヤ人犠牲者を供給させる。それほど知られていないのは、スターリンが〈赤軍〉に人員と物資が恐ろしく不足している時期（一九四四年二月）に、チェチェン人、コーカサス山脈のイスラム教徒、クリミア半島のタタール人をアジアに流刑にするために四万両の車両とＮＫＶＤ〔内務省〕の人員十二万人を確保するという事実である。不条理？ そうではない。ヒトラーもスターリンも彼らのプログラムそのものに組み込まれている或る優先的な目標を中心にして彼らの行動を組織するのである。

これら記憶すべき行為の個別的な理由が何であれ、補足的な指摘が是非とも必要である。すなわち、これらの行為は、たんに全体主義システムの抽象的論理から生じるのではなく、一個人——スターリンまたはヒトラー——の意志によって犯されたということである。ナチスの国家はヒトラーの死とともに崩壊した。したがって、いかなる比較も不可能である。しかしゲーリングによって統治される国家であれば、強制収容所は維持されただろうが、虐殺施設は廃止されていただろうとは、かなりの真実性をもって推測することができる。ロシアでは逆に比較は容易である。すなわち、恐怖政治は革命が勝利するとすぐにレーニンによって開始され、スターリンの死にいたるまで周期的に強化されながら続行されるだろう。しかし、共産党の高級幹部のいかなる訴訟も暗殺も、キーロフ〔スターリンの後継者と目されていた。一九三四年に暗殺〕の事件以前とベーリヤ〔三〇年代の〈血の粛清〉の大立て者。一九五三年、非公開裁判で銃殺刑〕の裁判以後にはおこなわれない。これらの日付の前と後には権力から退けられた指導者たちは引退させられ、場合によっては自宅に軟禁されるけれども、でっち上げの犯罪を告白するように要求されることはない。

それゆえ、これらの行為の遂行は一個人の意志や自由と切り離して考えることはできない。こちらではスターリン、あちらではヒトラーである。とはいえ、これらの行為は非合理ではない。ここで私はあらためて、この問題にかんして「人格の介入」について語っているアロンに賛意を表する。というのも、アロンは個人の自由は不可侵であり、したがって人間の行動は行為者の意志の産物でもあるということを公準として立てているからである。この解釈もまた、スターリンなりヒトラーなりの意図を考慮に入れることを前提としている――昔の論争の用語をもちいれば「機能的な」説明よりも「意図的な」説明のほうを選ぶためではなく、これらの用語が相互に排他的であると見なすことを拒否するためである。

これらとりわけ重大な犯罪は、個人的主体によって構想され、実行される。しかし、もちろん全体主義的なコンテクストがこれに無関係だということではない。全面的に免罪を保証されたただひとりの人間の手中に権力が極端に集中することを可能にするのは、この全体主義的なコンテクストだからである。自分が仕える体制を完成させるために、スターリンは古いボルシェヴィキの監視をやっかい払いし、社会生活のあらゆるレベルに恐怖政治を導入することを必要とする。ヒトラーは自分の夢に忠実でありつづける。彼の夢とはたんにドイツの力を確固たるものにすることではなく、ユダヤ人から〈土地〉を取り上げることである。しかし、これら犯罪的な計画の実現を可能にし、何百万人という人間の死を引き起こすのは、全体主義の構造なのである。

差異

ナチズムと共産主義のさまざまな類似は異論の余地がないが、これらの類似が正当化するのは、二つの体制の比較だけでなく――比較はいずれにせよ認識の道具としての正当性を有している――、共通のジャンル、すなわち全体主義の内部へのそれらの種としての包摂である。だが二つの体制の差異も同じく重要であり、両体制の類型学的分析にも二〇世紀における歴史的プロセスの研究にも影響をおよぼす。

差異の問題へのアプローチは、二つの体制が自分自身について提示することに決めている表象よりも、これらの体制の現実のほうがはるかによく似ていることを観察することによっても可能になるだろう。新聞やプロパガンダのパンフレットで誇示されるような〈党〉の綱領と、全体主義国家における国民のその日その日の生活のあいだには、つねに隔たりがある。しかしこの隔たりは共産主義のほうがナチズムよりも格段に大きい。共産主義の綱領が共産主義体制の真実を語るよりも、ナチスの綱領のほうがナチスのシステムの真実を物語っている。しかし二つの体制は似ているのであるから、ナチスの綱領が共産主義体制の真実をも物語っているのである。この点に最初の大きな差異がある。共産主義のイデオロギーは、ナチスのイデオロギーが現実から隔たっているよりも、はるかに現実から隔たっているのである。つまり、共産主義のイデオロギーは、世界とその表象を隔てる深淵を隠蔽するために、いっそう大きな暴力へと、あるいは歴史上のある時点からは、並はずれた労働へと駆り立てる。ソヴィエト体制はナチスの体制よりも段違いに嘘つきで、欺瞞的で、芝居がかっているのである。

たとえば、二つのイデオロギーを比較対照することによって、ソヴィエトのプロパガンダの用語に従えば、共産主義者は平和を選択し、ナチズムは戦争を選択したと信ずることもできるだろう。実際にはソヴィエトの政策は、ナチズムの政策とまったく同様、帝国主義的な領土拡張を目的としている。したがってこの点では、ナチスのイデオロギーは共産主義イデオロギーよりも明確に共産主義世界を記述している。しかし、この政策の強度がこことあちらでは異なっていることは事実である。〈第二次世界大戦〉の火付け役は、まさしくヒトラーである。たとえ、URSSとの不可侵条約の調印によって、ヒトラーがこの道を邁進することになるとしてもである。

共産主義は平和という超国家的理想のみならず、平等の理想を標榜する。ところで、共産主義社会は平等社会とはかけ離れている。第一に、民主主義諸国と同じく、一部の個人は他の人々よりも富裕であったり、より多くの成功をおさめたり、より多くの影響力を発揮したりするからである。つぎに、とりわけ、すでに述べたように、この社会はむしろ〈旧体制〉を彷彿とさせる特権とカーストからなるシステムをその内部に生じさせるからである。ソヴィエト三〇年代の現実の注意深い観察者であるマルガレーテ・ブーバー＝ノイマンは、本省職員用のバカンスの滞在地の中に用意されている豪華なカテゴリーが五つを下らないことを驚きをもって記している。それぞれの人が官僚の序列において占めている位置によって分配されるのである。数年後、収容所に流刑にされた彼女が発見するのは、階層化がそこでも続行されていることだろう。四つの食糧体制がさまざまなカテゴリーの収容者に適用されるのである！　共産主義イデオロギーは超人崇拝を公然と推奨することはない。しかし国内では、すべてはもっとも権力を有した者を尊敬すべく組織されている。ある種のカースト、つまり「新階級」――〈党〉、軍、政治警察の高官たち――は、国内ではふつうの人間には近づくことのできない自由と権力を享受している。同じく、**ボジジ** *vozhd'*、すなわち最高指導者の崇拝は、平等主義的な綱領からは遠くかけ離れている。ナチス体制の公然とヒエラルキー的なスローガンにおける**総統**《フューラー》 *Führer* 崇拝よりもはるかにである。

共産主義における理論と実践のこのずれによって、しばしば観察されるもう一つの差異が説明される。すなわち、ナチスの政治犯は自分たちがなぜそこに閉じ込められているのかを知っているが、URSSの政治流刑囚はそうではないということである。彼らは自分たちは正しき共産主義者だと信じているのである。これが三〇年代におけるある種の共産党指導者の悲愴な状況——数的には取るに足りなかったが——を生み出すのである。彼ら指導者たちは自分たちを殴打する手に許しを請う前にスターリンに救いを求めて叫ぶ。スターリンが彼らを罰するときでさえ、彼らは〈党〉を愛しているからである。スターリンはつねに正しいのであるから、彼らは自分で自分を死刑に処さなければならないのである。

別な次元では、逆に共産主義の綱領がナチズムの真実を語っている。実際、ナチズムは伝統的な価値観を復活させ、人々をその自然な枠組みにもどし、個人を集団に根づかせると主張する。ナチズムは共産主義よりもはるかに反近代的であろうとするのである。ところで、実際には、大衆社会の要請——近代化と工業化——は個人をその伝統的なアイデンティティから解放し、個人を群衆の匿名の要素に変化させる。ナチズムによってなし遂げられた革命は、共産主義革命と同様、保守的ではない。ここからドイツにおける最後の衝突、ナチスと保守主義者との衝突がやってくる。

共産主義が啓蒙主義の後継者を標榜するのに対し、ナチスの綱領は啓蒙主義に敵対的である、と、しばしばいわれる。しかしこの説明は物事を過度に単純化している。「啓蒙主義」はただ一つの思考に対応しているわけではない。それは唯物論者エルヴェシウスとその批判者ルソー、すべてを必然性に服従させようとする科学主義的計画と自由によって人間を定義するヒューマニズムのプログラムを含んでいる。ナチズムは共産主義と同じく科学主義的である（自分たちの祖先を隠蔽しなければならないのは、いまやナチズムであり、そこにはヒトラー自身も含まれている）。そして、いずれもが同じぐらいヒューマニズムの伝統に対して敵対的である。ここでもまた両者の実践相互の差異よりも、理論と実践のあいだのそれぞれの隔たり相互の差異のほうが大きいのである。それに反して、ロマン主義的伝統への準拠、大地と死者の絶対的崇拝、そして中世の異教徒の英雄の絶対的崇拝は、ナチスのイデオロギーだけの特性である。これらは共産主義の綱領のうちにはない（だがその幾人かの信奉者の精神にはないわけではない）。

たしかにファシズムとナチズムが自分を右翼に属すると見ているのに対して、共産主義者は左翼を標榜する。これらの政党のそれぞれは、伝統的にこれら二つの大きな方向づけの中にみずからを認めている諸階層に実際上、支持を見出している。しかしここでも、これらの語が包含している事実に問いかけなければならない。対立の内容は、最後の二世紀を通じて往々にして区別できないまでに変化した。左翼は貧しい人々と被搾取者の側にあり、右翼は富裕な人々と搾取者の側にあるといわなければならないのだろうか。二〇世紀ヨーロッパにこのような単純な区分を見出すことは困難だろう。第一に、多くの国々で大多数を占める中流階級が形成されたからである。第二に、右翼が貧しい人々を集めるからである。ヒトラーは民衆の支持に恵まれるのである。国民戦線〔第二次世界大戦中の対独抵抗運動。また一九七三年以降の極右運動〕は——現代の一例を挙げるならばである——ある時点では労働者の投票で第一位を獲得していたのであった。最後に、権力を掌握した共産主義者は、支配者でありかつ「左翼」である。

左翼は人々の自由を守るのに対し、右翼は秩序と強い中央集権国家の維持に賛成しているということもできない。というのも、フランス革命直後の、過激王党派に対する自由主義者の闘い、ボナルドに対するコンスタンの闘いに対応しているこれらの用語は、私たちにはもはや適合しないからである。国家は合法的な暴力の保有者のみならず、個人にとって保護と恩恵の源と化した（福祉国家）。国家が個人の自由に対立することはもはやない。個人の自由を保証するのである。個人についていえば、その自由は個人を取り巻く他者にとって脅威と化すことがある。この自由を制限することが、今度は「左翼の」施策と化すのである。最後に、左翼と右翼とは、自律が他律に対立するようにはもはや対立しない。人民の一般意志の名において行動するか、それとも伝統の名において行動するかのようには、もはや対立しないのである。すべての民主的な政党は今日、国民主権と普通選挙を標榜している。それらの政党が異なるのは、唯一、保守主義と改良主義の割合においてのみである。そして保守主義と改良主義は、厳密な意味での綱領上の思惑よりも、これらの政党が権力の座についているか、それとも反対の立場にあるかという事実にかかっている。

だからといって、左翼‐右翼の対立がいっさいの意味を失ったことにはならない。ただ、この意味が相対的で変わりやすいのである。改良主義と保守主義、平等とヒエラルキー、自由と権威の対立は、すべての民主的社会で維持されている。そしてこれらが消え去る理由はまったくない。というのも、これらの対立は民主的社会の基本的公準と両立するからである。反面、これらの用語の一つ一つは人間の条件の一つの面に対応しており、理想へと格上げすることができる。個人の自律と共同社会の自律という原理、自由と平等という原理は、すでに見たように、それ自体、矛盾することがある。

したがって、これらの対立、その他似たような対立をつぎつぎと、または同時に取り込んで行く政治的な左翼と右翼は、前途洋々である。つまり、この偉大な敵対関係は、各国の内部で政治生活を構造化しつづけるだろうということである。その存在理由は、二つの用語を隔てるイデオロギー上の深淵ではなく（そんな深淵は存在しない）、多元的な原理に命脈を保たせるための政治交替の必要性である――市民ひとりひとりに選択権を提供するためである。実際、コンセンサスだけでは民主的な政治生活を保証するには不十分である。その上に、民主的な生活の内部では、個人は拮抗する異なった二つの民主主義の構成要素のあいだで、また異なったスタイルをもつ二グループの人々のあいだでも選択することができなければならない。そうすることで、この個人は人間社会のきわめて古くからの規則、すなわち人間社会内部の敵対関係を組織化し、かくして私的な野心と怨恨を共同の構造の中に誘導することを可能にする規則に――それと知らずに――合わせて行動するのである。

しかし民主主義内部での政治生活における左翼‐右翼の対立がいかに重要であろうとも、この対立は私たちの目には、もう一つ別の対立――二〇世紀のヨーロッパ大陸の歴史と個人の意識の内部で、構造化を促進する役割を果たした対立――に従属しているように見える。それがまさしく全体主義と民主主義の対立であって、そのために私たちは一方に、左翼であれ右翼であれ、過激派のブロックを、他方に穏健な諸体制のブロックを位置づけざるをえない。この穏健な諸体制もまた、これらの体制において私たちのいわゆる「議会制の」左翼か右翼かによって統治されうる。このことは二つの対抗勢力が言論上、場合によっては身体的に、相互に攻撃し合うことを妨げるものではないし（それらは同じ場をめぐって闘っているのである）、「穏健な」二つのグループが敵対関係を維持することを妨げるものでもない。

つまり、「右翼の」ナチズムと「左翼の」共産主義を対立させて考えることに大したメリットはない。それらは両者とも――そしてこのことがずっと重要なのだが――、全体主義的で非民主的な「過激派」なのである。一九三一年にしてすでに、セミオン・フランクは「左翼と右翼を超えて」と題するエッセイで、「赤」と「黒」の類似性によって、それらをただ一つのカテゴリーに包含することが正当化される時代がやってくると見ていた。(6) それぞれの綱領によって告げられる根本的な差異に対して、実践的にはそれほど顕著な差異が対応していないのである。それに反して、構造的ではなく系譜学的なパースペクティヴを採用するならば、差異はいっそう重大である。すなわち、共産主義がキリスト教によって普及された思想の到達点たらんと欲するのに対し、ナチズムはキリスト教の伝統を軽蔑し、みずからを異教的思考の継承者として提示する。前者はかつての奴隷の勝利を自称し、後者は主人を自称する、云々である。

しばしばナチス体制のもっとも驚くべき特異性と見えるもの、すなわち「劣等人種」——とりわけユダヤ人——の絶滅というその政策についてはどうだろうか。この政策にはある特殊性が備わっている。その性格を明らかにしなければならない。ユダヤ人殺害の特異な意味は死者の数にはない。というのも、スターリンは一九三二年から一九三三年にかけて同じ数の人々の死を意図的に引き起こしているからである。ユダヤ人殺害の特異性とは、よくいわれてきたこととは逆に、犠牲者が攻撃されるのは、彼らが何であるかによってであって、彼らが何をしているかによってではないという事実にはない。つまり、彼らが生まれたというただそれだけのことによって「罪人」になるという事実にはない。それはある特定の時期には「ブルジョワ」、または「クラーク」、または「農民」階級のメンバーのケースでもあるからである。そのとき、老若男女を問わず、彼らが何らかの行動を起こしたからではなく、彼らがそうした集団に属しているという理由でもって、つぎつぎに潰えていく。生きるにあたいしないと宣言されるのは、集団全体なのである。グロスマンはこの点で間違ってはいなかった。特殊性は、こちらにはあってあちらにはないような、国家の最高機関によって引き受けられた総合的な決定と計画化の存在にあるのではない。このような決定や計画化はいずれの側にも見出されるからである。特殊性は往々にして示唆されるように、ドイツ人がヨーロッパの中心に位置する教養の高い民族であったという事実にあるのでもない。教養は自動的に美徳を産み出すわけではないことは、少なくともルソー以降は周知の事実であり、教養のある人々の反道徳性が私たちを驚かせるはずはないだろう。それでは、その特殊性はどこにあるのだろうか。

一方で、この犯罪の特殊性はナチスの**殺人**計画にある。すでに見たように、最終的な調和を確立するために人類の一部を排除するという考えは、いずれの側にも存在していた。このような考えは共産主義イデオロギーのほうが、むしろいっそう徹底している。共産主義イデオロギーは敵となる階級の完全な絶滅を公準としているからである。それに対し、ナチズムはある種の「人種」（ユダヤ人）は排除しようとするが、他の人種はこれを奴隷状態に追いやることで満足している（スラヴ人）。しかし実際にはバランスは反対側に傾くのである。すなわち、同じような犠牲者数にもかかわらず、ナチスによるユダヤ人その他、存在するにあたいしないと判断された集団の組織的な破壊に匹敵するものは何もない。ひとことでいえば、コルイマとソロフキ諸島はブーヘンヴァルトとダッハウ〔いずれもドイツ国内のユダヤ人強制収容所〕のロシア側の等価物であるのに対し、ソ連にはトレブリンカは一度として存在しなかったのである。

人殺しがそれ自体として目的と化すのは、ナチスの絶滅キャンプにおいてでしかない。たしかにナチスのイデオローグは、この人殺しを正当化したければ、より高等な理由を引き合いに出しただろう。ドイツ民族の、「アーリア人種」の、さらにはこのようにして純化された人類の幸福を保証すること、である。だがこの遠大な目的の存在も、虐殺者が深くかかわっている具体的な行動が、比類のない合目的性をもつことを妨げるものではない。すなわち、犠牲者を殺害するという合目的性である。殺人のためだけにもちいられる収容所が創設されたのは、それゆえである。トレブリンカ、ソビブル、ベウジェッツ、ヘウムノ〔いずれもポーランド領内の絶滅キャンプ〕、あるはアウシュヴィッツとマイダネクのような強制収容所内部の殺人用の区域である。

URSSにおける膨大な犠牲者は別の論理によって生み出される。生命を奪うことは、ここでは目的ではない。それは懲罰か恐怖政治の手段であるか、取るに足りない損失であり事故であるかである。グラーグの住人は三か月にわたる極度の疲労か、寒さか、病気かの果てに死んでいく。そんなことは気にもされない。というのも、彼らは量的には取るに足りず、ほかの人々によって置き換えられるからである。農民は飢えで死ぬこともある。というのも、それが農業の集産化の条件、またはウクライナのロシアに対する、農村の都市に対する服従の条件だからである。ここで意味をもつのは死ではない。生命はもはやまったく無価値である。敵である階級は排除されなければならない。しかしそれは本質的には歴史と自然（シベリアの凍ったツンドラ）の仕事であるだろう。ナチスも強制収容所の中の生命に対して同じ軽蔑を示す。つまり強制労働を強いることによってである。だが絶滅キャンプでは死がそれ自体として目的と化す。この観点からすれば両体制のそれぞれが、綱領に見られる類似にもかかわらず、その特殊性を保持しているのである。

同時に、ナチスの絶滅に匹敵する行為がソヴィエトの側にも見られることを指摘しなければならない。たとえ、ここでは最大の死亡率をもたらすのはこれらの行為ではないとしてもである。すなわち、個人ではなく集団全体にねらいを定める直接的殺害が数多く存在するのである。ここで引用しなければならないのは、もはや飢饉、寒さ、あるいは収容所でのひどい扱いによって引き起こされる死ではない。そうではなく、社会集団または民族集団の銃殺による殺戮である。一九三七年七月、階級としてのクラークの決定的粛正が必要であると宣言されるだろう。たとえ彼らがもはや元クラークでしかないとしてもである。彼らの殺害は個別的には動機づけられていない。割当量のシステムに従っているのである（およそ四人に一人）。約二〇万人の人々がこのようにして銃殺刑に処せられるだろう。

一九三九年のポーランドの一部占領以降、投獄されているポーランド人将校のエピソードも、同じ論理に組み込まれる。この集団は社会的アイデンティティ――彼らは将校であり、したがってプロレタリアートの敵である――と同時に国家的アイデンティティを有している。すなわちポーランド人、つまり潜在的にはロシア人の敵である。彼らの運命は一九四〇年三月五日の政治局の決定によって、いきなり決せられる。全員が銃殺刑に処せられなければならないのである。二万一九〇〇人（うち四四〇〇人はカチンの森においてである）が、裁判などまったくおこなわれずに、うなじに銃弾を受けて殺されるだろう。ソヴィエト的コンテクストにおいてさえ、この決定は例外的な性格をもっていると強く感じたらしく、スターリンは政治局員全員に決議文の下に署名するように要求した。政治局員のだれも自分は知らないとは、もういうことはできないだろう。全員が共犯なのである。こうした徹底的な死刑執行のタイプは、ソヴィエト当局は長いあいだ否認することになるが、したがってナチスのジェノサイドに似ているが、広がりはずっと制限されている。ナチスのほうは二五〇万人のユダヤ人を殺害するのである。

ユダヤ人殺しの特殊性は別の観点からも考察することができる。ユダヤ人殺しは全体主義の枠内でおこなわれた他の大虐殺とは犠牲者の性格によって区別される。ユダヤ民族、ユダヤ教、ユダヤ的伝統は、古代ギリシアの役割にある部分では匹敵する、だがはるかに持続的な、中心的な役割をヨーロッパの歴史の中で演じてきた。だからといってウクライナの農民の殺害がより許容可能なものになるのではない。だがヨーロッパのアイデンティティ、さらには人類のアイデンティティのこの構成要素を根こそぎにし、排除しようとする計画、この計画がつまりは、一部の住民を「たんに」殺害しようとする他の絶滅計画よりもいっそう大きな歴史的射程をもっているということを示しているのである。

共産主義の内部でおこなわれた大虐殺とジェノサイドもまたヨーロッパの歴史にとって中心的な出来事であるが、まったく別な仕方によってである。つまり、犠牲者の性格によってではなく――そもそも犠牲者の性格は時期と地域によって変化する（ここには反ユダヤ主義のように明確なものは何もない）――、虐殺者の性格によってである。たしかに、反ユダヤ主義はキリスト教の歴史、つまりヨーロッパの歴史と密接に結びついている。たとえヨーロッパが、全面的絶滅というナチスの計画に近づいたことは一度もなかったとしてもである。だが共産主義の企図自体は、この同じ歴史の本質的傾向——すなわち、平等主義的ユートピア、キリスト教的千年王国思想、主意主義、合理主義、科学礼賛——の破局的結末、倒錯的な方向転換である。

公式のイデオロギーと個人の実践とは別に、個人がみずからについて作り上げる表象が存在する。この点にかんしては、差異はとりわけ大きい。共産主義者はナチス党員のようには自分を見ていないし、その逆も同様である。このことを考慮に入れて、彼らが「客観的に」相互に似ていると主張するだけで済ませてしまうことは、ぜひとも回避しなければならない。私的体験の次元では対立は解消することはできない。だから、昔の活動家に、したがって昔の信者に対しても同じことだが、彼がその不倶戴天の敵に似ていたなどと説得することは至難の業である。個人的な記憶の内部にとどまるかぎり、この自己表象はそのあますところなき正当性を保持している。この正当性は当事者が記憶から遠ざかって〈歴史〉の領域に入るにつれて減じていく。

一つの結論が不可避であると私には思われる。すなわち、二つの全体主義の比較は実り豊かであるけれども、すべての錠前を開くことができる鍵ではないということである。全体主義という概念自体についても同じである。この概念は総括する概念としてよりも総括される概念として有用だと、私としてはいいたい。つまり、共産主義体制やファシズム体制を「全体主義的」として同一視しても、これらの体制のもっとも一般的な特徴しか明らかにならない。これら一般的特徴が表面的なのではない。それどころではない。だがそれだけでは足りないのである。隠されたものを明らかにするというその役割を果たし、大きな方向性を定めたあとで、これらの一般的特徴の有用性は停止する。そして私たちは新しい変数を導入せざるを得なくなる。国家の構造は、いずれの場合においてもつねに統一へと向かっている。しかし官僚制度が果たす役割は同じではない。また首長への崇拝も、それがヒトラーなのか、それともスターリンなのかによって、さらにレーニンなのかスターリンなのかブレジネフなのかによっても、同じ意味をもたない。いずれにおいても恐怖政治は現前し、収容所は隆盛をきわめている。だが、たとえ犠牲者の話は似通っているとしても、恐怖政治と収容所の機能は厳密には一致しない。このようなリストは無限に延長できるだろう。それにひきかえ、これらの体制をそうでない体制に比較して「全体主義的」と形容することはきわめて明快である。すなわち、民主主義体制、個人主義社会、ヒューマニズムの哲学、だが同時に保守主義的体制、または軍事独裁体制と比較してである。

評価

全体主義の二つの異本にいかなる評価を下すべきだろうか。最初に体制とその行為者とを区別しなければならないだろう。体制については、私はほかの人たちがすでに表明している結論に同意する。それらは等しく嫌悪すべきだ、ということである。これらの体制の犠牲者はそれぞれのケースで数百万を数える。だが、この観点からヒットチャートを作成することには不謹慎なものがある。強制収容所に閉じこめられ、飢え、寒さ、寄生虫、暴力に苦しんだ一個人の苦しみは、耐えがたい。収容所がドイツであろうがソヴィエトであろうが、そんなことはどうでもいい。人間の苦しみはどれもこれも同じだからである。ナチスがおこなった直接的な絶滅に真に匹敵するものはソヴィエトの側にはない。だが飢饉によってわずか一年のあいだに数百万の人々の死を引き起こすこともまた、恐るべき行為である。

両体制をひっくるめたこのような断罪は、もちろん特殊なコンテクストに従って加減されなければならない。たとえば、ポーランドではナチス独裁体制のほうが共産主義独裁体制よりも格段に多くの人々の死を引き起こしたことは明白である。だがブルガリアでは――別な例を引き合いに出せばである――割合は逆転する。その概要を述べるために指摘しておきたいのは、戦時中全体にわたる一九三九年から一九四四年、すなわちファシズム支持者の側のもっとも過酷な弾圧がおこなわれた時期に、あらゆる刑を通じて三五七件の死刑執行を数えるのに対し、ブルガリアがソヴィエトの勢力圏に組み込まれた直後の一九四四年―一九四五年の一年だけで、新しい権力によって殺害された人々は二七〇〇人に上るということである。

歴史的パースペクティヴに身をおくならば、中心的な位置を占めるのは共産主義である。共産主義ははるかに長期間つづくからである。もっと早くはじまり、消え去るのはもっとあとである。それは地球上の諸大陸に広がっていく。ヨーロッパの中央部だけではないのだ。それがもたらす犠牲者数はなおいっそう大きい。現在の見方では、共産主義を断罪することも同じく大きな今日的意義をもっている。共産主義の欺瞞はより大きくより誘惑的で、共産主義の正体を暴くことは、よりいっそうの緊急事である。ところで、明らかな不均衡が二つの体制に対する公的な評価を特徴づけている。若干のマージナルな人々をのぞいて、ナチスの体制に対する非難は満場一致である。それに対し、共産主義はずっと広い範囲で依然として好評を得ている（たとえば、フランスではその「トロツキスト的」異本である）。反ファシズムは義務的である。反共産主義は疑わしさを残したままである。今日ではフランスやドイツでは、〔ナチスの犯罪の存在を否定する〕「否定主義」は法律によって罰せられる犯罪である。共産主義の犯罪の否定、さらにはこの犯罪を犯させたイデオロギーに対する礼賛は、完全に合法的である。

共産主義の終焉の状況——軍事的敗北というよりも「自然死」——のゆえに、共産主義の指導者たちは一度も裁かれていない。彼らのうちのだれも謝罪していない。彼らの無数の犠牲者は、わずかの償いさえ受け取っていない。少なくとも象徴的、イデオロギー的な次元で、バランスが立て直されることが望まれる。ナチズムに帰すべき惨禍を隠蔽したり軽減したりするためではなく、共産主義の惨禍をも忘れないようにするためである。これらの惨禍は依然として私たちに身近にあるのである。

今度はナチスであれ共産主義者であれ行為者のほうに振り向くならば、どうしても新しい区別が必要となる。最初に行為者が権力の座にあったか、それとも野党であったか、つぎに彼らが指導者階級にあったか、それとも下部組織の活動家であったかを知るためである。行為者が権力の座にあった諸国では、断罪は決定者にかかわるのか執行者にかかわるのかによって、同じではないだろう。執行者は多くの場合、順応主義者であり出世主義者である。彼ら自身は民主主義における一般大衆と少しも変わらない。だが現行の体制によって全体主義の動乱の中へと引きずり込まれたのである。

共産主義者がつねに野党の側にあった国では（この問題はナチスには無関係である）、犯罪について語らなければならない理由はない。たんなる活動家が、もっとも恵まれない人々を援助し、もっと多くの社会正義のため、自由あるいは平和のために闘おうとする情熱を共感をもって見たくなりさえする。にもかかわらず、このような理想は特別に共産主義的なものではまったくないと付言しなければならない。それは他の社会的または宗教的な運動によって共有されているのである。共産主義を特徴づけるのは最終的調和の理想ではない。これに到達するために選ばれる方法である。すなわち、〈党〉の選択への私的な選択の従属、国民の一部分（敵の階級）の排除、革命による権力奪取とプロレタリア独裁、私有権および個人的自由の廃棄である。それはまた、正義、平和、富裕の化身と化したソ連や他の共産主義国家への無条件の礼賛である。これらの選択が共産主義の綱領の不可欠な一部ではないかのように振る舞うことは、あるいは隠蔽に、あるいは熟慮にもとづいた無知に属している。

いずれにしても、共産主義の場合は欺瞞の部分が大きいために、かつての共産主義者が強固な反共産主義者と化すような状況が、かなり頻繁にあることには変わりがない。このようなケースはナチスにおいてはそれほど多くない。ナチスの綱領は実践を比較的正確に記述しているからである——ナチスの実践を、だがしばしば共産主義体制の実践をもである。そういうわけで、かつての共産主義者はつねに、しかも当然のこととして、旧ナチスに対しては拒否される共感という資本の恩恵に浴することになるだろう。

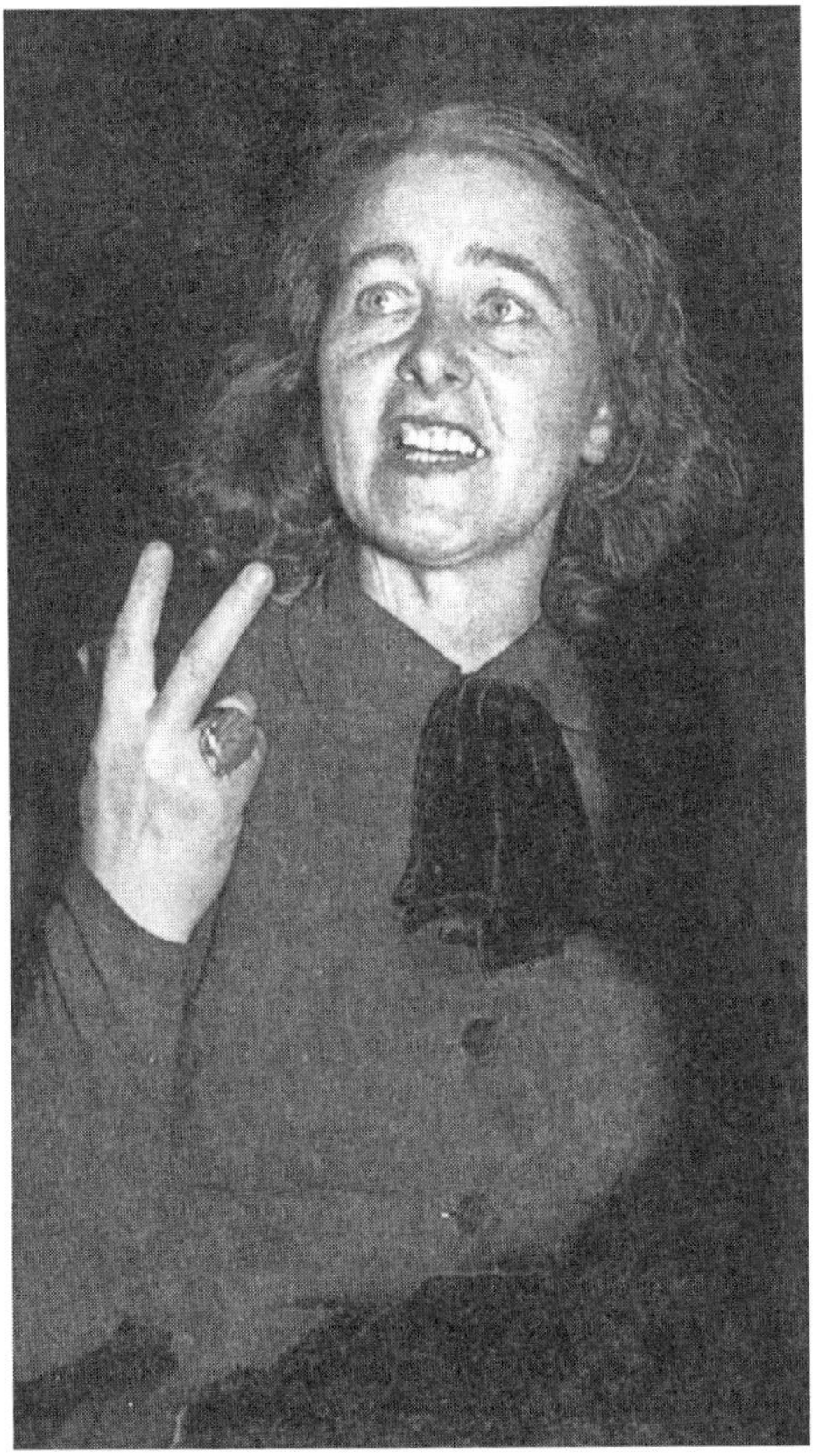

1949 年，クラフチェンコの訴訟で証言するマルガレーテ・ブーバー＝ノイマン

マルガレーテ・ブーバー＝ノイマンの世紀

一九四〇年二月八日の午後のはじめ、三〇人の捕虜の一団——男二八人、女二人——が、ソヴィエト政治警察であるＮＫＶＤの将校によって、ブレスト＝リトフスクでブグ川をまたぐ橋のほうへと率いられていく。この川はちょうどこの時期には、もはやポーランドの中央ではなく、二つの全体主義帝国によって占領されたポーランドの国土を分かつ形で流れている。ドイツはブグ川の西の領土を、ソ連は東の領土を奪取したのである。女二人と病を得た男二人が、この橋の手前で一台のトラックから吐き出される。彼らはブレスト＝リトフスク駅でこのトラックに乗せられたのであった。ほかの男たちは駅から歩いてきた。彼らの出発点はもっと遠く、モスクワである。モスクワではそれより三日前、ＮＫＶＤの局員が厳重な監視のもとで彼らを列車に乗り込ませている。ソヴィエトの収容所と刑務所はなおいっそう遠くにある。さらに一と月前、この捕虜たちはそこから連れ出され、モスクワで一つにまとめられたのである。全員が旧共産主義者か左派の社会主義者で、ドイツ人とオーストリア人である。彼らの多くはナチスの迫害から逃れるために三〇年代にＵＲＳＳに亡命したユダヤ人である。まもなく彼らは逮捕され、強制収容所に監禁された。

橋の入り口で、この捕虜の一団は震えながらジッと動かない。橋の反対側から、ひとりのドイツ人の軍人が近づいてくる。軍人がすぐそばまで来ると、囚人たちはそれがSSの制服であることに気づく。ソ連人とドイツ人の二人の将校は慇懃に挨拶を交わし、捕虜の名が記載されているリストをいっしょに確認する。疑いを容れる余地はない。これらドイツ人とオーストリア人の元亡命者はスターリンの警察からヒトラーの警察に引き渡されるのである。このとき囚人である男たちのうち三名が動揺しはじめる。一人はハンガリー生まれのユダヤ人、二人目はドイツ語の教師である古くからの共産主義者、三人目はドレスデンの若き労働者である。彼はドイツで反ナチの武装闘争に参加し、欠席判決を受けている。三人は自分たちをSSに手渡すことは死刑を宣告することと同じだと確信している。彼らは激しく抵抗する。NKVDの兵士は三人を取り押さえ、橋の上をドイツ人同業者に引き継ぐところまで引きずっていく。三〇分後、すべては終了している。スターリンのかつての捕虜は、今度はヒトラーの捕虜となるのである。二人の女性のうち一人はマルガレーテ・ブーバー＝ノイマンという名である。この場面の記憶を保持するのは彼女である。(1)

一九三九年—一九四一年の独ソ条約は、当時、相思相愛を思わせる。二人の独裁者の友情はその絶頂にある。好意の証として、ソヴィエト政府はナチス・ドイツに政治亡命者を「返還する」ことに同意する。彼らはいまやソヴィエトの収容所と刑務所で暮らしている。このようにしてソ連人によって退去させられるべき政治亡命者は、全部で一〇〇〇名を数えるだろう。その約三分の一はユダヤ人である。それぞれの運命は復元されていない。だが大ざっぱな輪郭は知られている。一部は銃殺され、他は強制収容所で亡くなるだろう。さらにほかの人たちはソ連に手ひどく幻滅させられてナチスのイデオロギーに転向するだろう。まさにこのとき、ナチズム－共産主義の接近は、だれの目にもほとんど明白なものと化すのである。

マルガレーテ・ブーバー＝ノイマンの運命はきわめて特異であり、詳細に追跡するにあたいする。一九〇一年に王党派的色彩の濃い軍事都市であるポツダムで生まれ、当時、グレーテ・チューリングと呼ばれている彼女は、慎ましいブルジョアの家族の中で育つ。この家族自体は農民の家系の出である。おそらく彼女の最初の選択の原因となる潜在的な衝突が、彼女の両親を対立させる。父親はプロシアの軍事規律の称賛者であり、王政を支持するナショナリズム精神の持ち主である。一方、母親は自由主義的な信念をもち、社会主義に対して共感を抱いている。若きグレーテと二人の姉妹は**ワンダーフォーゲル** *Wandervogel* のメンバーとなる。これはロマン主義精神にリードされた、非政治的であるがブルジョワ的生活の慣習に反対する青年組織である。そのスローガンは「内面の真実、外面の純潔」である。〈第一次世界大戦〉が苦しみをもたらしたがゆえに、この運動の若きメンバーは自分たちの社会的責任を模索しはじめる。高校卒業後、グレーテはベルリンで保母の仕事を学ぶ。彼女が最初の就職口を見つけるのもベルリンである。彼女が賛嘆の念をもって読むのは、アウグスト・ベーベル、レオンハルト・フランク、ローザ・ルクセンブルクの社会主義精神の著作である。一九二一年、共産主義青年同盟のメンバーとなる。一九二六年、〈入党〉する。一九二八年以降、彼女は〈党〉の機関の一つ『インプレコール』のために働く。これはコミンテルン〔共産主義インターナショナル〕によって出版される情報誌である。

二〇年代のドイツにおいて、人はなぜ、いかにして、共産主義者になるのだろうか。ブーバー゠ノイマンはしばしばこの問いをみずからに課すことを余儀なくされた。そしてこの問いは彼女に詳細な答えをもたらす。出発点にあるのは善き感情である。すなわち、自由への欲求、つまり純粋に伝統的な社会的偏見を捨て去ることへの欲求（社会参加、自由恋愛、ボヘミアンの生活はそのとき容易に調和し合う）、出自、境遇、性が何であれ、あらゆる人間存在の平等への確信、人間と正義への愛、他者の苦しみへの感受性である。このような感情を抱いている人が世界に目を開くとき、その人は理想と現実を隔てる深淵に気づかざるを得ない。「私の同情は深い社会的な罪悪感へと変化した。(2)」若者はそのとき、自分が世界を改善しようとする欲望、とりわけもっとも貧しい人々の境遇を改善しようという欲望に駆り立てられていることに気づく。ところで、これがまさしく〈共産党〉の綱領なのである。

ひとたび他のシンパたちの仲間に入ると、新しい志願者は数多くの特権の恩恵に浴する。まず最初に、一つの共同体に参加するという事実である。志願者はそれまでは個人主義社会がその構成員に強要する孤立に苦しんでいたのである。いまや何千人という他の人々があなたの身内、あなたの「兄弟」となる。同じ価値観を共有しているからである。「《われわれ》という語がそのときわめて大きな文字で書かれたのである。(3)」あるまとまりある運動に属しているという感情は、孤独の不幸を乗り越えることを可能にする。もう一つの特権は、確実さを所有しているということから、自分のためらいのままに揺れ動いたり、疑惑にとらわれて待ちあぐねたりする代わりに、あらゆる問いに対する答えを知っているということからやってくる。「突然、私にはすべてが信じられないほど簡単に理解できるように思われた。(4)」科学的野心を備えたこうした体系的な思考は、世界内に存在するすべてのものを説明することだけでは満足しない。この体系的な思考は理想の社会に到達するための手段を明らかにする。進歩は――理性がこのことを証明している――反動よりも好ましい。ところで、URSSは進歩の国である。幸福の約束は科学によって保証される。このことによって、その魅力は抗しがたいものとなる。

新しい転向者は、共産主義運動が彼に送り返してくる彼自身についての心地よいイマージュ、および共産主義運動が彼に保証してくれる心理的な特典によって当の共産主義運動に結びつけられて、つぎの一歩を踏み出すようにし向けられる可能性をもつ。すなわち、自分の私的な判断の放棄、および〈党〉の規律への服従である。そのとき彼は、一方の虐げられた人々の大義への純粋に感情的な賛同、正義への抽象的な愛——他方の組織された戦闘員の有効性、を区別するすべを学ぶ。「理想主義者、世界の改革者、人類の友は、たちまち笑いものにされ、その後は、軽蔑され、最終的には〈党〉によって迫害されさえした。〈党〉はまったく別なものを要求していた。すなわち、無条件の忠実さ、私的意見のつねに変わらぬ放棄——当時の呼び方をすれば、路線への忠実さ——、鉄の規律。」[5]彼はいまや目的と手段、あるいは少なくとも遠いはるかな目的と差し迫った目的とを区別することができる。すなわち、彼は最初の同情とは反対の行動が必要になることもあり得ることを容認するのである。というのも、このような行動は〈党〉によって定められた最終目的に役立つからである。個人の自律は未来の集団的自律の祭壇で犠牲に捧げられる。通りで一戦を交える野党としての二つの党、ドイツ共産党員とナチスとが——私的な判断と意志のこの喪失によって、〈党〉とその首長への忠実さの誓約によって——それと知らずに相互に似はじめるのは、このときからである。それまではこの二つの党は対立していた。前者はあらゆるものに対する気前のよさに、後者は彼ら自身の集団の利益の防衛に突き動かされていた。同じ時期に、それぞれの党の政治戦略のあいだのいくつかの一致もまた、はっきりしてくる。

このように共産主義に政治参加する理由を指摘していくにつけても、これがいかに宗教的体験と似ているかを見て驚きを禁じ得ない。同じ特権を得させるのである。すなわち、高邁な理想への賛同、共同体への所属の感情、教条主義的な信念によってもたらされる安逸である——〈党〉への忠実さが教会への盲目的服従の代わりにやってきたのである。たしかに、共産主義の教義は科学的霊感たらんとする。「二〇年代を通じて共産主義という地上の宗教から発していた輝きの中で、科学への信仰が重要な役割を演じていた。」[6]マルクスとエンゲルスの経済的、社会的、または歴史的な仮説は信仰箇条と化し、これに異議を唱えることは禁じられる。その後、ソ連で暮らすさい、この若い女性は他のすべての科学についても事情は同じであることを発見する。友人の心理学者が彼女に不平をもらす。「私たちに［パヴロフの］学説を丸ごと受け入れさせる。まるで科学ではなく政治的信仰箇条だよ。(7)」このことによって、なぜ共産主義体制がキリスト教の代表者を、出発点ではこの二つの教義は矛盾していないにもかかわらず、これほどの執拗さをもって迫害するのかが理解される。それは他のいっさいの宗教は直接的なライバルだからであり、そこには唯一神のための場があるからである。

活動家が共産主義信仰を支持するときから、公的な生活から切り離されたプライベートな生活はもうなくなってしまう。グレーテは苦い体験を経てこのことをすみやかにに学んでいく。一九二〇年、彼女は左翼のユダヤ人の環境でドイツ人哲学者マルティン・ブーバーの息子、ラファエルに出会う。彼女はラファエルと生活をはじめ、成年に達するとすぐに結婚する。まもなくこの結婚から二人の娘が誕生する。しかし一九二五年、夫婦は離別する。彼らの反目の大きな理由の一つは、その間にラファエルが〈党〉から手を引いたことである。母親は一九二八年まで女手一つで娘たちを育てる。この年、裁判所の決定によって監護権が義母に付与されるのである。一九二八年から一九三四年にかけて彼女は年に二度しか娘たちに会うことができない。一九三四年から一九四五年まで、いっさいの接触が断たれる。母親が娘たちと再会するのは一九四七年になってからでしかないだろう。「〈党〉に入党することによって、共産主義者はプライベートな生活を棄てなければならなかった(8)」と彼女は自伝で明らかにしている。

一九二九年、彼女はハインツ・ノイマンと出会い、彼と暮らしはじめる（彼女は彼と結婚しなかったが、数年後、彼の名前を自分の名前につけ加える）。ノイマンはそのとき、ドイツ〈共産党〉の主たる指導者のひとりである。裕福で自由主義的なユダヤ人家族の出である彼は、いっさいの民族的同一化を拒否し、自分が世界市民になることを夢見ている。一九二〇年、一八歳にして彼は〈党〉に入党し、輝かしい精神を〈党〉のために役立たせる。もっとも積極的な宣伝者のひとりとなり、テールマンの直後を襲って主要な指導者のひとりとさえなるのである。多くの知識人同様、彼は急進的な思想に惹かれ、妥協や中庸を軽蔑する。たちまちロシア語をマスターし、ソヴィエトの仲間たちにとりわけ評価される。なかんずくスターリンに評価され、スターリンが信頼を寄せる人物となる。しかし彼は自分の信念に従って行動しているのであって、上からやってくる命令に従っているわけではない。そしてこの急進主義によって、彼はナチズムとも社会-民主主義とも公然たる衝突を訴えるにいたる。ところで三〇年代のはじめ、ソヴィエトの政策は方針を転換し、非妥協的な態度はもう通用しなくなる。ノイマンはモスクワに召喚され、一九三二年、グレーテとともにモスクワに行く。彼の強烈な反ナチスの立場は、いまや「偏向的」と見られ、公式の路線に対する彼の批判は危険なまでに彼をトロツキストに接近させる。トロツキストはスターリンが革命を裏切ったと確信しているのである。にもかかわらず、スターリンはノイマンに対する好意を失わず、黒海沿岸で自分とバカンスを過ごしに来るよう二人を招きさえする。その結果、いくつか珍妙な場面が起こるが、これはブーバー=ノイマンの自伝で述べられている。

しかしノイマンはもはやドイツにもどることはできない。コミンテルンは一九三三年、彼をスペインに派遣し、年末にはスイスに行くように厳命し、彼との接触を断ち切ってしまう。ハインツとグレーテは身分証明書類も金銭ももたずにチューリヒにやってくる。二人は数か月を細々と暮らすが、そのあげくハインツはある日、偶然に逮捕される。彼の正体が明らかになる。ヒトラー・ドイツは彼を裁判所に出頭させるために引き渡しを要求する。スイス当局は拒否するが、ノイマンを刑務所から出すことはない。ソ連が彼の身柄の引き取りを申し出るのは、そのときである。二人がル・アーブルで乗船しURSSにたどり着くのは一九三五年である。モスクワでは、彼らは外国人共産党員専用のホテル・リュクスにふたたび宿泊するが、雰囲気は一変している。もうだれも彼らを招待することはない。彼らの昔の友人たちは死んでしまったか、不確かな運命にさらされている彼らのもとを訪れるのを怖がっているのである。モスクワの大々的な訴訟が最高潮に達している。ハインツとグレーテはコミンテルンの外国語出版物のために働いている。ある日、コミンテルンの新しいボスであるディミトロフがノイマンを呼び出し、人民戦線の新しい政策――この政策は彼、ディミトロフによって具現されている――を讃美するために、確固たる自己批判ではじまる作品を書くように要求する。ノイマンは拒否する。自分が考えていることと正反対であることは書きたくない。その日、彼は自分自身の死刑判決に署名するのである。〈党〉は自主的な信念にもとづいて行動するような勇敢な個人は必要としない。〈党〉が必要とするのは服従する存在、いつでも自説を棄てることができるような存在である。

ノイマンの最期は悲劇的である。彼はソ連が、自分がそのために闘っていると信じていた理想とはまったく関係のない、血なまぐさい独裁政治だという確信をますます深めていく。彼は旧ボルシェヴィキが訴訟で自分たちの「過ち」や「裏切り」をうやうやしく白状し、親しい友人たちの有罪を立証するのを聞いて憤慨する。彼はグレーテにいう。「ぼくはきみに保証するよ。たとえ彼らが公開裁判でぼくを裁判所に出頭させても、ぼくには〝スターリン打倒！〟と叫ぶだけの力は残されているよ。だれもぼくを止められはしない。」(9) ホテル・リュクスでの彼らの生活の最後の数か月は、毎晩、廊下を足音が行き来するのを聞き、逮捕をいまかいまかと待ちかまえることで経過する。それはまた彼らの愛がもっとも燃え上がるときでもある。まるで愛情が花咲くには政治的な情熱が弱まらなければならないかのようである。彼が妻に書き送る最後の手紙は彼がもちいていた愛情に満ちたファーストネームだけで埋め尽くされている。四〇を下らないのである！　一九三七年四月二六日から二七日にかけての夜、廊下の足音が彼らの部屋のドアの前で止まる。ノイマンは逮捕される。連れ去られる寸前に、彼はグレーテに向かって叫ぶ。「泣くんだ、さあ。十分に泣くだけのことがあるんだから！」[10] 彼の運命が細部まで知られるのは五〇年以上経ってからでしかないだろう。彼は死刑判決を受け、一九三七年一一月二六日に銃殺刑に処せられたのであった。新たな大々的な訴訟に彼をかけようとの動きもあったが、訴訟はおこなわれなかった。彼は人々の面前で自分の真実を大声で主張する機会を失ったのである。

この日付までは、マルガレーテ・ブーバー＝ノイマンは公的な生活においては自分以外の者の運命のあとを追いかけている。彼女自身のことばによれば、彼女はその者の「付属品」に過ぎない。彼女が自分に責任があると感じる生き方がはじまるのは、このときからである。共産主義の指導者との共同生活によっても、彼女は自分を取り巻いているものを前にして眼をつぶることはなかった。しかし彼女は自分の印象を深めようとはしなかった。一九三二年にロシアを訪れたときには、彼女はこの国の一部分を揺り動かす飢饉を知らない。だがある日、モスクワの郵便局の前に果てしなく長い行列を見、この人たちがみな自分の近親者にパンを送ろうとしていることを知って驚く。政治的な出来事に対する国民の無関心も、「社会主義の祖国」に瀰漫している社会的不公正と増大する不平等と同様、彼女を驚かす。他方、正面に掲げられているインターナショナリズムは、ロシア人の特権的な位置をカムフラージュするためのレトリックにすぎないことを発見する。これは「祖国愛」と呼ぶほうがより正確なのかもしれない。いずれにしても、一九三七年以降、彼女が世界をありのままに見ることを妨げるものはもはやない。

ノイマンの逮捕と一九三八年六月一九日の彼女自身の逮捕のあいだに一年が流れるが、彼女はこの一年を彼女がその後、収容所で暮らす歳月よりも暗澹たるものだと判断する。「私の夫の逮捕と私自身の収容のあいだの一年が、私の人生でもっとも耐えがたいものである。」[11] ブーバー＝ノイマンは最初の数か月をノイマンがどこに拘留されているかを確認して、いくばくかのお金を手渡すために、モスクワのさまざまな刑務所の前で行列を作って過ごす。とうとう彼はルービアンカにいると知らされるが、一二月になるとお金は拒否される。「ノイマンはもういない」と伝えられる（彼はすでに銃殺されている）。彼女はパスポートを剝奪される。労働許可証もなければ、わずかな生活手段もない。彼女はのみの市で本と衣服を売って命をつなぐ。身の回りで足音がするたびに彼女は跳び上がる。彼女はフランスに出発したいという。姉妹のバベット・グロスが住んでいるのである。バベットはコミンテルンのかつての大立て者であるヴィリ・ミュンツェンベルク〔一八八九年―一九四〇年。ドイツのスターリニスト。共産主義青年インターナショナルの創始者のひとり〕の伴侶である。彼女の要求は拒否される。彼女の逮捕はほとんど解放のごとくにやってくる。ここに彼女はワシーリー・グロスマンのいわゆるドイツ共産党員のひとりと化す。最初はヒトラーに迫害され、つぎにスターリンに迫害されるのである。

ブーバー＝ノイマンは半年は予防拘禁の状態におかれる。その後、「社会的な危険分子」という漠然とした表現の訴因でもって五年間の収容所流刑の有罪判決を受ける。一九三九年はじめ、彼女は中国との境界に位置するカザフスタンのステップにあるカラガンダ収容所にたどり着く。この収容所は広大でデンマークの領土の二倍ほどもあり、約一七万人の人々が収容されている。監視はあまり厳しくないが、逃亡は不可能である。周囲は数百キロにわたって砂漠なのである。数少ない政治犯は普通法〔一〕によって施行される圧制に服している。衛生状態は惨憺たるもので、服役者はシラミとナンキンムシに覆われている。だが最悪は収容所の首脳陣によって定められた、成し遂げられた仕事量と供給される食事量のあいだの関係である。収容された人たちは畑か鉱山で働くが、ある種のノルマを達成しなければならない。もし達成しなければ、食糧の一日分の割当量が減らされはじめる。ところで、食糧はただでさえかなり貧弱である。さまざまなカテゴリーの特権者をのぞいてスープとパンである。収容された人たちが受け取る食糧が少なくなればなるほど、ますます働けなくなっていく。だが働けなくなればなるほど、食糧はいよいよ少なくなっていく。受け取る割り当てがいよいよ少なくなっていき、飢餓に力尽き、彼らは数か月後には死んでいく。ブーバー＝ノイマンが生き延びたのは、拘留されていたある医師の憐憫のおかげにほかならない。この医師はつぎのような診断を添えた証明書を彼女のために発行するのである。「重労働に不適格」。

一年後の一九四〇年はじめ、彼女は司令官の事務室に呼び出され、出発すべきことを告げられる。長旅ののち、彼女はモスクワの刑務所に収監される。だが今度はずっとよい環境である。清潔なシーツ、お湯、食べ放題の食糧。まるで、全員がドイツかオーストリア出身のかつての服役者である彼女と新しい女性の仲間たちは、よそに送致される前に「修理」されなければならないかのようである。だが、どこに？　これらかつての女性共産主義者たち、または共産主義者たちの伴侶たちは、自分たちがヒトラーに引き渡されるだろうとは想像できない。いまや男たちと女たちからなる一団が、西に向かう列車に乗せられるときですら、自分たちは中立国で解放されるものと想像している。一九四〇年二月八日まではである。その日、彼らはブレスト＝リトフスクのブグ川の橋の上でＳＳの将校が彼らに迎えにやってくるのを見るのである。

ブーバー＝ノイマンの強制収容所をめぐる叙事詩の第二のエピソードがはじまるのは、そのときである。刑務所で六か月を過ごしたあとで、彼女は拘留の判決もなく拘留期間も決められずに、女性の収容所であるラヴェンスブリュックに送致される。彼女はそこに一九四五年四月までとどまるだろう。生活環境は最初はまあまあである。清潔で、食糧は十分で、労働も疲れ果てるようなものではない。生活環境は一九四二年以降、悪化していき、徐々にカラガンダの状態に近づいていくだろう。一九四四年、弱者——病人と老人——の「選別」とその皆殺しが開始されるだろう。だが収容された人たちは最初から心身ともに拷問を受けている。そしてブーバー＝ノイマンは自分たちがこの拷問によって根本からむしばまれ、損なわれていくことに気づく。自分たちは最後には多少とも意識的にＳＳの監視人の価値観を受け入れるのである。「キリスト教は苦しみは人間を浄化し気高いものにすると主張している。強制収容所での生活はその逆を証明した。私は苦しみ、過剰な苦しみほど危険なものは何もないと信ずる。このことは個人にも民族全体にも当てはまる。(12)」病気とか懲罰（彼女は独房で数週間を過ごす）の結果、ブーバー＝ノイマンは何度も死の瀬戸際に立たされるだろう。

ＳＳの迫害に加えて、ブーバー＝ノイマンの場合、収容所内に多数いるドイツ人やチェコ人の共産主義者である囚人による迫害がつけ加わる。これらの囚人はしばしば収容所内で権力者の立場にあるのである。彼女たちはブーバー＝ノイマンがラヴェンスブリュックに到着すると尋問し、ソヴィエトの収容所での話を聞くと、彼女を「トロツキスト」に分類した。これらの女たちにとって、個人が価値をもつのは、個人自身としてではなく、あるカテゴリーの代表者としてのみである。ところで、ブーバー＝ノイマンが「ソ連の敵」の階級に属していることは明白である。

ブーバー＝ノイマンにとって幸運なことには、彼女はラヴェンスブリュックで別の出会いもおこなっている。最初の年から、チェコのジャーナリストであるミレナ・イェセンスカと知り合いになる。彼女はフランツ・カフカのかつての恋人で、反ファシズム活動のために収容所に送られたのである。二人の女性のあいだに強い友情が生まれる。この友情は一九四四年のミレナの死によって中断されるだろう。もうひとりのチェコ人女性はインカである。医学部の若い学生で、自分自身は共産主義者であるが、〈党〉の命令に従わずにブーバー＝ノイマンの友人となる。その後、インカは薬を盗んで治療をしてブーバー＝ノイマンの命を救ってくれるだろう。非共産主義者のフランス人政治犯――ジェルメーヌ・ティヨン、アニーズ・ポステル＝ヴィネ、ジュヌヴィエーヴ・ド・ゴール――も彼女との友情のきずなを結ぶだろう。だれも自分が生き延びられるかわからないので、彼女たちはいつの日かそれぞれの国民に伝達すべきことをおたがいに打ち明け合う。ブーバー＝ノイマンは日曜日が来るたびに何回も連続して、自分がソ連の収容所で体験した事柄をフランス人の友人たちに物語る。ポステル＝ヴィネが十分にドイツ語を解さないフランス人に通訳を買って出る（ジェルメーヌ・ティヨン自身は、むしろ仲間たちを楽しませるために、アルジェリアで民族学者として体験した思いがけない滑稽な出来事を物語る）。

一九四五年、〈赤軍〉がラヴェンスブリュックに接近する。収容所長は多くの囚人を解放する。解放された中にブーバー＝ノイマンも含まれている。ブーバー＝ノイマンはソヴィエトの管理から逃れるために西に向かって徒歩で出発する。二か月のあいだ廃墟となったドイツ中をさまよったあとで、祖父の農場にたどり着く。新しい生活がはじまろうとしている。

刑務所と収容所の七年間を過ごしたあとで、ブーバー＝ノイマンはふたたび自由になる。だが以前と同じものは何もないだろう。戦争中に死んだ父親はグレーテとその姉妹のバベットを廃嫡にした。この子たちは共産主義者なのだ！　グレーテはフランクフルトに身を落ち着け、かつての学校教師の職を得ようと試みるが、アメリカ軍の行政機関は彼女の要求を却下する。歳をとりすぎている！　自分の体験を地域の若き社会‐民主主義者に話しに来るよう求められるが、前もって警告される。彼女が話さなければならないのは、ナチスの収容所のことだけで、ソヴィエトの収容所のことではないのだ！　彼女は二人の娘とふたたび連絡を取りはじめる。二人の娘はいまや成人しており、エルサレムに住んでいるが、ナチス・ドイツを打破したソ連の大称賛者であることを知る。まったくもって、ブーバー＝ノイマンはわずらわしい伝記を抱えた人物なのである。

一九四六年初頭、彼女はスウェーデンの大富豪オロフ・アシュベリの自宅に招かれる。アシュベリは戦前はミュンツェンベルクとその地下組織を知っており、共産主義に対する共感を保持しているのである。彼はドイツ・コミンテルンの旧メンバーを援助する用意はあるが、ソヴィエトの収容所の話は聞こうとしない。ストックホルムの穏やかなたたずまいはブーバー＝ノイマンの気に入る。彼女の庇護者は彼女のために事務関係の仕事と住居を見つけてやる。彼女が自分の新しい使命を発見するのはそのときである。ラヴェンスブリュックで、ミレナと彼女は二つの全体主義における類似した体験を物語るべき『強制収容所の時代』と題する書物を共著で出そうと計画していた。ミレナがもはやいないいま、ブーバー＝ノイマンはひとりでこの責務を引き受けることを決意するのである。これは自分の友に対する義務であり、いずれかの収容所で彼女につぎのように言ったすべての人々に対する義務である。私のこと忘れないでよ。私の話をすべての人に伝えてちょうだい！　この仕事に取り組んでいたあいだ、ブーバー＝ノイマンは生き残った人たちに特有の恥に苦しむ。この恥はかつて収容されていた人たちの多くに共通した感情である。そして毎夜、悪夢が彼女を収容所に連れもどすのである。彼女は書きはじめる。そして解放が少しずつやってくる。彼女の新しい使命とは、二つの全体主義の非人間性にかんする、唯一無二のとはいわぬまでも、典型的な証人としての使命である。収容所で過ごした数年間に対する償いのようにわき上がった、この素直で謙虚な女性の信じがたいほどのバイタリティで、彼女は回想録作者兼歴史家になることが可能となる。彼女はつねに存在する悪と闘うためにさまざまな書物を書くだろう。彼女はきわめて多岐にわたる公衆に語りかけ、証言をするだろう。

一九三八年から一九四五年までの七年間の自分の人生を物語っている彼女の最初の作品『スターリンとヒトラーの囚人だった女』は、一九四八年にスウェーデン語の翻訳で出され、まもなくドイツ語で出版される。この出版の直接的な結果として、彼女はスウェーデンで仕事と住まいを失う。彼女の大富豪の庇護者はこの反ソヴィエトのプロパガンダに憤慨するのである。そういうわけで彼女はドイツに帰る。同年、この本はダイジェスト版の形で英語に翻訳される。翌年はフランス語で——フランスでは第一部だけに削減され、『シベリアの強制収容所に収容されて』という題である。『ラヴェンスブリュック強制収容所に収容されて』と題する続編が出版されるのは、四〇年後の一九八八年でしかないだろう！

この書物の独創的な寄与とは、共産主義とナチズムという二つの全体主義の体験を同列においたことにある。これらの体験のそれぞれにかんしては、多数の物語が存在し、あらかじめ征服された公衆に容易に出会うことができる。反ファシストにも反共産主義者にも事欠かない。ところで、ここで重要なのは、そして読者を混乱させ——あるいは、まれには読者の熱狂をかき立てるのは、何よりもまず二つの全体主義のあいだに連続性を確立していることである。というのは、近さはいまや二重であることが明らかになるからである。すなわち同時に、ブーバー＝ノイマンの伝記的経歴またはブグ川の橋上でおこなわれたNKVDの将校とSSの将校の握手が象徴しているような隣接、および二つの収容所における日常生活の分析が示しているような類似である。そういうわけで、この書物のフランス語版が——今日では完全版になっているけれども——この書物をそれぞれが自律的なものとして受け取られる二巻に分割したままであることは、かえすがえすも残念である。ブーバー＝ノイマン（およびミレナ）の計画は、まさしく二つの全体主義をいっしょに研究することであった。

ブーバー＝ノイマンはその歴史家兼回想録作者としての著作においては、自分の強制収容所体験がはじまる前においてさえ、両体制間の数多くの接触点または類似点を指摘している。一九二三年、コミンテルンの指導者ラデクは、ドイツ共産党員に国家‐社会主義と協力することを推奨する。ナチスどうしの抗争である〈長いナイフの夜〉は、ライヒシュタ－ク〔帝国議会〕の放火と同様、〈党〉を「粛正する」ためにキーロフ暗殺を利用し、これまでにもまして情け容赦ない独裁を創始しようというアイデアをスターリンに与えた（この点でブーバー＝ノイマンはワシーリー・グロスマンと意見を共有している――もちろんブーバー＝ノイマンはグロスマンを知らない）。ソヴィエトの指導者であるミコヤンやスターリンでさえ、ハインツ・ノイマンを前にして、ヒトラーの手腕に対する称賛を隠さない。国民全体に対する警察機構の支配力を比較して、ブーバー＝ノイマンは、ナチスはこの点ではまだ大分遅れを取っていると指摘する。恐怖政治の影響を受けているのは、ドイツ市民の一部――ユダヤ人と活動的反体制派――だけだからである。一方、ソヴィエト国民はその全体が日常生活で恐怖政治の効力を痛感しているのである。しかし比較がことのほか明快なのは、ブーバー＝ノイマンが収容所に監禁された者としての自分自身の体験を分析するときである。

比較はいくつもの次元でおこなうことができる。まず第一に、収容所はいずれの体制においても似たような位置と機能をになっている。すなわち、政治的な恐怖を行使し、自由にこき使うことができる安上がりな労働力を国家に得させることである。「二つの強制収容所システムは異なった政治的、メタ政治的な所与から出発した。しかし私たちは、それらが原理においては完全に重なり合う同じ目的に到達したことを忘れてはならない。」そういうわけで、この二つの強制収容所システムは等しい――ということは絶対的な――断罪にあたいする。「ドイツの強制収容所に対する私の憎しみは、独裁者スターリンの収容所に対する憎しみとまったく同じである。[13]」そう見定めた上で、比較は類似と差異を発見することを可能にする。

具体的にいえば、双方とも政治的な（そしてナチスにおいては「人種的な」）収容者はたいていの場合、暴力と「普通法」の支配のもとにおかれている――ドイツのある種の収容所をのぞいてである。たとえばブーヘンヴァルトでは、収容所の生活を規律正しく管理しているのは、ドイツ共産党員の収容者である。殴打と懲罰はいずれにおいても頻繁である。新生児はドイツでは殺されるが、ソ連ではそうではない。ソ連で新生児が母親から奪い取られるのは、もう少しあとになってからである。ドイツ人によって細心綿密に遵守される秩序は、しばしばロシアの収容所を支配している無秩序とは好対照である。しかしこの二つの状況のどちらが好ましいのかは容易に決定することはできない。「結局、何がいっそう劣悪なのだろうか。ブールマのシラミだらけの荒壁土の掘っ建て小屋か、この悪夢の秩序か。[14]」ロシアの収容所では、ドイツの収容所と違って、体制の真の敵はほとんどいない。ブーヘンヴァルトに収容された政治犯であるダヴィッド・ルーセは、その後（『戦争について』の中で）述べるだろう。「私たちは罪人だった。私たちの強さが私たちの罪状だった。」だが政治犯の割合は徐々に減少していく。というのも、彼らは一度も反体制派だったことのない他の収容者――ユダヤ人、ジプシー、「社会生活不適応者」――の中に埋もれてしまうからである。

ソ連にはガス室も絶滅キャンプもない。この差異は重要である。だが違っているからといってロシアの収容所が快適になるのに十分なわけではない。というのも、ロシアでは、不十分だと判断された労働に対する懲罰として故意に引き起こされた飢饉、害虫によって広められたが治療されない病気、シベリアのツンドラの寒さが、もう少しゆっくりとではあるが、ガスと同じく残酷に命を奪う。「何がいっそう人道主義に反するかを決定することはむずかしいのです。人々をガス室で五分間で処刑することでしょうか、飢餓によって三か月という時間をかけてゆっくりと息の根を止めることでしょうか」と、ブーバー＝ノイマンはダヴィッド・ルーセの訴訟の証言で指摘するだろう。[15] 重要な差異はむしろ、それぞれの体制の全体的な計画に対して人殺しが占める位置にある。ソ連人の理論的枠組みは歴史的で社会的であるけれども、ソ連人は「自然淘汰」のままに放置する。もっとも弱い者が飢餓、寒さ、病気で死んでいくのである。生物学的な諸原理を標榜するナチスは反対に、アウシュヴィッツで、だがラヴェンスブリュックでも「人為的淘汰」を実践する。ある収容者の死を決定し、他の収容者に猶予を認めるのは、彼ら、つまり彼らの医者と監視人である。一方は人間の命をまるで何の価値もないかのように犠牲にし、他方は文字どおり「殺人の熱狂(16)」に駆られているのである。

ブーバー゠ノイマンがもっとも力説する差異は、やはり二つの体制のイデオロギー上の対立に結びつけられている。それは、収容所の収容者はソ連人によって**奴隷**をモデルにして取り扱われるのに対し、ナチスには**人間以下の者**として取り扱われるということである。URSSでは収容所の正当化は二重である。恐怖政治を維持すること、および鉱山、工場、農地での労働に従順な無償の労働力を供給することである。本質的なのは、この第二の機能である。グラーグはソヴィエト経済の中で主要な役割を果たすと見なされているのである。この実践を昔の奴隷制から区別するのは、たんにソ連の厖大な人口が尽きることのない労働力の貯水池を意味するということであり、したがって収容所の幹部は自分の奴隷たちに対しいっさいの配慮をする必要がないということである。彼らに食糧を供給し、温かい服を着せ、病気の治療をする必要などない。もし死ねば、他の奴隷を連れてくるだけである。他方、これら政治的で経済的な二つの機能は、西側の訪問者向けの言説、だがソ連ではだれも信じていない言説の背後に隠蔽される。この言説によれば、収容所の目的は罪を犯した人々を再教育し、立派なソヴィエト的人間に変化させることなのである。

ドイツの収容所もまた残余の国民に対して恐怖政治の機能をになっている。だが出発点では、比肩すべき経済的な役割を引き受けているわけではない。収容所から労働力を計画的に汲みはじめるのは終戦が間近になってからでしかない。反対に、このシステムの目的は人間を動物状態におとしめることであるかのように、そこで観察されるのは個人に対する辱めとその腐敗の実践である。「主要な役割を演じるのは、もはや奴隷労働ではなく、拷問と計算された堕落であった」とブーバー＝ノイマンは書いている。(17) ナチスの収容所で――共産主義の収容所においてではない――人間存在は医学実験のモルモットとして使用されるという事実から受けざる得ない強い衝撃も、同じ意味においてである。まさしくラヴェンスブリュックでは、足が醜い傷跡で覆われたポーランド人の若者の一団を見ることができる。変化を観察するために桿菌を接種されたのである。ユダヤ人、ジプシー、スラヴ人、病人、または老人が死ななければならないのは、彼らが人間以下の者――不完全な人間――だからである。彼らの潜在的な経済的収益性など気にもかけられないのである。

ブーバー＝ノイマンがこの本を書いたのは、自分の悪夢から自分を解放するためばかりではない。彼女は相変わらず勝ち誇っている全体主義体制――ソヴィエト共産主義――に対する武器としてこれを構想している。彼女の典型的な体験は他人の目、つまりこれを体験したことのない人々の目を開くのに役立たなければならない。そしてそのためには、作者は可能なかぎりの率直さと忠実さをもって自分の物語を語らなければならない。これが彼女の現在の義務なのだ。共産主義はナチズムより悪いわけではない。だがよいわけでもない。ところで、彼女が自分の書物の英訳の序文で書いているように、「これらの独裁政治の一方はいまや破壊され、その犠牲者は刑務所と強制収容所から救い出された。他方は相変わらず存在しており、相変わらず何百万という人々が刑務所と収容所で苦しんでいる。」(18) ブーバー＝ノイマンは自分の過去の苦しみを呼び起こすことで満足するよりもむしろ、現在の悪――共産主義という全体主義体制――と闘うのに自分の力を注ぐだろう。

彼女だけではない。もう一冊の書物が、当時、西洋の読者の精神に衝撃を与える。それはヴィクトル・クラフチェンコの『私は自由を選んだ』と題する書物で、一九四六年に英語で出版され、一九四七年には仏訳で出される。ソヴィエトからの政治亡命者であるクラフチェンコは、この書物でURSSでの自分の生活と共産主義体制の悪事を物語っている。共産党の文化的週刊紙『レットル・フランセーズ』はクラフチェンコに対する誹謗のキャンペーンを組織する。すなわち、彼はURSSに強制収容所がおびただしく存在すると言い張っている、だから彼は嘘つきだ！　というのである。クラフチェンコはこの新聞に対して名誉毀損の訴訟を起こす。彼はURSSにおける生活を体験したことのある二〇名ほどの証人を裁判所に召喚する。証人の中にマルガレーテ・ブーバー＝ノイマンがいる。彼女の本はまもなく公刊されようとしている。訴訟は一九四九年のはじめの数か月にわたっておこなわれる。

スターリンとヒトラーの囚人だった女性の証言は強い印象をもたらす。信じられないような運命をたどったこのひ弱な女性は説得力に富んでいる。この訴訟で、ジョー・ノルドマン弁護士を長にいただく『レットル・フランセーズ』の弁護団は、彼女に対して彼らの通常の戦術を適用しようとする。証人の供述の真実性に異議を申し立てるよりも、道徳的次元で証人の信用をなくさせようとするのである。クラフチェンコは訴訟に勝利する。事件は控訴される。二つの訴訟のあいだに『レットル・フランセーズ』の弁護団は書類を提出する。ラヴェンスブリュックの元収容者であるチェコ人の四人の共産主義者の署名つきの手紙である。この手紙で、ブーバー＝ノイマンは収容所に滞在していたときSSとゲシュタポのスパイであったと糾弾されるのである。中傷は失敗する。というのも、フランス人とノルウェー人からなるラヴェンスブリュック元収容者が、逆の証言を裁判所に差し出すからである。クラフチェンコの訴訟の判決は控訴審でも維持されるだろう。

しかしながら、このエピソードのある小さな事実がブーバー＝ノイマンを動転させる。それは、これらの中傷的な手紙の署名者のひとりがインカ――共産主義者であるにもかかわらず、収容所で彼女の友人となり、いつか治療をして彼女の命を救ったことのあるあの若き女性――だということである。このような人が、いったいどういうわけで彼女に敵対する証言をしたのだろうか。インカは拷問に付されたのだろうか。それともブーバー＝ノイマンはインカについて思い違いをしたのだろうか。二者択一の両項とも苦渋を呼び起こす。ブーバー＝ノイマンはどのように選択すればいいのかわからない。

真実が明らかになるのは、ずっとあとになってからでしかないだろう。クラフチェンコ事件のさい、共産党の執行部は訴訟の否定的効果を骨抜きにするために立ち上がった。だからチェコスロヴァキアでもラヴェンスブリュックのかつての女性収容者の捜索がおこなわれた。そうした収容者の二人は従順な共産主義者で、ためらわずに手紙を書いた。つぎにインカにこの手紙に署名させなければならない。インカは当時、病院に入っている。最初の子供を産んだばかりなのである。かつての仲間たちが彼女を訪ねて、クラフチェンコとブーバー＝ノイマンがＵＲＳＳに対する中傷キャンペーンを指導していると説明する。彼女たちはインカの共産主義者としての義務感に訴える。その圧力のもとで、それに彼女たちをやっかい払いするためもあって、インカは署名するのである。だが彼女は自分の行為を忘れることはない。時が経ち、彼女の子供が大きくなる。一九六七年に彼女ははじめてソ連を訪れ、打ちひしがれて帰国する。彼女は一九六八年の「プラハの春」に参加する。翌年〈党〉から除名される。彼女がブーバー＝ノイマンの『世界革命』を読むのはそのときである。これは彼女に強烈な印象を与える。彼女にはもうただ一つの願いしかない。旧友に再会し、自分の卑怯な振る舞いを釈明することである。

チャンスが訪れるまでには、なおも多くの時間が過ぎ去る。インカがパリを訪れることができるのは一九八六年である。ラヴェンスブリュックの元収容者の会議に参加するためである。残念なことに、ブーバー＝ノイマンは歳を取りすぎているために、この会議に出席することができない。そこでインカは共通の友人であるアニーズ・ポステル＝ヴィネの助けを得て、危険な行動に身を投じる（しかしこの二人の旧女性レジスタンス活動家には、こうした類の企図は何の痛痒もない）。彼女はフランクフルトにいるブーバー＝ノイマンに再会するために、ビザもたずに、ドイツの国境を車で乗り越える。インカは、いまや自分の全生涯で最悪だと思われる行為についての自分の記憶が自分に刻みつけた傷に対する治療薬をブーバー＝ノイマンに求めているのである。不幸にして解放はなされ得ない。ブーバー＝ノイマンは二人をよろこんで迎えるが、記憶の喪失を病んでいるために、それがどんな手紙のことなのか皆目わからないのである。記憶の退化が起こったのは、今回は政治的強制の結果ではなく、身体の衰えの結果である。もう二度と人間的真実を復元することはできないだろう。インカは永久に悔恨に悩まされるだろう。「彼女はこの手紙を書かなかったことにすることはできないのです。」[19]

クラフチェンコの訴訟は国際的な大反響をかもし、ブーバー＝ノイマンの証言は注目された。彼女の名は有名になり、その本は一一か国語に翻訳される。翌年、彼女はふたたびパリで、ダヴィッド・ルーセが同じ『レットル・フランセーズ』紙を相手に起こした名誉毀損の訴訟で証言をおこなう。その間、彼女自身が同様の訴訟をはじめた。クラフチェンコの訴訟に登場したあと、ブーヘンヴァルトの元収容者でエーミル・カーレバッハというドイツ共産党員が、ドイツ共産党の出版物で彼女に対する中傷キャンペーンを開始したのである。ブーバー＝ノイマンは——と彼は書いている——旧トロツキストで、現在はアメリカの手先として働いている。彼女はＵＲＳＳで不当に迫害を受け、つぎに共産党員であるにもかかわらず、ＮＫＶＤによってＳＳに引き渡されたと主張している。実際には、彼女はすでに——そもそも他のトロツキストと同様に！――ゲシュタポのスパイなのであって、幸いにも注意深いソヴィエト警察に逮捕され、このソヴィエト警察が同じゲシュタポに彼女を送り返したのだ。というのも、ゲシュタポは彼女をもう一度、使おうとしていたからである……。カーレバッハに対する訴訟は一九五二年までつづくが、最終的にはブーバー＝ノイマンが勝利するだろう。しかしこのことで共産党の出版物が彼女を糾弾するのを止めることはないだろう[20]。

以後、ブーバー＝ノイマンは数多くの公的な講演をおこなうだろう。その講演で彼女は自分の私的な体験を呼び起こし、共産主義世界の分析をおこなう。文化の自由のための会議に熱狂的に参加する。これはとりわけミュンツェンベルクの地下組織の旧共産主義者たち――たとえばアーサー・ケストラーやマネス・スペルベール――によって推進されている国際組織で、ソヴィエトのプロパガンダと闘うことをつとめとしている。彼女はまた全体主義的専制の犠牲者解放のための委員会をリードし、〈東〉側の反体制派の行動をよろこんで支持する。同時にさまざまな本を書きつづける。一九五七年、自伝の新しい巻が出版される。これは一九〇一年―一九三七年をカバーするもので、『ポツダムからモスクワへ、迷走の諸段階[21]』と題している――興味津々たる本で（仏訳はない）、これによって両大戦のあいだに共産主義に積極的に関与するとは何を意味するのかを理解することが可能になる。

一九六三年、彼女はラヴェンスブリュックでおこなったミレナへの二つ目の約束を履行する。ミレナを決して忘れないという約束である。一冊の書物をミレナ自身に捧げるのである[22]。この作品は収容所をめぐる証言として書かれた文学の中でも出色である。というのも、この作品は本の作者ではなく第三者を物語の中心に据えているからである。実際、ミレナとの出会いは、彼女の人生を一変させた。ブーバー＝ノイマンがつぎのような驚くべき文を書くことができたのは、その結果である。「私は私をラヴェンスブリュックに追いやり、このようにしてミレナと出会わせてくれた運命に感謝する。[23]」しかしこの愛情の代償は高くつく。ミレナの死の直後、ブーバー＝ノイマンはしばらくのあいだ、自分の人生がいっさいの意味を失い、自由そのものが望ましいものであることを止めたような気持ちになる。二〇年後、ブーバー＝ノイマンがミレナの人生を物語ることを決心するときには、自分の記憶だけに頼るのではなく、さまざまな資料にもとづいてミレナの以前の生活を再構成する。そして望んだ通りの効果を得る。ミレナの名は忘却から救い出される。彼女はもはやカフカのラブレターの受取人であるだけではない。ミレナは全的な存在であり、作家であり、思いやりの深い深い友人である。

ブーバー＝ノイマンの学術的作品では、歴史は記憶に対してよりいっそう優位を占める。それが『世界革命[24]』と『共産主義の地下運動[25]』である。これらの作品で彼女は両大戦のあいだの国際的な共産主義運動の変遷を生き生きと描き出している。最後に、彼女は晩年の本で証言に舞いもどる。『消えた炎[26]』にまとめられた一連の肖像画であり、最後に、一九四六年―一九五一年代を物語る自伝の最後の巻『自由よ、あなたはまた私のもの[27]』である。同時に、ラジオとテレビの仕事をするが、一九六八年以降、ドイツ「新左翼」の攻撃を受ける。彼らは旧左翼と同様、スターリンとヒトラーの類似を想起させせられることを好まないのである。

ブーバー＝ノイマンは一九八九年一一月、ベルリンの壁の崩壊の直後に死ぬだろう。この世紀末にあって、彼女はヨーロッパの政治生活を支配した悪、すなわち全体主義の典型的な証人のように私たちには思われる――「並外れた証人」と、すでにアルベール・ベガンは一九四九年に述べている。[28]「絶対的証人」と一九九九年にはアラン・ブロッサがつけ加える。[29]彼女が模範的であるのは、まず最初にその運命によってであり、つぎに公正さと厳格さからなる彼女の姿勢によってである。彼女の証言で彼女が物語っているのは、体験したか直接に目撃したことだけである。彼女は評価を犠牲にして事実を特権化する。彼女が求めているのはよい役回りを獲得することでもなければ、つねに関心の中心にいることですらない。絶対どうしが相争うこの世界において、彼女はニュアンスに対するセンスを保持する能力をもっている。そして彼女の地獄への旅は全面的に気を滅入らせるようなものではない。彼女の本を読み終わると、人類の可能性をもう少し信頼できるようにさえなっている。つまり、この元収容者の女性は、ユーモアのセンスを、物語の力に対する尊敬を、公正さを失うことはなかった。彼女自身は収容所で絶望しない能力を身につけたのである。なぜなら、それがいかにまれであったとしても、彼女は善の明白なあらわれを収容所で知ったからである。カラガンダの規律ブロックで過ごした数か月について彼女が好んで思い出すのは、彼女をさいなんだ空腹でも、シラミとナンキンムシに対する闘いの夜でもない。そうではなく、ほかの収容者が彼女に転がしてよこした煙草であり、その収容者が彼女の前で歌った歌である。

模範的である彼女の運命、および彼女の証言の質に加えて、マルガレーテ・ブーバー゠ノイマンにおいて強い印象をもたらすのは、しばしばぞっとするような条件であるにもかかわらず、彼女が七年におよぶ収容所生活から生き残ったという単純な事実である。彼女にどうしてそんなことができたのだろうか。その問いを発すると、彼女はいくつもの要因を列挙する。嫌悪を催させるような労働をせずにすんだ家庭で育った彼女は、最初の段階では健康である。さらに、共産主義の地下運動をおこなっていた収容所以前の生活で、彼女は外見を警戒するすべを学んだ。彼女は世界と人間に対してつねに好奇心を失わないでいることができる。細部に対する並外れた記憶力に加えて、このことが彼女の物語の質を保証するだろう。彼女はまた精神的なものへの関心を保持している。このことによって、彼女は日夜浸っている過酷な物質的生活から逃げ出すことができるのである。しかしおそらくもっとも重要な役割を果たすのは、友情と仲間意識に対する天賦の才である。「他の人間にとって必要だという意識が収容所において最大の強さを与える源であった。[30]」この意味で、彼女は幸運に恵まれた。「私にはいつも私を必要とする人々がいた[31]」――これらの人々の中で、第一位を占めるのがミレナである。

ブーバー＝ノイマンが出会うすべての人々の中で、彼女は個人と、その個人が化身となったイデオロギー的または社会学的カテゴリーとを区別することができる。彼女はすでに戦前からこのことを指摘している。すなわち、たとえ二人の共産主義者が対立する政治的傾向に属していても、二人が私的な会話でひとときを過ごすだけで十分である。相手の話など聞きたくもなかった昔日の敵どうしが、自分たちに親近性を感じ、友人どうしとなる。あるいは、パリのウエスト通りのホテルのあの女将である。彼女は原則として幼い子供は部屋に泊めないことにしているが、はじめて現実の赤ちゃんを見て心なごむのである。ブーバー＝ノイマンはこの教訓を忘れることなく、自分の人生の規範とするだろう。政治への積極的関与が個人のアイデンティティをすべて使い果たすことは決してない。人間の歴史と社会・体制・国の歴史が一致することはめったにない。彼女はラヴェンスブリュックで連合国の爆撃機が任務を帯びてやってくるのを見てよろこぶ。ドイツの敗北はナチズムの崩壊を速めるからだが、少しもファシストではないすべてのドイツ人の頭上にも「爆弾とリン焼夷弾[32]」が落とされると考えざるを得ない。戦後、彼女は人間をその役割と同一視することを一貫して拒否する――たとえば、ラヴェンスブリュックの女監視人であるランゲフェルトが、ある日、フランクフルトの彼女の家のドアをノックするときである。

そういうわけで、彼女は自分の書物の中でハインツ・ノイマンのために特別席を確保できるのである。彼女はいまやハインツ・ノイマンの弱さと過ちを理解している。彼女は彼の思想と行動を断罪する――しかし忘れがたき七年間を通じて、彼は彼女の人生の愛の対象であった。この狂信的な共産主義者、この教条的なスターリン主義者は、愛情にあふれた傷つきやすい人間でもある。ブーバー゠ノイマンは思想と体制に対して非妥協的な姿勢を貫くことができるが、これら思想と体制が具現されるのが、愛されるにあたいする人間のうちであることを忘れはしない。前者に対する明晰さは、後者に対するある種の忠実さを妨げることはない。これが今世紀の運命と一体化した運命を送ったこの女性が私たちに残した最後の教訓なのである。

3 過去の保存

マドンナは私たちとともにすべてを体験した。というのも、マドンナは私たちのうちにあるからである。その息子が私たちである。このマドンナとは、もっとも無神論的表現における生命のことであり、神的なものに関与しない人間的なもののことである。

ワシーリー・グロスマン『システィナ礼拝堂のマドンナ』

記憶を統制する

二〇世紀の全体主義体制は、それ以前には想像もつかない危険が存在することを明らかにした。記憶の完全な支配という危険である。昔は記録と記念碑の徹底的な破壊が知られていなかったということではない。このような破壊は社会全体の記憶を方向づける乱暴な方法なのである。周知のように、時間的、空間的に私たちから遠く離れた例を挙げるならば、アステカ帝国のイツコアトルは一五世紀初頭に、自分なりの仕方で伝統を組み立て直すことができるように、石碑と書物を消滅させるように命じたのであった。その一世紀後、今度はスペイン人征服者が、敗者の昔日の偉大さをしのばせる名残を消し去り、燃やすことに懸命になるだろう。しかし全体主義ではないのであるから、これらの体制が攻撃するのは、公式に記憶を保存する役割を果たしているものだけであって、他の多くの記憶の形式、たとえば口承の物語や詩は存続するがままに放置されるのである。土地と人間の征服が情報とコミュニケーションの征服を通じておこなわれることを理解した二〇世紀の専制政治は、記憶の支配を組織化し、記憶のもっとも秘められた部分にいたるまで統制しようと試みた。これらの試みは往々にして失敗したが、他のケースでは（私たちは定義上、これを数え上げることはできないが）、過去の痕跡はきれいさっぱり除去されたことは間違いない。

記憶を統制しようとするこのような努力の例は、数知れずあり、よく知られている。「〝千年帝国〟の歴史全体が記憶に対する戦争として読み直されうる」とプリーモ・レーヴィは正しく書いている。(1) さらにURSSあるいは共産党下の中国の歴史についても同じことがいえるだろう。情報交換を統制するためにあちらでもこちらでも使用されているもっともありふれた方法の中で、まず最初に言及することができるのは**痕跡の抹消**である。一九四二年夏以降、とりわけスターリングラードでの敗北ののち、ナチスは古い死骸を燃やして塵にするために掘り起こしはじめる。収容所そのものにおいても、ナチスは同じ目的で巨大な死体焼却炉を建設する。そして今度は大量殺戮の証人とスタッフそのものが抹殺される。共産主義体制にはこのような配慮は見られない。みずからが永久に存続するものと信じているからである。URSSにおける極北部の空間には数知れない墓地が存在している。収容所から退去する直前、SSはすべての記録文書その他、面倒なことになりかねない記録類を燃やす。共産主義諸国のさまざまな治安維持機関が、崩壊の前に同じようなことをしたかどうかは、当面は知ることができない。

統制の第二の方法とは、国民に対する**威嚇**、および国民に対して科された、情報を得ようとしたり情報を広めようとしたりすることの禁止である。外国のラジオ放送局を聞くことは厳しく禁止される。あるいは、外国の放送局は放送電波を妨害され、聴取不能にされる。これらの禁止は禁止の実行者自身に拡大適用される。「絶滅行為に関与したSSは全員、沈黙を守るよう最高度に厳しい命令を受けていた」と、アウシュヴィッツの司令官であるルドロフ・ヘスは報告する。(2) 収容所の閉鎖後、彼らはしばしばもっとも危険な区域に回される。これがまた、殺戮機動部隊（**アインザッツグルッペン**）を殺人収容所によって置き換える大きな理由の一つである。殺戮機動部隊では、あまりに多くの個人が事実を知ることになるからである。上級スタッフについては、情報を把握することが義務づけられるが、ヒムラーは自分の責任感覚に従って行動する。すなわち、彼は秘密の重荷をたったひとりでになうことを受け入れ、残余のドイツ国民にはこの重荷を免れさせるのである。彼らには必要な冷酷さが欠けている可能性があるからである。一九四三年一〇月にポズナニ〔ポーランド中西部の都市〕でおこなった有名な演説で、彼は逆説的な言い方でつぎのように断言する。「これは決して書かれたことのない、また、これからも書かれることのない、われわれの〈歴史〉の栄光の一ページなのである。(3)」だが決して言及されることのないこの事実が、いかにしてナチスの栄光に寄与しうるのだろうか。国家の頂点にいるヒトラーだけが、あとで犯罪の地にブロンズの表示板を建て、絶滅を記念して式典をおこなうことを夢見るのである。

共産主義国においては、知ることの禁止は生活上の広大な部門に適用される。しかし禁止は収容所にかんしてとりわけ厳格である。国民は漠然とした予感しかもちえない。監視人は職業上の秘密を義務づけられる。収容者自身は、ここでは出所するチャンスはもっと大きいが、沈黙の誓いを立てなければならない。違反すれば新たな懲罰が科されるのである。ソロフキー諸島では、カモメはメッセージを運べないように撃ち落とされるといわれている。収容者の妻に訪問が認められる場合には、「彼女は帰宅後、有刺鉄線を通して収容所で目撃したことを、相手がだれであっても、ひとこともらさないと誓約する宣言書に署名させられる」。収容者も脅迫を含んだ別の宣言書に署名する。「この宣言書によって、彼は［……］収容所の生活実態について会話では触れないことを約束する。(4)」ブルガリアでは、収容者が収容所から釈放されるときには、彼もまた収容中に目撃したことは何一つ口にしないという宣言書に署名する。さもなければ、「風聞」を広めたかどで告発されるだろう。そしてすべてがもう一度蒸し返されることになりかねない。元収容者が自分が体験したことを思い切って伝えるためには、しばしば二〇年も待たなければならなかった。

現実を隠蔽し、この現実にかんする記憶のいっさいの痕跡を除去するためのもう一つの方法とは**婉曲語法**の使用にある。ナチスにおいては、婉曲語法は絶滅という中心にある秘密をめぐってとくに豊富である。つぎのような有名な定型表現の意味は、それ以来、透明なものと化したが――「最終解決」、「独自な処理」――、当時においてさえ連想を呼び起こすのに十分であった（「独自な処理は絞首刑を通じて適用される[5]」)。これらの定型表現は、そのひそかな意味が知られるとすぐに、なおいっそう中立的な新しい表現で置き換えられなければならない。しかし排除、強制移送、輸送といった新しい表現もまた使用不能になる可能性をもっている。この点については、数多くの通達が正確な知識を与えてくれる。これらの婉曲語法の目的は、言語活動の中にある種の現実が存在することを妨げ、このことを通じて実行者に自分たちの任務を遂行することを容易ならしめることである。二〇年後、アドルフ・アイヒマンは尋問でつぎのように延々と供述する。「ユダヤ人を完全に除去した地帯」、「アウシュヴィッツ収容所にいるすべてのユダヤ人の排除」、「これらすべての強制移送の仕事で私は疲労困憊する」……。この婉曲語法の使用によって、彼が大量殺戮を受け入れやすくなることは明らかである。「物事をより多くの人間性をもって言い表わす[6]」ことが望ましいと彼は説明している。

ことば遣いの変化は、これら若干の周知の婉曲語法をはるかに超えてひろがり、反ナチスの文献学者ヴィクトル・クレンペラーが**リングア・テルティイ・インペリイ** *Lingua Tertii Imperii*、すなわち第三帝国の言語[7]と呼ぶものに到達する。共産主義の側でも、変化はことば全体におよび、擬制化した言辞《ラング・ド・ボワ》と名づけられるものを産み出す。すなわち、現実との関係を少しも維持することのない硬直化した言説である。

情報を統制し記憶を操作するための最後の重要な方法とは、端的に**嘘**、あるいは、こうした場合によくいわれるようにプロパガンダである。その当初においては、ナチスの体制はプロパガンダの技法において大きな成果を得たとみなされている。そして大臣ゲッペルスの快挙が称賛とともに、あるいは恐怖とともに引き合いに出される。しかし二つの全体主義体制を比較するならば、ナチスは事このことにかんしては不器用な初心者のままであったことに気づかされる。〈党〉の各細胞が「アジテーション［教化の意味で］とプロパガンダ」の責任者を擁していることは偶然ではないのだ。

訪問者が通る街道沿いに建てられた芝居の舞台装置であるポチョムキンの村々の伝統を復活させた、KGBの雇員およびその先駆者は、外国人の訪問者を恐れることはない。外国人訪問者の職業が知的であればあるほど信じやすいからである。フランス下院議長であり急進党の指導者であるエドゥアール・エリオは、飢饉の時期にウクライナを訪問する。彼が見せられるのは楽しげな子供たちで、この子供たちは自分たちはピロシキを毎日、食べていると言明する。エリオは教会を見たいという。教会の扉が彼のために特別に開かれる。この教会は倉庫に転用されていた。チェカの委員は大笑いしたいのをこらえながら信者のふりをする。そのリーダーは偽のひげをつけてロシア正教の司祭になりすます。エリオは安心する。ロマン・ロランは、陰険な警察長官イアゴダといっしょに収容所の収容者が上演するスペクタクルに拍手を送り、この労働による再教育こそ、素晴らしい教育実験であり真に新しい人間の形成であることを納得しようとする。バーナード・ショーは収容所を訪問して、その頌歌を歌う。ゴーリキーも同じである（しかし彼には真実を述べない別の理由があったのかもしれない）。戦時中、合衆国副大統領ウォーレスはコルイマ収容所を訪れる。彼の旅行記は熱狂に満ちあふれた、あきれ果てるようなドキュメントである。

とりわけ教訓的なケースはジェルジー・グリックスマンの例である。(8) このポーランドの社会主義者のユダヤ人は、シンパの旅行者として一九三五年、URSSを訪れる。法律家としての教育を受けている彼は、矯正収容所を見学したいと要求する。彼が連れて行かれるのは、モスクワからほど遠からぬボルチェヴォである。彼はそこでいまや再教育を受けた非行青少年の光輝くばかりの顔を見て目を見張るのである。五年後、彼はリッベントロープとモロトフによって署名された独ソ条約に従って〈赤軍〉によって占領されたポーランドの部分にいる。そのとき二度目の収容所滞在がはじまる。今回は不承不承で、しかもずっと長期にわたる。今度の彼の印象はきわめて異なることになる。いたるところで、効果的な演出が観察者の賛同を勝ち取るのである（たしかに観察者が望んでいるのは信じることだけである）。ナチスにはこのようなことはできなかった。

チェコスロヴァキアにある旧テレジン収容所では、ゲットー内部の生活にかんするナチスのプロパガンダ映画を見ることができる。テレジンはゲットー生活のもっとも体裁のよい例であった。それは模範的なゲットーであった（にもかかわらず、住民は一定の間隔をおいてアウシュヴィッツに「輸送」された）。だからこれを外部の世界に見せることができた。今日、この映画はナチスにとって決め手になるようなものであると私たちには見える。美化の努力は見え透いている。しかも彼らが見せているものは、あまり愉快なものではない。サッカーのチームが熱心に試合をしているが、その熱心さがそらぞらしい。バラックには人がひしめき、キャメラが偶然にとらえる収容者の眼差しは絶望に満ちている。ソ連人はソロフキー諸島の収容所について似たような映画を製作した。この映画でも不器用さはありありとしている。つまり、ここでも収容者の熱意は強制されたものと見え、彼らのほほえみはわざとらしいのである。しかし、とりわけ考えなければならないのは、ソヴィエトの膨大な量の書物と映画の製作である。これらは何十年にもわたって地球上にあふれ出し、何百万もの人々に、生きる理由、あるいは希望する理由、到達すべき幸福のイマージュを与えたのである。社会主義と正義の祖国、地上の楽園である。このイマージュはいまだに世界の片隅の奥まったところで生きつづけているのである！　ヒトラーの時代にはドイツ人青年は、私たち——すなわち、私と私の中学校の同級生たち——がソフィアでそうであったように、欺かれていた。しかし国外ではナチスのプロパガンダは、これと匹敵するような成功を見たことは一度もなかった。

これらの手段、その他、若干の手段が、軍隊どうしの戦争と並行しておこなわれる戦争——情報戦争——においてみずからの優越性を確保するために、全体主義権力によって組織的に使用される。おそらく全体主義体制が情報統制に優先権を認めているからこそ、今度は全体主義の敵がこの政策を失敗させようと躍起になるのである。全体主義体制、とりわけその極端な制度――収容所――の認識と理解は、収容者にとっては、まず最初に生き残るための手段である。だがそれにとどまらない。世界に収容所についての情報を与えることは、収容所と闘う最良の手段である。この目的に到達するために、さまざまな犠牲が正当化される。だから、おそらく、シベリアの徒刑囚は自分の指を切断し、それを木の幹に結わえつけ、河に流してやったのであった。それが海に投じられた瓶よりいいのは、その木の幹を発見した人には、いかなる種類の木こりがその木を切り倒したのかが一目瞭然だったことである。情報は広まることによって人間の命を救う。一九四四年夏、なかんずくハンガリーからのユダヤ人強制移送が停止する。なぜなら、ウルバとヴェツラーがアウシュヴィッツから逃亡し、そこでおこなわれていることについての報告を伝達することに成功したからである。こうした活動の危険は、むろんちょっとやそっとのものではない。グラーグの元収容者であるアナトリー・マルチェンコ(9)がふたたび投獄されるのは、彼が証言しえたからである。彼は拘留中に死亡するだろう。

以来、なぜ記憶が全体主義のすべての敵の眼にこれほど大きな威信に包まれて見えたか、またなぜ、いかなるおぼろげな記憶の行為も、それがどれほど取るに足りないものであろうと、反全体主義のレジスタンスに同一視されえたのかが容易に理解できる(反ユダヤ主義組織によって独占される前に、ロシア語の**パンジャット** *pamjat'*――記憶――は、サミズダート〔ソ連で検閲を逃れるために作品を筆写、コピー等で流布させること〕の形で出版されたみごとなシリーズの表題として用いられた。過去の再構築はすでに権力に対する対立行為として見られていたのである)。民主主義諸国では、中央集権化された統制に服することなく過去に到達する可能性は、思想と表現の自由とともに、もっとも譲渡不可能な自由の一つである。それはこれらの国々それ自体の過去における暗黒のページにかんしては、とくに有益である。たとえば、フランスの植民地の歴史はおそらくまだ十分な仕方では書かれていないが、そうするための原則上の障害はまったく存在しない。終戦直後には第二次世界大戦中のヴィシーの役割は軽減され美化されようとしたのに対し、今日では重大な政治的な抵抗に出会うこともなく、これを想起し分析することが可能である。いわんや、全体主義体制の過去にかんする研究は自由である。共産主義体制下で犯された悪事は、相変わらず共同の記憶の中にはそれほど明確には存在していないが、第二次世界大戦直後のように知らないといって済ませることはもはやできない。『共産主義黒書』(二)はベストセラーになったのである。

しかし民主主義社会における記憶のステイタスは、決定的に保証されているとはいいがたい。おそらく全体主義国で生活したことのある才能ある何人かの作家の影響で、記憶の重視、および、これとセットになった忘却への非難は、ここ数年、本来のコンテクストの外部にまで広まった。今日、西欧もしくは北米の自由主義的な民主主義に対して非難がなされるのをしばしば耳にする。これらの自由主義的な民主主義が記憶の衰退、忘却の支配に寄与したとして叱責されるのである。ますますとめどなくなっていく情報の消費に呑み込まれて、私たちは情報の排除を同じく加速せざるをえなくなるだろう。伝統から切断され、レジャー社会の諸要求に麻痺させられて、精神的なものへの好奇心も過去の偉大な作品への親密さも失って、私たちは刹那のむなしさと忘却という犯罪へと強いられるだろう。このようにして、それほど急激ではないが、結局はいっそう効果的な仕方で——というのは、私たちの抵抗を呼び覚ますことなく、逆に私たちを忘却へのこの歩みに同意した促進者と化さしめるからであるが——、民主的国家は国民を全体主義体制と同じ目的へと、つまり野蛮さの支配へとみちびいていくだろう。

だがこのように一般化されると、記憶の無条件の礼賛、および忘却の型にはまった非難は、今度はそれ自体が問題となる。全体主義的な過去にかかわるすべてのものの感情的な重圧は計り知れない。だからこれを感じている人たちは、明確化への努力と、審判に先立つ分析への呼びかけに不信を示す。ところで、記憶がになっている数々の争点は熱狂とか怒りにまかされるには、あまりにも重大である。この多様な要素からなる現象——現在における過去の生命——の大きな特徴を識別することからはじめなければならない。

三つの段階

過ぎ去った出来事は二種類の痕跡を残す。一つは人類の精神の中に残された、いわゆる「記憶の」痕跡であり、他方は物質的な事実の形式で世界の中に残された痕跡である。すなわち、形跡、残骸、手紙、行政命令である（ことばそれ自体も事実である）。これらさまざまな痕跡はいくつもの共通な特徴をもっている。最初に、それらは過去の出来事の小部分でしかないということである。残余の部分は失われたのである。つぎに、この残存している部分の選択は、一般に意志的な決定の産物ではなく、偶然の産物、あるいは個人の精神の無意識的欲動の産物である（例外はまさしく新旧の専制君主である。彼らはこの不可避的選別を厳しく統制しようと努めるのである）。ベスビオ山の噴火は火山に隣接したいくつかの都市の中で生命を奪ったが、その痕跡を永遠に保存した。他の町と村は噴火の被害を免れたが、その結果、記憶からは消滅した。個人についても同じである。これを残念に思おうと思わざるとにかかわらず、記憶するか忘却するかは選ぶことができない。ある種の思い出を追い払おうと何をしても無駄である。思い出はよみがえって、私たちの不眠につきまとう。〈古代人〉は記憶を意志に服させることが不可能であることをよく知っていた。キケロによれば、記憶する能力のゆえに有名だったテミストクレスはつぎのように嘆いた。「私は覚えておきたくないことをさえ覚えている。だから忘れたいことを忘れることができない。」[10]

逆に過去を現在によみがえらせようとするならば、この作業は必然的にいくつものステップを経ることになるだろう。実際には、これらのステップは相互にごっちゃになっている。あるいは無秩序につぎつぎと継起する。ここで私はこれらのステップをわかりやすいという理由で別々に列挙しようと思う。

事実の確立。これはすべての事後的構築がその上でおこなわれる土台である。他の問いを提起する前に知らなければならない——すなわち、ドレフュスの明細書の出所はどこか、ドレフュスは裏切ったのか否か。だれがカチンの森で銃殺を命じたのか、ドイツ人かロシア人か。アウシュヴィッツのガス室に送られることになっていたのはだれか、人間かシラミか。歴史家と作り話をする人を隔てる解消不可能な境界線が通っているのは、ここである。日常生活でも事情は同じである。私たちはどうしても信頼できる証人と虚言症の証人とを区別する。プライベートな領域でも公共の領域でも、嘘、歪曲、作り話は、だれかがみずからの信念を補強しようとするだけでなく、過去そのものをよみがえらせようとするときには、情け容赦なく追及される。

だからといって過去を力学的に現在に組み込むには、この過去を探求するだけでは不十分である。いずれにしても、存続しているのは、存在したものの物質的、心的な痕跡だけである。事実それ自体とそれらの事実が残す痕跡のあいだでは、個人の意志ではいかんともしがたい選別のプロセスが展開するのである。今度は、これに二番目の選別のプロセスがプラスされる。意識的で意志的な選別である。過去によって残されたあらゆる痕跡のうちから、私たちが記憶にとどめ記録しようとするのは、いくつかの痕跡だけである。何らかの理由で、それらの痕跡は保存されるにあたいすると判断するからである。この選別の作業は必然的にもう一つ別の作業によって補助される。すなわち、このようにして確立された事実の配置、つまりヒエラルキー化の作業である。あるものは光を当てられ、他のものは周辺部へと追いやられるだろう。

過去の回復はこの最初の段階で停止することができる。フランスには、こうした事実の確立の作業のみごとな例が存在している。それはセルジュ・クラルスフェルドによって作成された『ユダヤ人収容者の覚書』である。ナチスの虐殺者は痕跡を残さずに犠牲者を亡き者にしようとした。『覚書』は衝撃的な単純さでもって、固有名、生地、生年月日、絶滅キャンプへの出発日にかんする資料を提供している。こうすることによって『覚書』は死者たちに対して人間の尊厳を取りもどさせる。生命は死に敗れ去った。しかし記憶は無との闘いで勝利する。これに匹敵する例は、一九九七年におこなわれた、いわゆる「カチンの」大量虐殺にかんする資料の公表である。[11] 一九三九年に捕虜となったポーランド人将校全員の裁判を経ずにおこなわれた死刑執行である。この公表の中心人物のひとりはゴルバチョフの協力者であるアレクサンドル・ヤコヴレフであるが、この公表によって、この出来事の根本的な意味とかこの公表がどのようなことに利用されようとしていたかについての問いとは別個に、事実の真実を確立することが可能になる。事実の確立はそれ自体が評価にあたいする目的なのである。

民主主義国においては、すでに見たように、過去にかんする作業のこの最初の段階にのしかかる、いかなる束縛もあってはならない。国家のいかなる上部機関もつぎのように布告するようなことがあってはならないだろう。すなわち、あなた方はあなた方自身で真実を求める権利をもたない、公認の過去の解釈を受け入れない者は罰せられるだろう、というものである。民主的な生活の定義そのものについても同様である。個人も集団も自分で知る権利を有する（評価の自律）。したがって自分自身の歴史を知り、これを知らせる権利をも有する。中央権力はこれを禁じたり正当化してはならない。個人や集団が体験した出来事が本質的に並外れていたり悲劇的であるときは、この権利は義務と化する。すなわち、記憶し証言する義務である。

この要請のマージナルな結果とは、事実の確立作業にかんして法律を制定することは度を超しているということである。そういうわけで、たとえ善き意図に発しているとしても、〔ナチスの犯罪の存在を否定する〕否定主義的な迷作はフランスでは罰せられるとする最近の「ゲイソ法」は筋違いである。すでにそれ以前の法律が中傷的言辞や人種的な憎悪の扇動を罰すること、つまり個人を保護することを可能にしていた。反対に、裁判所には歴史的な事実を確立する資格はない。たとえ、共産主義体制、ナチスの権力、あるいは植民地国家の犯罪のような重大な歴史的事実だとしてもである。

意味の構築。過去を所有するための作業における第一の段階と第二の段階の差異は、記録文書の作成と厳密な意味での歴史のエクリチュールのあいだの差異である。というのは、ひとたび事実が確立されると、これらの事実を解釈しなければならないからである。つまり、本質的に、それらの事実を相互に関連づけ、原因と結果を識別し、類似、格付け、対立を確立しなければならないのである。ここにもう一度、選別と結合のプロセスが介入する。しかしこの作業を可能にする基準は変化している。真実の検証（これらの事実は起こったのか）によって、歴史家と作り話をする人、証人と虚言症の人を切り離すことが可能になったが、新しい検証によって、今度はすぐれた歴史家とダメな歴史家、素晴らしい証人と凡庸な証人を区別することが可能になる。「真実」という用語はここでももちいられうるが、ただしこれに新しい意味を付与するという条件においてである。もはや**適合** *adéquation* の真実、すなわち現在の言説と過去の事実との一致という真実（「一九四〇年、四四〇〇名のポーランド人将校がカチンの森でＮＫＶＤの部隊によって銃殺に処せられた」）ではなく、**解明** *dévoilement* の真実である。これが出来事の意味をとらえることを可能にするのである。歴史学の偉大な書物が含んでいるのは正確な情報だけではない。それはまた個人の心理と社会生活の原動力とは何かを私たちに教えてくれる。むろん適合の真実と解明の真実は相反することはない。それらは補完し合うのである。

この新しい形式の真実を同じ仕方で測ることはできないだろう。事実の確立は決定的であることができる。それに対して、その意味作用は言説の主体によって構築される。つまり、変化する可能性をもつのである。事実の確認は真か偽かである。事実の解釈は、支持できず、したがって反駁できる場合があるが、もう一方の極限では、上部のしきいをもたない。スターリンが天才であるか暴君であるか倒錯者であるかを知ることは、事実の確認には属さない。輝かしい解釈だからといって、なおいっそう輝かしい別の解釈がいつの日か試みられることの妨げにはならない。しかしこれこれの歴史的解釈の「腕のさえ」を評価するための非人称的な測定器具は存在しない。ここでは歴史家についても事情は小説家や詩人と同じである。歴史家がいっそう深い解明の真実に到達したという指標は、遠近を問わず、また現在と後世のその読者の同意にある。解明の真実の最終的な基準は間主観的なものであって、指向的なものではない。しかし真実が事実にもとづかないからといって、この意味作用の次元では、すべての解釈が同等の価値をもつということにはならない。

意味の構築の目標は過去を理解することである。そして理解しようとすること――過去であれ現在であれ――は人間の特性である。これが種の特徴だと主張できる根拠は何か。それは人間は他の動物と違って自己意識を有しているということである。このことは人間は本来、二重であることを意味する。というのも、人間には残余の部分について思考する一つの部分、それゆえに思考ではとらえきれない一つの部分が残存するからである。自由に行動する能力の起源であるこの特徴は、人間に解釈への性向が存在する理由でもある。人間はこの意識活動を強化し、世界全体を――したがって自分自身を――理解しようと試みれば試みるほど、いっそうみずからの人間性を実現するのである。

認識の対象が二〇世紀の悪のような極端な悪によって形成されているとき、理解しようとする姿勢はつねに褒むべきものなのだろうか。悪を理解しようとすることによって、悪を通俗化する危険はないだろうか。プリーモ・レーヴィのような細心綿密な証人はアウシュヴィッツについてつぎのように書くことができた。「おそらく、起こったことは理解されてはならないのだ。というのも、理解することは、ほとんど正当化することだからである。」[12] これほど誠実な作者が述べているのであるから、この警告は熟考するにあたいする。しかし想起しなければならないのは、まず最初に、この警告はレーヴィ自身が理解しようとし、自分の強制収容所の体験からありとあらゆる教訓をみちびき出そうとすることに自分の人生の大部分を費やすことを妨げるものではなかったということである。別の機会には、彼はこのことを力を込めて述べている。「私のような非宗教的な人間にとってもっとも大切なのは、理解すること、理解させようとすることである。まさしく、世界を黒白に塗り分けるこの世界の善悪二元論的な表象の神話性を暴露しようとすることである。」[13] 他方で、この警告は何よりもだれに対して差し向けられているのだろうか。もしその受信者がレーヴィ自身、あるいは収容所の他の生存者であるならば、この警告は完全に正当化されうる。殺人者を理解しようとするのがかつての犠牲者の仕事ではないのは、レイプ犯の心理に思いをめぐらすのがレイプされた女性の仕事ではないのと同様である。理解はこの場合、たとえ部分的で一時的であろうとも、虐殺者との同一化を含意している。だからこのことによって自己の破壊が引き起こされかねない。かつての犠牲者ではない私たちにとって、問題は提起されたままである。すなわち、私たちはこの上なく極端な悪そのものを理解する試みをおこなわずに済ますことができるだろうか。また、レーヴィが自動的に確立しているように思われる関係――「理解することは、ほとんど正当化すること」である――を疑問に付すこともできる。刑事裁判という近代的概念の全体が、これとは異なった公準にもとづいている。殺人者、拷問者、レイプ犯は自分の犯罪の償いをしなければならない。しかし社会は彼を罰するだけでは満足しない。同時に、なぜ犯罪が犯されたかを知り、他の似たような犯罪を防止するためにその原因に働きかけようとつとめるのである。それが容易だということではないが、社会は少なくともこうしたつとめをみずからに課している。もし個人を犯罪へとみちびくのに一役買ったのが貧困だとすれば、社会は貧困と闘おうとする。もし幼児期の感情的苦難であるならば、社会は捨て子や暴力を受けた子供の面倒をもっとよく見ようと試みる。しかしながら、近代の裁判は人間の自由という理念、つまり――精神病者の場合をのぞいて――個人の責任という理念を排除することは決してない。この理念それ自体においては、一つの原因が自動的に一つの結末にみちびくことは決してない（人間はつねに――とルソーはいった――「同意し、あるいは抵抗する」[14]ことができる）。そういうわけで、悪を理解することは、悪を正当化することを意味しない。むしろ悪が回帰することを妨げる手段をみずからに付与するのである。

理解し同時に**評価し**なければならない者の前に、ある困難が出現する。というのも、評価するとは評価する主体と評価される対象を分離することであるのに対し、理解することは私たちが共通して同じ人類に属していることを認めることだからである。この二つの行為は同じ次元には位置していない。私たちが理解しようとするのは、多様な行動をおこなう可能性をもつ人類であるのに対し、評価するのはある時点、ある環境で実際に犯された行為である。私たちが全員、同じ生地で作られているからといって、可能なものと現実的なものを隔てる深淵を無視しなければならないということにはならない。私たちはおそらく全員がエゴイストである。しかし私たちが全員、人種主義者になるとはかぎらない。しかも人種主義者のうちでナチスだけがヨーロッパでは人種の絶滅というあの極端な行為に走ったのである。人間は**潜在的には**全員が同じ悪を犯す可能性をもっているが、**実際には**悪を犯すとはかぎらない。というのも、人間はみな同じ体験を有しているわけではないからである。愛、同情、道徳的評価という人間の能力は、はぐくまれて花咲いたか、あるいは逆に窒息させられて消え失せたかである。

これが、自分の母親に付き添うためにトレブリンカ行きの列車にみずから進んで乗り込む、ワルシャワのゲットーに住む若い娘、ポーラ・リフシツ[15]と、この絶滅キャンプの活動を差配しながら、絶滅キャンプの目的を無意識のうちに抑圧しようとするかのように自分の関心を自分の活動手段に集中させようとするフランツ・スタングル[16]の差異である。ある人々は人を殺し、拷問することができる。他の人々はそうではない。そういうわけで、ハンナ・アーレントがアイヒマン裁判についての考察でおこなっているように「悪の陳腐さ[三]」について語ることを回避することができるだろう。アイヒマンやスタングルによって遂行された悪は陳腐でないだけではなく、これらの人たちそのものが、大勢の他の人々の殺害に参加するときには、もはや完全に陳腐でなくなっているのである。したがって差異は存在する。差異は決定的ですらある。そしてこれがレーヴィがその全生涯を通じて執着した教育と公的活動の役割を正当化する。人間どうしはいかに似ていようとも、出来事は唯一無二である。ところで、〈歴史〉はもろもろの出来事からなっている。私たちが考え、評価しなければならないのは、これらの出来事なのである。

しかし法的で道徳的な責任の次元のみにとどめるだけでも不十分である。同時に、私たちが同じ人類に所属していることを認め、この所属から何をみちびき出すことができるかをも問わなければならない。この新しいパースペクティヴに立てば、たとえ私たちが主体としての自律を全面的に失わずにいるとしても、自己と他者のあいだにも（なぜなら、他人は私たちのうちにあり、私たちは他人を通じて生きているからである）、収容所とかジェノサイドという極端な悪と、私たち全員に身近な日常的な悪のあいだにも、もはや断絶はない。私たちはこの二重のヴィジョンを必要としている。そして私たちは全員が代わる代わる個人の裁き手になったり、人類の弁護人になったりすることができるのである。

二〇世紀の悪のような極端な悪が出現した場合、正確には何を理解しようとするべきなのだろうか。このような悪へとみちびくのは、もろもろのプロセス――政治的、社会的、心的なプロセス――である。犠牲者の意志が疎外されたのであれば、犠牲者についてはこのような理解の作業を必要としない。レイプされた女性は哀れまれ、励まされ、守られ、愛されなければならない。その女性の行動に何か理解すべきものがあるだろうか、ただ暴力をこうむっただけなのに。同じことは住民全体についてもいえる。飢饉に襲われたウクライナの農民の苦しみに、あるいはガス室に投じられた子供たち、老人たちの苦しみに、この語のこのような意味において「理解する」べきことは何もない。ここでは理解は同情のために消え去るのである。しかし悪に抵抗しようとするときには事情は異なっている。その場合は、ロニー・ブローマン(17)の表現に従えば、「悪についての考察を不幸のスペクタクルに置き換えることによって」厳密な意味での政治的な問題を避けたりしないほうがいい。理解しなければならないのは、こうむった行為ではなく、積極的に引き受けられた行為である。すなわち、悪人の行為であると同時に、悪人と闘うことができた個人――レジスタンス活動家、または人間の生命の救済者――の行為である。

理解はつねにさらにもっと遠くへ行くことができる――だからといって、理解が「最後まで」行くことができるということではない。もう一度いえば、限界は人類の生来のこの特徴——すなわち、あらゆる原因を超えて、またあらゆる真実らしさに反して、自由に行動するという能力——によって定められている。個人の行動は解消不可能な謎の部分を含んでいる——彼らが人間であるのは、この点においてである。もう一度いえば、このことは個人的な結果をともなう行為にも、民族全体の運命に影響をおよぼす行為にもかかわっている。私は新聞を開く。パリ郊外の住宅街で一家族の死体が発見された。両親と二人の息子である。調査によって、妻が夫と子供たちに睡眠薬を飲ませて、喉を掻き切って殺し、そのあとで自殺したことがわかった。この家族にはこのような惨劇を予想させるものは何もなかった。周りの人たちはみな、彼らは幸福であり申し分のない成功者であると思っていた。自分の子供の喉を掻き切って殺す母親の身振りは、考えることも理解することもできないものではないだろうか。尺度を変えても同じ問題に直面する。アウシュヴィッツの数百万の死体に到達する行動を「理解する」ことはできるだろうか。鉄の男スターリンが数百万人のウクライナ人は死にあたいすると決めるとき、彼を「理解する」ことはできるだろうか。このような陰惨な結果にいたる行為は、すでに見たように非合理なものではない。しかし私たちの個人と人間社会の認識がこれらの出来事をいわば「産み出す」こと——つまり、すべての構成要素を集めて、機械的な仕方でこれらの出来事を産出すること——を可能にするとは、とても思えない。

このようにして想起の働きの最初の二つの段階を見てゆくと、もう一つの結論が否応なく浮かび上がってくる。すなわち、記憶は忘却に対立するものでは少しもないということである。対照をなす二つの用語とは消去（忘却）と保存である。記憶は、つねに、必然的に、この二つの相互作用である。過去の完全な復元は不可能な事柄である。もし過去の復元が可能であったならば、ボルヘスがその『記憶の人フネス』の中で示したように、それは恐るべきものになるだろう。記憶は必然的に選別である。出来事のある種の特徴は保存され、他は一気に、あるいは徐々に退けられ、したがって忘却されるだろう。だから、コンピュータがもっている情報を保存する能力を「メモリ」と呼ぶのを見ると、ひどく当惑させられる。コンピュータの情報の保存には記憶の本質的特徴——すなわち忘却——が欠如しているからである。

選択せずに保存することは、まだ記憶の働きではない。ナチスと共産主義の虐殺者に対して私たちが非難するのは、彼らが記憶にとどめるのが過去のある種の要素であって、すべてではない、ということではなく——私たち自身がこれと別の仕方でおこなうとは思わない——、彼らが記憶すべき要素の選択を統制する権利を不当に占有しているということである。逆説的に、記憶は忘却に対立するどころか、記憶そのものが忘却なのである。部分的で方向づけられた忘却、不可欠な忘却である。

利用すること。いささか敬意を欠いたこの表現によって、現在における過去の生命の第三段階、つまり現在の目標のためのその道具化の段階を指し示すことができるだろう。**認知され**、**解釈され**たのち、過去はいまや**利用される**だろう。現在の必要のために過去を利用するプライベートな個人も、新しい目標に到達するために過去の事実を引き合いに出す政治家も、やり方は同じである。

職業的な歴史家は一般に、自分たちがこの第三段階の性格を帯びていることを認めることを忌避する。彼らは出来事の物質性と意味をよみがえらせた段階で、自分たちの使命は終了したと考えるほうを好んでいる。いっさいの利用のこうした拒否はもちろん可能だが、私はこれは例外的なことだと考える。歴史家の仕事は価値観に準拠しなければ考えられない。この価値観が歴史家に行動することを命ずるのである。彼がある種の問いを表明し、ある種の主題を明確にするのは、それらが有用であり、重要であり、しかも緊急の検討を要すると判断するからである。つぎに目標との関連で、彼は——記録文書、証言、作品によって提供されるすべてのデータのうちから――もっとも意義があると思われるものを選別し、その後、証明に好都合だと判断する順序に従ってこれらのデータを組み合わせる。最後に、この歴史の断片から引き出すことができる教訓を暗示する。たとえ彼自身の「道徳性」が寓話作者の道徳性ほど表立ってはいないとしてもである。価値観はいたるところにある。しかもこのことにショックを受ける人はだれもいない。ところで、価値観を語る人は、同時に現在の中で行動し、世界を変化させようとする欲望を語っているのであって、世界を認識しようとしているだけではない。

私たちがおこないうる過去の利用は、公然と政治行動を正当化するが、同時にそれほどあからさまではないけれども、科学という切り札で身を飾る行動をも正当化する。歴史家をあれほど多くの他の言説の生産者と区別するのは、たしかに根本的な真実の要請であり、したがって情報の丹念な収集でもある。しかしこの真実への方向づけは歴史家が知を利用することを排除するものでは少しもない。この知の利用の排除を当然のこととして考える者は、ある種の純粋主義を病んでおり、むなしい対立を公準として立てている。「科学は言葉の見せかけの中立性から得るものは何もない」と、ダヴィッド・ルーセは強制収容所にかかわる記録を綿密に収集することに専念していた時期に述べた[18]。歴史家の仕事は、過去にかんするいっさいの仕事と同様、もっぱら事実を確立することだけではなく、ある事実を他の事実よりも際立っており重要であるとして選択し、選択した事実を相互に関連づけることにある。ところで、この選別と組み合わせの作業は必然的に、真実の探求のみならず、善の探求によっても方向づけられる。科学が政治と混同されてはならないことはもちろんだが、人文科学それ自体が政治的な合目的性をもち、この政治的な合目的性が善かったり悪かったりしうることには変わりない。

実際には、私がたったいま区別した三つの段階は同時に存在する。たいていの場合、最初にあるのは事実の客観的な収集ではなく利用計画のほうである。現在における行動を念頭においているがゆえに、個人は現在の行動を正当化しうるさまざまな例を過去に求めるのである。あるいはむしろ、歴史学の作業のこれらさまざまな段階は、過去のいっさいの再現の諸段階と同じく、同時に共存する。記憶が選別である以上、受け取ったすべての情報の中から選択する基準を見出していなければならない。そしてこれらの基準は、意識的であろうとなかろうと、私たちがおこなう過去の利用を方向づけるのにもおそらく役立つのである。

証人、歴史家、事跡顕揚者

現在に維持される過去の痕跡は、いくつかの大きなタイプの言説に組織化される。これらの言説のうちから私が採り上げようと思うのは三つである。証人の言説、歴史家の言説、事跡顕揚者《コメモラトゥール》の言説である。

証人。自分の人生に一つの形を、したがって一つの意味を与え、このようにして自分のアイデンティティを作り上げるために自分の記憶を呼び起こす個人を、私はこのように呼びたい。私たちひとりひとりは自分自身の人生の証人である。私たちは自分の人生のイマージュを、ある出来事は省略し、他の出来事の記憶を採り上げ、さらにほかの出来事は変形したり適合させたりすることによって構築する。この作業は記録（物質的な痕跡）を糧としうるが、定義上、孤独な作業である。私たちは私たち自身のイマージュをだれにも説明できないからである。たしかに私たちは私たちの全責任においてそれをおこなう。しかし意識的な忘却は悔恨を生じさせ、ある種の記憶の抑圧は神経症へとみちびく。こうしたイマージュの構築を支配するのは個人の利害である。それは個人がもう少し気持ちよく生きる手助けになり、精神的な快適さと充足感に一役買う。だれも私たちが私たち自身の過去にかんして抱くイマージュを私たちに押しつける権利をもたない。大勢の人たちがそうしようとしたとしてもである。ある意味で私たちの記憶は反駁不可能である。というのは、記憶が重要なのはそれ自身の存在によってであって、記憶が指し示す現実によってではないからである。

歴史家。私は、過去の復元と分析を対象とする専門分野の代表者を指示するためにこの名を使いたい。もっと一般的にいえば、もはや主体の利害ではなく、非人称的な真実を調整原理および最終的な地平として選択することによってこの作業を遂行しようとする人は、どんな人でも歴史家である。過去数世紀を通じて、哲学者、さらには歴史家自身もまた、この真実の概念を、厳格な批判、しばしば正当性を証明された批判にゆだね、私たちの認識装置が脆弱であること、さらには認識する主体の介入が不可避的であることを私たちに思い出させた。それでも、真実の言説と虚構の言説のあいだのいっさいの境界が消え去れば、〈歴史〉はもはや存在理由をもたないことに変わりはない。

これは経験的知識をかえりみれば自明の理である。歴史家は、たとえ彼が人間的で、つまり過ちを犯しやすく、自分の存在の時間的、空間的な状況にある程度まで決定されているとしても、ある弁別特徴をもっている。すなわち、彼は自分の手段の範囲内で、良心の命ずるがままに自分が真実であると判断するものを確立しようとするのである。それはまず最初に適合の真実であるが、証明をみちびくのがいっそうむずかしくなれば、解明の真実でもある。この次元では、いかなる「相対主義」も許容できない。私たちが歴史家を職業共同体からただちに排除し辱めるには、その歴史家が事実を発明し、原典を偽造するだけで十分だろう。その場合、歴史家も、実験結果をごまかす生物学者や物理学者も同じである。彼は私たちの価値観と一致しない価値観を守ろうとする、他の学者よりもちょっと高く評価できない学者なのではない。彼は一気に、全面的に、科学の枠組みそのものの外に位置づけられてしまう。真実の要請にもとる歴史家は、歴史家の集団に所属することを止め、もはや宣伝家でしかなくなるのである。

証人（自分自身の人生の）と歴史家（世界の）のコントラストは、一方は自分の利害によって、他方は真実への配慮によって突き動かされるがゆえに、絶対に揺るぎないように見える。しかしながら、証人は自分の記憶が公的空間に受け入れられるにあたいし、自分自身の成長だけでなく他の人たちの教育に役立ちうると判断することがある。このとき、彼は「証言」をおこなう。この証言が、とりわけ一般大衆の目には、歴史的言説と競合することになる。歴史家は証言を若干の留保をもって眺める。人気があるのは大目に見よう、だが厳密な意味での歴史的な検証を経たあとでなければ（検証はしばしば不可能であることが判明する）、これらの証言には真実として大した価値はない、というわけである。証人のほうも歴史家を警戒する。歴史家はその場にいなかった、骨身にしみて苦しみを味わわなかった、それらの事実が起こった時期には、ショートパンツを穿いて散歩していたか生まれてさえいなかったのだ。しかしながらこの潜在的な衝突は、証人の言説が同じ仕方では真実への配慮によって支配されていないとしても、歴史家の言説の内容を現実に豊かなものにすることを認めるならば、克服することができるだろう。いかにしてか。

この相補性を私がおこなった（アニク・ジャケとともに）かつての証人に対する調査からの若干の抜粋によって例証したいと思う。この調査は極端な状況[19]、すなわち一九四〇年から一九四四年にかけてのフランス占領期における日常的な行動にかんしておこなわれた。歴史書を通じて私たちが知ることができるのは、瓦解時にフランス軍は戦いを放棄して、国民の落胆を買ったということだろう。きわめて詳細な歴史書では、一九四〇年六月一七日、第七軍団がブールジュの南に撤退したということ、セネガル人の中隊がその夜を森で過ごし、翌日、この地域を離れたということまで採り上げられているだろう。Y・B夫人がこれらの日々を思い出す仕方はまったく違っている。その夜——と夫人は物語る——、森に駐留した兵士たちは自分たちの銃を空にするために弾を発射した。この銃声に彼女の隣家の人たちは精神的なショックを受けた。この銃声で正気を失ってしまった。「三日三晩、彼らはおたがいにしがみつき合って過ごしました。このままではしまいには怪我をするだろう、窒息するだろうと思いました。彼らをひとりはこの部屋、もうひとりはあの部屋と別々にしましたが、ところが、夕方にはまたひとかたまりになってしまいました。ずっと抱き合ったままでした。彼らの家にはバカンスで来ていた八歳の姪がいました。彼らはこの子が捕まったりしないように、マットレスの下に押し込みました。この子は窒息しそうになって……。」このような思い出は、たとえ部分的なものだとしても、歴史家の一般化した記述と同じくらい雄弁で、同じくらい当時の精神状態を明らかにしてくれるのではないだろうか。

さまざまな歴史書によってだれでもが知っているように、敵の手に落ちたレジスタンス活動家は苦難を生きた。証人にとっては、「レジスタンス活動家」一般というものは存在しない。存在するのは、もろもろのグループであり、もろもろの個人である。抽象的な苦しみは存在しない。存在するのは、たとえば、彼らが投獄されていたときの恐ろしい渇きである。「瓶のかけらにおしっこをした。それでもって唇を湿らせた」とF・B氏は語る。「九時に、ドイツ人は私たちを小便所におろしました。小便所は苔ですっかり緑色になっていましたが、私たちはすぐにそれの上に舌を押しつけました。ドイツ人はそれを見ると、私たちひとりひとりにカップ一杯の水をくれました」とP・S氏はつけ加える。(四) 抽象概念を手で触れうるものにするこのようなディテールを聞くと、こうした体験の真実に到達することを可能にするのはディテールだという気がする。

歴史家はフランスに帰還した収容者の数を私たちに教えてくれる。歴史家は帰還した収容者の社会復帰のむずかしさにも触れることができる。R・M氏のほうは**ひとりの**帰還者のことを覚えている。「彼はすでに病院のリハビリテーション・センターに入院したことがありました。日夜、悪夢にうなされ、拷問されたことが頭から離れなかったからです。彼はぞっとするほど痩せこけていました。自分の収容について語ることはほとんどありませんでした。彼がドイツ人にも、ドイツ人に協力したあの少数のフランス人にも、憎しみを抱いているようには私には思われませんでした。彼は坊主頭をして、自分の恋人の妹と舞踏会にやってきました。解放時に髪を切り落とされた娘でした。坊主頭と坊主頭が寄り添い、二人がいっしょに踊るのを、みなは見ていました。」一方は敵のドイツ人によって、もう一方は恋人たるドイツ人のせいで丸坊主にされたこの二つの頭のイマージュ、辱めを受けたこの二人の人間の接近、それぞれが同一視されていた対立する二つの大義を超えたこの接近は、しっかり論理構成をした長い論証と同じほど大きな確信の力をもってはいないだろうか。

だからといって、もちろん、証人の言説をいかなる場合でも歴史家の言説よりも重視しなければならないということではない。この二つの手続きは、もう一度いえば、対立するというよりも相補的である。対立するイデオロギーの支持者の体験を内部から知りたければ、私たちは親独義勇隊員の物語とレジスタンス活動家の物語に耳を傾けるべきだろう。これらの立場の価値、それぞれの立場の実際的な結果、ことばと行為との関係を見積もろうとするのであれば、歴史家の仕事を参照すべきだろう。日付、数字、固有名を知りたければ、私たちは歴史家の調査を重視するだろう。私たちが行為者の体験に入り込もうとするならば、証人の物語はかけがえがない。コルイマの収容者の運命を理解したければ、コンクエストの歴史分析とギンスブルクの証言のあいだで選ぶ必要がないのは、私たちがアウシュヴィッツに深い関心を抱くとき、ラウル・ヒルベルクに賛成しプリーモ・レーヴィに反対して選択をおこなう必要がないのと同様である。

過去は、証人と歴史家の様式による以外にも、**事跡顕揚者**〔記念者〕の様式によって現在によみがえる。証人と同様、事跡顕揚者は何よりもまず利害によってみちびかれる。しかし歴史家と同様、彼は公的空間の中で自分の言説を産出し、これを私的な証言の脆弱さとはかけ離れた反駁不可能な真実性を付与されたものとして提示する。この場合、往々にして「集団的記憶」について語られるが、このような呼び名は、アルフレート・グロセール[20]がしばしば指摘したように困りものである。思い出は、記憶の痕跡という意味では、つねに、もっぱら個人的である。集団的記憶とは記憶ではなく、公的空間の中で発展していく言説である。この言説は、ある社会、またはその社会内部のある集団が、みずからについて付与したがっているイマージュの反映である。

事跡顕揚はその特権的な場をもっている。すなわち、学校（学校では過去の共通のイマージュが伝達される）、メディア（たとえば、テレビのドキュメンタリーとか「時代」映画）、退役軍人会やこれと同じようなタイプの他のグループ、政治生活――過去にかんするスピーチ（共和国大統領から小さな市町村の長にいたるまで）、国会討論、ジャーナリズムの記事――である。事跡顕揚はもちろん、証人と歴史家によってもたらされるさまざまな要素を糧とする。しかし事跡顕揚は証人にも歴史家にも強いられる真実の検証にゆだねられることはない。状況がそれを許さないのである。学校では、知っているのは先生で、生徒は学ぶことだけで甘んじている。テレビでは、視聴者は黙したままである。市町村長のスピーチのさいの聴衆もそうである。議会では反対派の代議士は、首相がちょうどその日、過去の一ページに言及するなどとは知らなかった。だから準備をしていなかった。反対派は沈黙する。

したがって、証人と歴史家が相互に容易に補完し合うのに対し、歴史家と事跡顕揚者のあいだには目標においても方法においても差異が存在する。その結果、両者の手続きは両立が困難になる。事跡顕揚者が自分の言説に客観性の外観、したがって真実性の外観を付与するために、その言説の非人称性を利用したがるがゆえに（実際、彼は自分自身について語ることはない）、この対立はなおさら力説されるにあたいする。ところで、事跡顕揚者の言説に客観性や真実性はまったくない。歴史は私たちの過去の認識を複雑化する。事跡顕揚は単純化する。というのも、事跡顕揚のもっとも頻繁な目標とは、尊敬すべき偶像と嫌悪すべき敵を私たちに獲得させることだからである。歴史は瀆聖であり、事跡顕揚は神聖化である。事跡顕揚が過去の認識に及ぼす影響のフランスにおける最近の例は、全国的なレベルでは、アンドレ・マルローがパンテオンに合祀されたことである。何週間ものあいだずっと、政治家、ジャーナリストは、心ゆくまで楽しんで故人に対して熱狂的な賛辞を送った。その結果、戦前の熱狂的なスターリン主義、戦後の麻薬常用といった、この人物を理解する上で本質的な特徴が等閑に付されたのである。想起、すなわち過去の真実を理解しようとする試み。事跡顕揚、すなわち現在の要求への過去の適応。このコンテクストでは、「修正主義的」という用語が、ドイツの収容所におけるガス室の現実性を政治的な動機でもって否定することを意味するにいたったことが、なぜ遺憾とすべきなのかが理解される。この否定はむしろ「否定主義」という語のほうがうまく言い当てている。歴史的真実──解明の真実──はつねに、そして幸福にも、修正を必要とする。修正主義的な歴史の逆とは、この語のこのもう一つの意味では、宗教的な歴史であり、これは研究よりもまさしく事跡顕揚のほうに属しているのである。

事跡顕揚は不可避だとしても、過去を現在によみがえらせるのに考えうる最良の方法なのではない。**ホモ・デモクラティクス**〔民主的人間〕は宗教的なイマージュ以外のものを必要とするからである。事跡顕揚が今度は、これに対するいっさいの修正が瀆聖の叫びを呼び覚ますほど不動の形式の中で固定化するとき、私たちはこの事跡顕揚が奉仕しているのは宣伝者の私的利害に対してであって、宣伝者の道徳的高揚に対してではないと確信をもっていうことができる。最近のニュースの中にその例を見出すことができる。亡くなる少し前、ドイツの劇作家ハイナー・ミュラーはヴェルダンの劇場の招きで当地に行き、芝居の準備に参加する。遺跡と記念建造物の見学のあと、ジャーナリストからその印象を訊ねられて、彼はつぎのように宣言する。「これらの場所に演出を施すことは感動を殺します。これらの記念建造物は死者たちのための芸術――あまりに巨大な芸術――の表現です。しかしこれには何の価値もありません。真に偉大な芸術は、生きている人々のために作られる芸術なのです。[21]」このような宣言が思い出の名所のために献身的に働いているさまざまな団体の憤激を買ったことは察するにあまりある。ヴェルダン市役所についていえば、市役所は劇場に対して、ミュラーとのいっさいの協力関係を棚上げにするように命令し、これに違反すれば助成金を引き揚げる、つまり閉鎖に追い込む旨を厳かに言い渡した。私は一度も訪れたことがないので、ヴェルダンの事跡顕揚の記念建造物について私的な意見をもたない。しかし原理的にはミュラーの述べていることは正しい。神聖化されなければならないのは人間的な価値であって、記念建造物ではないからである。

道徳的評価

過去を現在のために役立たせることは一つの行為である。過去を評価するためには、過去に適合の真実(事実の確立の場合のように)を要求したり、解明の真実(意味の構築の場合のように)を要求するだけでは不十分である。善悪の観点から、つまり政治的かつ道徳的な基準で評価しなければならない。というのは、過去のすべての使用がよいわけではないということ、そして同一の出来事がきわめて多様な教訓をもたらしうるということは明白だからである。三〇年代に、オーストリアの作家、フランツ・ヴェルフェルは『ムサ・ダグの四〇日間』で、アルメニア人のジェノサイドとこれに抵抗しておこなわれたレジスタンスの叙事詩を物語った。彼の目標は、とりわけナチスの反ユダヤ主義に対するレジスタンスを強化することであった。同じ時期、ヒトラーはテーブルスピーチで同じジェノサイドに言及して、自分が似たような犯罪を犯した場合でも、とがめられずに済む希望をそこに見出している。「今日、だれがアルメニア人虐殺を覚えているだろうか」というわけである。同じ過去の出来事についての、現在における二つの対立する使用法である。

このコンテクストにおいて提起しなければならない第一の問いとは、過去について評価を下すことは正当なのだろうか、ということだろう。実をいえば、歴史家がそれをみずからに禁じているのは例外的でしかないことに気づくには、歴史家のやり方を観察するだけで十分だろう。だが歴史家がそのようなことをするのは正しいのだろうか。

これらの評価の正当性には、いくつもの仕方で疑問を呈しうるだろう。最初の方法は、人間的自由の存在を否定すること、つまり知ると知らずとを問わず、私たちの行為は抗しがたい必然性に従っていると見なすことに存するだろう。この場合、称賛したり非難したりすることはばかげている。ある行為が道徳的価値をもちうるのは、その行為がおこなわれないこともありえた場合でしかない。だから物理学者と生物学者は自分たちが研究している対象を評価することはない。彼らはもっぱら必然性の王国の中で生きているのである。

自然の玄人を模倣しようとする傾向は、人間的なものの専門家——歴史家と人類学者、心理学者と社会学者——のあいだに広範囲に広まっている。一九世紀初頭から、これらの学者たちは、人間は人間を超越するさまざまな原因に服しているということを証明しようとしてきた。そしてこれらの原因は、調和に満ちたコスモスへの所属とか、古代人の宿命論の根拠である神の摂理の介入よりもいっそう具体的なのである。ここでまず最初に引用すべきは、今回は出来事の連鎖として解された歴史それ自体である。あるいは、結局は同じことになるが、社会的コンテクストである。バンジャマン・コンスタンは一九世紀のごく初期の年間に書いている。「一つの世紀はそれに先行した諸世紀の必然的な結果である。一つの世紀はあるがままのものでしか決してありえない。」つまり、過去を評価しようとすることはどこかばかげている。「それについては非難の余地もなければ称賛の余地もない。[……]ある世紀の精神は必然的な事柄、物理的な事柄である。ところで物理的な事柄は物語られはするが、評価はされない。[22]」その一〇〇年後の一九一四年、共産主義の理論家ニコライ・ブハーリンは、つぎのように主張する。「マルクスの理論を〝倫理的〟理論へと変化させようとする試みほど滑稽なものはない。マルクスの理論は原因と結果の自然的な法則については述べているが、それ以外は何も述べていない。[23]」

一九世紀の後半、生物学的な因果関係への依拠が社会的決定論への依拠にプラスされることになる。もし私たちが現在、動いているのが人種への所属の力によってであれば、私たちに責任があると見なすことは、それでも理にかなっているのだろうか。モーリス・バレスはドレフュスを有罪にするために活動するが、同時に道徳的非難はいっさいおこなわないようにしている。「われわれがこのセムの子供に要求するのは、インド゠ヨーロッパ人種の美しき特徴である。［……］もしわれわれが無私無欲の知性をもっているのであれば、ドレフュスを同等の人のようにフランス的道徳性や正義に従って評価する代わりに、われわれは彼のうちに異なった種の代表者を認めるだろう(24)。」ドレフュスは正義ではなく動物学の支配下にある。つまり、彼は別の人種——ユダヤ人——の行動を例証しているのであって、この人種については、私たち——アーリア人——は実際には評価する権利をもたない……。最後に、二〇世紀初頭、因果関係の第三の形式が、それ以前のもの（あるいは主導権を獲得するための闘い）にプラスされる。個人の行動は——と今度はいわれるだろう——個人の幼児期に確立された布置（両親に対する直接的な関係）によって命じられる。そしてこの布置が彼の無意識の欲動の形式を決定するのである。つまり、彼が自分の精神分析家に要求するのは道徳的評価ではなく、理解の道を前進するための援助であるだろう。

これら三つの形式の決定論——すなわち社会的、生物学的、精神分析的決定論（この決定論の順序にはそれなりの論理性があるように思われる）——には、つぎのような共通点がある。すなわち、全体化しようとする野心に突き動かされたこれらの決定論においては、道徳的評価の余地はまったくないということである。人間があらゆる点で蟻に似ているのであれば、人間に評価を下してはならない。せいぜい人間を説明しようとすることができるだけである。しかしながら、このような説明の仕方では、人間存在の中で働いているさまざまな決定論を発見しつつあった人々そのものを満足させることはできなかった。というのも、彼らは明白な事実に屈しなければならなかったからである。すなわち、いかなる単独の因果論的説明も個人の行動を予見する（「産み出す」）ことができなかったということである。あたかも、ある分量の自由がつねに諸原因の支配から逃れ去っているかのように、すべてはおこなわれたのであった。だからバンジャマン・コンスタンは私たちが先ほど引用した文につけ加えたのである。たとえ歴史的な条件が全体の動きを決定するとしても、個人には大きな自由の余地が残されている、と。「個人においてはすべては道徳的であるが、大衆においてはすべてが物理的である。［……］それぞれの人は個人的には自由である。なぜなら、彼は個人的には、自分自身で、すなわち自分の身の丈に合った力で行動するしかないからである。しかし全体の中に入るや否や、個人は自由であることをやめる。」個人は自分の意志と一致して行動する。したがって個人の行為は道徳的な次元で値踏みされる。私たちがこの論法に与える哲学的形式がいかなるものであろうと、このことは認めざるをえない。万人はそれぞれの人のうちに或る程度の自由が存在することを前提としているかのように行動する。というのは、だれも他人の行動を評価せずにはいられないからである。

しかし歴史における道徳的評価の正当性に異議を申し立てる第二の仕方が存在する。それは道徳的評価が存在する権利を否認するのではなく、その過剰に異議を申し立てること、そして道徳的評価を純粋に恣意的であると宣言することに存する。ここで私たちはニーチェのいわゆる「遠近法主義」に関係することになる。もしすべての評価がおたがいに等しい価値をもつのであれば、事実は過去に属している以上、それらの評価を知ることが私たちにとって何の意味があるのだろう。もし道徳と法が、権力への欲望と意志がみずからをよりよく押しつけるために装いたがる仮面に過ぎないとすれば――歴史家の言説の中にそれらの存在を確認することができる――、それらについて合理的な議論は不可能である。相対主義は私的な価値観以外の価値観を否定するのではない。それは価値観を個別的な時間と場所の内部に囲い込む。価値観は歴史と文化の独占的な産物である。

この疑念は、「脱構築」と呼ばれるアメリカの大学で流行っている思潮がそう考えたがっているように、何をなそうと、相手にしているのは言説でしかないと見なされるときから強化される。無数にある中から一例だけを引用すれば、ある注釈者は最近、つぎのような問いをみずからに発した。ロシアの詩人オシップ・マンデルスタムをイオシフ・スターリンに対立させた争いの中でオシップ・マンデルスタムに共感を寄せる人たちを、なぜ私は尊敬しなければならないのだろうか、彼らの言説の内部では、それぞれの言説が相手を悪魔として描いているのだとすれば？　あるいはまた、ソルジェニーツインはKGB長官と同じように不寛容である。だとすれば、一方を他方よりもよいと評価することに何の価値があるのだろうか。精神病院に幽閉されたソヴィエトの反体制派は精神科医を詐欺師扱いした。つまり、反体制派の言説は精神科医自身の言説に負けず劣らず不寛容であった。それぞれが自分自身の観点で評価する。評価は恣意的である。過去が語られるからには、評価は排除すべきである。

たとえ、今日、こうした相対主義的な観点についてしばしば聞かされるとしても、これを大真面目に受け取らなければならないとは思わない。というのも、私たちがそうすることができるのは、言説とその言説が発せられた世界とのいっさいの接触を前もって切断している場合でしかないからである。スターリンとマンデルスタムはおそらく二人とも自分たちの敵を嫌っていた。しかし大イオシフだけが敵のうちから一五〇〇万人を強制収容所に送ることができた。小オシップは強制収容所に送られるひとりとなり、到着するや否や極度の疲労で死ぬことに甘んじた。ソルジェニーツインと反体制派が刑務所や精神病院に入れた人はだれもいない。そういうわけで、私たちの圧倒的多数が一方を非難し、他方に共感を抱いている。だれかを侮辱することは善い行為ではないかもしれないが、そのだれかを強制収容所に送り、飢餓で苦しめ、辱め、殺害することによって果てしない苦しみを負わせることは、それよりも果てしなく悪しき行為である。

しかも、あらゆる価値の相対性ということほど明白でないものはない。多くの価値が相対的であることは明らかであるが、同時に私たちは、思うに、ある種の価値は相対的ではなく、いかなる状況、いかなる文化的特殊性でも、法的にこれに反することは許されないという感情と直観をもっている。だからこそ、数千年紀が私たちと彼らとを隔てているにもかかわらず、私たちはブッダ、ソクラテス、あるいはキリストの道徳的な教えの内容を直観的に把握することに苦労を感じないで済む。ひょっとしたら万人がこのテーゼに賛成しているわけではないかもしれない。しかし実際には、私たちはこれに同意しているかのように振る舞っている。人身御供、またはジェノサイド、または強要された奴隷状態、または拷問が、それらがおこなわれる歴史的コンテクストの名において許容されうるという考え方は受け入れられない。だからといって、なぜ、いかにして、これらの行為がある種の国民全体にとって受け入れ可能であり、さらには称賛すべきことであるように映りえたのかを考えなくてもいいということにはならない。

意識的であろうとなかろうと、私たちは全員、絶対的な善悪ではなくても、少なくとも最善と最悪とを区別することを可能にするさまざまな基準に依拠している。これらの基準とは何か。ここで私たちは道徳的評価それ自体について若干、分析を試みなければならない。

単純な答えが困難であるのは、ヨーロッパの伝統だけにかぎってでも、善の概念が諸世紀を通じてもとのまま維持されてきたわけではないことにすぐに気づかされるからである。つまり私たちの道徳思想と遠い祖先の道徳思想との対立によって、私たちは私たちが多少とも意識的に使用している諸基準を特定することを可能にすることができるだろう。第一のコントラストとは——カントの語彙をもちいれば——他律から自律への移行、つまり余所からやってきた法律に服している状態から自己自身がこの法律を制定する状態への移行であるだろう。〈古代人〉にとって——ひとまずこの一般化を認めよう——自己自身が法律の源であることはばかげているだろう。法律はコスモスの秩序に書き込まれているか、神の啓示に由来する。いずれの場合においても、つまりアテネでもエルサレムでも、余所からやってきたこの法律に一致していればいるほど美徳に満ちている。それに反して〈近代人〉にとっては、たんに法律に服するだけでは道徳的な美点はまったくない。美点は自由とともにはじまり、問題の行為が私自身の意志の結果である場合にしか私に帰することはない。

二つの善の概念を分かつ第二の特徴は客観性から間主観性への移行である。古代世界では、理想とは善き生活という理想である。この生活は対他関係を排除するものではないが、対他関係を措定するわけでもない。賢者とはむしろ、他の人々から離れて隠遁生活を送る人のことでさえある。ここでは、変化はユダヤ－キリスト教の中ですでに準備されている。〈掟〉全体は——とキリストはいう——つぎの二つの命令に要約される。すなわち、神を愛すること、自己の隣人を自分のように愛すること。そして彼ははっきりと述べている。神はひとりひとりの人間のうちにある、その人間がいかに慎ましかろうとである、と。この人を大切にしたそのつど、命じたのは神への愛である。[25] 聖パウロは結論を引き出す。神を愛することは隣人を愛することと以外の何ものでもない。隣人愛がなければ信仰は不十分である。[26] 神は人間の他者性を通じて人間に対して姿をあらわす。理想はもはや卓越性とか完成のそれではなく、慈善——必然的に間主観的な関係——という理想なのである。

宗教的なパースペクティヴでは、被造物への愛が高く評価されるとすれば、これが〈創造者〉への愛へとみちびくかぎりにおいてのみであることは確かである。しかしルネサンスから啓蒙主義にいたる西洋ヒユーマニズムの変遷全体は、この好意と慈善という理想を当初の神的な裏づけから解放しつつ保存することに存するだろう。ヒューマニストにとって、善が存在しうるのは人間共同体の内部においてのみであって、孤立的にとらえられた個人のうちにではない。「〔人間が〕道徳的存在となるのは社交的になることによってでしかない」と、自身は孤独を愛するルソーは指摘する。しかも他人が優遇されなければならないのは自己との関連においてである。「自分の配慮を他人の幸福のために捧げれば捧げるほど」とルソーはことばを継いでいう、「〔人間が〕何が善で何が悪かについて間違うことはますます少なくなるだろう。[27]」そういうわけで、今度はカントが、彼が人間の道徳的目的と呼んでいるもの――「私自身の完成」と「他人の幸福[28]」――の構成要素の相互入れ換えは不可能だと力説する。もし個人が自分だけの幸福に専念するならば、エゴイストでしかないだろう。もしすべての努力が他人の完成にのみそそがれるならば、彼は他人の目にあるちりを認めながら自分の目にある梁を認めない、あの耐えがたい説教家のひとりでしかないだろう。つぎのようにつけ加えることもできるだろう。すなわち、隣人を自分のように扱うことは正義に服することである（私たちは全員が同じ法律に従っている）。愛によろうが義務の感覚によろうが、隣人を自分よりよく扱うことによって、私たちは道徳の王国に足を踏み入れる。このようにして「他者のヒューマニズム」に言及するレヴィナスの表現を理解することができる。これは私たち〈近代人〉の目には道徳的行為は必然的に無私無欲であるということを言い表わす別の方法である。「ただ一つの絶対的価値」とレヴィナスは書いている、「それは自己よりも他者を重視するという人間のもつ可能性である。[29]」

道徳的評価のこのような記述では、まだ十分だとはいえない。今度はつぎのような状況を想像してみよう。公的な人物が自分のために或る恒久的な役割を選択する。すなわち、彼自身の共同体に比較して、他の共同体を一貫して擁護し、自分の身内を恒常的に批判することを可能にする役割である。だからといって、私たちにはこうした評価を下す者の道徳的な美点のほうが、ずっと大きいようには見えない。なぜか。実際には、私たちはこうした新しい役割をよく知っているのである。それは罪の中で生きているがゆえに自民族を激しく非難するかつての預言者の役割、あるいはまた自国民をよりよく非難するという目的のためだけに遠隔地の国民の礼賛（「善良な未開人」）を歌う旅人の役割である。それは、もっと最近では、自分を国家の良心と見なし、自分自身の集団を攻撃者もしくは死刑執行人という役割――忌み嫌われる役割――に同一視することによって、永久に改悛の情を示す作家の役割である。それはドイツ人を地球上で最悪の民族だと考えるドイツ人であり、アメリカ合衆国の歴史とは帝国主義的攻撃と人種的不正の絶えざる継起であると見なすアメリカ人である。ところで、まさしく**説教家**のものであるこの新しい公準はまた、結果として、この公準を採り入れる個人に道徳の道を閉ざすことにもなるのである。

ここで、善意によって育まれる別の態度に言及することができるだろう。しかしこの態度は、最終的にはいっさいの真に道徳的な身振りを妨げる。すなわち、**無意志的同情**という態度である。情報が私たちの社会を流布する仕方によって、私たちは全員がこの無意志的同情へと条件づけられている。戦争、大量殺戮、飢饉、自然災害が起こるとすぐに、死体、手当されぬ負傷者、涙に暮れる大人たち、やせ細った子供たちの映像が、私たちに「こんなことはやめさせなければならない！」と叫ばせ、大義のために、いかに質素であろうとも米の入った袋や小切手を送ろうという気になるまでテレビ画面を占領する。この同情はむろん無関心よりいいことはいいが、望ましからざる二次的な結果をともなっている。ブローマンが述べているように一貫して悪を不幸に変化させ、「冷静な」政治的分析を感情の激発でもって置き換え、同時に私たちを勇ましくも犠牲者の側におくことによって良心に疚《やま》しいところがないという確信を強めてくれる、という結果である。だから私がおこなった現代倫理の手短な解説は十分なものではなかった。自分よりも他人を大切にしなければならないというだけでは不十分である。いわんや、お説教好きの役割を騙《かた》るだけでは。つまり、もう一度、道徳的行為について論じなければならない。

子供の発達をしばし観察してみよう。ここでは基礎を形成する契機は善悪の区別そのものであり、ごく幼少期の子供は、自分に身近な人たちに取り巻かれ、可愛がられることに感じる快感によっても、その身近な人たちから引き離されていることの不快感によっても、そこにみちびかれる。これらの情動的体験は倫理的カテゴリーの萌芽を含んでいる。善とは自分にとって善いことであり、悪も同様である。この最初の一歩を過小評価してはならない。一次的な愛がなければ、思いやりと愛撫に取り巻かれているという当初の確信がなければ、子供は倫理的な萎縮症、すなわち根本的な**ニヒリズム**の状態の中で成長する可能性がある。そして大人になると、まったく無自覚に悪を犯す可能性をもつ。

しかしながら、道徳感覚の獲得におけるこの最初の一歩——愛に立脚する善悪の区別それ自体——だけでは不十分である。もう少し大きくなり、自分の仲間たちの中に組み込まれると、子供は第二の発見をおこなう。往々にして、これは子供にとって苦痛に満ちた体験である。すなわち、善悪の対を**私**と他者の対から分けて考える必要性、または個人的アイデンティティを集団的アイデンティティに置き換えれば、善悪の対を私たちと他者の対から分離する必要性である。私たちはかならずしも善の化身でないし、他者は必然的に私たちよりも悪いわけではない。つまり、私たちは**自己中心主義**を克服しはじめるのである。

第三段階はそのとき、そのときにのみ開始することができる。この段階に到達する人は数多くはないとしてもである。この段階では、善と悪を区別することをやめることはないけれども、善悪の偏狭で決定的な区分はいっさい放棄される。いまや闘い克服するべきものはニヒリズムでもエゴイズムでもない。**善悪二元論**である。実際、つねに自己自身や自分の集団のうちに悪を、他者のうちに善を見ることは、ニヒリズムやエゴイズム以上にとはいわぬまでも、それらと同様に有害であるだろう。ある行動が私たちの利益に奉仕するという事実は、それが「善い」か「悪い」かを知るよすがには少しもならない。

いまや、私たちがなぜ、一貫して身内を叱責し、他者を称賛する人物に大きな道徳的威信を認めることにためらいを感じるのかを理解することができる。その人物が彼自身の共同体の中で自分のために保持した役割は、彼にとって十分に満足感を与えるものだと私たちが感じるからである。彼は道徳的な価値観を占有する者、他人に正道を教える者、自分のために美徳の特権を有している者である。「私たちは全員が罪人である」は、ここでは「しかし私はみなさんほどではない。というのも、そういっているのは私だからだ」を含意している。このようなやり方をする私たちの同時代人は、もはや自民族中心主義によって非難されることも外国人嫌いによっても非難されることもありえない。彼が有利な役割、もろもろの価値の擁護者の役割を引き受けるのは、彼自身の集団との関連においてである——このようにして彼は自分自身の満足感を確固たるものにする。

同時に、彼は私たちと善、他者と悪の当初の結合を実際には断ち切ってはいない。彼はこの結合を逆転させることだけで満足し、したがってつねに善悪二元論者でもある。弱点は区分の一貫した性格にある。善悪を探求する代わりに、自分がそれらをどこで見出すかをあらかじめ決めているのである。この新しい罠から逃れるためには、自分の出自集団から自分を切り離し、しかし目の前の集団にみずからを同一視せず、しかもその集団を一貫して正しいとはしないということが可能でなければならない。

この第三段階を突破する必要性を理解することは、きわめて重要である。思い出していただきたいが、全体主義の出発点には、優遇すべき善き存在と排除すべき悪しき存在とに世界を分かつ、世界の善悪二元論的分割があった。アウシュヴィッツとコルイマはこの最初の分割の極端な到達点にほかならない。そして私たちは、私たちが悪であると判断するものの当事者を、消し去るべきたんなる敵と見なすとき、この分割に関与しているのである。全体主義を打破するために私たち自身が全体主義者にならなければならないとすれば、いずれにしても全体主義が勝利したことになるだろう。

私たちは理論的にはこれらすべてを受け入れる。それでも、こうした結論だけでとどめておくことはむずかしい。理由は以下のとおり——すなわち、善悪二元論の誘惑と自己中心主義の幻想は、私たちのもっとも内奥の性向と結びついている、だから敵対者に直面したときの自然な反応の大半はそこから生じる、ということである。だとすれば、私たちの歴史が体験したさまざまなイデオロギー運動の中に、それらが見出されるとしても驚くべきことがあるだろうか。

大きな物語

以上が私たちの基準である。だが私たちはこれらの基準を何に適用しようとしているのだろうか。過去を構成するさまざまな事実は、生のままの状態で私たちのもとにやってくることはない。それらは物語の形式で提示される。

道徳的に中立でない行為の歴史物語は、善か悪かの方向に行くことができる。そしてこの物語は少なくとも二人の主役にかかわっている。能動者と受動者である。このことによって、価値観に関係をもついっさいの歴史物語のうちに四つの主要な役割を区別することが可能になる。すなわち、私は善をなす人、またはその受益者であったかもしれないし、悪をなす人、またはその犠牲者であったかもしれない。一見すれば、これらの役割の二つだけが価値の次元ではっきりと際立っている——善をなす人と悪をなす人である。それに対し、他の二つは中立のままである。というのは、受益者と犠牲者は受動的だからである。実際にはこの最後の二つの役割は、最初の二つの役割との関係で、道徳的に共示的な意味を帯びている。ある行為の受益者であることは、その行為の能動者であることよりもずっと不名誉な状況である。というのは、この状況は私たちの無力という契機を示しているからである。悪事の犠牲者であることは、その元凶であることよりも明らかに尊敬すべきことである。ここに歴史構築の二大典型を認めることができる。私の仲間の勝利を歌う英雄的な物語、および仲間の苦しみを報告する犠牲者《ヴィクティメール》の（こんな語を使用できるならばである）[五]物語である。

　ここで犠牲者が英雄——万人が称賛する英雄——のそばに位置づけられているのを見て驚かれるかもしれない。犠牲者であるという事実に何か心地よいものがあるのだろうか。何もない、間違いなく。だが犠牲者でありたいと思う人はだれもいないとしても、逆に多くは、犠牲者であったが、もはや犠牲者ではないというふうでありたかったと思っている。彼らは犠牲者の**ステイタス**を熱望しているのである。プライベートな生活にはこのようなシナリオは多々ある。すなわち、家族のひとりのメンバーが犠牲者の役割を独占するのである。というのも、その結果、彼は自分を取り巻いている人たちに罪人というはるかに望ましくない役割を割り当てることができるからである。犠牲者であったということは、愚痴をいい、抗議し、要求する権利をみなさんに与える。ほかの人たちはみなさんとのいっさいの関係を断つのでなければ、みなさんの要求に応えなければならない。犠牲者の役割にとどまることは、こうむった恥辱（この恥辱が現実のものであると仮定してである）に対する償いを受け取ることよりも有利である。一時的な満足の代わりに、永続的な特権が保持され、ほかの人たちの注目、つまり承認が、みなさんに保証されるのである。

犠牲者の物語は、まったく異なったレベルでは、キリスト教のかなめであるキリスト受難の物語によって例証される。

個人について真実であることは、集団についてはなおさら真実である。ある集団が過去に不正の犠牲者であったということが納得のゆく仕方で立証されると、その集団に対して尽きることのない融資枠が現在に設定される。個人のみならず集団が権利を有することを社会が認めるならば、権利は利用するほうがよい。ところで、過去における恥辱が大きければ大きいほど、現在における権利は大きいだろう。特権を獲得するために闘わなければならない代わりに、かつて不遇をこうむった集団に所属しているというだけで、特権は自動的に与えられる。このことから、諸国家間におけるようにもっとも優遇される国民という条項ではなく、もっとも不遇をこうむった集団という条項を獲得するための熾烈な競争が生じる。

アメリカ黒人はこうした行動の雄弁な例を提供する。彼らは奴隷制と人種差別の異論の余地なき犠牲者であり、これらの不正を断固として断罪するが、それに反して、自分たちに長期的な道徳的、政治的特権を保証する、かつての犠牲者の役割を放棄しようとは少しも望んでいない。「ネイション・オヴ・イスラム」〔アメリカの黒人イスラム教団体〕のリーダーであるルイス・ファラカンが理解したのがこのことである。「そもそもアメリカ大陸外の六〇〇万のユダヤ人の死者が何ほどのことがあろうか」と彼は叫ぶ、「黒い民族のホロコーストはユダヤ人のホロコーストよりも一〇〇倍も悪い。」ひとりの犠牲者にはひとり半の犠牲者を〔上には上がある〕である。ジャン゠ミシェル・ショーモンが「犠牲者の競争」(30)と呼ぶことができたのはこれである。これが望ましい政治なのだろうか。今日の納得のゆく声が主張しているのは、アメリカ黒人の不運のかなりの部分は、彼らが現在、苦しんでいる差別だけでなく、心的外傷を引き起こす過去——奴隷制と暴政の過去——を克服できないこと、および、その結果として、シェルビー・スティールが書いているように「この苦しみの過去を権力と特権の源泉として利用する」[31]ことへの誘惑に起因していることである。

ここで、犠牲者のステイタスによって獲得される満足感は、物質的なものである必要はまったくないということを理解することは重要である。負債は象徴的であって、この象徴的負債に比較すれば、物質的利点は取るに足りない。犠牲者のステイタスを獲得した集団のメンバーが獲得する利益は、アラン・ファンキエルクローが看取したように、まったく別の性格をもっている。「ほかの人たちがかつて苦しんだ。で、私は彼らの子孫なのだから、彼らの苦しみの道徳的な利益を受け継いだ。[……]私は系譜によってジェノサイドを譲り受けた人、その証人、ほとんどその犠牲者であった。[……]このような叙任に比較すれば、他のいかなる肩書きも私には惨めで取るに足りないように思われた。[32]」

つまり、これらの役割のうちの二つ――善をなす英雄の役割と無実な犠牲者の役割――が主体にとって好都合であり、二つが不都合である。悪をなす人の役割と受動的な受益者の役割である。私たちの集団の過去に言及するさい、この過去を肯定的な像と同一視するならば、私たちは自分に立派な役割を付与することによって直接に自分に満足感を与える。並行して、他者を英雄的行動の無力な受益者の役割とか悪をなす人の役割に押し込めるとしても、事情は同じである。儀礼的であるとともに心地よいこの記述は、これを発話する人に対して、いかなる道徳的利益も産み出しはしないことは明白である。

周知のように、〈歴史〉はつねに勝利者によって書かれてきた。というのも〈歴史〉を書く権利は、勝利によって与えられる特権の一つだったからである。今世紀には、こうした勝利者の歴史の代わりに、いや少なくとも勝利者の歴史のそばに、犠牲者、隷属させられた人々、敗者の歴史も存在する。このような要求は厳密に歴史的な次元ではきわめて正当である。というのも、この要求によって、私たちはそれ以前には知られていなかった過去の全体像を知ることができるからである。しかし倫理的な次元では、私たちは犠牲者であると主張しても、いかなる補足的なメリットも獲得することはできない。自分を英雄の中に見出すのであれ犠牲者の中に見出すのであれ、また〈第二次世界大戦〉を終結させる飛行士の中に見出すのであれ、原爆による全滅という地獄を味わう受動的な国民の中に見出すのであれ、私たちはつねに「無垢な人々」と「善良な人々」の側にいるのである。

私たちが道徳の階梯を上昇する唯一のチャンスは、私たち自身の内なる悪を認め、これと闘うことであるだろう。「私の身内」もまた悪の元凶であったり、他者の英雄的な偉業の受動的な受け手でありえたという事実、これらの他者を犠牲者や善をなす者の内に見ることができたという事実を引き合いに出すことは、いまやいかなる直接的利益も個人にもたらすことはない。しかしながらこうした仕方によってしか、個人が自分の集団的アイデンティティの批判的検討に踏み出し、他人の幸福と自分自身の完成を自分の利害よりも上位におき、したがって道徳的行動に踏み出すことは不可能である。私たちの集団が純然たる英雄でもなく、しかも純然たる犠牲者でもないような過去の数ページを思い出すことは、これら歴史的な物語の作者にとっては、よりすぐれた道徳的価値をもつ行為であるだろう。過去を想起することが自分に美しい役割を割り振ることであるのであれば、主体にとって道徳的な利益はありえない。道徳的利益があるのは、逆に、過去を想起することによって、主体が自分の集団の弱さとか芳しからぬ振る舞いを自覚する場合だけである。道徳は公平である。さもなければ存在しない。

役割とそれらの役割の道徳的影響についての私の分類は、あまりにも抽象的にみえるかもしれない。だから、英雄の役割とか犠牲者の役割に居直ったりすることで、本当に喜びを感じるのかどうかを確認するために、いくつかの例をあげてみよう。一九四五年五月九日は、今世紀後半のロシア人にとって、ナチのファシズムに対する最終的勝利の日、国に二五〇〇万以上の死者をもたらした戦争の終わりの日である。だから自分たちの英雄的役割の記念祭には、ロシアの人々はこぞって参加する。しかし東欧の諸国民には、この日付は自分たちがソヴィエトの厳しい監督下に入ったという事実の象徴である。この日付が告げるのは新しい奴隷状態であって、解放なのではない。

過去は意味作用の不確定な多種多様の出来事からなっている。これらの出来事に確かな価値を付与することに決定するのは、現在の行為者である。同じ一九四五年五月八日はフランス人にとって国家の誇りの日である。フランスの将軍たちが、アメリカ人、イギリス人、ロシア人の同業者のかたわらで、ドイツ降伏文書への署名に参加するからである。その代わりに、この記念日に、この日がアルジェリアのセティフ県の大虐殺の日でもあることを思い出すことは好まれない。アルジェリア国民は、フランス人がドイツ人から解放されるのだから、アルジェリア人もフランス人から解放されうると素朴にも信じたのであった。フランス人は逆に、〈第二次大戦〉の結果、世界の大国としての自分たちの役割に若干の疑いをもちはじめた。そして、いくつもの大陸にまたがった植民地にそれだけ強くしがみついていた。フランス人がアルジェリア人を前にしてこれほど頑なになったのは、ドイツ人からこうむったはじめての敗北のせいである。セティフ県でのデモの結果は、弾圧である。この弾圧の犠牲者の正確な数はきわめて不確かである。推算は一五〇〇〇人と四五〇〇〇人のあいだで推移しているからである。

最近の歴史からもう一つのエピソードに言及して、同じ布置の例証とすることができるだろう（このエピソードについては、もう一度、論じなければならないだろう）。すなわち、広島と長崎に落とされた原子爆弾のエピソード、およびスミソニアン研究所の**エノラ・ゲイ**——広島に原爆を投下した爆撃機——の展覧会計画がかもした論争である。日本現代史が専門のアメリカの歴史家、ジョン・ダウアーは、この問題のためにいくつもの研究をおこなう。彼が示しているのは、アメリカ人の観点で語られるか日本人の観点で語られるかで、存在しない事実を発明したり原資料をねつ造したりはだれもしていないにもかかわらず、歴史は何から何まで異なった仕方で提示され、価値づけられるということである。最初のデータの選別と組み合わせだけで十分なのである。

アメリカ側では、「英雄的または勝利の物語」が好んで語られる。「この物語では、原子爆弾は、攻撃的、狂信的で、野蛮な敵に対して加えられた最後の一撃を意味している。」日本側では、それに反して優位にあるのは「犠牲の物語」である。この物語では「原子爆弾は特別な苦痛の象徴と化した――ユダヤ人の場合のホロコーストにかなりよく似ている」[33]。広島原爆記念館そのものでは、犠牲者という役割だけが独占的に強調され、戦争の開始と続行における日本政府の責任、戦争捕虜や支配下の非戦闘員が日本人からこうむった非人間的な扱いにおける日本政府の責任にかかわる問題はわずかなりとも提起されることがなかった。原爆記念館と一七万六九六四名の原爆犠牲者の名前が刻まれた慰霊碑とがそびえる広大な公園では、毎年一五〇万の訪問者が感動をもってこの出来事を記念することができる。しかし強制労働者としてその場にいて同時に死んだ二万人の韓国人のための記念碑は、この聖なる土地の外部に建てられている。他方、戦前には本質的に軍事都市であった広島市には、一九三八年に日本軍が、とりわけ広島駐屯部隊が中国でおこなった南京大虐殺を思い起こさせるものは何もない。この大虐殺の犠牲者は、約三〇万人と見積もられている。英雄的な物語を弁護するアメリカ人も、犠牲の物語を守ろうとする日本人も、いずれもが「彼らの身内」を格上げすることで満足していたことは明らかである。

この差異は一九九五年の原爆投下五〇年を記念すべき記念祭で頂点に達することになった。広島に原爆を投下した飛行機、**エノラ・ゲイ**は、この出来事の複雑さを同時に明らかにしようとする展覧会の中心部に展示されるはずであった。しかしながら、退役軍人と他の愛国的な団体、および即座に彼らの意を受けた国会議員の圧力で、展覧会の計画は廃棄された。記憶に対して侮辱的だと判断されたからである。展覧会の計画はアメリカ人を英雄‐善をなす者、日本軍国主義に対する勝利者の役割にはもはや閉じ込めてはおかなかった。この計画はアメリカ人が全面的には正当化されない大虐殺の責任者であると暗示していたのである。

作者が英雄にも犠牲者にも同一化することを回避するような物語は、どのようなものになるのだろうか。ジョン・ダウアーは広島の原爆記念日におけるアメリカ人の反応と日本人の反応の研究で、私たちにその例を提供している。ダウアーは二つの集団のそれぞれに自分の姿を認めることができた。彼自身は一方に所属している。彼の仕事は他方を内面的に認識することに彼をみちびいた。結果、「犠牲としての広島」（日本人の観点）と「勝利としての広島」（アメリカ人の観点）ののちに、事実のこの三つ目の解釈に対して彼が与えたタイトルは、「悲劇としての広島」である。

なぜ悲劇なのか。おそらく、第一に、〈歴史〉は重大な出来事をとくに好むからである。幸福では出来事にならないし、牧歌的な物語は歴史書にしばしば登場するゲストではない。つぎに、〈歴史〉においては善悪は純粋な状態で具現されることはないからである。だが〈第二次世界大戦〉は（この点で〈第一次大戦〉とはきわめて異なっている）、曖昧さのない分類にまさしくうってつけだとして通るかもしれない。ヒトラーが悪を具現していることが明らかである以上、ヒトラーに対するどんな闘いでも善のしるしを刻印されているのではないだろうか。だがこのような推論は、目的が手段を正当化し、敵を打破するためには、好きなように敵を模倣してもかまわないということを認めることである。ところが、一九四二年までは、英国政府もアメリカ政府も非戦闘員の殺害を野蛮な行為として告発している。ところが、この年から、両政府は自分たちの責任でこの戦術を引き受ける。一九四五年二月、四万人の非戦闘員がドレスデンの爆撃で殺される。同年三月、東京では一〇万人の市民が爆撃で殺害されるだろう。広島と長崎はまだ先のことである。これらの行為の張本人たちは――とダウアーは結論づける――「女と女の腕に抱かれた子供の血でもって英雄となった。そしてこの観点からすれば、うぬぼれ屋の物語というよりも悲劇的な物語の主人公となった」。かつての犠牲者はかつての犯罪者を模倣したのである。

悲劇。この語の厳密な意味は――思い出してもらいたいのだが――苦痛と悲嘆だけでも、善の不在だけでもない。善の不在は犠牲の物語にも当てはまる。そうではなく、悲劇は善の不可能性に存するのである。選ばれた結末がいかなるものであれ、その結末は涙と死をもたらす。連合軍の大義がドイツ・ナチスや日本の軍国主義者の大義よりも優位にあることは異論の余地がない。後者に対する戦争は正しく、必要である。しかし戦争は不幸の原因となるが、この不幸は「他人の不幸」だという口実で手の甲で払うことはできない。広島の一二歳の子供の粉々になった小さな弁当箱、核爆発で炭化した米とエンドウマメとともに、たまたま保存されていたこの小さな箱は、空飛ぶ要塞である**エノラ・ゲイ**とほとんど同じほど重い。というのも、この展覧会をかつての英雄たちに受け入れがたいものにしたのは、広島原爆記念館からアメリカの研究所に貸与された物の中でも、とりわけこの弁当箱の存在だからである。爆撃機と弁当箱を同時に考える勇気をもてば、〈歴史〉の悲劇的ヴィジョンから逃れることはできない。

ダヴィッド・ルーセの世紀

1950年,『レットル・フランセーズ』に対する訴訟でのダヴィッド・ルーセ

ダヴィッド・ルーセは一九一二年に生まれ、一九九七年に死んだ。戦前、彼は社会党で活動し、ついでトロツキスト的環境の中で活動する。一九四三年四月にレジスタンス行為のかどで逮捕された彼は、ブーヘンヴァルトに送られるだろう。彼がそこから出るのは一九四五年四月であるだろう。フランスにもどると、彼は二冊の書物を出版し、これらの書物は多大な反響をえる。一九四六年の『強制収容所の世界』は、ナチの弾圧システムの物語であると同時に分析であり、ルノドー賞を冠せられる。一九四七年の『我らが死の日々』は多数の収容者の物語をまとめたもので、多声的な虚構のような様相を呈している。この二著は、「強制収容所の」«concentrationnaire»という用語そのもの、および政治的収容者にとって収容所の生活はいかなるものであったかというイマージュを何年にもわたって認めさせる。その後、彼は政治闘争を継続し（彼は一時期、国民議会の代議士になるだろう）、ほかにも歴史と省察の書物を出版する。

ダヴィッド・ルーセが異例の人物であるのは、彼が活動家で、収容者で、生存者で、あるいは証人であったからではない。かつての犠牲者全員の中で、一九四九年に、その当時にも存在している収容所に対する政治闘争を開始するのが、彼だからである。同年一一月一二日、彼はナチの収容所の元収容者にアピールを公表し、相変わらず稼働しているソヴィエトの収容所について調査の責任を負おうと訴える。このアピールは爆弾のような効果を産み出す。元収容者の中では、共産主義者がきわめて大きな割合を占めているからである。二つの忠誠のあいだで選択を迫ることは、心を引き裂くようなものである。アピールの結果として、多数あった収容者の連合体は二つに分裂する。他の元収容者はこの闘いでルーセを支持するだろう。だがイニシアティヴをとるのは彼であり、献身的に行動するのは彼である。これは勇気ある行為である。彼はすぐさま暴力的な攻撃を受けるのである。かつての友人たちは彼のもとを去り、収容所での仲間であり、彼が『我らが死の日々』を献じたドイツ共産党員エーミルまでが去っていく。ほかの者たちは通りで彼とすれ違うと反対側の歩道に身を移す。共産党の機関誌（『レットトル・フランセーズ』）はルーセに罵詈雑言を浴びせる。そのせいで彼は『レットトル・フランセーズ』に対して名誉毀損の訴えを起こすことになる。勝利するのは彼である（マルガレーテ・ブーバー＝ノイマンが証言しにやってくる）。かつての左翼の友人たちは彼と縁を切る。サルトルとメルロ＝ポンティは『レ・タン・モデルヌ』（一九五〇年一月）で「我らが命の日々」と題された記事に署名する。その中で、彼らはかつての仲間と関係を断つのである。「真実、それは強制収容所のおぞましさのような絶対的な体験でさえ、政治を決定することはないということである」と彼らは書く。このようにして自分たちがソ連を断罪するのを拒否することを正当化する——そして、当時、もっとも著名なフランスの知識人のうちにある政治的な無責任さを圧倒的に例証する。

ルーセは落胆しないだけではない。同じ過ちをくり返すのである。同年同月の一九五〇年一月、彼は一団の元収容者たちとともに、相変わらず稼働している——これがあるところでは、である——強制収容所について調査をおこなうべく、強制収容所体制に反対する国際委員会（ＣＩＣＲＣ）を創設する。創設者たちの政治的、宗教的、または哲学的な信念は、この上なく多岐にわたっている。唯一、彼らを結びつけるのは、ナチの収容所に収容されたという共通の体験、および自分たちが住んでいる世界において最大の緊急事とは、他の収容所を消滅させることであるという確信である。ソヴィエトで調査したいという要求をソヴィエト当局が退けたのを受けて、委員会は一九五一年、ブリュッセルで一般公開の会議を招集する。この会議では、さまざまな国の人々（ジェルメーヌ・ティヨンがフランスを代表する）から構成された名誉法廷によって、ソヴィエトの強制収容所システムにかんする認識の実状が明らかにされる。ルーセはそこで公的な代理人の役割をつとめる。

この年ののち、一九六一年まで、委員会は数多くの活動に着手する。ルーセはそれと知らずに、NGO、非政府組織の原理を発明した。NGOは国家の枠組みの外部で活動するが、世論に訴えることによって国家に対して圧力をかけるのである。たしかに、世界を二つの敵対する陣営に分割する当時の冷戦の環境では、このような――今日の私たちの呼び方に従えば――「人道的」機関の活動がはぐくまれることはない。だが、だからといってルーセは立ち止まりはしない。で、委員会は仕事に取りかかる。まず最初に、信頼できる記録を作成しなければならない。数千人の証人が尋問され、彼らの物語は分析され、相互に比較対照される。記録は収集され、翻訳され、公表される。このときから公的な行動が可能となる。政府に呼びかけ、裁判所に提訴し、ジャーナリズムに情報を与えるのである。ルーセが設立したもの、それはこの語ができる以前のアムネスティ・インターナショナルのようなものである。その数多くの介入は、とりわけ「資本主義」国において実を結ぶだろう。

ルーセはこの責務の追求のために自分の人生の一二年間を献身的に捧げる。しかし委員会のメンバーの仕事は、二重の意味で困難である。資金力をもたない彼らは、無報酬の行動しか期待できない。しかも、各人は自分の生活費を稼がなければならない。集会はだれかのアパルトマンの台所でおこなわれる。同時に「進歩的」ジャーナリズムでは、世論がもっとも注目する声が彼らに不名誉のぬれぎぬを着せる。連中はアメリカ人の手先だ！　平和の敵だ！　とんでもない嘘つきだ！　やり通すためには、自分たちに投じられる多大な中傷と侮辱に無感覚でいることができなければならない。かつての友人から背をそむけられたり、評判の悪い人たちの支援を受けたりすることを甘受しなければならない。ジェルメーヌ・ティヨンは五〇年後に思い出して、つぎのように述べるだろう。「〈正義〉と〈真実〉を守るためには、死をもたらしかねないひどい苦痛にも往々にして立ち向かわなければならない（だが、このようにしていても、私たちが私たちの近親者の近親者であるという不断の深い支えがある）。別の勇気が要求されるのは、〈真実〉と〈正義〉が私たちの近親者、仲間、友人に**もまた**立ち向かうことを私たちに要求するときである……。この二つの勇気をダヴィッド・ルーセは身をもって示した(1)。」

　ときには、もっとも決然とした者たちのうちにも疑念が忍び込む。さらに、一見して絶望的な闘いなど放棄したいというもっともな誘惑も、である。ルーセと友人たちは、ほかのあらゆる人と同じく、「私たちの愛情とか嫌悪によって絶えず身動きがとれなくなって」いる。愛情と嫌悪は「物事の曖昧さの中に私たちの臆病さを粉飾するためのたくさんの巧妙な理由を見出すすべを知っている」からである。彼らが行動をつづけるとすれば、それは収容者としての苦しみに満ちた体験に刻印された彼らが、「強制収容所の弔鐘が鳴っているところでは、その弔鐘は自分たちのために鳴っている」ことを知っているからである。あらゆる障害にもかかわらず、彼らはこのことによって「最後の戦争ののち、もっとも必要で有効な(2)」活動を成し遂げようという気になるのである。そして、いっておかなければならない。この当時、収容所と闘う唯一の手段とは、全体主義政府に対して外部から圧力を行使することなのである。

　ルーセが優先的に自分自身のことを慮りたかったのだとすれば、彼は自分の過去を思い出し、傷を癒し、二度と忘れることのできない侮辱を自分に加えた者たちに対する怨恨を養うことで残りの人生を過ごしたことだろう。しかし彼は他者への配慮を特権化することによって、過去の体験を、現在において、彼が類推によってしか、あるいは外部からしか知らず、彼自身は当事者ではない新しい状況の内部で行動する理由へと転換することを選ぶ。彼は元収容者としての自分の義務をこのように理解する。だから、彼が何よりもまず語りかける相手は――このことが肝要なのだが――他の元収容者たちなのだ。「あなた方はこの審判者としての役割を拒むことはできない」と、ルーセは彼らにいう。「これこそまさしくあなた方のもっとも重要な責務なのだ、かつての政治的収容者たちよ。［……］ほかの人々、一度も強制収容所の収容者になったことのない人たちは、想像力の貧困、能力のなさを申し立ててもいい。だが私たちはプロであり専門家だ。これが私たちに認められた余分な人生に支払わなければならない代価なのである。[3]」現在の収容所について調査することが元収容者の義務である。サルトルとメルロ＝ポンティが推奨することとは逆に、正しい政治的選択はこうした本質的な体験に根ざしている――この体験が、ルーセが「真実と正義の狂気」と呼んでいるものを彼らに植えつけたのである。

このような選択はもちろん、ナチの収容所とソヴィエトの収容所の比較を受け入れることを前提としている。ルーセはこうした操作の危険は承知している。ある種の差異は解消不可能である。絶滅キャンプはURSSには存在しないし、さしあたって類推によって短絡的に結論づけられそうにも、普遍化できそうにもない。だが、だから、絶滅キャンプは現在において行動へと駆り立てることもない。ただ声も出ないほどの驚愕と犠牲者に対するかぎりない同情をかき立てるだけである。ところで、強制収容所という現象のほうは両体制に共通であり、ほかにも現実的な差異はあるとしても、そうした差異は比較の放棄を正当化するものではない。比較はルーセにとってもっとも貴重な作業用具である。というのも、比較は既知から未知へとみちびいて、理解を可能にしてくれるからである。

そのとき、第二の問題が浮上する。つまり、さらに一般化して、収容所における苦痛を「諸民族の古来からの普遍的な嘆き」、つまりいっさいの不幸、いっさいの不正に同一視しなければならないのだろうか。実際、比較が普遍的類推へと薄められることには危険がある。そこでは悲嘆に暮れる猫はすべて灰色をしているのである。それでは責務の巨大さを前にして麻痺に陥ってしまうだけではない。さらには、収容所が凡百の不正の一つではなく、二〇世紀の人類が誘導された最大の堕落であるという事実を見過ごすことになる。ルーセがその訴訟で述べているように「強制収容所の不幸は他のあらゆる不幸に比較して度を越している」(4)。ルーセは一般化しているが、制限された仕方によってである。彼はもろもろの事実のアイデンティティを消し去りはしない。彼はただそれらの事実をおたがいに関係づけるだけである。そして「度を越している」は「無関係」を意味しない。極端なものは日常生活の中に萌芽をもっているからである。にもかかわらず、萌芽と果実とを区別することができなければならない。

このバランスを維持することはルーセにおける恒常的な配慮である。一方で、価値と犯罪の序列のセンスを保持し、「〈南〉の諸国家のあの黒人たちはコルイマの重さをもつという偽善的な同等性」を告発すること。他方で、絶対的な悪と比較すれば取るに足りないと見なされる通常の不正に対して、いっさいの行動をみずから禁じたりしないこと。「差異が比較を絶しているという口実で、アルジェリアにおける拷問については黙する［……］べきだろうか。」(5)そしてこのことがまさしく委員会の活動の特徴となるだろう。委員会が公表する調査の結果は、URSSと中国における労働キャンプのみならず、スペインとギリシアの刑務所、チュニジアにおける監禁とアルジェリアにおける拷問にかかわっているだろう。元収容者のグループ――フランス側からはジェルメーヌ・ティヨンとルイ・マルタン＝ショフィエが参加している――

がアルジェリアの刑務所でおこなった調査では、たとえ彼らが全体主義体制のもとで生活してはいなくても、彼らの母国そのものに対して批判的でありつづける必要があることが明らかになる。

私は他の場所でルーセの訴訟を分析する機会を得た。(6) ここではもう一つ別の問題にしぼりたいと思う。いかにしてルーセはこれほど称賛すべき行為にふさわしい能力を手に入れたのか、いかなる力によって、彼はこのような並外れた運命を受け入れたのか、ということである。私は彼自身の強制収容所体験についての物語の中にその答えを探したい。『我らが死の日々』である。

今日、この本を読むならば、まず第一に驚かされるのは、政治論争がその中で占めている位置である。ルーセは、政治的収容者が当時、身をおいていたあらゆる対立、あらゆる立場を再構成しようとした。ほかの生存者たちは、それにひきかえ、日常生活のディテール、個人的体験の細部を物語るだろう。ドランシーとブーヘンヴァルト間の旅について彼が書いた物語が示しているように、ルーセにもその能力はある。だが何にもまして彼の興味を惹くのは、それではない。トゥキュディデスの登場人物さながら、ルーセの仲間たちは絶え間なく延々とまくし立てるのである——今日の読者はこれらのページのあるものには退屈を覚えるほどである。しかしこれらのページは、ルーセが自分の体験を物語るために選んだパースペクティヴを示している。彼が書いているのは無償の文学でも、教訓でも、哲学でもない。彼が収容所で体験したのは政治的な生活である。だから、ひとたび自由になった彼は、政治の分野に考えをめぐらせる。収容所で共産主義者が夢見るのは、解放後に彼らが建設に寄与する社会、いっさいの残忍性が追放される社会である。彼自身の夢は共産主義者の夢とは正確には一致しない。しかし彼はドイツ人監視人に向かって、ためらわずに宣言する。「私はつねに資本主義者と闘ってきた。資本主義者と彼らのシステムはやっかい払いしなければならない。戦後には、真の人民民主主義の枠内で、統合計画経済をヨーロッパに建設しなければならない。[7]」

収容者ダヴィッド・ルーセを最初から方向づけているのは、このような政治路線である。私たちは今日、当初の莫大な困難が克服されると、収容者の中でももっとも勇敢な人たちは、何よりもまず証言し、忘却と闘い、虐殺者の残忍性と犠牲者の人間性の痕跡を保存しようという欲望に駆り立てられていたと考えることに慣れている。だがこのような計画だけではルーセには飽き足らなかった。思い出し、反復し、反芻し、過去を生きつづけさせることだけでは彼は満足できなかった。彼が追い求めていること、それは行動するために理解することである。「ブーヘンヴァルト以降、私は理解し、細心綿密に観察し［……］、ドイツ共産党員と密接な関係を結び、このようにして、この真心のこもった共同生活、および日常的におこなわれるこの必然的に真剣な評価のおかげでもって、戦後に共同でおこなう政治的検討に好ましい風土を準備することにつとめた。収容所でのこの体験は、私たちそれぞれにとってヨーロッパ社会主義合衆国を建設するのに役立つはずであった。[8]」ここでキーワードは、理解する、政治的、役立つ、である。

つまり、ルーセは収容所の時代から、自分の体験は、いかに苦痛に満ちていようとも、孤立したままであってはいけないし、神聖視されてもならないと考える。政治路線のために、この体験を道具として使わなければならない。そのために収容所での彼の根本的な義務とは、全力を尽くして理解することである。その後、彼はこの問題に立ち返るだろう（『戦争について』で）。「ジレンマは単純であるが不可避的である。偶然に決着をつけさせるか、それとも行動し理解するかである。行動することはかならずしも可能ではない。だが理解することはつねに可能である。[9]」プリーモ・レーヴィが報告しているSSの「ここでは、なぜは存在しない」という警句に対して、つねに、なぜと訊ねるルーセの欲望が対立する。

つまり、政治路線である。しかしながら『我らが死の日々』において言及される宇宙のこれに劣らず驚くべきもう一つの特徴、通常の政治の方向に直接には向かわないもう一つの特徴とは、もろもろの集合体を意味するのに役立つカテゴリーの解体とでも呼べそうなものである——政治的分析がまさしくいつももちいているカテゴリーである。監視人と囚人、虐殺者と犠牲者という二項図式ほど、ルーセが記述する状況から遠いものはない。彼が表象する宇宙は、多層化と多数の再分割からなっている。多種多様な囚人グループのあいだでの権力闘争は、しばしば熾烈を極める。出身国が違えば行動の仕方も異なる。社会階層も相互に異なっている。政治的信念はこれらの社会的カテゴリーを修正する。共産党員はトロツキストと一つになることは決してない。トロツキストのほうは「ブルジョワ」民主主義者から区別される。収容所で過ごした年数は行動に強く影響する。だから結論は動かしがたい。収容所とは変化に富んだ態度の寄せ集めであって、いかなる単純な分類よってもこれをとらえることはできないのである。「そこでは白はかならずしも白ではないし、黒もかならずしも黒ではなかった」と、ルーセの伝記作者であるエミール・コプフェルマンは要約している(10)。

囚人のある者はあきらめ切って、上役の命令にも、空腹、寒さ、疲労から逃れたいという欲望にも、逆らいもせずに服従することを受け入れる。これが基本的な「強制収容所の囚人」、すなわちこの宇宙が彼に突きつける要求に同意してみずからを変化させた者である。だれもこうした運命を免れることはできない。ルーセはしばしばこの運命から逃れるが、そこに簡単に舞いもどりうることは承知している。彼には仲間どうしの利害を離れた関係のほうがよかっただろうが、友人であるあるカポ〔ナチの強制収容所で他の収容者の監督を任ぜられた収容者〕に自分の煙草をゆずると、急にスープとパンを追加してもらえることに気づく。「私は食べた。それほど空腹だったのだ！　しかし空腹であったほうがよかったと、どれだけ後悔したことだろう。こんな体験を回避するためなら、私はどんなものでも手放していただろう(11)。」

ほかの囚人は服従することを受け入れただけでなく、この服従が不可避であることを是非とも証明しようとする。少しでも権限を手に入れるや、彼らは仲間たちにも自分たちと同じように行動するように強制することに躍起となる。「他人のうちなる尊厳を破壊し、人間は抵抗しないということ、あらゆる価値を台無しにするには幸せな状況を想像するだけで十分だということをものの見事に証明してみせることは、自分自身を正当化することであった。」別の個人は問いそのものを棄却するために同じ問いをみずからに発する。「それでは人間のうちではすべてがくだらないわけではないのだろうか。この疑念は彼には耐え難いはずだった。」この男には万人が自分に似ていることを納得することが必要なのだ。「同じ無力感に[……]私も巻き込まれ、今度は私もすべてのきずなを断ち切り、最後の、もっとも根本的な連帯を否定するのを見ることは、彼にとって一つの勝利、すなわちみずからの自殺——唯一真実で、唯一重要な、生命を冒瀆する自殺——のまったき全面的な正当化であった。[12]」

だが、ある種の個人が破壊しようとし、他の人々が是が非でも守ろうとするこの尊厳とは何か。それはたんに、体を洗うことであってもいい。いいかえれば、成り行きにまかせず、疲労に屈しないことである。「何が何でも清潔を守ること、それは自分の尊厳の一部を救い出すこと、すなわち抵抗することであった。」あるいは、仕事をちゃんとすること。立派な仕事は労働者の卓越を示している。ほかの収容者の場合、それはやられただけやり返すことである。「ロシア人は殺すことによって自分の尊厳を取りもどした。」レジスタンス組織に参加する者は、自分には死でさえも傷つけることのできない尊厳が付与されることを知っている。また別の人は他人のことを思いやることによって自分の生命に意味を与えることを選んだ。「ヘーヴィットは私的なレジスタンスの道を見出した。他人のために自分を犠牲にすることにしたのである。彼が生きていくためには、自分が役立つという感情をもち、人間的使命を果たしているという確信をもつ必要があった。」三番目の者は自分なりの抵抗の仕方をした。仲間たちにモーツァルトの室内楽を教え、このようにして仲間たちの生活に美のきらめきをつけ加えた。「日曜日の夕方に私は演奏する。［……］彼らは惚れ惚れとして聴いてくれる。私は幸せであった。(13)」

ルーセの恒常的な配慮の一つは、国籍という型にはまった考え方を打破することである。とりわけ、どれだけ執拗なものであろうと、ドイツ人は－全員－ナチスという考え方である。この等式はルーセには不可能である。たとえ、反ナチのレジスタンスの扇動者として強制収容されたドイツ人政治犯のせいでしかないとしてもである。だが監視人も全員が同じ生地で作られているわけではない。ある**コマンドフューラー**〔作業班指揮官〕は叩いたり、さらには監視することとさえ拒否する。したがって、彼は囚人ができるだけはやく自分たちの家に帰れることを望んでいる（これは例外的な人物である。ルーセは彼について記述した直後に、「乱暴な者たちもいた」とつけ加えている）。もうひとりの**マイスター**〔指揮官〕は自分の配下の者たちに毎日、パン切れを残す。三番目の指揮官は「トマトや果物をこっそりともってくる」。ルーセは結論として述べている。「大半はナチスではなかった。彼らは圧政と戦争とにうんざりしていた。しかし彼らはどんな道をたどればいいのかわからなかったのだ。［……］彼らは自信も他人への信頼も失ってしまっていた。彼らは絶望しており、従順であった。(14)」ドイツ人について真実であることは、他の国籍の人々――ロシア人、ポーランド人、またはフランス人――についても真実である。

国籍による決定論のこの拒否は、ルーセが日頃、接している共産主義者も共有している。しかし共産主義者においては、国籍の拒否はたんに、今度は社会的、政治的な、だが負けず劣らず杓子定規な別の決定論への橋渡しとして役立つにすぎない。囚人の振る舞いが悪いのは――と共産主義者である仲間たちが説明する――、この囚人がロシア人だとかウクライナ人だからではない。彼が「普通法」であり、「クラーク」であり、「ファシズムに身売りした者」だからだ。共産主義者にとって、世界は相互に排他的な二つの部分に分割されている。ソ連人に敵対的な者は、必然的にナチスと手を結んでいるのである。「ワルシャワの反乱は、ロンドンに金で雇われているポーランド人ファシストの仕業だった。[15]」

ここで差異は決定的である。ルーセが要求するのは、ある決定論を他の決定論で置き換えることでも、最初の決定論に二番目の決定論をつけ加えることでもない。彼が発見するのは、人間は自分が所属するカテゴリーによって全面的に決定されるものではないということ、自分を支配する諸力とは別に、それらの力に反して、人間は欲し、選択し、行動する、つまり自分の自由を行使することもできるということである。だからこそ、人間はおたがいにかくまで異なっているのである。もし人間が全面的に法則に従うのであれば、彼らは工業製品と同様、おたがいに似通ったものであるだろう。

ルーセはここに収容所で自分がこうむった主要な変化を見る。彼の結論は彼にとって貴重である。「私は思想に対する情熱的な好奇心をいつも抱いていた。だれが私たちの世界で思想などを気にしていただろうか。おそらくブーヘンヴァルトではそうだが、輸送の機械と化した人々もそうなのだ！ 私はものを考えずに生きる人たちを見るすべを知った。私は彼らに対する一風変わった関心を発見した。もっとも下劣な者がしばしば驚くべき特性を示したのである。思想は存在には少しも不可欠ではないということ、世界は思想なしに作られるということを納得した。[16]」だからといって、ルーセは思想に対する情熱を捨て去るのではない。そうではなく、彼は個人を思想の上位に位置させるのである。

ずっとあとになって、その自伝で（これを書きとめたのはエミール・コプフェルマンである）、ルーセは同じテーマに立ち返るだろう。ブーヘンヴァルトにやってくる前には——と彼は述べている——、彼は抽象概念に満ちあふれた書物の世界に埋もれて暮らしていた。抽象概念、すなわち革命、人類、社会主義。

ひとたび刑務所に入った彼はひどく苦しんだ。書物がないからである。ついで彼は自分自身のうちに一つの治療薬を見出し、徐々にこの治療薬をいつくしむようになる。個人に対する関心である。「私にとって、これは計り知れない豊かさをもたらす並外れた体験の端緒となった。〔……〕読書の領域は閉じられていた。だが私は人間を発見しつつあったのだ。[17]」このことは書物よりも人間を意味しない。収容所を出ると、ルーセはふたたび読書と執筆に没入するのである。しかし、人間のほうが書物よりも上位にある。そういうわけで、先入観をもって(「パルチザンのように」と彼は述べている)収容所に入った彼は、知識人と活動家にとってきわめて危険な、抽象概念とごっちゃになって生活する習慣を克服し、自分にとって、今後は人間の苦しみは種々のカテゴリーには還元不可能であることを理解した。これらのカテゴリーが正当化するのは絶対的な断罪だけである(ナチズムは悪である)。個人も評価されるが、これにはニュアンスがともなっている。「一部のものは獰猛な乱暴者になった。だが人間を腐敗させるのはシステムである。[18]」

強制収容所の宇宙では二つの力が対立している。たとえ同時に数多くの中間的な位置取りがあるとしてもである。一方にはSSである。SSの行動が目指しているのは、人類は一つではなく、根本的に異なった二つの種類を含んでいることを証明することである。すなわち、主人と奴隷、行動する者と影響——恐怖、飢餓、本能の影響——をこうむる者である。奴隷がみずから進んで主人は異なった本質を備えていると信じ、いっさいの異議申し立て、いっさいの証言への意欲、何らかの感情をSSと共有しようというういっさいの試みを放棄するならば、主人は自分たちの目的に到達しているだろう。

他方には抵抗する者たちである——組織されたレジスタンスへの参加よりもはるかに広範な活動である。自分の自由で責任ある主体としての意志から**も**——もちろん**それだけで**はないが——行動しつづけ、したがって一方は自由で他方は全面的に服従している二種類の人間が存在すると信じることを拒否する者たちである。「民間人も軍人も私たちを動物の排泄物並みに考えていた。彼らの目には私たちは人間的なものをもはや何一つもたないと映じていた。」抵抗する者は逆に、種の一体性を主張する。「彼が私たちにもたらした最大の貢献は、他者に対して私たちを人間として認めさせたことであった」と、ルーセは仲間のエーミル・カーレバッハについて述べている。この一体性が成り立つのは、人間主体に恵まれている内的自由の肯定によってである。これがこの書物の全般的な結論である。「ありのままの私たちがいかに惨めで、ぞっとするようなものであっても、私たちは私たち自身をはるかに超えて、人間の共同社会全体のために勝利をもたらすのだ。私たちは闘うことを決して放棄しなかった。私たちは決して否認しなかった。［……］私たちは人類の最終的な敗北を決して信じなかった。」[19]

元収容者の中でも、ダヴィッド・ルーセは多くの点で並外れた形象をなしている。私は彼と懇意な関係になったことはない。だから日常生活で彼がどんな生き方をしているのかは知らない（彼の親友が私に語ったところによれば、彼の私生活は公的な精神に一致していた）。いずれにしても、彼の著作には、元収容者によるかくも多くの物語の特徴をなしているあの苦悶の雰囲気は感じられない。たしかに彼は残虐行為を目撃し体験した。だが彼はそこから利益を引き出すことができた。そして、この教訓を有効に活用したのは、彼、ほかのだれでもなく彼なのだ。その結果、過去の収容所体験は、現在の収容所と闘い、未来の収容所を不可能にするのに役立つだろう。同時に、彼による政治はつぎのようなパラドックスをはらんでいる。すなわち、彼の政治は自律的主体の信仰の上に成り立っているということである。いいかえれば、集団に共通の理想は個人の自由に存するのである。ひとたび収容所から出ると、組織への忠誠よりも真実を選択するルーセ自身の行動を説明するのは、このパラドックスの発見である。「真実か嘘かの選択は自分の階級にも、党にも、国家にもまかせることはできない。最後の法廷はつねに自己自身のうちにある。」[20]

この信念のおかげで、彼は過剰なダメージもなく、さらには利益をさえ得ながら、収容所の体験を生き抜くことができるのである。彼が収容所で発見するのは、人間は思想よりも大切であり、生命は、たとえこの上なく拘束されていても、人間的生命でありつづけるということである。それが——と彼は述べている——彼が賛嘆の念を抱いているドイツ共産党員、老エーミル・カーレバッハが生き残った秘訣であった。すなわち、現在に生きることを受け入れ、よりよき過去と比較してたんなる喪失だとして、あきらめて現在を耐えたりはしないことである（そのおかげで「彼はこの地獄を何年も生きながらえることができたのであった。ある日、強制収容所の宇宙で生き、過去へのあらゆる病的な夢想を打破するという決意がおこなわれたのである」）。これは同時に、最終的には彼が自分自身のために学んだことである。すなわち、遠き日々とか人々へのノスタルジーに押し流されないこと、自分を取り巻く世界に目を見開くこと、たとえ恥ずべき状況にあっても生きることへの熱狂を取りもどすこと、現在をいっぱいに満たしている人々もろとも現在を受け入れること。「私が精神的な麻痺で死ななかったのは、人類の動物的行動へのこの新たな嗜好のおかげであった。この嗜好は逆に私を豊かにしてくれたと私には思われる[21]」

これこそが絶滅キャンプからもち来たらされた、精神をもっとも高揚させる体験なのである。

4

記憶の用法

列車の荷下ろし場からガス室まで、トレブリンカのふるえる大地の上を、裸足で、足取りも軽やかに歩いたのは、彼女である。いかにも、まさしく彼女である。私は一九三〇年にコノトップ駅で彼女を見た。彼女は苦痛のあまり青黒い顔をして特急の客車に近づいてきた。そして素敵な目を上げると、声も立てず、唇の動きだけで、彼女はいった。「パンを……。」

ワシーリー・グロスマン『システィナ礼拝堂のマドンナ』

神聖化することも通俗化することもなく

一つの世紀末からもう一つの世紀のはじまりへと時代が移行しようとしている現在、ヨーロッパ人、とりわけフランス人は、一つの崇拝、記憶の崇拝に取りつかれているように思われる。決定的に遠ざかっていく過去に対するノスタルジーにとらえられたかのように、彼らは過去のレプリカを好んであがめ、過去を生きたまま維持すると見なされる祓魔式に熱狂的に耽溺している。ヨーロッパでは一日に一つの博物館の落成式がおこなわれているといわれる。そして、かつては実用に即した活動は鑑賞の対象になる。ここでは〈クレープ〉博物館、あちらでは〈ロバ飼育保存センター〉……が話題になる。毎年、あまりに多くの目覚ましい出来事の記念式典がおこなわれるので、来るべき世紀に記念式典をおこなわなければならないような新しい出来事が起こるのに十分なほどの暇な日々が残されているのかどうか不安になるほどである……。

この過去に対する強迫的な気づかいは、自明なものとは考えられない。これには解釈が必要である。記憶の崇拝はかならずしも大義のために奉仕するわけではないし、このことにだれも驚きはしないだろう。ジャック・ル・ゴフが指摘しているように、「過去の記念はナチス・ドイツとファシスト・イタリアで頂点に達する」(1)。このリストにスターリンのロシアを追加することもできるだろう。たしかに注意深く選別された過去ではあるが、それでもこの過去は、国家の誇りにおもねり、衰退しつつあるイデオロギー信仰の埋め合わせとなっている。西洋民主主義はこうした危険に脅かされているわけではない。それでは、そこに、これら平和な国々の健康のしるしを見なければならないのだろうか。これらの国々では幸せにも何も起こらないのである――ユーゴスラヴィアでは〈歴史〉は日々、つくられている。だれがそんなところで生きようと望むだろうか。それは、これらの国々が世界の大国であった遠い昔へのノスタルジーなのだろうか。それとも、新しい諸世代がこのようにして彼らの祖先の体験を利用できることを、たんに喜んでおけばいいのだろうか。

不幸にして、これら過去の想起からは、かならずしも積極的な影響は生じていない。それどころではない。ここ数年、フランスに例を採れば、いずれかのテレビチャンネルが〈第二次世界大戦〉のルポルタージュ、ドキュメンタリー、映画、討論を放送しない週はない。すなわち、ある人たちの英雄的行為、ナチズムの上昇、ユダヤ人迫害とジェノサイドである。ところが、この同じ時期に、極右政党が多少とも公然と人種主義イデオロギーを標榜し、ナチの計画の少なくとも一部分を楯にとって（たしかに民族絶滅という目標を共有することはないが）、フランス国民の投票総数の一五パーセントを集めるにいたった。ところによっては絶対多数を獲得さえしたのである。他の多くのヨーロッパ諸国においても事情は同じである。ある疑念が生じつつある。つまり、ワシントンのホロコースト博物館についてアメリカの分析家フィリップ・グールヴィッチが書いているように、「蛮行を現在によみがえらせることは、その蛮行に対する解毒剤ではない」(2)のだとすれば？

人道に対する罪のかどでクラウス・バルビーに対しておこなわれた訴訟のさいに、私は当然予想される影響の、この欠如に愕然としたことがあった。その歴史上はじめて、フランス政府はリヨンのゲシュタポの長官を目標にして、このような訴訟を開始することを決定した――四〇年以上も前に犯された大罪のために一個人を罰することを目的としてというよりも、国民を教育し、人種差別の政治が陥るおぞましさを想起させるためであったと考えられる。公的な発言とマスメディアはこの訴訟に大きなスペースを割いた。

この高邁な教育からはだれも逃れられないはずだった。ところが、係争中の一九八七年六月、ひとりのチュニジア人労働者がニースの街路で若者たちの集団に殴り殺された。逮捕された若者たちは警察に向かって宣言した。「俺たちは人種主義者だ。アラブ人は嫌いだ。」少年のうちのひとりの父親は、耳を傾けてくれる人には誰彼となく、自分には息子の動機は理解できるし賛成もすると語ったのである。

もちろん、これら記憶からの「落伍者」をフランスだけに見られることだとする理由はまったくない。世界全体で、情報がこれほどくまなく経巡ったことはかつてなく、悪が絶えず告発されているのに、相変わらず悪は被害を与えつづけている。私がここで展開しようとしているテーゼは、つぎのとおりである。すなわち、「記憶」はそれ自体としては、それ以外の制限がまったくなければ、良くも悪くもない、ということである。記憶から引き出すことが期待される利益は、無効にされることも、さらにはまっとうな道から逸脱させられることもある。どのようにして? まず最初に、私たちの記憶がとる形式そのものによってである。私たちの記憶は、相補的な二つの暗礁のあいだを絶えず行ったり来たりしている。すなわち、**神聖化**、または記憶の隔離、および**通俗化**、または過去への現在の限度を超えた同一視である。

過去の出来事の神聖化は、その過去の特異性の肯定と混同されてはならない。ナチスによるヨーロッパ・ユダヤ人の絶滅の例に立ちもどってみよう。この絶滅を特異で特殊な出来事として記述することは正当であるが、これを記述するレベルを明らかにしさえすればである。価値の次元ではない。すべての人間はおたがいに同じ尊さをもっているからである。また、ある体制の犠牲者が数百万単位に上るときは、多言は弄さぬとしても、その被害者の中にヒエラルキーを持ち込もうとしても無駄である——ユダヤ人殺しについてウッディ・アレンの絶望した明晰な登場人物たちのひとりが述べているように、「レコードは打ち破られるために作られる」のであるから、なおのことである。ある種のしきいを超えると、この種の犯罪は、それらが引き起こすあけすけな恐怖と、それらがあたいする絶対的断罪の中に取り込まれてしまう。このことは、私の目からすれば、アメリカ・インディアンの絶滅についてもアフリカ人の奴隷状態への服従についても、またグラーグの恐怖についてもナチ収容所の恐怖についてもいうことができる。男性または女性、子供または老人の生命と尊厳は、人種、国家、または文化が何であれ、等しく尊い。文字をもたぬ民族の殺害は、一神教と〈書物〉の宗教を発明した祖先をもつ集団の殺害と同じくおぞましい。

さらに、端的に私たちにもっとも直接に関係する行為に最高度の等級を付与することも、つねに危険をともなっている。私たちのそれぞれは自分自身の中心に位置するがゆえに、私たちは自分に関係することを残余の事柄よりも重要だと判断する。たとえば、別の例を引き合いに出せば、広島の原爆である。日本人のノーベル文学賞受賞者、大江健三郎にとって、これこそ「二十世紀に体験したもっとも苛酷な人間の運命」、「二十世紀で最悪の錯乱」等々である。(3) 特殊であって、問われるにあたいするのは、もちろん出来事の意味である。ナチのユダヤ人殺しの特異性が何であったかは、すでに見たとおりである。すなわち、さまざまな時代を通じヨーロッパのアイデンティティと切り離すことができない一民族にねらいを定め、積極的に引き受けられた目標としての組織的な殺害である。

しかし、この特殊性――これは多種多様な比較によって、歴史への正確な記載によって確立される――はまた、別の意味を受け取ることができる。聖なるものとしての意味である。たしかに自民族の虐殺を神聖化することは、意表を突くプロセスであるが、それにとどまらず、この新しい等価関係――聖なるものと特殊なもののあいだの等価関係――は、自明であることからは遠くかけ離れている。神聖化とはつねに、排除、隔離、触れることの禁止である（往々にして名によってさえも。とりわけ「ジェノサイド」とか「全体主義的」のような共通の名であるときには）。しかしそれは、過去の出来事が唯一無二だからでも、それぞれの出来事が相互に関係づけてはいけないような特殊な意味をもっているからでもない――まさに逆である。特殊性は一つの出来事を他の出来事から切り離すのではない。それらの出来事を関係づけるのである。これらの関係が多ければ多いほど、事実はますます個別的な（または特異な）ものとなる。神こそは聖なるものである――しかし絶対で遍在するのであって、唯一無二の時間と空間を占める一事実のように個別的なものではない。

ユダヤ人殺しの特異性をこうした新しい意味で理解するならば、つまり、ユダヤ人殺しを過去、現在、未来の他のいっさいの出来事とまったく関係のないものと宣言するならば、私たちにはあちらこちらでおこなわれている同類扱いを告発し、理解とか表象の試みを退ける権利がある（「理解できない」、「説明できない」、「表象できない」、「言えない」などの表現は、実際には「してはならない」を意味する）。しかしそれと同時に、残余の人類に対するいっさいの教訓、いっさいの「活用」をみずからに禁じることになる。過去は私たちに教訓として役立つと主張すると同時に、過去を現在とは絶対的に無関係だと主張することは、少なくとも矛盾しているだろう。このような仕方で神聖化されるものは、私たちの現在の実存の手助けになることはほとんどない。人は過去の出来事を仲間外れにしたままにしようとしても、過去の出来事を記憶にとどめ、この思い出との関連で行動することはできる。しかし過去の出来事が人類とその運命をよりよく理解するのに役立つことはないだろう。

そのとき、過去は現在の前に立ちはだかって現在へといたらせることを妨げ、行動しないことの口実と化す。ルワンダのジェノサイドにかんする書物の中で、グールヴィッチは一九九四年の春にホワイトハウスの記者会見に出席するためにワシントンに赴いたと述べている。[4]記者会見は回りくどい表現に終始した。アメリカ政府はルワンダに介入しないことを選択していたからである。偶然、場所が近かったので、グールヴィッチは一日、ホロコースト博物館に行ってみた。博物館には「二度とあってはならぬ」、「思い出そう」、「決して忘れまい」といったおびただしいワッペンがあった。だがこの記憶へのアピールは、同じ時期に起こりつつあることに対する抑圧とは、ほとんど闘ってはいなかった。この記憶へのアピールはそれなりの仕方で、この抑圧に貢献していたのである。

もっと最近では、二〇〇〇年一月、ユダヤ人ジェノサイドを記念するために多数の国家元首がストックホルムに集結した。彼らのうちのだれも、この機会を利用して公的に（それよりも五〇年前にダヴィッド・ルーセがおこなったように、またある陳情書が彼らにこれを求めていたように）もう一つの全体主義体制――この場合は北朝鮮のそれ――によって自国民に加えられている虐待に抗議しようとは考えなかった。北朝鮮においては――と陳情書は訴えていた――数十の強制収容所があり、最近の五年間に一〇〇万から三〇〇万の人々が餓死したのであった。

だが神聖化の影響から身を守るだけでは不十分である。同じく危険なのは逆のプロセス、つまり通俗化である。ここでは現在の出来事は過去の出来事と同一視されて、その特殊性をすべて失うのである。二〇世紀の悪のような極端な悪は、容易に修辞的な武器へと姿を変える。しかしこのようなことが起こるとそのつど、私たちはそのアイデンティティとのいっさいの関係づけを放棄する。そしてそれよりはるかに重大なのは、私たちは新しい事実の意味について完全に考え違いをする危険があるということである。強制収容所の悪は――とルーセは述べた――他の悪よりも強度であるだけではない。その意味作用そのものが異なっている。すなわち、アウシュヴィッツとコルイマという人類史上の転回点が明らかにしているのは、新しいイデオロギーと政治構造の真実なのである。

「ナチ」という用語を「げす野郎」のたんなる同義語として使用するとき、アウシュヴィッツのすべての教訓は失われる。とくにヒトラーという人物は、いつでもどんなソースででも調理される。ヒトラーはどんなところにでも見出される――ユダヤ人のジェノサイドは唯一無二と見なされているにもかかわらずである。一九五六年に、欧米の諸政府はすでに、ひとりのヒトラーの化身を発見していた。それがナセルであった。彼は軽率にもスエズ運河を国有化したのである。以来、死んだ独裁者の化身はおびただしく見出される。アメリカ政府は国際共同体の無条件の支持を確保するために、自分の敵をこのような仕方で呼ぶのを好んでいる。サダム・フセインは新しいヒトラーである。ミロシェヴィッチも同じである。被告人たちには同じ投影がおこなわれるが、当然、欧米の公衆に対して成功を博することはますます少なくなる。

近東では、このような比較は日常茶飯事であるように思われる。ある場合はアラブの隣人――ナセルからアラファトにいたるまで――がひげを生やした伍長の姿で描かれる。ある場合にはアラブのジャーナリズムが、好戦的な精神をもつイスラエルの政治家を現実態のヒトラーとして記述する。「あるアメリカのインターネット・サイトでは、バラク氏［イスラエル首相］をナチの制服を着て、パレスティナの旗を掲げたヒトラーの姿で描いている。そしてバラク氏はつぎのようにいうのである。〝もうすぐ仕事は終わりです、**マイン・フューラー** *mein Führer*〔我が総統〕〟。」[5]ときには、逆説的に神聖化と通俗化は、ワシントンのホロコースト博物館の責任者たちがヤセル・アラファトは「ヒトラーの生まれ変わり」[6]だという口実で、アラファトが博物館を訪問することを禁じたときのように、軌を一にする……。

要するに、一九六八年五月以降、パリの街路でよく聞かれる「ＣＲＳ－ＳＳ」〔共和国機動部隊はナチの親衛隊だ〕の叫びは、今日のロシア共産党員のリーダーであるグエナディ・ジュガーノフがエリツィン大統領とその信奉者に反対しておこなった最近の宣言と同様、もはや正当化されるものではない。ジュガーノフはエリツィン大統領たちはロシア人民のジェノサイドを敢行しているとして批判したのである。「いかなる爆弾も、いかなるアウシュヴィッツも、改革者たちがわれわれの大地で火をつけた死体焼却炉に比肩できるものではない。(7)」現在に対する過去の純然と感情的なこれらの投影は、現在を理解することを可能にするものではないし、さらには現在をそれ自体で認めることを禁止する。ロシアの新大統領プーチンがスターリンと同じ道を歩んでいると主張することは、スターリンとはだれであったか、そしてプーチンがだれであるかを知る妨げになる。

利益に資する

記憶はその形式によっては不毛になることがありうる。過去は神聖化されると、過去それ自体以外の何ものも私たちに思い出させないからである。同じ過去が通俗化されると、すべてを、どんなことでも私たちに考えさせるからである。だが、その上、この過去が負わされているさまざまな機能は、すべてが等しく推奨にあたいするわけではない。

過去の想起はアイデンティティを主張するために不可欠である。個人のアイデンティティおよび集団のアイデンティティである。個人と集団はもちろん、現在における意志によっても未来の計画によっても規定される。しかしこの最初の想起をなしで済ませることはできない。ところで、自己同一性の感情がなければ、私たちは、私たちの存在そのものが脅かされていると感じ、身動きできないと感じる。このアイデンティティの要求はあますところなく正当である。個人は自分がだれであり、どんな集団に属しているかを知る必要がある。カトリックであるか、ベリー地方〔パリ盆地から中央山地にかけての地域〕の人であるか、農民であるか、共産主義者であるかを知ることは、私たちの実存の承認をもたらす。だれかであれば、無に呑み込まれる危険はない。もし私たちが過去について突然に明かされ、私たちの近親者と私たち自身について抱いているイマージュを根本的に再解釈しなければならなくなれば、損なわれるのは、私たちの存在という孤立した車室ではなく、私たちのアイデンティティそのものである。記憶に対して加えられる望ましからざる損傷も同じく重大である。アルツハイマーに罹った人を見たことがない人はいない。自分の記憶の大部分を失ってしまうと、自分のアイデンティティをも見失ってしまったのである。

このアイデンティティの欲求に反対すべきものは何もない。たとえ、このアイデンティティを流動的で複合的であって、硬直した唯一無二のものではないと考えるほうが、より正鵠を射ているとしてもである。しかし人間も集団も、他の人間、他の集団の中で生きている。だから各人は存在する権利を有すると主張するだけでは不十分である。さらには、いかにしてこの自己防衛が他者の実存に影響を及ぼすかを考えなければならない。個人および集団のアイデンティティを強化する行為は、個人にとっても集団にとっても有益であるかもしれない。しかしそれらの行為は、それ自体では道徳的価値を有していない。唯一、他人に利益をもたらす行為のみが道徳的価値を有している。アイデンティティの政治は他者性の道徳とは一つにはならないのである。

今度は歴史物語の内部で特定された例の大きな役割を思い出してみよう。現在に過去をよみがえらせる人の道徳的価値を評価するためには、その人が歴史上のいかなる行為者、あるいは行為者の集団に自分を投影し同一視しているのかを問わなければならない。

まず最初に、「肯定的な」人物の事例が手本にされることは少しも確かなことではない。「悪人」もまた、私たちが彼らのうちに私たちの利益を見出しさえすれば、私たちに霊感を与える。どんな犯罪にも悪をなす者と犠牲者がいるが、過去を知る者たちが全員、犯罪者の立場よりも犠牲者の立場を支持すると保証するものは何もない。ジェルメーヌ・ティヨンは私たちに警告している。「ナチスによって創造された狂気の宇宙はサド・マゾヒズム的想像力を刺激するのにうってつけであった。(8)」大量殺戮の物語は同情を誘うが、サディストや窃視者の享楽を喚起することもできる――これらの欲動は人間の本性と無縁ではない。ジョルジュ・バンスーサンは最近のことであるが、(9)一九四六年にポーランドで起こったキエルツェのユダヤ人大虐殺《ポグロム》は、戦争の大量殺戮からその暴力行為を借用したことを想起させた。記憶にとどめられた教訓とは、殺人の容易さだったのである。ヒトラーがアルメニア人のジェノサイドを記憶する仕方の逆説はすでに見たとおりである。ユダヤ人虐殺も――と彼は期待した――同じ仕方で忘却されるだろう。スターリンもボルシェヴィキの元の仲間たちの死刑に署名をするさい、モロトフとエジョーフを前にして同じ論法を使った。「いまから一〇年か二〇年後には、こんなならず者をだれが覚えているだろうか。だれも。イワン雷帝がやっかい払いした旧貴族の名前をだれが思い出すだろうか。だれも。(10)」幸せにも、スターリンとヒトラーは間違いを犯した。記憶は彼らが強制しようとした忘却に打ち勝った。にもかかわらず、彼らは過去を思い出すことによって、犠牲者ではなく虐殺者に自己を同一視したことに変わりはない。

　しかし、「善」の側に就くことにしたと仮定しよう。私たちはここでは犠牲者であったとしても、あちらでは虐殺者となる可能性がある――枠組みが違うだけに、なおさら容易なのである。プリーモ・レーヴィの用語では、「虐げられた人は虐げる人になることができる。そして虐げられた人はしばしば虐げる人になる(11)」。こうむった苦痛は――とマルガレーテ・ブーバー＝ノイマンは想起させた――これに襲われた人々を気高くすることはない。アルベール・カミュはきわめて早くから〈第二次世界大戦〉とアルジェリア戦争を比較していた。この二つの紛争において、フランス軍は対立する役割を引き受ける。「事実は動かしがたい。真理のように明白で醜悪である。今度のケースでは、私たちがドイツ人がしていると非難したことを私たち自身がおこなっている。(12)」一九五八年、〈第二次世界大戦〉とその残虐さの記憶がまだ生々しいときに、アルジェリアでは拷問がいたるところでおこなわれはじめる。アンリ・アレグの『問題』の書評で、サルトルも書いた。「一九四三年、ローリストン街で、恐怖と苦痛のあまりフランス人が悲鳴を上げた。フランス全体が彼らの悲鳴を聴いた。戦争が終わるかどうかはわからなかった。だから私たちは将来のことは考えようとはしなかった。いずれにしても、ある一つのことが私たちには不可能に思われた。いつの日か、私たちの名において人々に悲鳴を上げさせるということである。不可能はフランス語にあらず〔我が辞書に不可能という言葉はない〕。すなわち、一九五八年、アルジェで、合法的に、組織的に拷問がなされているのである。みなが知っている。［……］このことについてはだれも語らない。(13)」

不可能はフランス語にあらず、とは。だが私たちの責務を単純化してはならない。過去から正しい教訓を導き出すことができないということは、この過去がきわめてよく知られているとしても、フランスに特有なことではまったくないからである。かつてのモラリスト流に、一般的な格言で言い表わすこともできるだろう。すなわち、一般に人は他人の間違いからは何も学ばない、である。ここで私がもちいている「一般に人は」は集団的本質を意味している。私たちが関与している、あるいは私たちが自分を同一化している国民、階級、集団である。たとえば、私自身の例をもう一度、引けば、フランス人はドイツ人が戦時中に犯した犯罪の物語から大したことを学んでいるとは私は思わない。一九四四年には犠牲者であった彼らが一九五八年に虐殺者に姿を変えることができたのは、まさしく一九四四年に彼らが虐殺者の側にはなかったからである。

過去の大罪の犠牲者の中にみずからを認め、そこから、この過去は現在における攻撃的な態度を許容し、さらには強制する、という結論を導き出すことが可能なのである。これが結局は、すべての復讐のケースである。こうむった悪は行使される悪を正当化する。ここで異なっているのは、かつての犠牲者が攻撃者と化したとしても、新しい犠牲者の方は、かつての攻撃者とは何の関係もないということである。これが子供を拷問する親たちの悲劇的なケースである。周知のように、彼らはきわめてしばしば自分自身が殴打されたり凌辱されたりした子供であった。侮辱を受けた二〇年、三〇年、四〇年後、この侮辱に対する埋め合わせでもあるかのように、自分の行為をそれとして自覚することさえなく、大人となった子供は同じ苦痛を自分自身の子供に加えるのである。

今日、イスラエルで実践されている記憶の政治のうちには、いくつかの点で似たような状況を見出すことができる。多くの作者によって探求された主体のディテールに踏み込むまでもなく、ユダヤ人のジェノサイドの記憶は、当然のことであるが、世界の他のいかなる国にもイスラエルにおけるほどの強度をもって存在しないということができる。ところで、この国の現在の隣人たち、とりわけパレスティナ人に対する政治は、存在と尊厳に対する他者の権利にかんしては非の打ち所がないわけではない。過去の体験が、これらの他者に恩恵をもたらすことができるような教訓を自動的に伝達しなかったばかりではない。過去の体験は、ユダヤ人がその犠牲者となった政治とはむろん同じではないにしても、逆に彼らの子孫や同国人を犠牲者とは正反対の役割に位置づける政治を正当化するために引き合いに出される。その結果、パレスティナ人は、エドワード・サイードの言い回しによれば、「犠牲者の犠牲者」(14)になるのである。だがそこにはいかなる必然性もない。ユダヤ民族の苦悩に満ちた過去を知っているイスラエル最高裁判事ランドーは、自民族がパレスティナ人の陰謀から守られ、「テロリストの」攻撃が失敗に帰するようにと、パレスティナ人囚人を拷問にかけることは適法であるとの結論を下した。同じイスラエルで、ライボヴィッツ教授は同じ過去から逆の結論を導き出した。すなわち、可能なあらゆる手を尽くして、拷問の実践を妨げなければならないという結論である。この二つの教訓は、彼らの過去への関係によっては評価できない。評価できるとすれば、唯一、私たちの現在の道徳的、政治的な信念にもとづいてである。

私たちがその証人である今日のアルジェリアでくり返されている暴力は、こうした状況のもう一つ別の異本である。というのも、これらの暴力行為は同じ国民の二つの部分のあいだでおこなわれているからである。ところで、この暴力が例証しているのは、その宗教的狂信がもはやうわべでしかない集団の犯罪への暴走だけでも、復讐の残忍さ——大量殺戮は相互に呼び合うように思われるからである——だけでもない。この暴力はまた、もう少し遠い過去を思い出させる。すなわち、アルジェリアの国民が、植民地支配者としてのフランス人から一二〇年間にわたってこうむった暴力という過去である。征服戦争における大量虐殺、平和時の徹底的な屈従、最後の衝突の激しさこそは、容易に消しがたいトラウマであり、殴打された子供が殴打する大人となった場合のように、何年ものちに似たような暴力行為を産み出す可能性のあるトラウマである。ひとたび〈歴史〉の中に導入されると、悪はその元々の張本人を排除することでは消え去ることはない。今日もなお、ヒトラーの犯罪もアルジェリア戦争の暴力も、悪の伝播に一役買っているのである。

記憶の使命

このように記憶の乱用のさまざまな可能性を、その形式と機能において観察すると、つぎのように自問したい気に駆られる。すなわち、忘却は記憶よりもましなのではないだろうか。この問いは単純で画一的な答えを受け取ることはできない。ある状況では、おそらくその通りである。民主主義においては、過去の回復は合法的な権利であるが、これを義務にするわけにはいかないだろう。だれかにその過去のもっとも苦痛に満ちた出来事を絶えず思い出させることは、かぎりなく残酷なことである。忘却への権利も存在するのである。ユーフロシニア・ケルスノフスカヤは、グラーグで過ごした一二年間についての驚くべき写真入り年代記の終わりにつぎのように書いている。「お母さん、あなたはこの悲惨な〝修行時代〟の物語を書くように私におっしゃいました。私はあなたの最後のご意向を実現しました。でもひょっとしたら、このようなことはすべて忘却の中に消え去るほうがよかったのではないでしょうか。[15]」ジョルジュ・サンプランは『エクリチュールまたは人生[16]』の中で、人生のある特定の時期に、いかに強制収容所の体験の忘却のおかげで自分が救われたかを物語った。個人の次元では、それぞれが決着をつける権利を有している。

公的な生活においても、悪の記憶よりも忘却をよしとすることができる。アメリカ大陸の探検者、アメリゴ・ヴェスプッチによって語られたあの物語に耳を傾けてみよう。あるときは協力し合ったり、あるときは対決し合ったりするヨーロッパ人と土地の人々との出会いを記述したあとで、彼はさまざまな現地人のグループはきわめて頻繁に戦争をしていると報告している。その理由は何か。以下はアメリゴが提示する説明である。「彼らが闘うのは、権力のためでも、領土拡張のためでも、ほかの何か非合理な欲望に駆られてでもない。そうではなく、ずっと以前から彼らのあいだに根を張っている、積年の憎しみのせいである。[17]」アメリゴが述べていることが正しければ、平和に暮らすためには少しは憎しみを忘れ、遺恨を消え去るがままにし、このようにして解放されたエネルギーにもっとよい使い道を見出してやることを、これらの人々に願うべきではないだろうか。だがおそらくそれでは、ありのままの彼らとは別な彼らになることを望むことになるだろう。

これはまた、ナントの勅令（一五九八年）の最初の諸条項を想起すべきときである。これがフランスを引き裂く市民戦争に終止符を打つことを可能にするのである。「一五八五年に始まり我らが王位への即位に至るまでに、又先行せし他の諸々の騒擾及び此の騒擾時に、双方に起こりしあらゆる事柄に関する記憶は、生ぜざりし事柄の如く消え去り沈静せしままであらんこと。即ち、如何なる法院及び法廷に於いてであろうと、これに関する言及、訴訟又は訴追は、我らが主席検察官にも、公的私的とを問わず何人にも、時と機会の如何を問わず、許容も許可もされないであろう。［……］身分、地位の如何を問わず、我らが臣民に、これに関する記憶を新たにすることを禁じよう[18]……。」

私たちにもっと近いところでは、一八八一年、〈愛国者と確信せし軍国主義者の同盟〉の創立者であるポール・デルレードが、逆の精神で叫ぶ。

私は憎しみが沈静化すると信じている連中を知っている
とんでもない！　忘却が我々の心に忍び込むことはない

このようにして、ヴェルダンの激戦地までを群衆で埋め尽くしたのである。そうと知らずに、彼は自分の発言によってプルタルコス[19]のある名言を確証していた。それによれば、政治は憎しみからその永遠の性格を失わせるものとして定義される――いいかえれば、過去を現在に従属させるのである。一八七〇年―一八七一年の敗北の想起、デルレード、バレス、ペギーその他、忘却の敵が発する戦争への叫びは、残念ながら、人々の耳に届いた。彼らは〈第一次世界大戦〉の勃発に一役買ったのである。〈第一次大戦〉の終わりに結ばれた屈辱的なヴェルサイユ条約の想起のうちに、ヒトラーは決然として〈第二次大戦〉をやらなければならないと自国民を納得させるのに十分なものを見出すだろう。今日、しばしば耳にする「許しも忘却もなく」といった類のスローガンは、文明化のプロセスにおける進歩の指標ではまずない。

過去の想起が死へとみちびくのであれば、どうしてそれよりも過去の忘却のほうをよしとしないのだろうか。一九八八年三月、ブリュッセルで同じテーブルにつき、「たんに話をはじめるためだけにも過去を棚上げにしなければならない[20]」との確信を表明した、あのイスラエル人とパレスティナ人は正しくはなかっただろうか。過去が現在を支配しなければならないとすれば、ユダヤ教徒、キリスト教徒、またはイスラム教徒のだれが、エルサレムに対する領土の所有権を放棄するだろうか。北アイルランドでは、ごく最近にいたるまで、二つの過激派が「忘れず許さず」という自分たちの意志を宣言し、日々、暴力の犠牲者名簿に新しい名をつけ加えていた。この暴力が、今度はこれに対抗する報復の暴力を呼び寄せたのである。これがおそらく、〈第二次世界大戦〉の直後、この大戦で重要な役割を果たした大物のひとり、ウィンストン・チャーチルがつぎのように言明した理由である。「過去のあらゆる惨禍を忘却に付さなければならない」――おそらく、忘却は命令されるものではないことを「忘却して」である。

ロシアのジェノサイドからカンボジアのそれにいたるまで、今世紀半ばのジェノサイドが未来の名においておこなわれたのに対し（全体主義は新しい人間を創造しようとしていた。だからこの計画にそぐわない人々を排除しなければならなかった）、近年の虐殺はどれもこれも過去の想起の名において犯されている。ルワンダでフツ族がツチ族を排除しようとしたのは、それに先行する数十年間に受けた屈辱に復讐するためであった。ユーゴスラヴィアで相次いだ戦争では、そのつどかならず過去の虐殺が引き合いに出された。数世紀または数年前には、いずれの陣営かがこれらの虐殺の犠牲者なのであった。アルジェリアでは、今日の犯罪は、昨日の犯罪が忘れられていないだけに、ますます容易になっている。過去の暴力の記憶は現在の暴力をはぐくむ。これが復讐のメカニズムである。

今日では復讐は評判がよろしくない。好んでこれが標榜されることはない。だがこのことは、たとえ復讐に裁判の外見を装わせることが好まれるとしても、復讐が私たちと無縁であることを意味するものではない。死者が出るたびに、とりわけはっきりかいま見られるのが、このことである。レイプされたり殺害された子供たちの両親が、犯人が極刑――死刑――を免れるのを悔しがるのをしばしば目にしないだろうか。フランスにおける最近の汚染血液の問題にも若干、同じようなところがあった。汚染された輸血によってエイズに感染した犠牲者の両親は、少なくとも行政責任者の苦痛が犠牲者の受けた苦痛に近いものであるようにと、彼らに有罪判決が下されることを望んだのであった。

ところで、裁判と復讐の差異は二重である。最初に、復讐はある個人的な行為に、原則として比肩しうる別の個人的な行為でもって応えることに存する。あなたは私の息子を殺した、今度は私があなたの息子を殺す、というわけである。裁判のほうは個人的な行為を法の普遍性に対置させる。法律の番人（警察官または司法官）の匿名性は復讐する者の特異なアイデンティティと対立するのである。復讐は許しと同様、個人的である。裁判はそうではない。法律は個人を考慮に入れない。そもそも、刑罰は犯罪を逆方向に反映したものではなく、他の刑罰とのバランスで考えられている。直接的に正当化される代わりに、システムの一部をなすのである。裁判行為は社会秩序の断絶を修復し、法律（成文法であれ、人道に対する罪のように不文法であれ）の有効性を、したがって社会秩序そのものを強固なものにする。こうしたパースペクティヴにおいて重要なことは、裁判の厳しさの多寡ではなく、裁判が存在することである。

復讐においては、新しい暴力が古い暴力に応える。やがてこの新しい暴力が代償としての将来の暴力を引き起こす。悪は減少する代わりに増大するのである。それぞれの人が、アイスキュロスの『オレステス』からベルファストにおける最近の殺人にいたるまで、古今の事例でもってこの法則を例証することができる。だれでもが知っているように、モンタギュー家とキャピュレット家が和睦するには、復讐をやり遂げるのではなく、あるときにこれを放棄しなければならない。復讐行為にはある付随的な不都合がともなっている。すなわち、復讐行為が、何のやましさもなくこれをおこなう者を力づけ、自分のうちなる悪について自省する可能性を決して残さないということである。精神的な問題は物質的な補償のために排除されるのである。裁判の側には抽象と匿名化という不都合がある。だがこれが暴力の削減のために私たちが所有している唯一のチャンスなのである。

　数多くの非ヨーロッパ諸国において、とりわけアメリカにおいて、相変わらず施行されている、死刑というこの合法化された復讐の形式についても事情は同じである。くり返しおこなわれるあらゆる研究において証明されているのが、死刑とはたんなる制裁だということである——殺した者は死ななければならないのである。死刑はその擁護者が主張しているように予防措置ではまったくない。その死刑反対の弁論の中で、アルベール・カミュ[21]はつぎの示唆的な数字を報告した。今世紀初頭のイギリスで、裁判で絞首刑になった二五〇〇名のうち一七〇〇人が死刑執行に個人的に立ち会ったことがあった。つまり、この直接的な見聞も彼らの行動を変えることがなかったのである！　私的復讐との類似は、他方で、今日のアメリカで犠牲者の家族が殺人者の死刑執行への立ち会いを勧められるという事実によってはっきり示されている。そもそも、この国が死刑をおこなっている西洋で唯一の国であることは偶然ではない。最強者の法律、非人称的な裁判の拒否、つまり同時に反坐法が、その成立を律しているからである（この成立は控えめに「西部開拓[一]」と呼ばれた。まるでこの広大な領域に人が住んでいなかったかのように）。

死刑は犯罪と闘う手段として非効果的であるにとどまらない。死刑はまた、死刑を実施している社会に否定的な効果を及ぼす。一方で、いかなる復讐も同じであるが、死刑は、これを機に罪人の人格に封じ込められた悪から、人は解放されうると社会が信じることを可能にする。他方で、その後もどりできない決定的な性格によって、犯罪者が変化しうる可能性を否認する。ルソーはこの「自己改善能力」のうちに私たちの人間性の定義そのものを見たのであった。他の種とは違って、人間はその「自然」によって全面的に規定されているわけではない。人間は自分の意志によってみずからを変化させることができる。この人間の概念が、個人の自律を尊重し保護する民主主義体制の土台に見出される。だから、アメリカのように、大規模に死刑を実施している国が、本当の意味で民主主義国と形容されるにあたいするかどうかは真剣に問われるべきである。

こうむった悪の記憶を維持することは、復讐という反応にみちびく可能性がある。だが忘却のほうもまた有害な影響を産み出すことがある。ここでは個人の感情生活から明快な比較が提供される。周知のように、精神分析は記憶に中心的な位置を認めている。神経症は抑圧という記憶のこの特殊な障害にもとづいている。主体は、小さな子供だったときに突発し、その子供にとって何らかの理由で耐えがたいある種の事実と出来事を、自分の生きた記憶、つまり意識から排除した。その治癒——分析による——は、抑圧された記憶の回復を経由する。だが記憶を意識に連れ戻したときから、主体はこれをいかに活用するつもりなのだろうか。抑圧されているあいだは、記憶は活動的だった（そして主体が生きるのを妨げていた）。回復された現在、記憶をその本来の場所にもどすことができる。精神分析の目標は——とピエール・ノラはいった——「みなさんをみなさんの過去の蒸し返しの中に決定的に閉じ込めることではない。むしろ、みなさんを過去から解放することである」(22)。もう一つ別の記憶の副次化が喪においておこなわれる。最初のうち、私たちは体験したばかりの喪失の現実性を認めることを拒む。だが徐々に、しかも死者を深く愛することをやめることなく、死者に結びついたもろもろのイマージュのステイタスを修正していく。そしてある程度の隔たりが苦痛を和らげるのである。一般的な言い方をすれば、私たちは過去が現在を支配してはならないと考える。

公的な生活のほうでも、過去の記憶は、それ自体としては過去そのものを正当化することはない。過去の記憶が私たちにとって真に有益であるためには、個人的な無意志的記憶と同様、変形作業のプロセスを必要とする（**ドゥルヒャルバイテン** *durcharbeiten*〔徹底操作〕はフロイトの語である）。変形は今回は、個別的ケースから一般的原則、すなわち裁判の原理、政治的理想、道徳規則への移行に存する——これらはそれ自体で合法的でなければならないが、それらが私たちにとって大切な記憶に由来するからではない。事実の特異性は、事実から引き出される教訓の普遍性を妨げることはない。これを例として採り上げれば[23]、〈第二次世界大戦〉中のブルガリアにおけるユダヤ人救出は他に類例を見ない唯一無二の出来事である。だがこれが昨日であれ今日であれ、万人に差し向けられるある意味と教訓をはらんでいることに変わりはない。過去の記憶は、もしこれがもっとも広い意味での、つまり裁判所《パレ・ド・ジュスティス》の枠をはるかに凌駕する正義《ジュスティス》の到来を可能にするならば、私たちにとって有益であることができる——このことはまた、個別的なものは抽象的な掟に服さなければならないということをも意味している。刑事裁判そのものが、すでに見たように、個別的な違法行為の普遍化から発生する。だから刑事裁判は非人称的な法の中に具現され、匿名の裁判官によって適用され、違法行為をする人についても違法行為をされる人についても、その人となりについて何も知らない陪審員によって実行される。裁判はこのようなことと引き替えにおこなわれる。だから裁判を実施するのが違法行為を受けた人たち自身でないことは偶然ではない。こう言えるとすれば、まさしくこの非‐個別化が、法律の到来を可能にするのである。

記憶の正しい使い方は、正義のために役立つ使い方であって、過去を再現させることで事足れりとするような使い方ではない。ヴィクトル・クラフチェンコとかダヴィッド・ルーセの訴訟を思い出してみよう。現在の収容所と闘おうとする彼らの試みに反対した人たちは、自分たちの過去の体験を忘れていなかった。証言するためにやってきたピエール・デー、マリ＝クロード・ヴァイヤン＝クチュリエ、その他の共産党員の元収容者たちは、マウタウゼンやアウシュヴィッツの地獄を体験していた。収容所の思い出は、彼らの記憶の中に生々しく存在していた。彼らがグラーグと闘うことを拒否したのは、記憶の欠如のせいではない。彼らのイデオロギー上の諸原理がこれを禁じたからである。共産党の女性代議士が言明したように、彼女がこの問題を考えることを拒むのは、「ソ連には強制収容所は存在しない」[24]ことを知っているからであった。したがって、これら元収容者は、今日でもガス室の存在を否定する者たちより、なおいっそう危険な真の否定主義者に姿を変えた。というのは、ソヴィエトの収容所は当時、活動の全盛期にあり、公的に告発することが、これらの収容所と闘う唯一の方法だったからである。デーの記憶はルーセの記憶と同様、鮮明であった。私たちがルーセの記憶のほうを好むのは、ルーセの記憶が全体主義に反対して民主主義を擁護しているからである。過去について真実を知るべきか知らざるべきかと自問することは無益である。答えはここでは、つねに肯定的である。この過去の想起の助けを借りて奉仕しようとする目標については事情は異なっている。そして、これについて私たちが下す評価は価値観の選択に由来するのであって、記憶への忠実さに起因するのではない。

自分のアイデンティティを肯定することは、だれにとっても正当である。見知らぬ人たちよりも身内を好むことに赤面するには及ばない。みなさんの母親や息子が暴力の犠牲者になったら、その思い出は見知らぬ人たちの死よりもみなさんを苦しませる。そしてみなさんは、その生々しい記憶を維持しようとなおさら懸命になる。にもかかわらず、自分自身の不幸、または身近な者たちの不幸から他者の不幸に移行することには、いっそう大きな尊厳と利点がある。あの傑出した作家——アンドレ・シュワルツ＝バール——は、ユダヤ人のジェノサイドを物語っている書物である『最後のユダヤ人』のあとで、なぜ黒人奴隷の世界に関心を振り向けたのかと訊ねられて、つぎのように答えた。「〝ユダヤ人における［原文のまま］コウノトリは**ハッシダ** *Hassida*（愛情深い）と呼ばれました。このコウノトリが身内を愛していたからです。ところが汚れた鳥のカテゴリーに分類されています。どうしてですか〟と、あるユダヤ教会議の首長は訊ねられて、〝なぜなら、身内にしか自分の愛を与えないからです〟と答えたのです。[25]」

一九五七年、ダッハウの元収容者であったフランス人公務員、ポール・テジャンが、アルジェ警視庁の秘書官の職を辞任した。彼は自分の行動を、アルジェリア人の囚人の身体に認められる拷問の痕跡と、自分がナンシーのゲシュタポの地下倉で受けた虐待の痕跡が似ているからだと説明した。

並外れた彫刻家ジョルジュ・ジャンクロは、ユダヤ的伝統の面倒な調査に乗り出していた。そしてそこにインスピレーションの源泉を見出した。ところが一九六〇年、**ヒロシマ**（または**ガルート** *Galout*、ヘブライ語で追放、破壊）と題された群像が、遠い国で起こった悲劇を忘れることのできない力でもって具現する。グァテマラへの旅ののち、ジャンクロはこの国の人々が嘗めた辛酸を自覚し、驚くべき『グァテマラ・シティ』（一九八二年）を製作する。人類の苦しみに捧げられたミニチュアの記念碑である。同年、パレスティナの難民キャンプでの虐殺を反映して、彼は『サブラとシャティラ』を創作する。半分になった男性の身体に女性の胴体が寄りかかっているのである。それは——と彼はあるインタビューで述べている——「ホロコースト以来つづいている、つねに同じ物語です[26]」。

儀礼的な事跡顕揚〔＝記念〕は、過去のうちに他者の否定的イマージュや自分自身の肯定的イマージュを確認することにとどまるときには、国民の教育にとってわずかな有用性すらもたないだけでない。それは現在の緊急事から私たちの注意を逸らすことにも一役買う。私たちはあまり苦労せずに、自分が正しいことをしていると確信できるからである。〈第一次世界大戦〉直後の疼《うず》くような「こんなことはもう二度とごめんだ」の反復は、〈第二次大戦〉の到来には少しも邪魔にならなかった。今日、一部の人々の過去の苦痛、他の人々のレジスタンスを微に入り細を穿って私たちに思い出させることは、おそらくヒトラーとペタンに対して私たちの警戒心を呼び覚ましはするが、私たちが現在の危険を知らぬままでいることの手助けにもなる――というのも現在の危険は同じ当事者を脅かすわけではないし、同じ形態を取るわけでもないからである。ヴィシー政権下の人間の弱さを告発することは、現在の「過去の罪に警戒怠りない知識人《ヴィジラン》」を記憶と正義の勇敢な戦士のように思わせる。この戦士に、わずかな危険を冒させることも、現在の苦悩を前にして場合によっては生じる責任を引き受けさせることもなくである。過去の犠牲者を記念することは満足感をもたらす。だが今日の犠牲者に取り組む場合は、もっと微妙である。

今日、記憶は侵すべからざる権利を有しており、人は記憶の戦士にならなければならないということが、よくいわれる。理解しておかなければならないのは、忘却に反対して、または記憶の義務のためにおこなわれるこうしたアピールを耳にするとき、たいていの場合、私たちは、記憶の回復、過去の事実の確立と解釈という作業に誘われているのではないということである（西欧諸国のような民主主義国においては、何も、だれも、こうした作業を追求している者を妨げることはない）。そうではなく、その立役者たちにそれほど満足をもたらさない役割を付与する危険をはらむ他の事実を選択することに反対して、この立役者たちに英雄、犠牲者、または説教家の役割にとどまることを保証するような事実の選択を擁護するように私たちを誘っているのである。これがポール・リクール(27)の観点によれば「記憶の義務という陥穽に陥る」ことを回避しなければならない理由であり、とくに記憶の機能にこだわらなければならない理由である。

過去がよみがえることを望まないのであれば、過去を暗唱するだけでは不十分である。アメリカの哲学者ジョージ・サンタヤナ(28)の言い古された決まり文句をだれが知らないだろう。それによれば、過去を忘却する者は過去を反復すべく定められているのである。ところで、その一般的な形式では、この格言は偽りであるか、意味を欠いている。歴史的な過去は、自然の秩序と同様、それ自体としては意味をもたないし、それだけでは如何なる価値も分泌しない。意味と価値は、これらを問い、これらを評価する人間主体からやってくる。すでに見たように、同じ事実が反対の解釈を受け取り、相互に闘い合うもろもろの政治にとって正当化の役割を果たすことができるのである。

過去は個人であれ集団であれ、そのアイデンティティの構成に一役買うこともできるし、私たちの価値観、理想、原理の形成に一役買うこともできる——これらの価値観、理想、原理を、それらがたんに私たちのものだからという理由で押しつけるのではなく、理性の検証と論争の試練にゆだねさえすれば、である。この価値観との関係は本質的である。同時にこの関係は制限されている。過去は現在における私たちの行動原理をはぐくむことができる。しかし過去がこの現在の意味を私たちに明かすことはない。今日、他者に襲いかかっている人種主義、外国人嫌い、排斥は、五〇年前、一〇〇年前、または二〇〇年前のそれらとは同一ではない。形態も同じでなければ犠牲者も異なっている。過去の神聖化は、現在において過去からいっさいの有効性を奪う。しかし現在を過去とたんに同一視することは、現在と過去のいずれに対しても私たちを盲目にし、今度は同一視それ自体が不正の原因となる。過去の神聖化と通俗化、自分自身の利益に奉仕することと他者に説教をすることのあいだを通る道は狭いように見える。だが道は存在するのである。

プリーモ・レーヴィの世紀

1985年,『溺れるものと救われるもの』を書いている時期のプリーモ・レーヴィ

強制収容所と絶滅キャンプでの大罪を隠蔽しようとするナチスの試みは、完膚無きまでに打ち砕かれた。すでに述べたように、これほどみごとに記録された現代史の出来事はほとんどないのである。これらの収容所からの生存者は、ある使命——証言すること——を付託されていると感じ、ある者たちは解放されるとすぐに、ほかの者たちは四〇年後、さらには五〇年後に忘れずにその使命を果たした。これらの証言はどれもこれもが感動的であり、その上、しばしば意味に富んでいる。これらの証人のひとりは世界的な名声と認知を得た。プリーモ・レーヴィである。

一九一九年生まれのこのイタリア・ユダヤ人は一九四四年二月にアウシュヴィッツに送られ、その一年後、息絶え絶えの状態で出獄するだろう。彼の最初の証言の書『これが人間か』〔邦訳『アウシュヴィッツは終わらない』〕は一九四七年にイタリアで出版されるが、大きな関心は呼び起こさない。その後の人生において、彼は同時に二つの職業につく。職業的化学者と作家である（グロスマンと同様だが、一生を通じてである）。彼の書物のいくつかは——だが、すべてがではない——依然として彼の強制収容所体験に言及している。『休戦』は解放について物語り、『今でなければいつ』はユダヤ人のレジスタンスにかんする小説である。『周期律』のいくつかの節は、収容所生活や、もっと短い若干の話を記述している。年が経つにつれて、彼の最初の証言は古典として徐々に幅を利かせはじめ、ひとたび退職すると、レーヴィはますます頻繁に自分の収容所体験に立ち戻らざるをえなくなった。最初は数多くの対談で、ついで省察の書『溺れるものと救われるもの』で。彼が死んだのは一九八七年である。

プリーモ・レーヴィは今日では賛嘆の的となっているために、彼自身がイコンへと変貌しつつある——おそらく彼はこのような結果は好まなかっただろうが。彼の作品と運命はきわめて多くの解釈を呼び覚ました。私自身、彼について書いたことがあるので[1]、ここでは収容所にかんするテクストにおいて彼の心を占めているさまざまな問題のうちの一つだけにとどめたい。実際、これが中心的な問題である。すなわち、悪の問題である。

悪の手先に対してレーヴィが採用した態度は、つぎのように記述されうる。すなわち、許しでもなく復讐でもなく、裁判を、である。許しでもなく——「私には許すという性癖はない」と彼は書いている、「私は当時の私たちの敵のだれをも許したことはないし、彼らを模倣する者たちを許そうという気になることもない［……］。なぜなら、過ちを消し去ることができるような人間的行為を私は知らないからだ。」復讐でもなく——「私は復讐には興味がない。［……］私がきわめてふさわしいと思ったのは、他者、すなわち専門家が、裁判の営みである絞首刑を引き受けることである」[2]。こうした選択の理由は何か。

第一に、人が許すことができるのは自分自身が受けた被害だけである。他者がこうむったことを許す権利を、どうして私がほしいままにすることができるだろう。こうした理由で、殺人は——ところで、ジェノサイドとは大量殺人である——本質的に許すことは不可能である。犠牲者の近親者は殺人者を憎しみで責め立てるのをやめることに決定することができる。だが彼らは命を失った者の代わりになることはできない。許しはこれを認める者にはとりわけ有益であるような気がする。平和に生きることを可能にするからである。しかし許しをもって一般的要請にする権利はだれにもない。司法上の許し、すなわち特赦は、これがいっさいの判決の前に介入する場合には、また殺人と同じほど重大な行為、すなわち拷問、強制収容所への移送、または奴隷状態への強制にかんする場合には、受け入れることはできない。それはたとえば市民生活の平和のような上位の要因と判断されたものの名において裁判の理念を失効させることに帰着する。許しは私的な選択である。それに対し、犯罪はプライベートな枠をはみ出す。過ち、違法行為、犯罪は、その犠牲者になった個人を傷つけただけではない。それらは裁判と報いの理念を前提とする社会秩序そのものを破壊した。あるいは、いずれにしても混乱に陥れた。個人が他人を許すとき、その個人は自分がこうむった違法行為で他人に怨恨を抱かないことに決定する。このことは社会秩序の侵害に対する埋め合わせには少しもならない。

復讐への誘惑にもやはり異論の余地がある。復讐は——とレーヴィは指摘する——何も解決しない。復讐は先行する暴力に新しい暴力を追加する。だがこの追加は暴力を停止させず、将来の新たな爆発を準備する。「暴力は暴力しか産み出さない。この振り子運動は、時とともに弱まるどころか大きくなる。(3)」すでに見たように、そのような例は枚挙にいとまがない。

悪に対する制裁は、悪にかんしてもっともむずかしい問題ではない。レーヴィは悪について下すべき評価にもっとずっとこだわっている。『溺れるものと救われるもの』で、「違法行為の記憶」の直後に配置された章は「グレーゾーン」と題されている。自分が生みの親であるこの語でもってレーヴィが意味しているのは、まずたんに「収容者」または「監視人」に分類することのできるすべての人々である。というのも、**ラーゲル** *Lager* においてもグラーグにおいても、上級監視人であるSS〔ナチ親衛隊〕またはNKVD〔内務省〕は、集団の上には位置させるけれども、彼ら自身よりははるかに下においたままにする数多くの収容者の助けを確保する。通常、普通法の犯罪者の中から募集されるカポ〔ナチスの収容所における監視役の収容者〕、技術や医療のスタッフ、専門化された労働者か特殊技能労働者である。これが結局はレーヴィ自身のケースである。彼が生きているのは、おそらく彼が化学者として働いているおかげであって、熟練労働者ではない下働きの労働者としてではない。これらの個人は同時に二つのカテゴリーの性格を帯びている。彼らは——彼ら相互に大きな差異はあるけれども——収容者でありかつ特権者なのである。

しかしレーヴィは「グレーゾーン」という表現をなおいっそう広い意味でもちいている。彼は、ふだんは情け容赦なく残忍な或るSSが、ある日、ひとりの犠牲者に対して同情の動きを見せたと報告している。「すぐに消え去るこのまたとない憐憫の瞬間は、ムースフェルトを許すのに不十分であることは間違いない。しかしそれだけで彼をもまた、欄外のいちばん端っこでしかないとしても、グレーゾーンに位置させるのには十分である。(4)」他方で、たんなる収容者である人たちでさえ、自分たちの隣人を傷つけるエゴイスティックな行為からまぬがれているわけではない。彼らもまた、反対の側の端っこではあるけれどもグレーゾーンに属している。換言すれば、このゾーンは少なくとも部分的には収容所のすべての住人を含んでいるのである。善悪二元論と正面切った闘いに挑んで、レーヴィは何にもましてこうした考え方に固執する。彼はあるインタビューの中で自著『溺れるものと救われるもの』をコメントして、「この書物でもっとも重要な中心的な章は〝グレーゾーン〟と題された章である(5)」と述べている。そしてレーヴィと意見の一致しない人たちは、異議を申し立てるべきは、彼の思想のこの泣き所に対してであることを知っている。

ここで、この概念に結びつけられる可能性のある誤解をただちに取り除かなければならない。かならずしも言い表わされているわけではないが、レーヴィが言外に意味しているのは、人間の行動は法的な次元と同様、人類学的（または心理学的）な次元にも位置づけ、検討しなければならないということである。その二つはいずれも、他方のためには省略されてはならない。あるいは彼自身のことばをもちいれば、「私は、私たちはみな平等だといいたいのではない。というのは、私たちは信者の場合は神の前で、非‐信者の場合は正義の前で、みなが平等というわけではないからである。私たちはみな平等というわけではない。私たちが達している有罪性の程度は異なっている。しかし私たちの素質は同じである。(6)」

法的な次元を維持することが含意しているのは、人間はつねに自由な能動者と見なされているということ、したがって自分の行為に責任のある主体だということである。この意味で、虐殺者と犠牲者のあいだにはいかなる混同も許されない。レーヴィはこれらの役割の境界をかき乱すように思われる者たちに対して猛烈な勢いで立ち上がる。たとえば、論争を巻き起こした映画『愛の嵐』の作者である映画作家リリアーナ・カヴァーニである。この映画は収容所における生活を描いたといわれている。レーヴィはこの女性映画作家の発言を引用する。「私たちは全員が犠牲者か人殺しである。そして私たちはみずから進んでこれらの役割を引き受ける。」そして抗議する。「私は［……］私たちの奥深くに人殺しが巣くったかどうかは知らない。しかし私は自分が罪状もなく犠牲者になったこと、人殺しでなかったことは知っている。私は人殺したちが存在したことを［……］、そして人殺しとその犠牲者を混同することは、精神的な病か、美的な思わせぶりか、共犯関係を示す不気味な徴候であることを知っている。(7)」

同時に、レーヴィは犯罪者を絶対的悪の化身として描写する者たちに苛立ちを隠さない。別のイタリア映画、パゾリーニの『ソドムの市』は、ムッソリーニの共和国の歴史をサドの無意志的記憶に混ぜ合わせたものだが、これもまたレーヴィの否定的反応を引き起こす。「この映画に私はひどくがっかりした。これは絶望した人間の作品であるように私には見えた。［……］このようなものではなかった。このような徹頭徹尾の凶暴さは存在しなかった。広大なグレーゾーンが存在していた。このグレーゾーンは、ほとんどすべてを呑み込んでさえいた。当時、私たちはみな灰色だった。」ある者たちは何から何まで黒かったわけではなかったし、他の者たちも何から何まで白かったわけではなかった。「このことに疑いはなかった。私たちひとりひとりは潜在的に怪物と化すことができる。(8)」人間を截然とした二つのカテゴリー——天使と悪魔——に分類することはできない。このような確認をしたからといって、犯された犯罪の悪辣さを軽減することには少しもならない。映画に対するこれら二つの反応は矛盾しているように見えるが、そうではない。これら両極端はいずれも受け入れることができない。全員がむらなく灰色だという極端、およびほんのわずかのグレーゾーンもないという極端である。

このコンテクストでは、なぜレーヴィが今世紀の他のあれほど多くの作家や公人たちと、かくも異なっているように見えるかが理解できる。彼らはその言説で決まって最近のあれやこれやの大惨事に言及する。これら呪詛する人々は声を轟かせて、自分たちの国民の偉業、不幸、または犯罪の中に自分は正しいという確信の根拠を見出しているが、彼らに比較すると、レーヴィは謙遜の化身のように見える。彼は怒鳴り散らしたりしない。小声で話すのである(「私は大声で話すことを好まない」と、彼はあるインタビュー(9)で自分自身について語っている)。彼は賛成と反対を吟味し、例外を想起し、自分自身の反応の理由を探求する。彼は過去の事実にセンセーショナルな説明を施したり、聖なるものを実況中継で受信している予言者のイントネーションを採り入れたりはしない。極限に面して、彼は人間的で、ただたんに人間的でありつづけるすべを知っている。そして違法行為の源である悪について語るとき、それは他者のうちなる悪を糾弾する者の指先で指し示すためではなく、もっと注意深く、もっと情け容赦なく自己を観察するためである——自己自身を、である。

『溺れるものと救われるもの』で、レーヴィはロズ〔ウッジ。ポーランド中部の都市〕のゲットーの議長であるシャイム・ルンコウスキーの物語を詳細に物語っている。ルンコウスキーはドイツ人から与えられた馬鹿げた権力に酩酊し、君主然と振る舞おうとした――このようなことは、ゲットーの耐えがたい生活状態においては、滑稽で馬鹿げたことであった。だがレーヴィは、これを笑ったりこれに憤慨したりするのではなく、ここから出発して、いっさいの権力がその権力を行使する者を結果的に堕落させるという事実について瞑想をめぐらせはじめる。ルンコウスキーはこれに抗することができなかった。だが私たちは本当に彼よりも強いだろうか。「必然性に強いられ、同時に誘惑され心をそそられるならば、私たちひとりひとりはどのように行動するだろうか。」ルンコウスキーを指し示す指先は指さすその人自身へと転ずる。ルンコウスキーの悲劇は私たちの悲劇である。「私たちもまた権力と威信にあまりにも目をくらまされているがゆえに、自分の本質的な弱さを忘れてしまう。私たちは、自分たちがみなゲットーにいることや〔……〕、ゲットーの近くで列車が私たちを待っていることを忘れて、気に入ろうが入るまいが権力と協定を結ぶのである。(10)」

数ページ先で、レーヴィは彼に個人的に起こったエピソードを物語っている。渇きにひどく苦しんでいたある日、彼は少々の水を見つけた。彼はこれを自分のいちばん身近な友人と分け合ったが、ほかの人たちには分けてやらなかった。この「ノジスム」«nosisme»、すなわちこの身近な者たちにまで拡大されたエゴイズムについて考察しながら、彼は自分自身の有罪を証拠立てようとはしていない。彼はいかなる大罪も犯していない。だれでも彼の立場にあれば同じ行動をとったと思われるばかりではない。だれも彼を非難していない。だれも殺していない。だがこの些細なエピソードは彼のうちに「ある疑いの影」を忍び込ませるのに十分である。「各人は自分の兄弟のカインであり、私たちひとりひとりは〔……〕自分の同胞を押しのけて、その代わりに生きている」[11]という疑いである。

道徳意識を備えている人間にとって、この結論は恐るべきものである。本当に悪と自己のあいだに障壁はまったくないのだろうか。悪は極端である。だが私たちのだれもこれをまぬがれない。この二つの主張の並置には、どんなに頑張っている者をも絶望させるに十分なものがある。だがいずれにおいても、問題になっているのは同じ悪なのだろうか。レーヴィは細心の注意を払い、おそらくは多大な苦悩をもって、断絶が出現しえたと思われる場所を探索した。この問いに対する答えは、彼にとっては理論的のみならず、彼自身の実存の維持のためにも重要である。このジレンマはつぎのように言い表わすことができるだろう。あるいは、根源的な悪が存在する、悪魔に仕えるためにつくられた、それ自体が目的である悪が、とキリスト教徒であればいったであろう。これが人間に子供の体をバラバラに切断させ、自分の隣人を死ぬまで拷問させる悪である。こうした根源的な悪は万人が知っているわけではない。あるいは、平凡で陳腐でありふれた悪しか存在しない。アベルに対するカインのように、他者よりも自分を愛することに起因する悪のみである。ある種の極端な状況——戦争、全体主義的・軍事的独裁政治、災害——では、このありふれた悪が途方もない結末に到達する。こうなると悪魔の仮説はもう不要である。

レーヴィは同じ書物のある章で、この問題に強い関心をもって取り組んでいる。この章は「無益な暴力」と題されているが、この表現はグロスマンの「トレブリンカの地獄」における表現に呼応している。「非論理的な残酷さ」[12]である。「無益な」暴力を観察することはあまりにも容易だとしかいいようがない。もしだれかが平和な方途で目的に達しえず、しかもその人が十分に自信をもっていないときには、その人は力に訴える。悪はここでは、善——個人の善、またはその個人の共同体の善——に到達するための乱暴な方法、便利な近道でしかない。しかしレーヴィはまた、強制収容所の宇宙の中に「無益な」暴力を例証するようなあらゆる種類の行動を観察している。収容者を収容所に輸送する家畜運搬用貨車に、なぜ便所もわずかの水も用意しなかったのだろうか。なぜ収容者からスプーンを奪うのだろうか。そのために彼らは犬のようにスープを舐めざるをえなかったのである。なぜ何時間ものあいだ点呼をつづけさせるのだろうか。なぜ「ベッド」を非の打ち所がなくなるまで何度も整えさせるのだろうか。なぜ瀕死の人を収容所に連れてくるのだろうか。いずれにしても、彼らは近々死ぬことになるのに。なぜ収容者に大した意味のない労働を強制するのだろうか。なぜ人間をたんなる原料——金属、繊維、リン酸塩——の貯蔵庫とみなすのだろうか。生きているときには人間は格段に大きな付加価値を産出できるというのに。

先に悪における合理性について語ったさいに私が言及した問題の争点が何であるかが理解できる。こういった暴力が本当に無益であると証明できれば、この悪は私たち全員になじみ深い悪とは根本的に異なった種類のものであることになり、その悪と私たちのあいだには壁が立ちはだかるだろう。さもなければ、悪はひとりひとりの内部にふたたび見出されうる危険がある。レーヴィは答えにためらいを見せ、決断を下してはいない。しかしそのつど、自分が記述するものを懸命に検討した結果、彼には認めざるをえない——一見「無益」と見えた行動は、他の次元においてその合理性をふたたび見出すのである。収容者を非人間的に扱うことは論理的であった。収容者は人間以下であると即座に仮定されたからである。敵を苦しめることは論理的であった。このことによって私たちの力と優越性が強化されたからである。ばかげた命令に服従を要求することは論理的であった。服従されることは正当化される必要がないことを、このことは証明していたからである。自分の力を誇示することは論理的であった。戦略全体の目標は絶対的優位に到達することだったからである。一言でいえば、自分自身の幸福を気にかけることが論理的で有益であると認めるならば、「同胞がこうむった不幸によって得られる喜び」(13)に、もはや驚いてはならないのである。

レーヴィは「人間はだれも島ではない」というジョン・ダンの有名な詩句を好んで引用している。他者に起こる事柄は私たちにも直接にかかわっている、ということである。ここでこの真理の恐るべき適用がおこなわれる。すなわち、個人は自己を高めたり喜びを得たりすることによっても、他人を貶めたり苦しめたりすることによっても自己を肯定できる。私たち人間は一つの全体を形作っている。ところで人間の尺度は相対的である。ある人にとって無価値なものは、他の人々の偉大さを産出する。ある不幸を知ることは、それを外部から見る人たちの幸福に直接に寄与する――その人たちが不幸をこうむっている者たちを自分たち自身の発現、自分たちの家族、近親者とは見なしていない場合のみである。そうでなければ、他者の不幸はただちに自分自身の不幸となるからである。このようにして善と悪はルソーが述べたように同じ源から流れ出る。つまり、**私**と他者、私たちと他者たちの連続性からである。他者の幸福と他者の不幸を同じ理由からよろこぶ。それは他者が本当の意味で自己と切り離されてはいないということである。唯一の差異は、個人がこれらの他者と維持している関係の性格にある。他者の不幸が彼をよろこばせるのは、彼が他者と無縁なままで、自分を他者に比較するときである。他者の幸福が同じく彼をよろこばせるのは、彼が他者を自己の拡張として生きているからである。個人は隣接関係によって他者の不幸を苦しむ。個人が他者の不幸をよろこぶのは、彼が他者の同類だからである。

このような事態が変化することを期待できるだろうか。このような変化に寄与するために何ができるだろうか。もうひとりの元収容者で、作家となり、しかも「殴り返す」ことを選んだジャン・アメリの態度を懐疑的に解説して、レーヴィは書いている。「こぶしを振り上げて世界全体と闘う者は［……］敗北は必至である。」(14) レーヴィ自身は別の道、理性と議論の道を選択した。だが説得のこぶしを振り上げて世界全体と闘う者の勝利は、もっと確実だというのだろうか。抵抗をつづけることができるし、つづけなければならない。しかし成功は決して保証されえない。あらゆる道が遮断されているように思われる可能性がある。だから、なぜレーヴィが友情を抱いていたビルケナウの元収容者の女性リアーナ・ミリューが、彼の眼差しが年月を経るにつれてますます苦しげになっていくように思ったのかが理解できる。レーヴィの最初の書物『これが人間か』は特殊な悪を立証している。最後の書物『溺れるものと救われるもの』は、悪が狡猾にいたるところに根を張ってしまったことを確認している。

もう一度いえば、昨日と今日とでは同じ悪なのだろうか。歴史はつねに特異であり、過去を忠実に再現するような反復は不可能である。そして少なくとも一世代のあいだは、過去の犯罪の記憶は、ヨーロッパでは同じ犯罪の回帰を妨げている。だがレーヴィにとって、このことはわずかな慰めにしかならない。つぎにおこなわれる犯罪は、それと見分けられぬよう、若干、異なった形態を帯びるだろう。そして計略はうまくいくだろう。私たち眼前に出現するものが、もはやファシズムではなく、ナショナリズムとか宗教的狂信であるとなれば、私たちは不安に駆られることはなくなるだろう。ある疑念がレーヴィの心を占めている。すなわち、アウシュヴィッツは何の役にも立たなかった、やりきれない人類史が相変わらずつづいている、という疑念である。

ヨーロッパの外部ではあるけれども、さまざまな大虐殺が相変わらずおこなわれている。一九七五年から一九七九年にかけて、カンボジアのポル・ポトの共産主義体制は、新しい人間を創造しようとする彼の計画を支持しない人々を皆殺しにする。犠牲者の数を特定することは困難だが、おそらく一五〇万人に近いだろう。つまり、人口全体の七人に一人である。レーヴィはこれがジェノサイドであったと確信している。「このことについてこれほど無知であるのは、私たちの過ちである。それは私たちの過ちである。なぜなら、私たちはもっと読んで、これについてもっと知ることができたはずだからである。［……］精神的な怠惰によって、安寧への嗜好によって、私たちはこれを怠った。[15]」

一九九四年四月、アウシュヴィッツの五〇年後でレーヴィの死の七年後、ルワンダのジェノサイドがはじまる。フツ族によるツチ族へのジェノサイドである。これによって数十万人が死ぬだろう。ヨランド・ムカガサナはその証言の中で、彼女自身の家族に及んだ大量殺戮について記述したあとで、つぎのように述べている。「これを読む力をもたない者たちは、ルワンダのジェノサイドの共犯者として自分を告発するがいい。［……］ルワンダ国民の過酷な試練の内容を知ろうとしない者は、だれでも虐殺者の共犯者である。世界が暴力的であることを放棄するのは、世界がみずからの暴力への欲求を検討することを了承するときでしかないだろう。[16]」彼女が私たちに要求しているものは多くはない。正義の士になることでもなければ、態度を決定することですらない。ただ読み、聞く労をいとわぬことである。だがそれだけでも大したことである。極端な悪は頻繁にあり、ありふれた悪は遍在している。万人に対する闘いだけでなく、万人に対する同情でさえ不可能である、聖人の場合をのぞいて。「私たちが万人の苦しみを苦しまなければならず、また苦しむことができるならば、私たちは生きることができないだろう」とレーヴィは書く。聖性にそそのかされる者は、命を失う危険がある。命を守るために、私たちは状況しだいで私たちの同情の対象を選択し、ある者のためには嘆き、ほかの者は忘却する。

これこそがレーヴィにとって受け入れることがことのほか困難な真実である。アウシュヴィッツの教訓について熟考をめぐらせた四〇年間によって、この破局の最大の原因は、少数の個人の直接的な有罪性を超えて、ドイツ国民の無関心と受動性であることを彼は学んだ。ドイツ国民は全体として、若干の例外はのぞいて、それが可能であるかぎりは、無知にとどまることを受け入れた。そしてこれがもはや不可能になったとき、彼らは受動性に甘んじたのである。今日、どのようにすれば私たち自身の自発的な無知、私たちの無為の選択を正当化できるのだろうか。それは、これまでの惨事とは異なってはいるが、同じく苦しみに満ちた新しい惨事の共犯者になることではないだろうか。可能態と現実態の区別は、ここではもはや大した助けにはならない。私たちが私たちの家族と身近な者だけに気を使うならば、私たちの介入が実を結ぶと期待することができる。しかしそれでは戦時中のドイツ人と同じことをする危険を冒すことになる。私たちがこの行為を国全体、さらには人類へと拡大することに決めるとしても、いかにして挫折感を回避することができるだろうか。

私たちは有罪性と絶望のあいだで選ぶしかないように思われる。生命の放棄へとみちびくかもしれない選択である。しかしながら、レーヴィの死の原因はレーヴィ自身にあるとすることは慎まなければならないと私は思う。収容所の数多くの生き残りは、その一部は公的な役職に就いている人物であったが、アウシュヴィッツの遅れてやってきた犠牲者として、実際にみずからに死を与えた。しかしレーヴィの死の原因は、とても解明されたとはいいがたい。数多くの解説者が指摘したように、そこにはレーヴィの身近な友人たちも含まれるが、彼の場合、自殺といえるかどうかは定かではない。彼はこの方向では何もメッセージを残さなかったし、自分の人生に終止符を打つなどと友人たちに話したことは一度もない。階段室の事故で死んだ可能性も排除できない──飛び降りたのではなく、めまいが原因で落ちたのである。もし彼が自殺することを望んでいたならば、彼ほどの化学者がこんなに不確実な手段を選んだだろうか。これについて疑いが決定的に取り除かれることは決してありえないだろう。しかし彼が自殺したと仮定しても、それが強制収容所の体験と直接に関係すると証明するものは何もない。確実なことは、自殺は彼の熟考の論理的な帰結ではまったくないということである。

レーヴィが自分の瞑想から引き出す教訓は絶望的である。しかし彼の読者は、彼の書物の読書から確固たる信念をもって抜け出してくる。いかなる奇跡によってだろうか。光はレーヴィが瞑想をめぐらす仕方からほとばしり出る。怒鳴り声もなく、とどろき渡る宣言もなく、つねに明晰であるとともに正確であるために丁寧に語を選び、合理的な説得手段しか受け入れず、真実と正義の探求を知的な安楽の上位に位置づけるのである。光線はレーヴィが記述し分析する世界からやってくるのではない。レーヴィ自身からである。彼のような人間たちがこの地上に生きたということ、彼らが悪による汚染に抵抗しえたということ、このことが今度は他者にとって激励の源泉となるのである。プリーモ・レーヴィ、または絶望せる戦士。この名称を構成する二つの語は等しい重要性を有している。彼が今日、とりわけ大切なのは、彼が否応なく認めざるをえなかった痛ましい結論に満足しようとしなかったからである。

5　現在における過去

怖い、恥ずかしい、苦しい。なぜ人生はこんなに恐ろしいのだろうか。私たちのせいなのか、私とあなたとの？

私たちの時代ほど重苦しい時代は一度もなかった。だが私たちは人間のうちなる人間的なものを滅びさせはしなかった。

ワシーリー・グロスマン『システィナ礼拝堂のマドンナ』

「道徳的に妥当なもの」

私たちが住んでいる世界では過去はどのように使用されているのだろうか。私はここで、若干恣意的ではあるが、最近のフランス史から引いたいくつかの事例を強調したい。これらの事例は私たちが過去の喚起の形態と機能をとらえる手助けとなってくれるのである。手始めに、過去を「道徳的に妥当なもの」のために役立たせる喚起である。

今日では「政治的に妥当なもの」(一) は万人が知っている。この順応主義はアメリカの大学で隆盛を極めており、それぞれの人が職業的に成功したいのであれば従わなければならない正しい行動のコードを明示している。むろん、新しいのは表現だけである。政治的に妥当なものは、その背後に長い歴史をもっている。フランスにとどまり、近い過去、つまり〈第二次世界大戦〉直後に話をかぎれば、政治的に妥当なものとは、断固として「反ファシスト」の立場をとることである。おそらく、ド・ゴールがロンドンにいたことも国内でおこなわれたレジスタンスも隠蔽することができない、戦時中の自分たちの不名誉な態度にかんするある種の後ろめたさに責め苛まれて、フランス人は、とりわけ知的世界での彼らの代弁者は、反ファシズムの理想を賑々しく標榜する——ファシズムが打倒されたばかりだというのにである。これがこの時期、〈共産党〉および左翼全体の威信を保証するのである。その修辞的なカムフラージュがいかなるものであれ、いかなる全体主義をもあえて告発する——政治的に妥当性を欠く!——声はまれである。平均的な「進歩主義者」とは——と、こうした非順応主義的な精神の持ち主のひとりであるダヴィッド・ルーセは指摘している——「〝左翼〟のレッテルが貼られていさえすれば、どんな凡作でもむさぼり食う、傾向性の強い大食漢である」。なぜ進歩主義者はこのような行動をとるのだろうか。なぜなら、真実はしばしば快適さを欠いており、否応なく選択しなければならないときには、私たちの大半は真実よりも快適さを好むからである。ところで、「西洋においては快適なのである」。ブルジョワジーとその大罪を告発し、スターリンとそのエピゴーネンの間違いを許すことは快適なのである(1)。

ところが経済成長とイデオロギー停滞の年代である〈栄光の三〇年〉(二)(一九四五年―一九七五年)が過ぎると、政治的に妥当なものの土台が浸食され、政治的に妥当なものそれ自体が弱体化する。近年、それに代わって、道徳的なコノテーションをもつ新しい言説が出現した。この事実はそれ自身として注目されるにあたいする。というのも、「道徳」は他の面ではよい評価を得ていないからである。そして、わずかでも検閲の嫌疑が芽生えるとそのつど、あちらこちらから怒りの声が――しばしば同じ声ではあるが――発せられる。とりわけ、これが性の表象にかかわるときである。しかしながら、異論の余地のない悪の化身として提示される顕著な小集団、近い過去に関係づけられる小集団が問題となるや、状況は一変する。いずれにせよこの絶対悪に結びつけられる者たちはすべて、公共の場で断罪され公然と非難される。

道徳的に妥当なものにおいては、悪の化身とはどのようなものなのだろうか。答えは自明というわけにはいかない。というのも、善悪に自動的に結びつけられる内容は一定せず、時代とともに変化するからである。ヨーロッパにおいては何世紀もの長期にわたり、善悪の内容いかんの決定はキリスト教会の特権であった。だから国家は、たとえ俗権と教権は混同されないとしても、キリスト教の教義によって規定された価値観を自分のものとして採り入れてきた。ところが一九世紀末より、国家はみずからを絶対的に非宗教的であると宣言する。すなわち、競合するさまざまなイデオロギーに対して中立だと宣言するのである――実際には、かならずしも中立ではないとしてもである。芸術家と知識人は司祭の位置を占めることを夢見ていたが（これがポール・ベニシュー(2)の物語る「作家の聖別」の歴史である）、受け入れられなかった。司祭の位置には、もはやだれもいないのである。

この放棄によって空虚が新しく生み出される。そして、もはや国家の代表者だけでなく、市民社会のただ中でうごめくさまざまな力の代表者も、この空虚を埋めることに専念するだろう。つまり、これらさまざまな力が、尊敬したり感嘆したりすべきイコン、嫌悪したり軽蔑したりすべき敵を私たちに提供するのである。一つの社会がこのように、一夜にしていっさいの道徳的目標を放棄することなど想像もできないからである。ただ、この道徳的目標を保有している者の正当性は、外部から保証されないために、同じ位置をめぐる他の志願者を犠牲にして日々獲得される以外にないのである。ここで新しい役割が裏返しに浮かび上がってくるのが見られる。説教家の役割である。説教家は司祭の位置を占めようとするが、司祭と違って、自分のことばに耳を傾けなければならないということを、日常的に公衆に説得する必要に迫られている。

説教家はどのようにして見分けられるのだろうか。私はこの語によって、善悪のあらわれを公然と識別するということから誇りを引き出す者を指示している。説教家《モラリザトウール》であることは、道徳的《モラル》であることを少しも意味しない。道徳的な個人は、自分の生活を、自分の満足や快感を超えたところに位置づけられる概念である善と悪の基準に服させる。説教家のほうは、自分を取り巻く人々の生活をこの同じ基準に服させようとし、このことから利益を引き出す。自分を柵の善いほうの側に見出すという利益である。彼はそこで自分の存在にとって不可欠な承認と自分の価値の確認を獲得する。いつの時代にもこの通りであった。姦通をした女を民衆の制裁にゆだねる男は、自分自身の優越性をひそかに享受していた。だから説教家は、場合によってはありうるその偽善、あるいはその形式主義を強調するのではなく、身近な者をきびしく裁こうとするその性癖にアクセントをおけば、ときにパリサイ人と呼ばれる人に似ている。説教家を定義するのは、信念の内容ではなく、行動の戦略なのである。説教家は心にやましさをもたずに生活し、英語で*self-righteousness*〔ひとりよがり〕と呼ばれるものに突き動かされている。彼が記憶を、とりわけ悪の記憶を呼び起こすとすれば、それは自分の同時代人によりよく説教するためである。

善と悪は一般的で抽象的な観点から記述することができる。だが発言は偽りのない事実の物語の形式を採るならば、いいかえれば過去を引き合いに出すならば、よりいっそうの説得力をもつ。今日、過去のいかなる部分が選び出されるのだろうか。全体主義的な計画が信頼すべきライバルの観を呈していたあいだは、いかなるコンセンサスも不可能だった。両大戦間には、全体主義的な精神の持ち主と民主主義者とは同じ道徳的目標をもつことはできなかった。ファシズム国家が崩壊したあとでさえ、闘いはやむことがなかった。共産主義的なユートピアが人々の広大な部分を魅惑しつづけたのである。ところが四半世紀前から、衝突は鎮静化した。今日では、民主主義の諸原則がきわめて広範に受け入れられているかに見える。しかしながら、このうわべの調和の背後で、さまざまな不一致が相変わらず存続している。これらの不一致は、一方が弁護し他方が異議を唱えるある命題に要約されるだろう。すなわち、ナチズムは共産主義よりも悪かった、というものである。ところで、最大の悪がナチズムであったとすれば、道徳的な価値をもつ二つの大きな物語は、すでにはっきり定められている。もっとも同情すべき犠牲者はナチズムの犠牲者であり、もっとも称賛すべき英雄は反ナチの兵士、軍人、またはレジスタンス活動家である。しかしながら、異なった価値体系をもつ説教家はいくらでも想像することができる（そして、そうした説教家たちは存在している）。

つまり、現代の説教家は善人を褒めたたえ、悪人を非難するために、二つの典型的な例の中から記憶を呼び起こすのである。実際、私たちの周囲でこのことを確認することができる。すなわち、犠牲者と英雄の記念が、悪人の断罪と同様、つづけられているということである。悪人にかんしては、ナチがその典型的な化身である。世論のかなりの部分において、とくに「左翼」とみずからを規定している人々の中では、ナチはその上、唯一の化身でもある。いかなる説教家も必要としている絶対悪は、したがってファシズム、人種主義、反ユダヤ主義などの用語によって指示される。説教家はみずから左翼であろうとするがゆえに、ナチの犯罪と共産主義の犯罪を同じ次元におくことはない。とりわけ不名誉である「ジェノサイド」という語が、ロシア、中国、またはカンボジアでおこなわれた大量殺戮に適用されたことは一度もない。現在の説教家は、血なまぐさい独裁政治の責任者であるピノチェトの制裁は要求するが、もう一つの血なまぐさい独裁政治の責任者であるカストロの制裁を要求することは決してないだろう。ファシズムのイデオロギーとこれを具現した諸体制は、事実、私たちの同国人の大多数によって断罪される。だから、これらの体制や、もっと最近のそれらの体制が変化したものとの共謀の嫌疑をかけられうる個人は、公然と非難される。その代わりに、それを告発した者は、自分が公共の有益性にかかわる仕事を果たしていることを誇りにすることができる。

今日、ナチの大罪の中で積極的な役割を果たした者は数少なくなっている。しかしながら、過去を調べ直し、通常は高く評価されている人物が、実際にはファシズムの権力と何らかの形でかかわり合いになっていたことが明らかになったりする可能性がつねに残されている。つまり、一種の死後の告訴をおこなう可能性が、である。他方で、最近の極右運動の激化は、こうした告発をふたたびおこなうことを可能にした。今日、だれかに対して投じられうる最悪の疑いは、そのだれかが「極右を利する行為をしている」ということである。このようにして、過去における敵を割り出すことは、現在における闘いを推進することを可能にする。この闘いがとる形態について少し考えてみよう。

最初に確認しなければならないのは、ファシズム敗北**以後の**反ファシズムの逆説的な有効性である。というのも、ナチ国家の存命中には、反ファシズム戦線は短期の存在しかもちえなかったのに対し（一九三五年の〈人民戦線〉の結成から一九三九年の独ソ不可侵条約まで）、一九四五年以降、それは西欧における主たる勢力の一つと化した。その存在は、私が先ほど指摘したような国民の大部分が抱いている後ろめたさと、各国の共産党の巧妙な戦術が結びついた結果である。各国の共産党は、異論の余地のない――というのも、ファシストの断罪については万人が一致しているからである――価値をもつ運動の先頭に立つのである。今日、〈共産党〉の直接的な影響が弱体化し、したがって厳密な意味での政治的な領域においては影響力を失っているにもかかわらず、反ファシズムの理想は道徳の分野では永続している。

ファシズムによる汚染は、その関連性を確立するために通過しなければならない仲介者の数がどれほどであろうと追跡される。関連性の確立は当事者の知らぬ間におこなわれさえする。当事者の意志表明は無効と見なされるからである。道徳上の迫害がいかにおこなわれるかを例証するためには、フランスのニュースから引いたいくつかの例を想起するだけで十分である。たとえばジル・ペローのケースである。彼は極左の政治活動で有名だが、否定主義者たちの元 - 同調者二人を十分な激しさでもって告発しなかった点で有罪とされるのである。ペローはここでもともとの犯罪に対して四段階目のところに位置している。それでも、もとの犯罪のとばっちりを受けていることには変わりない。あるいはまた、何人かの美術批評家、すなわちジャン・クレール、ジャン゠フィリップ・ドメック、ブノワ・デュトゥルトルのケースである。彼らはアメリカから手厚い助成金を受けているアヴァン - ギャルド美術をあえて批判したのである。ヒトラーは芸術的アヴァン - ギャルドに反対していた。したがって、すべての批判者は潜在的なヒトラー主義者である。あるいは、フランスにおける人種主義と極右の最良の分析者のひとりであるピエール＝アンドレ・タギエフが対象となった攻撃である。関係資料にかんする彼の深い知識によって、彼はしまいには疑いの目を向けられる。しかも彼は公然と右翼であることを表明する作者たちとの討論に参加し、対話の危険な戯れに応じるという間違いを犯すのである。あるいはまた、アラン・ブロッサである。彼はパレスティナ人に対するイスラエル国家の政策を批判したがゆえに、否定主義、さらには当然のことながら反ユダヤ主義として批判される……。

これらの説教家の言説は、それなりの論理構成上の修辞的手法をもっている。彼らが好んで引用するのはブレヒトである。たとえば、「〈けだもの〉をはらんだ腹はつねに多産である」。この引用は、これらの説教家たちのネオ＝反ファシズム的政治活動が組み込まれている長い伝統が何であるかを示している。同じ理由で、彼らは好んで「闘争」、「レジスタンス」、「警戒」などの用語を使用する。このようにして、現代ではそれ以外では相続人不在となっている革命精神の残滓を我が物としているのである。ここでは、推論はしばしば隣接によるこじつけの形態をとる。二つの主体の同一性を共通の属性から引き出す。すなわち、Xは同じくYを上梓した出版社から出版されている。Yは極右（人種主義、反ユダヤ主義）への共鳴を疑うことができる。したがってXも……。主たる情報は、明示的に断定される代わりに、しばしば暗黙に自明のものとされている。だから確認することも覆すこともできない。つまり、「Xはナチ（ヴィシーの手先、ル・ペンの信奉者）である」というよりも、「疑いが拭えない。Xは対独協力者だったのだろうか」という言い方をするのである。

しかしもっとも頻繁な、そしてある意味では基本となる手法とは、排中律の手法である。すなわち、私たちのように反ファシストでない者はすべて、ファシズムに対して好意的だという嫌疑をかけられうる、ということである。その帰結とは、敵対者の徹底的な悪魔化である。悪とのいっさいの接触は、ただちに最大限に評価され、関係する団体全体に拡大される〈〈国民戦線〉は何から何までファシストである〉。このような敵に直面して適切な唯一の態度は、〈市民〉戦争だろう。ニュアンスを導入しようとするいっさいの試みは裏切りなのである。

説教家は公的には国家にも諸制度にも結びついていない。その標的は、かつてのように異端審問所によって追及される危険もなければ、くり返し投獄されたり、焚書の憂き目にあう危険もない。道徳的に妥当なものが実行されるのは――たとえこれが往々にして法廷に持ち込まれたり、書物の形式をとったりすることがあるとしても――本質的にマスメディアにおいてである。しかしマスメディアの力を過小評価してはならない。悪との共犯（むしろ協力という言い方が好まれるだろう）として非難された個人は、反論するのに多大な困難を覚えるだろう。満場一致で承認された価値観にもとづく非難の汚名を、どのようにすればそそぐことができるのだろうか。タギエフが指摘しているように、「近代民主主義の公共空間では、社会的にとどめを刺すのは、起訴状の最大限の伝播による以外にない」[3]のである。ここでは非難は断罪に匹敵する。そしてこの非難は、三週間後に訂正文書とか読者の耳障りな手紙が公表されても、弱められることはまったくない。公的な告発は、魔女狩りが本格的にはじまった合図へと変化する。社会的なオストラシスム〔陶片〈貝殻〉追放〕、疑惑の烙印は、たとえ乱暴さにおいては劣っているとしても、抑圧の古い形式と同じく効果的である。

ここで私たちが立ち会っているのは、一九世紀のロマン派作家の実現不可能な夢である「作家の聖別」ではもはやなく、メディア的人間の勝利、すなわち過去の作家たちが夢想だにできなかった比類なき力を有するあの道具――マスメディア、すなわちテレビ、ラジオ、新聞雑誌――のおかげで、自分自身の信念の方向に世論を形成することができる人間の勝利なのである。効果的に行動するためには、説教家もまた「知識人」やジャーナリストになり、読者や視聴者に影響を及ぼすことができる論壇を所有しなければならない。ジュリアン・バンダが両大戦間に「聖職者の裏切り」〔邦訳『知識人の裏切り』〕を告発したとき、彼の念頭にあったのは、数多くの知識人、思想家、芸術家が、疑わしいさまざまな政治計画のために役に立っているという事実である。今日、見ることができるのは、裏切りではない。むしろ「聖職者」の権力の著しい増大である。

説教家のやり方は、かならずしも感心したものとはいえないが、それがなおいっそう大きな悪を抑制し、その悪と闘うことを可能にするかぎりにおいて必要であると考えることもできるだろう。だがこうした論法は検証に耐ええない。敵を過度に黒く汚すことによって、説教家は、もはやモデルには似ても似つかない、つまりもはや信用のおけないタブローを乱雑に描きあげる。〈国民戦線〉はそのイデオロギーがいかに嫌悪すべきものであろうと、ナチズムの復活でもなければテロリスト組織でもない。それは幾多の要求の担い手なのであり、これらの要求はそれ自体として分析する必要があるだろう。今日、〈国民戦線〉が数年前よりも弱体化しているとすれば、それはその悪魔化の結果というよりも状況的な理由によっている。その状況的な理由とは、フランスでは、極右の二党分裂、身体的暴力によるそのリーダーの有罪判決、失業の減少である。思い違いをしてはならない。状況はなおも変化する。危険はまたやってくるかもしれない。

さらに、この敵の弱体化は、本当に説教家たちが追求した目的なのだろうか。何年ものあいだ、おそらくは社会党の大統領フランソワ・ミッテランの後押しで、ある種の左翼紙は、まるで極右の重要性を主張するのに全力を尽くしているかのようであった。極右のごくささいな行動にいたるまで詳細な徹底取材をおこなったのである。それに、その告発者たちによっておこなわれた絶え間ない宣伝なくして、だれが世に埋もれた否定主義的な文書が話題になるのをかつて聞いたことがあるだろうか。往々にして告発者たちは、もとの犯罪はすでに裁かれてしまった以上、今度は否定主義者が人道に対する罪によって追及されることを要求しているのである――これは否定主義者に過大な名誉を授けることではないだろうか。それは、「ネオファシスト」または「ネオナチ」の危険が消え去れば、「ネオ‐反ファシスト」の活動家ももはや必要なくなるし、その危険が消え去るとともに、自分の正しさを確信している者たちがこの闘いから引き出す象徴的な利益そのものが消滅するからである。左翼全体がみずからの立場を正当化し、右翼を弱体化させるためには、〈国民戦線〉が維持され相対的に強くなければならないと決めたのとちょうど同じく、説教家たちは何が何でも極右につねに命脈を保ってもらいたがっているかのように行動する。事実、説教家たちは彼らなりの仕方で極右の存続に一役買っているのである。

その上、世界が対称性を装った排他的な二つのブロックに分割されているときによく起こったように、治療薬は病〔＝悪〕それ自体に似はじめるのである。反‐過激主義的な過激主義は、やはり過激主義である。「ル・ペンは鉄砲玉、FN〔国民戦線〕は一斉射撃」とは、その過激さにおいて自分が闘っている悪に少しも引けをとらないネオ‐反ファシストのスローガンである。排除に対する闘いの名において、みなさんのような考え方をしない者たちを心おきなく排除するのである。ところで、極右と効果的に闘うためには、極右をののしるだけでは十分ではない。その思想と論法を知り、それらをほかの、もっとすぐれた思想、論法でもって反駁するほうがよい。それでも、これだけでは極右を解体するためには十分ではないだろう。というのも、思想は有権者を極右に惹きつける理由の一つでしかないからである。そのほかの理由とは、集団的アイデンティティ、生命の安全、根本的な異議申し立て、の必要である。

もちろん類似はうわべでしかなく、反人種主義が人種主義と同じく有害だとはとてもいえないとは付言しなければならない。ネオ‐反ファシストとネオファシストを等号で結ぶことはできない。それでは比較できないものを比較することになるだろう。人種主義的行為は日々産み出され、その犠牲者は自分たちの肉体と尊厳にその打撃をこうむる。ネオ‐反人種主義的な喧噪は言説の一形態であって、これによって何人かの個人の評判が色を失う。それでもやはり、第一に、こうした闘争形態は敵対者を弱体化させる代わりに強化し、しかも公的な論争を活気づけるよりも萎縮させるのである。

実際には、実存的または政治的な選択にかんしては、一般に第三者は排除されていないし、さらに第四者、第五者さえも……。私たちは殺人者に共鳴することと、彼らが死刑の注射を受けるときに歓喜の叫びを上げることとのあいだで選択を迫られているわけではない。悪の反対はかならずしも善ではない。悪の反対は別の悪であることもある。説教者と対立しながら、反ユダヤ主義者、否定主義者、外国人嫌い、人種主義者、ファシスト、またはル・ペン派ではないことは可能である。人類を截然とした二つの半分――善人と悪人、私たちと他者――に分割する、全体主義的ドクトリンの継承者たる善悪二元論のイデオロギーを捨て去るためには、自分自身が善悪二元論者にならないほうがいい。次世紀のための教訓とはつぎのとおりでありうるだろう。すなわち、最初におこなうべきは、善の名において悪と闘うことではなく、善と悪がどこにあるのかを知っているとつねに言い張っている者たちの確信と闘うことである。悪魔とではなく、悪魔を可能にするものとである。すなわち、善悪二元論的思考それ自体とである。

私たちはみな、ナチの犯罪を断罪し、無垢な犠牲者を悼み、それに抵抗しえた者たちに賛嘆の念を抱く。そしてこのコンセンサスには何かしら安心させるものがある。しばしのあいだ、犠牲者に対する軽蔑が勝利を占め（ニーチェが推奨したように）、ナチへの礼賛、またはレジスタンス活動家への敵意が勝利を占めたと想像してみよう！　しかし、こうした態度を公的に受け入れることは、私たちの道徳や政治をよりよくすることはない。なぜか。

道徳の問題はすでにプラトンや福音書の中ではっきり述べられている。イエスは、施しをし、祈り、断食するというようないくつかの称賛すべき行為をおこなうよう勧告するだけでは満足しない。彼はつけ加える。「見てもらおうとして、人の前で善行をしないように注意しなさい。さもないと、あなたがたの天の父のもとで報いをいただけないことになる。」イエスは、善行をすることをやめなさい、施し物を与えてはいけない、泥棒しなさい、といっているのではない。彼はただ、これらの行為は「人から褒められようと」したり「人に見てもらおうと」してするのではなく、「右の手のすることを左の手に知らせ」ないように「隠れたところ」でしなければならないと要求しているのである。こうした要求は古代の異教世界には無縁であったが（英雄は栄光と名声から逃れるのではなく、これらを追求する）、その元来のコンテクストをはるかに超えて広がった。そして今日、この要求は私たちにはもはや格別にキリスト教的なものだとは思えない。道徳的行為は打算的ではありえないというとき（カントとともに。だが同時に今日的な良識とともに）、私たちはイエスの勧告を一般化して考えている。人々から褒められるために行動するならば、「善行をする」ことをやめるのである。(4)

しかし他者の眼差しを放棄することは簡単だろうか。熱烈な信者であれば、大した問題も感じず、人間から褒められようともしないだろう。なぜなら、イエスが彼に約束しているからである、「隠れたことを見ておられる父が、あなたに報いてくださる」と。しかし、父が隠れたことを見ておられ、時間の終わりに報酬に釣り合いを取り戻させてくださると信じることをやめたならば、どうすればいいのだろうか。そのときには、外的な称賛を求める誘惑に駆られるだろう。ところで、他者からやってくる報いは打算的な行為である。道徳的行為の道そのものは孤独である。にもかかわらずこの孤独な道を通るのは、他者の幸福が私たちの幸福をなすからである。この道が私たちの名声を高めるからではないのだ。

今日、だれかが自分は善の側に身をおいており、悪人をしかるべく断罪し、弱者を悼み、強者を讃美すると公に宣言しても、彼は自分の価値に何一つつけ加えることはない。他者に説教をすることが道徳的行為であったことは一度もないからである。英雄の美徳、犠牲者の栄光が、彼らの讃美者に本当の意味で影響を与えることはない。讃美者が彼らから何を期待していようとである。万人に認められた英雄を讃美することには英雄的なものは何もない。逆である。自分が正しいことをしているという確信は、正しい行動を骨抜きにする。英雄である私たちの親たちの威信を享受すること、または犠牲者である私たちの親たちの苦しみに同情することは、当然のことであり、称賛すべきことでもある。だがこうした感情は、公の場で表明されるときから補足的な意味を帯びる。すなわち、これらの感情は、私たちの道徳教育に役立つのではなく、私たちの利益に役立つのである。自分自身の集団の利益に役立つために、あくまでも過去の善人、悪人、犠牲者を儀礼的に引き合いに出そうとするならば、仲間のメンバーの称賛を要求することはできるが、自分の良心の称賛は要求できない。承認された価値観の側に身をおくだけで満足していても称賛をかもすことがないのと同様である。公的な仕方で過去を想起することが私たちにとって教育的であるのは、それが私たちを個人的に問題の俎上に載せ、私たち自身（または私たちがみずからを同一視している者たち）が、かならずしも善とか力とかの化身ではなかったことを私たちに教えてくれる場合のみである。

道徳的行為が必然的に個人的なものであり、公的空間から逃れることを要求するとしても、政治的行為についてはもちろん同じではない。しかも政治的行為が評価されるのはその結果によってであって、行為者の動機によってではない。自国民の幸福に貢献する政治家は、たとえ栄光への欲望にのみ突き動かされているとしても、よい政治家である。ここで危険は別の形態を帯びる。これを「善の誘惑」という表現で言い表わすことができるだろう。「善の誘惑」は実際には「悪の誘惑」よりもはるかに広まっており、同時に逆説的にいっそう危険である。このことに異論の余地がないことを認めるには、世界のいかなる部分でも、その歴史をひもといてみれば十分である。善への熱望の犠牲者のほうが、悪への熱望の犠牲者よりもはるかに多いのである。善への誘惑は、自己自身を善の化身として認め、これを他者に強制しようと欲することに存する――プライベートな生活においてのみならず、公的な領域においてもである。それは結局は、全体主義体制が実践しているものと対称をなし、逆方向におこなわれる道徳と政治の混同である。全体主義体制の場合、道徳的選択は政治的目標に服している。そのときどきの私たちの目標――革命の勝利とか〈党〉の独裁――に役立つものがよいのである。ここでは逆に、一体化は道徳の名においておこなわれる。道徳がみずからの選択を政治的なものに押しつけるのである。これを神学がもっぱら道徳に置き換えられたものと想像すれば、神権政治における政治生活とはこのようなものであるだろう。外部では十字軍（他者がこれを望もうが望むまいが、他者に善を押しつけること）、内部では美徳の支配、「道徳的に妥当性を欠いたもの」に対する迫害である。私たちの政体――自由主義的な民主主義――は、私たちの諸制度が非宗教的なままである以上、こうした逸脱によって深刻な脅威にさらされることはない。その代わり、私たちの社会はこうした逸脱に対して免疫がない。

道徳的無関心と説教家の態度とのあいだに道を見出すことは、かならずしも容易ではない。しかし試みることはできる。国家そのものに結びついた公的な道徳の消滅は、風通しをよくする。だれでもがみな、公に行動するときから、とくに典型的な物語に具体化された道徳的価値観の全体を引き合いに出さざるをえなくなると感じているのである。同じ社会の中でより強い立場を獲得しようと必然的に相互に対立しあっているさまざまな圧力団体が、このような動き方をするのは、なおさらのことである。これが私たちの「個人主義的な」時代の傾向である。この傾向によって、私たちは自分たちに欠けているものを埋め合わせようとするのである。しかしながら、こうした依拠がこれを表明する者の美徳につけ加えるものは何もない。しかも私たちの社会は「善の誘惑」に屈しても得にはならない。つまり、私たちひとりひとりは時代のこうした圧力に立ち向かい、ルソーが述べたように「同意したり抵抗したり」することができるのである。

神話と歴史

ルネサンスの象徴的表現方法《イコノロジー》では、記憶は二つの顔をもつ女性として描かれている。一方の顔は過去へと向けられ、他方の顔は現在に向けられている。片手に本をもち（彼女はこの書物から情報をくみ取ることができる）、もう一方の手には羽根ペンをもっている（おそらく、新しい書物を書くことができるようにである）。記憶の作業は二系列の要求に服している。過去に忠実であること、および現在にとって有益であることである。だがこれらの系列が対立するときには、事実の正確な復元が有害な影響を及ぼしかねないときには、どうなるのだろうか。

　最近、公的な人物をめぐっておこなわれた二つの論争が、こうした対立の可能性を呼び起こした。この論争はいずれも、集団的想念においては英雄のステイタスをもつ個人を対象にしていた。最初の論争の主役はアルトゥール・ロンドンであった。一九八六年に亡くなったこのチェコ出身の男は、スペイン戦争に参加したことのある共産主義インターナショナルの職員であった。彼はフランス人女性と結婚して、フランスにおける共産党のレジスタンス活動の指導者になり、やがてマウタウゼンの強制収容所に送られた。戦後、彼は何年間か西欧にとどまる。一九四八年にプラハにもどった彼は、すぐに外務副大臣に就任する。しかし一九五一年、彼は逮捕され、終身刑の宣告を受けるだろう。これはスランスキー裁判の一環としてであり、その首謀者たちの大半は処刑される。一九五五年以後、彼は解放され、有罪宣告を取り消される。一九六三年、フランスに居を定めるだろう。一九六八年、自分の刑務所での体験記である『告白』を出版する。この作品はコスタ゠ガヴラスが映画に脚色する。ロンドンの役はイヴ・モンタンである。この映画は世界中で上映されるだろう。

一九九六年一一月、カレル・バルトセクの書物『記録文書の告白』(5)が上梓される。これはチェコ共産党とフランス共産党の関係について書かれた書物で、主として新たに公開されたプラハ古文書館を活用している。バルトセクはチェコの歴史家で、一九八二年以降、フランスで生活している。彼自身、一九六八年のソヴィエト侵攻の直後に「処罰」されている(六か月の投獄ののち、学術研究の職を失い、肉体労働者になる。ついで国籍を失い、追放される)。この書物でロンドンの事例に捧げられた一章が、マスメディアに侃々諤々たる論争を巻き起こしたのである。論争は二つの問題にかかわっていた。一方で、問題はロンドンの伝記を最大限の正確さで明らかにすることであった。バルトセクの主たる反対者は、この場合、亡くなったこの革命家の側近たちであった。他方で、論争は現代社会における歴史の役割をめぐって闘わされた。この論争は歴史家とジャーナリストを巻き込んで展開された。

この二番目の論争でバルトセクに突きつけられた論法は、おおよそつぎのように主張することに存した。すなわち、ロンドンの人生、またはこういった類のいかなる人物の人生でも、その人生の個別的な細部がいかなるものであれ、有益なことしか公的に述べてはならない、ということである。こうした観点のこの上なく完璧な論法は一九九六年一二月付の『ル・モンド』紙のある記事の中に見出すことができた。提示された分析はつぎのとおりであった。今日、私たちは歴史上困難な時期に生きている。「極右が私たちの町々を徘徊している」のである。したがって、反ファシズムの闘いの炎を絶やさぬよう維持し、絶えず主張しつづけなければならない。「英雄は英雄なのであり、共和主義スペインの闘いは正しい闘いであり、[……]アルトゥールおよびリーズ・ロンドンは」、ジャン・ムーラン――ナチスによって殺されたフランス・レジスタンスの指導者であり「国家革命の純然たる大天使」――と並んで、「共産主義への真正な情熱の不壊の象徴である」と。こうした視点では、歴史家としての義務を遂行するという口実で、「いかなる例外的な人」にも疑念を投じ、「英雄は見せかけである」ことを証明し、結局は「英雄と聖人を嫌悪することへと」みちびこうとする者たちを恥辱にまみれさせなければならないのは明らかである。このような歴史家は、一般的には「道徳感情」に対する、特殊には市民の政治参加に対する極右の闘いにおいて、極右を助けることにしかならないのである。

歴史家の最大多数は、歴史の役割についてのこのような考え方に反対した。この考え方は、ある種の真実は口にしてはならないと主張することに帰着するからである(彼らは、やはり『ル・モンド』においてであるが、バルトセクを支持する公開書簡を発表した)。フランスでは、このような態度にはいくつかの有名な先例があった。最初はおそらく、ドレフュス事件にかんするものである。反ドレフュス派のリーダーのひとりであるモーリス・バレスは、真実がたとえドレフュスの側にあるとしても、彼に有罪を宣告しなければならない、というのも、さもなければフランス軍は信用を失うからだ、と述べた。「たとえ彼ら[ドレフュス派]のご贔屓が無実だとしても、彼らは犯罪者のままだろう。(6)」もう一つの有名な先例は、五〇年代の初頭に、ソ連の収容所について明らかになった新事実に反対したサルトルの例である。サルトルの表現――おそらく彼自身のものかは疑わしいが、有名になった表現――によれば、「社会主義の祖国」がいまだ地上の楽園ではないことを明かすことによって、ビヤンクール、すなわち労働者階級を絶望させてはならないのであった。同じ時期にはまた、このような新事実は平和という大義を損ないかねないとか、アメリカ帝国主義の思うつぼだ、云々とかいわれた。

こうした視点では、歴史家が負っている義務とは、もはや真実に対する義務ではなく、たんに善に対する義務に過ぎない。歴史家は凡百の宣伝家のひとりに過ぎない――そもそも、事実は存在しない、存在するのは事実をめぐる言説だけだと確信しているのであれば、これは擁護されうる立場である。歴史家はそのとき事跡顕揚者と何ら変わりはしない。このことは実際には、いっさいの学問の破産を意味する。というのも、認識は意志のたんなる投影ではないという公準に立脚しているのが学問だからである。

しかしながら、バレス、サルトル、さらには現代における彼らの弟子たちの視点であるこの実利的な視点においてさえ、真実に対する怠慢は、擁護されるべきテーゼを損なうのではないだろうか。ドレフュス裁判のごまかしの発見は、フランスの反ドレフュス派の立場を長期にわたって危険にさらした。共産主義者の虚偽は、最終的には共産主義思想の魅力を殺してしまった。真実の独占権をそこかしこで極右にゆだねたままで、今日、極右と本気で効果的に闘えるのだろうか。道徳的に妥当なものの危険は、まさに現実のものである。思いやりから出た嘘は最終的にはつねに崩壊し、擁護しようとしていた立場を危険にさらす。真実が故意に言い落とされたことが明らかになることによって引き起こされる損害を想像しているのだろうか。気高い大義の役に立つどころか、真実を故意に言い落とすことは逆にその信用を失墜させるのである。カチンの大量殺戮を思い出してみよう。みずからのイマージュを損なうまいと、ソヴィエト当局は五五年以上ものあいだ、これら数千人のポーランド人将校の死の責任をナチになすりつけようとした。真実の発見はソヴィエトの公式の声明の信用性に致命的な打撃をもたらしたのである。

ここでは政治家の役割と歴史家の役割を区別して考えなければならない。政治家の目標は自国民の精神に働きかけることである。嘘をつかなければならないというわけではないが、政治家は期待する結果を獲得するために、あれではなくこれを自国民にいうことを選択できる。ド・ゴールは一九四〇年のフランス人に、過去の彼らの弱さと意気地なさを思い起こさせることに何の意義も認めなかった。彼らの反抗を目覚めさせるためには、ジャンヌ・ダルクについて語るべきであった。それに対して、歴史家の目標は、敬虔なイマージュを描き、英雄と聖人の崇拝に一役買い、「大天使」の前でひれ伏すことではない。自分の力でできるかぎり真実に接近することである。

この意味では、歴史を語る者は瀆聖を語るのである。聖なるものとは、それに違反すれば罰を受けるという条件で、触れる権利をもたぬもののことである。ところで、歴史は公的空間を非宗教化する。厳密な意味であらゆる崇拝の対象の神聖さを汚すのである。偶像崇拝とは逆に、歴史はその計画そのものによって、マックス・ヴェーバーの語った「呪術からの世界の解放」に関与している。彼はこれを近代性の本質的な特徴と見なした。おそらく極度の危機の時期には、たとえば〈第二次大戦〉中のナチによる占領の時期には、歴史家自身も自国民の勇気を阻喪させかねない教訓をはらんだ歴史の部分には触れるべきではないだろう。だからといって、プロパガンダの努力でしかなかったものを歴史学の仕事だと思わせることによって歴史家が自国民をだますことが正当化されるわけではない。ド・ゴールは一九六九年においても相変わらず一九四〇年と同じように考えていた。「われわれの国が必要とするのは真実ではない。この国に与えなければならないのは希望、団結、目標である」と、映画『悲しみと哀れみ』について彼は語った(7)。

似たような理由から、ヴィシー体制にかんして深く踏み込んだ歴史研究は、終戦後の何年かはフランスでは推奨されなかった。そして世論がフランスの最近の過去を認めるためには、偏見のないドイツやアメリカの歴史家がこれに取り組む必要があった。すなわち、ヴィシーの政治はみずからがそうであると主張していたように、ドイツの暴虐から身を守るための「楯」ではなかったのである。しかし極右の台頭を前にした不安がいかなるものであれ、今日、このような極端な危機的な時期を生きることになるかはあやしい。

ロンドンのような人物の歴史的役割を、現在、いかに評価すべきなのだろうか。古文書館でのバルトセクの発見は、ロンドンの伝記のいくつもの時期にかかわっている。一九一五年生まれのロンドンはモスクワでコミンテルンの専従職員になる。彼がモスクワに滞在するのは一九三四年からである。一九三七年―一九三八年、彼はスペインの国際旅団に合流する。だが戦闘に参加することはない。彼がそこで指揮をとるのは**軍事調査局** *Servicio de investigación militar* の東欧部門、つまりソヴィエト政治警察の支配下にある憲兵隊であるだろう。彼はそこで信頼できない分子の「粛正」を企画する。戦後、彼はスイスとフランスでチェコの情報局と政治警察のために働く。些末な事柄であるが、ぶしつけではある。アメリカの共産主義者ノエル・フィールドに敵対する最初の報告書を書くのはロンドンである。この報告書はその後、ロンドンを連座させるプラハ裁判で利用されるだろう。ロンドン自身は自分の活動のこれらの側面を『告白』の中で明らかにしていなかった。

暴露されたこれら予期せぬ出来事は、今日になって悪印象を生み出す。だからロンドンの側近たちが、何人かの特殊な歴史家に後押しされて、これに激しく抗議したのも当然である。私たちが知っている人は――と彼らは要するにいっている――たしかに堅固な政治的信念をもった人間、職業的革命家であった。だがスパイでも警官でもなかった。非合法活動と収容生活という困難な条件の中で立証したように、高邁な理想をもち、勇気と高潔さを兼ね備えた人間だった。

この対比の教訓の一つとは、二つの主張のあいだで選択するのではなく、その二つの主張の両方に耳を傾けなければならないということである。ロンドンの側近たちが、自分たちの親戚であり友人である者がフランスにおけるスパイ活動のネットワークにかかわったことを正当化しようとするとき、彼らなりの仕方で述べているのが、このことである。すなわち、「この問題は冷戦という枠組みの中で起こったことで、インターナショナルな理想への全面的な忠実さという旗印のもとでおこなわれたのだ」。ロンドンのような人間は、目的はあらゆる手段を正当化すると本気で信じた。彼らは公金を流用して着服するような恥知らずたちではない。共産主義が人類にとって可能な最善の状態だと信じる「理想主義者」である。共産主義の到来に貢献するためには（だが共産主義が到来するのは、彼ら自身の考え方においてさえ、遠い将来のことだろう）、彼らにはあらゆることが可能である。そこには自分たちの組織を「パージにかけ」、スパイし、中傷し、事実をねつ造し、多くの人々を苦しめたり死に追いやったりすることも含まれている。倫理は全面的に政治に服する。これが共産主義の教義であった。コミンテルンの別の古参であるジャック・ロシが指摘したように、「レーニンによれば、倫理とはプロレタリア階級の利益に奉仕するすべてのものである(8)」。

当時の共産党の指導者たちの物語を読むとき、その物語の厳密に悲劇的な意義に打たれざるを得ない（ハインツ・ノイマンのケースですでに見たように）。バルトセクは自著への補遺として、スランスキー裁判の一環として絞首刑に処せられるチェコの一一人の指導者の遺書を公表している。これらの遺書は人間としてあまりに悲痛であるだけではない。それらはまた、身体的、精神的に最悪の拷問を受けたばかりであり、自分たちは何の犯罪も犯さなかったことを重々承知しているのに、死の前日においてさえ、この男たちが相変わらず同じ理想を表明していることを物語っているのである。ノエル・フィールドについても事情は同じだろう。ひとたび解放されても（一九五四年から）、拷問で殺されかねなかったこの男が唯一、気にかけているのは、自分が〈党〉に永遠に忠実であることを宣言することだけなのである（彼は合衆国に帰国することを拒絶し、「社会主義の収容所」で死ぬだろう）。ニコライ・ブハーリンにしてすでにそうであった。自分の裁判のためにおこなわれた尋問で辱めを受け、拷問を受けたあとで死を宣告されてもなお、彼はスターリンに私信を書き送り、自分の愛と忠実を保証した。彼、スターリンへの、〈党〉への、共産主義への……愛と忠実である。自分がこうむった不正のためにスターリンを非難する代わりに、ブハーリンは許しを請う。「永遠の別れをいおう。そして私という不幸な者を恨みに思うなかれ。」(9)

一九四九年―一九五三年の期間におこなわれた〈党〉の指導者たちに対する訴訟は、もちろん歴史家の関心を惹くにあたいする。しかしこれらの訴訟が抑圧の主たる特徴を隠蔽するようなことがあってはならないだろう。この抑圧の根本的な目的は他の共産主義者に打撃を与えることではないからである。バルトセクが作成した統計は、この点にかんして雄弁である。「一九四八年―一九五四年の期間全体について、共産主義者は受刑者の約一〇・一パーセント、死刑囚の約五パーセント、死刑に処せられた者の一パーセントである。」これらの数字を前にしていっそうよく理解できるのは、ロンドンを共産主義権力の**典型的な**犠牲者と捉えることは不当であるということである。不当であるどころではない。そう信じさせることは共産主義権力にとって利益になるのである。実際には、指導者への迫害は抑圧の第三波にしか属していない。もっとも弱い波である。第二波は、ファシズムとの共謀のかどにより告発された人々に対する抑圧。第一波は共産主義者との協力にあまり熱心でなかった人々への抑圧である。

ひとたび解放され、名誉を回復されても、ロンドンもまた相変わらず共産主義の理想に忠実である。つまり、それに先立つ年月における「権力の乱用」を無能だったり腐敗していたりする警察官のせいに、最悪の場合にはスターリンのせいにすることができるのである。それを望んだにせよ望まなかったにせよ、ロンドンは『告白』を通じて共産主義権力に奉仕しつづける。ロンドンの側近たち、あるいはロンドンを思わせる他の人物たちが、ましてこれらの人々がいまなお生存しているときには、今日の研究者たちの仕事の中に自分の姿を認めることができないことは、よくわかる。これは証人と歴史家のあいだですでに出会った対立である。しかしこの二つの党派が同時に正しいということはあり得る。だが異なった次元においてである。これこれの男がカリスマ性を帯びた熱烈な個人であり、同時に抑圧の情け容赦ない役人であったかもしれない（私自身、ブルガリアでこうした人々を知っていた）。悪の手先がいつも怪物であるというシナリオは人類史には属さない。

もう一つの討論は、フランスの偉大なレジスタンス活動家であるリュシーおよびレイモン・オーブラック夫妻にかかわるものであった。〈レジスタンス〉における彼らの役割にかかわるある種の当てこすりに反駁するために、オーブラック夫妻は数名の有名な歴史家に『リベラシオン』紙が企画した円卓会議（一九九七年五月）に参加するように要請していた。これを最後に、しかも最大限の正確さをもって、彼らにかんする事実を明らかにすることを目的としてであった。ところで、この円卓会議の結果（同年七月の紙上で発表された）は、旧レジスタンス活動家の期待を裏切るものとなった。

歴史家たちは確かに、問題の当てこすりには根拠がないことを証明した。しかし彼らは同時に、オーブラック夫妻が年々歳々おこなってきた証言が、かならずしも信頼にはあたいしないことを確認せざるを得なくなった。レイモン・オーブラックはさまざまな機会に同じ事実についてまちまちな解釈を施していたし、リュシー・オーブラックは自分の話をいっそう生彩に富み役立つようにするために歴史的真実を若干、改竄したことを認めたのである。レジスタンス活動家としては、オーブラック夫妻はいっさいの非難を免れていた。証人としては完全ではなかった。このように確認したことが、今度は先の論争に類似した論争を巻き起こした。すなわち、英雄のイマージュを幾分かでも汚すことに有用性はあったのだろうか、ということである。偶像をぜひとも破壊しなければならなかったのだろうか。必要な神話は無傷なままに守るほうがよかったのではないだろうか。リュシー・オーブラックは円卓会議で歴史家たちに対立して自分の意見をつぎのようにしめくくった。「誠実だと見なされているこれらの人たち」は「事実、日付、分析、およびそこから導き出される結論という伝統的な研究規則」しか知らない。これらの専門家たちは「その冷ややかで赤裸々な真実のもとで歴史を保存整理する」。他方、自分のような証人は「何よりもまず教育者」であり、「〈レジスタンス〉の名誉」の擁護者である。「書物、映画、テレビなどあらゆる手段を通じて、私はその価値と栄光を知らしめるでしょう。」ほかの解説者たちは動揺した。偉大なレジスタンス活動家夫妻の象徴的な死刑に立ち会っていたのではないだろうか。〈レジスタンス〉の遺産全体が、今日、存亡の危機にあるのではないだろうか。

私たちは再度、証人、事跡顕揚者〔=記念者〕、歴史家の役割の区別へと送り返される。彼らの要求は同じではない。証人に期待されるのは、何よりもまず誠実であることである。ところどころで彼らが間違いを犯すのは人間だからである。事跡顕揚者の側は公然と認めている。時代の至上命令によってみちびかれ、過去の中から自分に都合がよいものを取り出してくる、と。しかし歴史家のほうは、冷ややかで赤裸々な真実を――しかも最初からである――放棄することを自分に許せるだろうか。

討論に参加した〈レジスタンス〉の専門家たちが受け入れるのに多大な苦労をしたのがこのことである。フランソワ・ベダリダは「辛抱強く真実の連鎖を復元する」権利を要求し、歴史家の権利である「真実への権利」を想起させた。ジャン＝ピエール・アゼマは、階級闘争であれユダヤ人のジェノサイドであれ、「一般に引き合いに出されるこれこれの大義の特殊性を口実として、〝政治的に妥当な〟いっさいの言説をみずからに禁じる」と述べた。歴史家は「いかなる仕方でも、自分の仕事の中でこれこれの個別的な記憶の奉仕者になってはならない」(10)のである。アンリ・ルーソは「必要な神話」および「口にするのがはばかられる真実」という考えに反対した。そして歴史家の目標は認識へとみちびくことであって、信仰へとみちびくことではないと結論づけた。「過去の伝達は英雄と犠牲者を受動的に崇拝することに要約されてはならない(11)。」

現代では、「悪人」についてよりも「善人」について歴史研究をおこなうことのほうが逆説的に困難である。一般に信じられているのとは（そして情報不足の何人かの外国の著者が往々にして主張しているのとは）逆に、今日のフランスでは、ヴィシー政府およびその協力者たちの恥ずべき言動を告発しても何の痛痒も感じない。これを主題にした書物は数え切れない。新聞は新しく暴露される事実が大好きである。それに反して、共産主義者であれド・ゴール主義者であれ、昔日の英雄にかんする研究を推し進め、これを公表することは、もっと困難である。たちまち偶像崇拝者の憤激が燃え上がり、研究者は名誉毀損で訴えられる恐れがあり、発行者は疑いの目で見られる。これらドラマティックな出来事のかつての参加者と証人は侮辱されたと感じる。どうして事実にかんする自分たちのヴィジョンを再検討することができるのか。自分たちだけが骨身にしみて苦しみを体験したというのに。しかし旧レジスタンス活動家たちは、過去においては彼らの活動ゆえに称賛されうるが、現在においてはその活動に対する解釈の特権を有してはいない。自分たちの歴史的ヴィジョンを神聖なものにしたいという彼らの欲望は、過去の認識にも、そもそも現在における活動にも大した役に立たない。ふたたびルーソが書いていることを引用すれば、「歴史家やかつてのレジスタンス活動家の中で、〈レジスタンス〉の歴史を、同時にこれに教訓的な価値をそっくりそのまま保たなければならないという精神を維持しつつ書こうとする者たちは、重大な過ちを冒す」[12]。歴史家は価値世界と無縁な人間ではない。しかも現在の歴史家の最大多数はナチズムの価値観よりも〈レジスタンス〉の価値観のほうを好んでいる。だがやはり真実の探求へのあますところなき愛着が歴史家の至高の価値なのである。

裁判と歴史

記憶の崇拝は、かならずしも都合よく〈歴史〉に奉仕するわけではない。裁判についても同じことがいえるだろう。裁判が歴史学によって分析されるべき参考資料の源であることをやめ、歴史的な知の演出と化すときである。フランスでは、ここ数年、人間性に対する罪のための訴訟がおこなわれた。私たちに伝えられたところでは、これらの訴訟は民族の記憶をよみがえらせるのであった。だがいくつかの声、たとえばシモーヌ・ヴェイユのような声が上がって、生きた記憶を維持するためには絶対に訴訟をしなくてはいけないのだろうかと——正しく、と私には思われるのだが——問いかけている。見せしめのために、またそこから導き出される教訓のために裁判をおこなうことは危険であるばかりでなく、この記憶はほかの多くの場所に保存されている。さまざまな政治行動を通じて、学校教育の中に、マスメディアの中に、歴史の書物の中に、である。一九四四年の上陸作戦の祝典が、一九九四年に華々しく挙行された。この上陸作戦はあらゆる記憶の中に厳然として残っている。その上に、これをもっとよく思い出すために訴訟などを起こす必要があったのだろうか。

他方で、こうした訴訟が実際に歴史教育に役立ち、過去のニュアンスに富んだ精緻なイマージュをもたらすかどうかは定かではない。裁判所は専門的な書物ほどこうしたことに向いていないからである。レジスタンス活動家たちを弾圧した活動をも理由にしてバルビーを訴追することを受け入れることによって、裁判所は戦争犯罪と人道に対する罪を区別する法に違反しただけではない。〈歴史〉の役に立つこともなかったのである。バルビーはレジスタンス活動家たちを拷問に付した。これは事実である。しかしレジスタンス活動家はゲシュタポの将校に捕まったときにも同じことになっていた可能性があった。しかも、フランス軍は一九四四年以降、たとえばアルジェリアで、拷問を計画的に使用した。そしてだれも、これを理由に人道に対する罪で有罪判決を受けていないのである。そもそも、ひとりのドイツの警察官にこうしたタイプの最初の訴訟を適用することを選択することによって、フランス人のナチ政治へのかかわり合いを見えにくくした。数多くの証人によれば、親独義勇隊員は往々にしてドイツ人よりも残酷であったにもかかわらずである。

要するに、これらの行為の歴史的意味作用は、マリ゠クロード・ヴァイヤン゠クチュリエのような証人の存在によって混乱させられていたのである。彼女はアウシュヴィッツとラヴェンスブリュックの元収容者であったが、グラーグを暴露したことに対する反対闘争で有名になっていた。トゥヴィエ裁判では、私訴原告人の弁護士のひとりであるノルドマン氏の存在が同じような結果をもたらした。長年、ＰＣＦに魅了された支持者であるこの法律家は、一九四八年と一九四九年のクラフチェンコとルーセの訴訟で、問題がＵＲＳＳにおける収容所の存在を否認することになったときには、とりわけ攻撃的な態度で勇名を馳せていた。よそにある収容所を擁護しながら、こっちの収容所を断罪することができるものだろうか。「記憶」はこのようなことのために役立たなければならないのだろうか。確かに、ニュルンベルク裁判では、スターリンの代理者たちはヒトラーの協力者たちの審判に参加した。とりわけうさんくさい状況である。というのも、一方が他方と同じほどおぞましい犯罪で有罪判決を受けたのであるから。

フランスにおける人道に対する罪のための三番目の訴訟は、一九九七年一〇月から一九九八年四月にかけてボルドーでおこなわれた。これはおそらくはまた〈第二次世界大戦〉の出来事に関係する最後の訴訟である。この町の警視庁の元事務局長モーリス・パポンに対する最初の告訴は、ユダヤ人の強制収容所移送に彼が関与したことを非難するものであったが、これがはじまったのは一九八一年であった。その長さによって異例なこの訴訟は（一七年間の予審、六か月の審問）、マスメディアに呼び覚ました関心によっても異例であった。日刊紙は毎日、何ページもこの裁判のために割き、数多くのテレビ番組が組まれ、この訴訟を対象とする十指にあまる書物が書店の店頭に並べられた。この訴訟は私たちに何を教えているのだろうか。

私のような外部の観察者は、この裁判自体については少ししかいうべきことをもたない。私には膨大な関係書類にかんする知識がないからである（関係のあった人々について何もいわないために、六三〇〇件の証拠資料が提出された……）。パポンがペタン時代のフランス政府の政治からもっと距離をとらず、犠牲者たちにもっと多くの同情を見せなかったことで、道徳的な過ちを犯したことは異論の余地がない。このことから「不服従の義務」について語ることまでにあるのはわずか一歩だが、この一歩は、危険が過ぎ去ったときにはじめて英雄のふりをすることができる人たちだけが、たじろぎもせずに飛び越えることができる一歩である。だがともかく、道徳は正義そのものではない。その上、法的な犯罪があったのだろうか。この第二の問いに対する答えは、二つの要因に依拠している。パポンの責任の程度、および収容者たちの運命について彼が抱いていた考え方である。法廷の最終決定——不法逮捕および不法監禁への共犯のかどで(殺人の意志は退けられた)一〇年の禁固刑——は、これらの要因の評価のむずかしさを反映している。これは、犯罪の性格に唯一適合していると思われた最高刑と、無罪判決との中途の決定である。

問題なのが個人の有罪判決でしかなかったら、パポンのケースについてこれほど話題になることはないだろう。パポンのケースがこれほど注目を集めたのは、これが国民の教育、とくにこういったケースでよくいわれるように、若い世代の教育に役立つと信じられたからである。若い世代はここで、ヴィシーの反ユダヤ政策がナチスの「最終解決」に寄与したということ、また同時に、野心に凝り固まったたんなる役人が、人道に対する罪に関与しうるということを学ぶものとみなされていた。裁判はその教育的な目標を達成したといえるだろうか。

回避しなければならない第一の罠とは、見せしめのための裁判という罠であった。つまり、パポンを通してヴィシーを、さらにはアウシュヴィッツを裁け、ということである。そのためには、フランスでは、似たような、あるいはそれ以上の責任を引き受けたすべての人々が起訴されなければならなかっただろう。ところで、そのようなことはいっさいなされなかった。もちろん前もって、逆にゲシュタポ(バルビー)、親独義勇隊(トゥヴィエ)、行政(ブスケか、ブスケがいなければパポン)のためにそれぞれ一訴訟がおこなわれるだろう。評決の前日、無罪放免を恐れた者たちが世論に釘を刺した。「パポンを無罪放免にすることは、ヴィシーを免除することになるだろう!」だがこれこそ、裁いているのは人間ではなく体制であるという告白ではなかっただろうか。

他の法的な諸原理も苦難から無傷で抜け出すことはできなかった。人道に対する罪という概念を、最初はバルビーに、つぎはトゥヴィエに、最後にパポンに適用するために、フランス最高の法的決定機関がこの概念に何度も修正を施したことについては何をいうべきだろうか。または、裁判長がパポンに身柄を拘束されないままで出廷することを認めたときに、私訴原告人によってにわかに忘却に付された無罪推定については？「被告人が最初から負けている裁判から、いかなる教育的効果を期待できるだろうか」とピエール・ノラは自問した。尊敬すべきあらゆるマスメディアも、あらゆる政党の政治家も、評決がおこなわれるずっと前にパポンに有罪判決を下しているときに、陪審員たちは自分たちの判断に何のプレッシャーも受けなかったと主張できるのだろうか。この観点からすれば、この裁判の教訓とは、フランスでは法律は政治に従属しているということである。

この裁判は歴史の教訓を含んでいたといえるだろうか。それはむずかしい。おそらく、この機会に、ドイツ軍占領時代のユダヤ人の苦しみについて語られるのを聞いた高校生はいるだろう。しかし法廷は——周知のように——歴史的な真実の確立には適していない。というのも、歴史的真実は法的真実とは性格を異にしているからである。法的真実は二つの真実しかもたない。有罪／無罪、黒／白、諾／否である。ところで、〈歴史〉によって提起される諸問題は、たいていの場合、このような答えを許容しない。この場合、ここ二五年間におこなわれた歴史家の仕事から生まれた、ヴィシー体制にかんする均衡がとれニュアンスに富んだヴィジョンは、裁判のあいだに戯画的な（だが一般大衆にははるかに覚えやすい）二つの解釈に取って代わられた。ペタン体制をドイツ侵略軍に対する「楯」、つまりフランス国民に最悪の事態を免れさせるものとして提示する解釈、およびペタン体制をユダヤ人絶滅に積極的に加担するファシスト体制と同一視する解釈である。裁判と歴史学の目標の差異はすべての手続きに影響を及ぼした。たとえば、裁判所はある種の記録を書類に添付することを拒否した（歴史家がこのような身振りをするのを想像できるだろうか）。あるいは、裁判所は法律が定めるように弁論は口頭でおこなわれることを要求した。つまり、メモの使用はそこでは禁止されていたのである（エクリチュールを使用する権利をもたないような歴史家を思い描いてみよう！）。

裁判は〈古代〉以来周知のように、芝居の上演と強く結ばれている。スペクタクル同様、裁判は参列する人々の精神に訴えかけなければならない。この規則はパポン裁判でも取り消されなかった。私訴原告人の弁護士は、筋の単一を保証するためにマスメディアの立ち会いや弁論の連続性を要求した。衝撃を引き起こすために犠牲となった子供たちの写真を大スクリーンに映写するように要求した。緊張を高まらせるためにどんでん返しを求めた。裁判はこのようにしておこなわれる。だが真実（たとえ歴史家が、この真実はつねに近似的であることを知っているとしてもである）と公正さを熱望する歴史家の仕事と、この効果の追求とのあいだには、いかなる共通点があるというのだろうか。

さまざまな調査によって、フランス人は全体として裁判がおこなわれたことにどちらかといえば満足していることが明らかになった。だがこの満足を喜び、この満足から人々の市民教育が著しく進歩したと結論しなければならなかったのだろうか。それともむしろ、この自己満足のうねりを前にして不安に駆られ、フランス人が別の時代——大半のフランス人が生まれていなかった時代——のこの人物をこれほど満場一致で有罪としたのは、彼らがこの人物のうちに自分の姿を認めなかったからであり、以来、悪人はつねに他者であるがゆえに、自分たちが正しいおこないをしているという確信を心ゆくまで助長することができたからだということを理解しなければならなかったのだろうか。市民教育については、同じ時期におこなわれた他の調査の結果を読むとき、うまくいったかどうかに疑問をさしはさむ余地があった。この調査によれば、フランス人の四八パーセントは自分は少なくとも「若干は人種主義者」であると言明したのであった！

ここで同時代の別のエピソードを想起することができるだろう。パポンは一九四二年に犯したとされる人道に対する罪によって起訴されたのであるが、そのパポンに対する裁判がおこなわれていた時期に、国際刑事法廷（TPI）が開廷されていた。これは、それより三年前の一九九四年にルワンダでおこなわれたジェノサイドのためのものであった。ところで、フランスの国防大臣は、自国の軍人に裁判で証言するようにと送付された召喚状に応じることを禁じていた。というのも、それは——と彼は主張した——「ショーとしての裁判」だからである。フランス政府の立場はその後、変化したが、このような禁止が可能であるということだけでも多くのことを物語っている。その教訓とは、結局は、私たちが人道に対する罪を追及するのは、それらの罪が少なくとも五〇年以前に犯され、容疑者と私たち自身のあいだの関係がはっきり断ち切られている場合だということである。その上、国連も似たような立場をとった。国連のコフィ・アナン事務総長は、事件当時、ルワンダの多国籍軍の責任者であったダレール将軍の尋問を妨害するためにベルギー上院の委員会に介入したのであった。事件そのものは否定されなかった。だがそれが諸政府の政策を変えさせるようなことがあってはならなかったのである。要するに、今日、アメリカが国際裁判にかかわる協定に調印することを拒んでいるのも、似たような理由からである——いかなるアメリカ市民もこの裁判で裁かれることは決してないという保証を得ないかぎりは！

この教育上の失敗（この裁判は「私の考えでは、いかなる教育的な意義もはらんでいない」とアンリ・ルーソ(13)は結論している）、過去から有益な教訓を引き出すことのできない、この無能力を観察するにつけ、忘却のほうがいいと結論づけなければならないのだろうか。もちろん違う。そうではなく、結論づけなければならないのは、まず第一に、専門領域はそれぞれの専門家の仕事にまかせるべきだということである。事実の確立とその最初の解釈は歴史家にゆだねなければならない。教育は、まさに教育がその公然の目標の一つである諸制度によって実践されるべきである。すなわち、学校、公共メディア、議会である。裁判所のほうは、法律を明らかにし、それを個人に適用することで満足しなければならないだろう。「私たちは移住者たちを虐待している。フランスのイマージュを立て直すためには今日、パポン裁判がおこなわれていることは幸運なことだ」と、裁判のあいだにメディアの一人物が語った。だが逆に、現在の不正の埋め合わせをするどころか、私たちの懐古的ヒロイズムは、私たちに現在の不正と闘うことを免れさせるのではないだろうか。私たちが現在の不正に責任がある場合も含んでである。

この同じコンテクストで、私は不可時効消滅性〔時効にかからないこと〕の概念に言及してみたい。人道に対する罪のためのこれら同じ裁判のせいで現実性を帯びることになったからである。フランスにおけるこの最新の例をもう一度、採り上げるならば、一九九八年、パポンは一九四二年に、つまりそれより五六年前に犯された行為のために有罪判決を受けた。この原則がいたるところで維持され、たとえばルワンダのジェノサイドの責任者たちが二〇五〇年に裁かれるということは想像しがたい。だがこの問題はただ想像力の問題だけではない。

不可時効消滅性への最初の異論は、これが裁判の仕事そのものを困難にするということである。法的事実は証言と証拠資料をベースにして確立される。ところで、出来事より五〇年以上も経ってからもたらされる証言に何の価値があるだろうか。そのときには、証人たちがおたがいにしたり自分の近親者にした話が、ずっと以前から彼らの最初の印象と入れ替わっているのである。これがイスラエルのデムジャンジュク裁判が無罪放免で結審した理由の一つである。この男は「イワン雷帝」であるとの嫌疑をかけられていた。トレブリンカ収容所でもとりわけ残忍な死刑執行人である。裁判は人違いであることを指摘し、これを通じて遅すぎる証言の脆弱さを明らかにした。書かれた証拠資料ですら、正確に解釈されるためには、これそのコンテクストに直観的に通暁していることが必要となる。裁判の陪審員がこのように通暁していると想定しうるだろうか。彼らはパポンの孫であったかも知れず、彼らの歴史家としての資質ゆえに選ばれたわけではないのである。一個人の殺害のときは、私たちは真実の確立を可能なかぎりあらゆる慎重さでもって包み込む。犠牲者の数が何千人、さらには何百万人にものぼるときは、私たちはもっと注意深くならなくてもいいのだろうか。

もっと一般的な理由からも不可時効消滅性という法的概念を疑問に付すことができる。個人を五〇年前に犯した犯罪で裁くことは、この個人が自分自身に同一のままであったということを前提とすることであり、したがって時間の経過を拒否することである。ところで、このような前提は、生物学と心理学(あるいは、たんに良識)が私たちに教えていることに逆行すると同時に、近代の政教分離の国家のベースにあるヒューマニズム哲学の諸原理に逆行する。人間には自己改善能力がある、とルソーはいった。そしてそれが人間の特殊性をなす。人間は変化しうる。動物と違って人間が自己の存在に責任があるのは、それゆえである。このことは万人が変化するということを意味するわけではない。そうではなく、それが意味するのは、この可能性を前もって放棄することは、人類の一部に対して自分たちの種への所属を拒否することだということである――そもそも、このことが人道に対する罪の定義そのものである……。まさにそういうわけで、死刑は野蛮である。死刑はある種の個人から変化の可能性を奪い、したがって彼らの生命を奪う前に、彼らを人類の権利から除名するのである。

不可時効消滅性のカテゴリーは、司法の世界では、一つの例外のような印象を与える。人道に対する罪をのぞいて、あらゆる犯罪は一定の時間の果てに時効になるからである。ところで、種々の犯罪のあいだにこのような断絶はない。人道に対する罪においては、諸個人が殺されるのは、彼らが何をおこなうかによってではなく、彼らが何であるかによってである、と往々にしていわれる。しかしポール・リクールが指摘しているように、戦争が全面的なものとなって以来、非戦闘員――いかなる攻撃行為も犯さなかった人々――の絶滅は、一般通貨〔よくあること〕と化した。一九四五年の爆撃で殺された東京、広島、長崎の住民の個人的な罪状はどこにあるのだろうか。彼らが殺されたのは、日本人だからである。ところで、戦争犯罪は時効になる。人道に対する罪をある種の例外だとすることは、これを他の人間的行動から切り離すことになり、なおいっそう理解しがたいものにする。これが人道に対する罪の反復を妨げるための最善の方法だと真剣に考えているのだろうか。

これらの理由から、私はこのカテゴリーを法的な武器庫に維持することに反対する。不可時効消滅性は永遠なるものの法的な翻訳である。ところで、永遠なるものは人間の裁判にはふさわしくない。裁判は絶対をも、聖なるものをも、永遠をも知らない。裁判がかかわるのは不完全で相対的で有限な存在である。まさしくそういうわけで、大赦と時効を実践する。そして、たとえ平和が神の目には不正であろうとも、復讐よりも平和を選ぶことによって、裁判があえて復讐という悪循環を断ち切るのも、この理由からである。

だからといって、不可時効消滅性を断念することは、人道に対する罪という概念を放棄することを少しも意味しない。人道に対する罪が犯される国の現行法がいかなるものであろうとも、人道に対する罪はそのまま残存する。人道に対する罪はそのとき、空間におけるあらゆる境界を凌駕するだろうが、時間における境界を凌駕することはない。私は今日の国際裁判の諸形式についてもう一度、論じることになるだろう。いずれにしても、裁判は永遠なるものを引き合いに出す必要はないのである。

ロマン・ガリの世紀

1945年のロマン・ガリ．この年，彼はフランスに帰国し，『ヨーロッパ教育』を出版する

ロマン・ガリが出版した最後の書物『凧』は謎めいた表現ではじまり、謎めいた表現で終わっている。第一ページに献辞を読むことができる。「記憶に」である。いちばん最後の一節、したがって、これはまた小説の中でガリによって書かれたいちばん最後の一節であるが——この書物は彼が自殺した年である一九八〇年に上梓される——、この一節はこれに先行する部分とは無関係に、つぎのように私たちに語りかける。「最後に私はもう一度、アンドレ・トロクメ牧師の名とル・シャンボン＝シュル＝リニョンの名を書くことによって、この物語を終えたい。というのも、これよりも上手に言い表わすことはできないからだ。」この文が偶然にそこに配置されたのでないことは、自殺の際に報道関係者に送った手紙で確証されている。「では、なぜ？　おそらく私の最後の小説の最後のことば、すなわち〝というのも、これよりも上手に言い表わすことはできないからだ〟の中に〔……〕答えを探さなければならないだろう。私はみずからをついにあますところなく表現したのである。[1]」では、このように彼の最後の書物、彼の小説の傑作の一つでもある書物の戦略上の要点に配置されたこれらのことばのメッセージとは何だろうか。

　ロマン・ガリの伝記的な経路に多くの読者が魅了されることは間違いない。一九一四年にロシアに生まれた彼は、子供時代をモスクワ、ヴィーリニュス〔リトアニア共和国の首都〕、ワルシャワで暮らす。彼が非実践的信者であるユダヤ人である母親とともにフランスにやってくるのは一九二八年である。一九四〇年六月からロンドンの〈自由フランス〉に参加し、戦時中を空軍で闘う。終戦時にはフランス解放《リベラシオン》勲章保持者である。一九四五年から一九六一年にかけて、彼は外交官であるとともに作家である。作品は成功をおさめる。この日以降、彼はもっぱら文学、映画、ジャーナリズムに没頭する。一九七四年、エミール・アジャールの冒険が開始する。ガリはこの名で出版をおこなうのである――これはペンネーム以上のもの、転生である――四冊のうちの一冊『これからの人生』で彼は二度目のゴンクール賞を獲得する。フランスの文壇史上ユニークなケースである。これは複雑なアイデンティティを反映するきわめて波瀾に富んだ人生である。五か国で長期間、生活したあとで、フランス語だけでなく、英語、ロシア語、あるいはポーランド語で書き、自分の作品に少なくとも四つのペンネームで署名するこの人物は（ロマン・ガリはその一つである）とらえがたい。すでにいくつもの伝記が彼のために書かれたのは偶然ではない。彼の文学的偉業のパースペクティヴから彼にアプローチすることもできる。すなわち、アジャール・スタイルのことばの花火、語りの諸形式との戯れ、あるいは彼の「全体」小説理論である。私としては、ロマン・ガリの思想の中に『凧』の謎めいた表現の解明の糸口を探そうと思う――書くのが哲学論でも政治的パンフレットでもなく、小説と自伝的物語である作家の思想の中に。

ガリの思想は三五年におよぶ長い作家生活のあいだに大きな変化をこうむることはなかった。この作家は彼の処女作『ヨーロッパ教育』で語りはじめたことを、ただ「あますところなく表現する」ことに成功したにすぎない。この作品は一九四五年に、最初は英語への翻訳の形で、つぎにフランスで出版された。この最初の小説には多数の驚くべき特徴がある。第一に、現役の軍人によって一九四〇年から一九四三年にかけて書かれたこの小説が、彼自身の体験と直接には関係のない体験を物語っているという事実である。

というのも、この小説で描かれているのはヴィーリニュス近郊の森に隠れ、飢えと寒さに打ちふるえるポーランドのパルティザンたちの生活だからである。著者が書いていない日々は、積極的に戦争に参加していることを思い出せば、英雄化する精神も敵に対する憎しみも存在しないことは驚くべきことである。ガリの真の敵はすでに善悪二元論的精神そのものであるように見える。彼は三五年後、『爪』でそういうだろう。「白と黒、もうたくさんだ。灰色、人間的なものはこれしかない。(2)」

これは、ガリが『ヨーロッパ教育』の中でナチスの残虐さに素知らぬふりをしたり、これを軽く扱ったりしているということではまったくない。絞首刑、レイプ、拷問、残虐行為はしかるべき場所で描き出されている。だが彼は、ドイツ人は非人間的、つまり通常の人間である「私たち」とはまったく異なっていると言明することを拒否する。ドイツ人全員がナチであるわけではない――たとえば音楽玩具製造者である老アウグストゥス、あるいはパルティザンのもとへ脱走する若き兵士である。だがそれだけではない。とりわけ、ドイツ人の中で非人間的に行動する者たち自身も、しかし人間として行動することをやめず、私たちの共通の本性を裏切ることがないのである。「ドイツ人しかいないわけではないのだ。それはいたるところに、ずっと昔から、人類の周囲を徘徊している……。それがあまりに近づき、自分たちの中に浸透するや、人間はドイツ人と化す……たとえその人がポーランド愛国者であってもである。」「彼らが人間であるのは、彼らの落ち度ではない。(3)」もし悪がナチスの中に閉じ込められるのであれば、事はあまりにも容易である。戦争のさ中でガリが発見したことは、それよりもはるかに耐えがたいことである。ナチスは自分たちがしているように振る舞うことによって、いっさいの人間性――つまり、私たちのものでもある人間性――の一面を暴き出している。この悪に打ち勝つことはナチスに勝利するよりもむずかしい。戦争に勝利する者はうわべだけの勝利者にすぎないだろう。悪に打ち勝ったと信じながら、実際には自分たちの内部の悪になおいっそう盲目になるのである。この正義の戦争が世界に平和と調和を確立すると信じている者は幻想でみずからを欺いていることをガリはすでに知っている。人間性の変化は、それが生じるためだけでも、何年もではなく何世紀もかかることを彼は知っているのである。

しかしガリも彼の小説の登場人物たちも、このような啓示によって平和至上主義または価値観の相対主義へとみちびかれることはない。まさにこの時代には、悪はナチズムによって具現された。だから万人の最初の義務はこれと闘うことである。だが幻想を抱かずに闘わなければならない。パルティザン自身は聖者ではない。彼らは——不可避的に——彼らが闘っている悪に汚染されている。彼らは老アウグストゥスのように若いドイツ人脱走兵をも銃殺する。そうせざるを得なかったのだ。しかも敵に対する勝利はつかの間の解放しかもたらしてくれない。人間性はその歩みをつづけていくだろう。袋の中の「夢見る盲目のサツマイモ」よろしく、また疲れを知らず一匹一匹が小枝を運ぶアリの群のように、人間は絶え間なく動き回っている。「闘ったり祈ったり、希望を抱いたり信じたりすることが何の役に立つのだろうか。」(4)

これが最初のメッセージであり、ガリは生涯これに忠実であるだろう。しかし彼はこのメッセージをしだいに明確なものにさせていくことができるだろう。英雄、犠牲者、悪人というあらゆる道徳物語に存在するこれら三つの主要な形象に密着することによって、彼の思想の最後の展開を観察してみよう。

まず最初にいっておかなければならないのは、戦時中、ガリ自身が真の英雄として行動したことである。しかし彼はこの体験を一度も小説の素材にしようとはしなかった。彼の自伝的物語『黎明の約束』でかろうじてこれに言及してはいるが、それでも彼は自分の体験のコミカルな、さらには屈辱的な出来事によりそう多くの時間を割いている。ここではもう一つ別の伝記的なエピソードが啓示的である。一九七六年から一九七七年にかけて、リベラシオン勲章事務局は彼にリベラシオン勲章保持者について本を書くことを求める。そこで彼は詳細な質問事項を作成し、すべてのリベラシオン勲章保持者に送付する。約六〇〇通の回答を受け取る。一連のインタビューを開始し、出版者を見つける。しかし一年後、彼は自分が敗れたことを認め、この計画を断念する。「リベラシオン勲章保持者たちの犠牲と闘いに取り組む何らかの方法を――かりにこれが存在するとしてだが――私は見出すにいたらなかった」と、彼は出版者に書き送っている。(5) おそらく、この仕事によってうながされた省察は最後の小説である『凧』の中に収集されている(ガリはリベラシオン勲章保持者のために特別版をつくる)。だが『凧』が含んでいるのは『ヨーロッパ教育』と同様、レジスタンスにかかわるエピソードであって戦争ではない。そしてレジスタンス活動家たちは、もう一度いえば、そこではスーパーマンのようには描かれなかった。たしかに彼らの大義は正義である。しかし彼らもやはりうぬぼれていたり残酷であったりする。もうひとりのドイツ人脱走兵は、ここではヒトラーに対するテロ行為が失敗したあと、レジスタンス活動家たちによって自殺に追いやられるのである。

英雄を描くことをなぜこのように拒否するのか。それはガリが自分の身近な者たちの苦しみと死でもって文学作品をつくることを嫌悪を覚えているからばかりではない(「彼らはベストセラーになるために倒れたわけではない」)。もっと本質的な言い方をすれば、ガリは英雄とは彼が「男性的な」ものと同一視している価値観の具現であることを確認するのである。力、勇気、自己犠牲、犠牲の能力である(それが『甘ったれ』の語り手の偶像であるジャン・ムーランであり、ピエール・ブロソレットである)。ガリは英雄を尊敬することを拒んでいるわけではない。ただメダルの裏を忘れようとしないのである。この同じ価値観が男性優位の思想をはぐくむのであって、この男性優位の思想にこそ、もろもろの最大の悪の責任があるのである。ガリは反対する。「若者が必要としている最後のもの、それは模範的な死者である。ヒロイズムへの扇動は無力な者たちのためのものである。」英雄は強くなければならない。ところで、と彼はまた述べている、「もっとも強い者たちには私は反対である」(6)。男性優位の思想、他者を支配しようとし、他者を犠牲にして快感を覚えようとする欲望が、何千年来、戦争、絶滅、迫害を産み出してきたのだ。この男性優位の思想が現代政治家の姿を採ったり、ジャック・ロンドンからヘミングウェイまでのアメリカの小説の中に体現されるときには、有害さは減じるが、ましになったとはとてもいえない。

勝利者である英雄は特別な危険を冒している。すなわち、自分たちが悪に対して勝利したばかりの闘いから無傷で抜け出したと信じること、自分たちが善の決定的な化身と化したと信じることである。ナチスに対する戦争は勝利に帰した。ナチスはいまやだれからも断罪される。ナチス自身、自分たちが悪の手先になっていたことを理解しはじめる。勝利者のほうは、盲目のままであり、悪を「他者」の中に閉じ込め、みずからの内なる悪を見過ごしかねない。良心の疚《やま》しさのなさは、たちの悪い悪戯をしかねない。だから、とガリは一九四六年に結論する、「戦争が勝利に帰したときに解放されたのは、敗者であって勝利者ではない」。理の当然として、この文が記されている小説の主要登場人物であるチューリップ――ブーヘンヴァルトの生存者でハーレムに身をひそめている若いユダヤ人――は「勝利者のための祈り」(7)と呼ばれる人道的な大きな運動を設立することに決める。数年後、ダヴィッド・ルーセもまた『分裂した社会』(一九七三年)の中でつぎのような警句を残すだろう。「恐るべきものは勝利の中にある。」『ヨーロッパ教育』はなおも、ある種の読者の目には、反ナチの戦士の栄光を称える歌と見なされえた。二冊目の小説『チューリップ』とともに、混同はもはや不可能となる。この小説が一九四六年にまったく成功をおさめなかったことは驚くべきことだろうか。

英雄の悲劇的条件とは、悪と効果的に闘うためには、敵の手段を使わなければならないことである。ガリは自分がおこなったような戦争では、自分が忌まわしい抽象的な相手を倒すことに成功したばかりではなく、無垢な人々を殺したことも決して忘れないだろう。彼は『偽者』の中で自分自身について三人称で語りながら、まるで取るに足りないことであるかのように記憶を呼び起こしている。「戦時中、彼は飛行士だった。そしてはるか上空から非戦闘員を虐殺した。(8)」彼が死んだ年に書かれた簡潔なテクストでは、これについてもっと長々と説明している。「一九四〇年から一九四四年にかけて私がドイツに投下した爆弾は、ひょっとしたら揺り籠の中のリルケを、ゲーテを、ヘルダーリンを殺したのかもしれない！　もちろん、それがもう一度やらなければならないのであれば、もう一度やるだろう。ヒトラーのせいで私たちは殺さざるをえなかった。この上なく正しい大義も決して無垢ではない。(9)」

強者よりも弱者の側にあったガリは（「私は少数民族に生まれた(10)」）、犠牲者に対して自然な共感を寄せる。だが彼は英雄の役割を演じることを受け入れないように（だが彼は生まれつきの英雄であった）、犠牲者の衣を身に着けようともしない（彼はユダヤ人として犠牲者であることができただろう）。したがって、この共感の性格を明らかにしなければならない。

まず第一に、ある種の犠牲者を切り離して、これを他のすべての犠牲者よりも優遇することほどガリに無縁なものはない。ガリは母親を通じて自分がユダヤ人であることを知っている。母親が教会で彼に洗礼を授けたとしてもである。ところが、彼は自分の身内の苦しみの特異性を要求することは決してない。『チューリップ』の中で、彼はユダヤ人と黒人――二つの、だがはっきり区別される迫害の犠牲者――の同一視に絶えず賭けている。「**黒人**、または**ニグロ**。同じように**ユダヤ人**といわれる。この語は一般に猿から派生した劣等の存在を指す。」黒人の迫害は「ハーレム賢者議定書」と題されたパンフレットから想を得ている。登場人物たちが砂漠でさまよっていると、「ユダヤ人立入禁止」という掲示板が「ニーグロウズ・キープ・アウト(11)」という掲示板と隣り合わせに立てられている。混同は他の小説の中でもつづけられる。『偽者』のドレフュス嬢はギアナ出身の黒人の売春婦である。さらに『これからの人生』ではモモのアラブ人の父親は宣言する。「ユダヤ人の独り占めは終わりです、奥様。ユダヤ人以外にも同じく迫害を受ける権利を有する人々がいるのです。[12]」『夜は静かだろう』で、ガリは自分がフランスで外国人青年として過ごした状態をこう記述している。「当時、私は南仏にいたが、それは今日のアルジェリア人と同じことであった。[13]」そして同じ巻の後続の部分では、「アルジェリア人」について語るように好んで自分自身について語る。この『これからの人生』というもう一冊の傑作の主人公が一四歳のアラブ人少年であることは偶然ではない。これはガリがフランスにやってきたときの年齢である。

他方で、犠牲者は苦しんでいるときには同情にあたいし救済すべきである。しかしこのような体験は、その犠牲者自身がその後、悪人の役割を演じる可能性から犠牲者を守ってくれることは少しもない。犠牲者の苦しみは持続的な美徳を犠牲者に授けるわけではまったくない。このような変化の例はガリの作品の中におびただしくある。『チューリップ』では、チューリップによって創設された運動（「勝利者のための祈り」）に「シオニズムの」分派が出現するのが見られる。だがチューリップはすぐさまこの運動の意味を変質させる。問題なのは「アフリカの大地の、その黒き息子たちの移住に対する、即座の無条件な開放」であって、このようにすれば「徐々に同化して黒人種を破壊しようとするいっさいの新しい試み」を妨げることができるだろう。「各将校が自分の血管には一滴のアーリア人の血も流れていないことを証明しなければならない」ような近代的な軍隊が即座に作り上げられるだろう。

人種主義はいかなる集団も独占できる特性ではない。『チューリップ』の他のページでは、あるアメリカの新聞のつぎのようなタイトルを読むことができる。「〃ジャップは人間なのか？〃」そしてその下には、〃ハリー・トルーマンは、人種主義はドイツと日本から根絶されるだろうと宣言する〃。さらにその下には、

〝デトロイトで人種主義の騒乱。数名の死者〟。」セント・ルイスの少女の手紙も同じく痛ましい。この少女は恋人のビリー・ラビノヴィッチと結婚できない。「彼は私と結婚したがっています。でも彼の両親が同意しようとしないのです。なぜなら私の血管には黒い血が流れているからです。私はちゃんとした家の娘です。私の兄は太平洋で黄色い犬たちに殺されました。しかも私たちは人種差別に決着をつけるためにこの戦争をしたのです[14]。」ガリは二〇年後、つぎのように結論する。「ユダヤ人がゲシュタポを夢見、黒人が黒人のクー・クラックス・クランを夢見はじめることは、やはり悲しいことだ[15]……。」あるいはさらに、ある対談で、「私はこのことで不愉快なことを申し上げましょう。ユダヤ人やニグロであるだけでは、ドイツ人やナチスからあなたを守るのには十分ではないのです[16]」。

かつて白人の犠牲者であった黒人が、そうできるようになるや否や、白人を性急に模倣して攻撃者の役割を演じようとするというテーマは、ガリの二番目の自伝的物語（最初のものは『黎明の約束』）である『ホワイト・ドッグ』の中で詳しく追求されている。この物語に象徴としても骨組みとしても役立っている挿話はつぎの通りである。語り手は迷子の犬を拾う。だがこの犬が黒人を攻撃するように訓練されていることに気づく。くやしがった彼は、この犬を犬の飼育場に入れる。飼育場の黒人の管理人はこの犬を再教育することに決める。この本の終わりで、犬は白人だけに飛びかかっていくのである。この本は一九六八年、すなわちマーティン・ルーサー・キングの殺害前後の合衆国の人種的緊張を物語り、分析している。すなわち、白人の人種主義と黒人の人種主義、最初の暴力と二次的な暴力である。二次的な暴力は、自由にできる手段はより少ないとしても、最初の暴力より称賛にあたいするということは少しもない。

この状況はヨーロッパ人やアメリカ人によっておこなわれた植民地支配・圧制からみずからを解放する第三世界においても大差がない。『空の根』におけるアフリカ革命の指導者ワイタリは、ヨーロッパ的原型とあまりにもそっくりである。「この黒人は他のあらゆる革命的アジテーターと同じだった。彼ら革命的アジテーターは自分たちの旗に〝自由〟、〝正義〟、〝進歩〟という語を記したが、同時に何百万という人間を労働キャンプに投じ、過酷な労働で彼らを死に至らしめたのである。[17]」ここで当てこすられているのは共産主義者である。だが比較は拡張しうる。アフリカでは、黒い肌が「いかにも我々の国らしい」政治家を彷彿とさせる。だから、人種主義者が間違っていることを残念に思わなければならないのかもしれない。残念なことに、黒人は別の種に属しているわけではないからである！『星を食べる人たち』でくり広げられる南米の国々も事情は同じである。地方の独裁者は、たとえインディオ出身であっても、追い出された植民地支配者を凌ごうとする――そしてまさしくこのことによって、植民地支配者のプレゼンスを永続化するのである。「黒や黄色い肌の将軍たちは、装甲車や宮殿の中で、あるいは機関銃の後ろで、彼らの支配者たちが教えた教訓になおも長い間、従うことだろう。コンゴからベトナムにいたるまで、彼らは文明人のもっとも暗い習慣を忠実に続行するだろう。すなわち、自由、進歩、信仰の名において絞首刑にし、拷問し、虐げるのである。[18]」しかも彼らには本当はこのような教訓は不要である。というのも、すべての人間がまさしく同じ種に属しているからである。希望はこちら側にはない。

最後に、ひとたび危険が過ぎ去ると、現実の犠牲者たちが職業的「犠牲者」とか専門の弁護人によって代理されるようなことがしばしば起こる。彼らは他者の過去の苦痛の中に自分たちの存在理由を見出すのである。ガリは『ホワイト・ドッグ』の中で滑稽極まりない場面を再現している。ハリウッドの俳優など富裕な有名人たちが、黒人の保護という大義のために高貴な精神の競い合いをしている。ところで、彼らの実際の動機はまったく別である。これらの行為はとりわけ彼ら自身の利益に役立つのである。なおいっそう狡猾なのは、これらの行為が、遠い存在への熱狂によって、身近な人々に彼らが無関心であることを隠蔽するのを可能にすることである。「今日、新しい屁理屈が存在する。この屁理屈によれば、ビアフラのせいで、ベトナムのせいで、第三世界の貧困のせいで、つまりあらゆることのせいで、盲人が通りを横断するのをあなたが手伝わなくてもいいことになるのである。[19]」同様に、『ソロモン王の苦悩』では、人道的組織「ボランティアＳＯＳ」のリーダーたちは自分たちの活動の中に、何よりもまず自己の慰めを見出している。犠牲者は無垢である。だが犠牲者を道具として利用することはかならずしもそうではない。「歴史上のあらゆる大きな運動の終わりと始まり、すなわち犠牲者。[20]」

今度は虐殺者、攻撃者、悪人とただちに認知される人々に移ろう。ガリが彼らに口実を見つけてやることは決してない。彼が説くのは悪に対する諦念でも非‐抵抗でもない。そうではなく、彼は、彼らの行為は残余の人類に対する教訓を含んでいると考える。彼らは人類に対してその真実を明かすのである。悪の敵であるチューリップは、『我が闘争』*Mon combat*（『我が闘争』*Mein Kampf* ではない）と題する「イデオロギー的書物」を書くことから開始する。彼はこの書物の中で私たちの社会のあらゆる不幸は白人種に由来することを証明する。つまり、彼はつぎのように書くのである。「ドイツ人のうちに存在する犯罪的なものとは、白人なのだ。」そしてこのことによって、彼は二種類の悪人（および犠牲者）を一つにまとめることが可能となる。しかし彼の友人であるハーレムの黒人のナットおやじが、これを訂正する。「ドイツ人のうちに存在する犯罪的なものとは〈人間〉なのだ。」ある「ぞっとするような疑念」が語り手をとらえる。「人間とはドイツ人なのだろうか。[21]」

ガリのつぎの小説である『巨きな衣装部屋』の主役は嘆かわしい対独協力者、ヴァンデルピュットである。その後、ガリはこのことを再考し、つぎのように言明する。「私はあとで、この老人の役は私にとって人類の表現であることを発見した。[22]」彼がこの小説から作り上げた戯曲『正しき半分』の中で、もうひとりの登場人物、アルジェリア人ラトンは、友人のリュックにいう。「世界中にどれぐらいいるかわかるかい、ドイツ人《シュルー》がだよ。三〇億人さ。[23]」リベラシオン勲章保持者の息子で、一四歳の思春期の少年であるリュック自身は他者と異なることを断念し、ヴァンデルピュットに向けて銃を発射する。「ぼくに残されていたのは、もう卑劣な共犯と愛想のいい大きな有罪性の懐に屈服すること、つまりはそこに引き返すことだけだった。[24]」だれも永遠の無垢への権利をもたないのである。

このつきまとって離れない同じ思想は、以後の小説の中でもくり返し表明される。「ナチス、スターリンは、それでも結局は、人間にかんする真実はおそらく彼らのうちにあるのであって、イートン〔イギリス、ウィンザー城の対岸の町〕の緑野にあるのではないという思想を私たちにもたらすのだ」と『空の根』[25]の中に読むことができる。要するに、これが『凧』の大きなテーマの一つである。ドイツをその犯罪に、フランスをその英雄に還元することは、あまりに安易である。「人々が自分の身を守るためにドイツ人を、さらにはナチスをさえ大いに利用していることを、私はにわかに理解した。ある思想がずっと昔から私の精神に取りつき、その後、これを振り払うのにひどく苦労したが、もしかすると完全に振り払ったことはないのかもしれない。ナチスは**人間的**であった。そして彼らのうちに存在する人間的なものとは、彼らの非人間性であった。[26]」人間のこの非人間性、つまり私たちと悪との類縁性を認めないでいるかぎり、善意の嘘にとどまることになるだろう。ガリが敵を憎悪することも、したがって真の「政治的動物」になることもできなかったのは、この善意の嘘を拒否しているからである。

問題なのは虐殺者と犠牲者を混同することではない。それぞれの行動は別個に評価すべきである。それに反して、これらの行動の背後にいる存在は、深淵によって隔てられてはいない。だから私たちは、自分自身は悪をおこなわなかったと思って自分を慰めることはできない。私たちは全員、悪がおこなわれるあいだ、その場にいた。そしてそれをはばむことができなかった。私たちは強制収容所の付近で日常的な仕事にいそしんでいたドイツ人を激しく非難する。しかし私たちなりの仕方で、「私たちは全員が近くの村に住んでいる。［……］だから残余の世界がつねに広大で緩慢な絶滅収容所であろうと、そんなことはどうでもいいのだ[27]」。苦痛には程度の差がある。それでもやはり「私たちは全員がつねに、危難にある者を救助しなかった罪がある[28]」のである。

善と悪は同一人物の中に同居している。ガリは自分を母親を通じてユダヤ人であり、父親（不詳）を通じてコサック人であると述べて、自分自身の二元性のイマージュと戯れる。つまり、ユダヤ人虐殺《ポグロム》の張本人とこの虐殺の犠牲者とが同一の個人の中に同居しているのである。このことからはまた、分岐点となる書物『ジンギス・コーンのダンス』の登場人物の奇妙な名前が出てくる。半分はゲットーのユダヤ人であり、半分はモンゴルの征服者である。この二つの半分は同じく夫婦のそれぞれに具現されうる。たとえば、高級既製服の王であるユダヤ人ソロモン、およびドイツ人との協力で有罪とされるミュージックホールの歌手コーラの夫妻である（『ソロモン王の苦悩』）。

英雄の物語も犠牲者の物語も拒み、悪はもっぱらある種の人間の専用であり、善は他の人間の専用であると考えることを断念する者は、悲劇的な物語へと定められている。事実、ガリの作品全体を通じて悲劇のこだまを聴くことができる。ふつうの人間の顔には憎悪と軽蔑がしみ込んでいることを彼は知っている。彼は自分自身がふつうの人間であることを知っている。この知の結果とは世界に対する憎悪でもなければ諦めでもない。むしろ怒りである。「私の心に恥と憤怒があふれ出し、私の心はもはや心という名にあたいしない。**彼ら**に対して、**あなた方**に対して、**私たち**に対して、私自身に対して[29]。」しかしこの怒りはかならずしも行動へと向かわない。というのも、いかなる一時的な行動も人間のアイデンティティを変化させえないからである。「もっとも重要なことについては、答えは存在しない。[30]」だとすれば、いかにして、すべてに絶望する代わりに希望したりすることができるだろうか。往々にして希望を抱くことなどできなくなる日々がやってくる。ガリが自分のピストルの銃身をくわえたのは、おそらくこうした日々の一つであったに違いない――どんな自殺でも同じだが、彼の自殺もただ一つの理由からではないとしてもである。にもかかわらず、そこには一つの論理が存在する。一九四六年に彼は書かなかっただろうか。「人間がおこなうことができるもっとも侮蔑的な身振りとは、生き残ることなのだろうか。」おこないうるもっとも尊敬すべき身振りとは、自殺することだとでもいうのだろうか。

だがロマン・ガリの全作品が述べているのは、このことではない。ロマン・ガリの作品はたしかに悲劇的である。だが歓喜と生命に打ちふるえてもいる。ガリは英雄讃歌を歌うこと、犠牲者とともに苦しむだけで満足すること、悪人を高慢にも激しく非難することを断念した。だが彼は世界への自分の愛を表現することを可能にした他の登場人物、他の感情を発見した。これがまさに、世界の不条理と人間の本性の邪悪さを記述することで満足している彼の同時代人である他の作家たちと彼を区別するのである。「勇気を殺すには、世界の終末以外のものが必要だろう」と、彼は『チューリップ[31]』の中で書く。すぐに死なないために彼はどのようにしたのだろうか。

まず第一に、小説家ガリ、および彼の登場人物の数人のうちには、最高に取るに足りず、しかも最高に軽蔑すべき存在を理解し、さらには愛するという途方もない能力がある。これが『巨きな衣装部屋』におけるリュックの父親、すなわちナチスによって殺されるこのリベラシオン勲章保持者の教えである。「人間の中に人間を認めるさいに私たちが感じる奇妙な困難さほど、私たちをねらっている大きな危険はない。で、往々にして、哀れみだけが私たちの周囲に人間がいることを教えてくれるのだ。哀れみは混乱を超越し、誤謬と真実から保護されている。それは私たちの深いアイデンティティなのだ。[32]」人間は称賛されるにあたいしない。だが人間は愛を必要としている。だから『黎明の約束』の記憶すべきページで、ガリは重要人物と出会うたびに、取るに足りないM・ピキルニーの名を口に出すことを約束する。[33]だからまた、彼は裏切り者ヴァンデルピュット、対独協力者コーラをして人間性の化身と見なす。「私ののどの作品も」と彼は『夜は静かになるだろう』の中で書くだろう、「弱さへの敬意によってつくられている」[34]。

しかしながら、人間の尊厳は他の人間が人間に寄せるこの愛と同情（これらはキリスト教の中にも存在する）からのみやってくるのではない。尊厳は人間自身の内部からもやってくる。それは、人間がみな同じ素材から裁断されているとしても、ただ一つの部品でできているわけではないということである。恐怖、愚かさ、さもしさ、思い上がりは、私たちの宿命である。だがそれだけではない。私たちひとりひとりのうちには、別の熱望が存在する。ガリはその熱望を表現するために「空の根」とか「凧〔飛ぶ‐牡鹿〕」といった上と下を結びつける隠喩をもちいる。これらの隠喩は、人間が自分自身から身をふりほどき、理想の名において行動する能力、いいかえれば、自由を行使する能力以外の何ものでもない。「イスラム世界はこれを〝空の根〟と呼ぶ。メキシコのインディオの場合は、〝生命の木〟である。この〝生命の木〟のために、インディオは苦難のさいにはあっちでもこっちでもひざまずき、胸を叩きながら目を空に向ける［……］。彼らはおたがいに和解し合い、正義、自由、愛への欲求に自分たちで応えようとする。[35]」この跳躍がなければ、人間は他にいくらでもある動物種の一つにすぎない。「きみが人間のうちの詩的な部分、想像力の部分を抹殺するときから、きみの内部にはもう野蛮さしかない。」

しかしながら、正義と自由への欲求はさまざまな形態を採りうる。それらの形態の一つがまさしく英雄の闘いである。ところで、ガリはその陥穽を知りすぎるほど知っている。彼は絶えず闘い、敵の領土に爆弾の雨を降らせる。しかし彼は人間性の別の形態を好んでいる。すなわち、愛である。そういうわけで、ガリは自分が「女性的な」と呼ぶ価値観を奨励しようとする。その最初の具体化が母性愛である。「人間――つまり文明――は、母親に対する子供の関係の中で開始する。」そして『黎明の約束』の中で、ガリは自分自身の母の忘れがたい肖像を残した。子供が母親を愛することを学ぶからこそ、つぎに子供は愛する能力をもつ人間――形容抜きの人間――になるのである。これが「女性的な」価値観である。やさしさ、愛情、同情、非‐暴力、弱さに対する敬意――ワシーリー・グロスマンが強調したのは、まさにこれらの価値であった。この二人の作家は母性愛に似たような位置を認めている。すなわち、人間のうちにあってもっとも人間的なものの象徴である。

これらの価値はキリスト教によっても引き受けられた――いやむしろ、これらの価値はひとりの人間、イエス＝キリストのイマージュに結びつけられた。そういうわけで、ガリはこの人物を深く愛するのである。たとえ、彼が断固として不可知論者であるとしてもである。イエスは神ではない。彼はひとりの人間にすぎない。しかし彼はこれらの価値の最初にして最高の化身なのである。「キリスト教とは、女らしさ、哀れみ、やさしさ、許し、寛容、母性、弱者への愛である。イエス、それは弱さである。」または、いずれにしても、これが原始キリスト教の理念であった。この宗教が十字軍と宗教裁判、異端への迫害、お上品ぶりとユダヤ人虐殺《ポグロム》の口実と化す前には、そうであった。ガリのイエスはもとの理念を取りもどす。「ひとりの人間がまるで母性が存在するような話し方をあえてしたのは、これが西洋の歴史上はじめてであった。[36]」それゆえ、『チューリップ』はところどころでイエスの無意志的記憶につきまとわれているし（「チューリップの本当の名前はイエス＝キリスト《ジェジュ・クリ》、すなわち叫ぶ《クリエ》の古風な語であるクリだったのかもしれない。つまり、救いを呼ぶ、である[37]」）、ジンギス・コーンは書物の最後で巨大な十字架に押し潰された姿であらわれるのである。

愛は戦時にもなお居場所をもつのだろうか。ガリは自分がイギリスにいたときに書かれた母親の手紙を額縁に入れたと語っている。この手紙で母親はガリに永久の別れを告げ、彼が「**シールニイ・イ・クレプキイ**」«*sil'nyj i krepkij*» であるように忠告する。最初の語はロシア語で「強い」を意味し、二番目の語はガリ自身によって「抵抗する《レジスタン》」(38)と訳されるだろう。弱者の強さ、それがレジスタンス、ガリが好む闘いの形態である。彼がレジスタンスにかんする二冊の小説を書き、戦争にかんする小説を書かなかったのは偶然ではない。この積極的レジスタンスはまた、まったく別のコンテクストで『空の根』のテーマとなるだろう。モレルは元フランス・レジスタンス活動家である。強制収容所に送られた彼は、ある日、人間性は愛の中で開始することを発見する——この上なく慎ましい人々に対して感じる愛、だが同時に動物に、こがね虫にさえ感じる愛！ この日、疲れ果ててへとへとになっているにもかかわらず、彼はひざまずき、仰向けになっているこがね虫を脚で立たせてやる。意味深長な一致である。すなわち、この同じ一九五五年、ガリが『空の根』を書くとき、ワシーリー・グロスマンは『動物園《ティールガルテン》』と題する物語を書き終えるのである。その主役はミミズでさえ尊敬することを学ばなければならないことを理解した。ベルリン爆撃のあいだ、彼は道からミミズを取り上げる。押し潰されかねなかったからである。モレルについては、収容所から出ると、彼はこの生命への尊敬に忠実であることをみずからに誓う。犬の生命をも、あるいは何年もあとになってからはアフリカで象の生命さえもである。この書物が語る物語は、まさしく象を救うためのモレルの闘いである——この闘いが彼に要求するのは、彼が鍛えられることであって冷酷になることではないし、彼が**クレプキイ**、つまり弱さを知る反抗者でありつづけることである。

これはまた、ガリがシャルル・ド・ゴールという人物についておこなう解釈である。ガリはド・ゴールの変わることのない称賛者なのである。ガリにとって、ド・ゴールは鋼鉄のような英雄ではない。自分の弱さを背負っている人間である。「ド・ゴールは四〇年においても今日においても、彼なりの仕方で、若干はモレルであり象である。(39)」両者の類似はどこからやってくるのだろうか。ガリをド・ゴールのほうに惹きつけるのは、なかんずくド・ゴールの突飛な、風変わりな、絶望した側面である。一九四〇年、ほとんどだれも知らない一軍人がロンドンに上陸し、自分は今後、フランスを具現すると宣言するのである！「ド・ゴールとは私にとって、力に対して〝否〟という弱さのことであった。彼は自分の絶対的な弱さの中にある孤独な人間であった。(40)」ガリが愛するド・ゴールとは大胆不敵なドン・キホーテ、市民的不服従を実践するドン・キホーテである。というのも、彼はより上位の次元に従っているからである。あるいは、他の比較をおこなえば、七〇年代のソルジェニーツィンに匹敵する。すなわち、たくましい柏の木を揺り動かそうとする小さな子牛である。

最後に、これと同じ系列に含まれるのが、『凧』の中でガリが言及しているように、アンドレ・トロクメ牧師、彼の妻であるマグダ、およびル・シャンボン＝シュル＝リニョンの他の住民である。戦時中、これらの男たち女たちは闘わなかった。彼らは別のつとめに一身を捧げた。迫害されるユダヤ人の救済である。彼らは何千人というユダヤ人を死から救うことに成功した。これが、他のあらゆる行動の上位に位置する行動、ガリに「これよりも上手に言い表わすことはできない」と書かしめた行動とは何であるかである。これが弱者のレジスタンス、生きている愛である。

ガリがたいていの場合、絶望に完璧に打ち負かされずに済んだのは、人間のうちには、人間の非人間性のほかに、空を見上げ、愛し、抵抗する能力が存在するせいばかりではない。それは同時に、あらゆる理由、あらゆる説明を超えて、ガリが自分のうちに世界への愛と生きる喜びを感じることができるからでもある。彼はこの点で他の人間と異なっているわけではない。だがそれを知り、それを言い表わすという行為が、多くの同時代人から彼を切り離すのである。とりわけ、世界の邪悪さと人間の卑小さしか見ず、苦しみと悪から自分を解き放すことができず――そしてこのようなやり方で、自分たちの同時代人たちをさらにもう少し苦しめている人たちからである。

これが、ガリが自分の時代の何人かの作家――「不幸の文学」の実践者――に差し向ける非難である。「このようにしてあらゆる〝自覚〟の投光機を苦悩へと向けることによって、全体を放棄して、全体主義的なものに陥ってしまう。」つまり、人間に固有の多様性に目を閉ざし、人間をその体験のただ一つの面に還元するのである。「民衆を苦しみの中に閉じこめるこのようなやり方は虚偽である」ばかりではない。そのようなやり方はこの苦しみを募らせるのに一役買うのである。この虚偽が等閑に付しているのは、「存在のもっとも重要な体験、生命には生きることを続行させ、文明には追い求められることを可能にする体験、そして生きている喜びの体験」である。この上なく貧しい人々を考えるときにさえ、私たちは「彼らのもっとも極端な生存条件ですら、喜びの閃光、生きている喜びとの多種多様な一体化の閃光に貫き通されている」(41) ことを忘れてはならない……。

ガリの精神の真の気高さを認めることができるのは、この点においてである。すなわち、どんな人のうちにでも、つまり天を見上げることもあまりなく精神の法悦も知らない人々のうちにさえ出現する人間的なものに感嘆する彼の能力である。ガリが失意を乗り越えることができるのは、人間の条件のこの真実に到達できたからである。そして彼自身の書物は、そのユーモアと歓喜とによって、私たちをこの生きている喜びにあずからせるのである。その内容が絶望的であろうとも――『ヨーロッパ教育』と『チューリップ』から『これからの人生』と『凧』にいたるまで――、生命への愛がそれらに宿っており、私たちはこれから利益を引き出す。すなわち、物語は私たちを虜にし、登場人物は珍妙で人の心を惹きつけ、感動が私たちの喉元にこみ上げるのである。ガリは読者に生命という贈り物をした――彼自身が存在する喜びを感じることができなくなって、身をひいたその日まで。まさにそういうわけで、アウシュヴィッツ以後、詩はもはや存在してはならないと宣言する人々は間違っている。このような理念を受け入れることは、全体主義者自身の事物を貧困化させる論理に身をゆだねることである。全的人間――形容抜きの人間――は、詩と音楽、詩句と物語をつねに必要とするだろう。「死せざる小説」と、ガリは『熱烈な抱擁』におけるマルローへの献辞で述べている。

それでは、彼の最後の小説が捧げられている記憶とは何か。ガリはあらゆる領域におよぶ「記憶の義務」の理念で同時代人を脅そうとは一度もしなかった。すべてを記憶することはできないだろうし、すべてを忘れ去ることもできないだろう。苦しみに満ちた記憶は、できればこれから訣別したくても、残っている。そして私たちが意識的に守ろうとするのは、私たちを最高に喜ばせたものである。このことは大して称賛すべきことではない。しかし過去が現在を隠蔽するようなことがあってはならない。「私は永久に闘いつづける古い流儀は大嫌いだ。人生はくり返し始めるようにつくられている。私は自分を一つにまとめはしない。私は記念しない。私はもう一度、火をつけることはしない。」ガリはそれ以上に聖像を嫌う。たとえそれが偉人の像であろうとも。「私は複製が大嫌いだ。複製は、マルクスのであろうと、レーニン、フロイト、シャルル・ド・ゴール、あるいは毛沢東のであろうと、つねに有害である。」このことは過去を棚上げにしなければならないということではまったくない。「それは私のうちにある。それは**私**である。[42]」

『凧』の中で、ガリは何度も記憶のテーマに立ち返る。まず第一に、語り手の家族が驚くべき「歴史的」

記憶に恵まれているからである。この記憶のおかげで、リュドは目もくらむような暗算をしたり、鉄道の時刻表を暗記したりできるのである。しかし小説の最初のページで敬意を表されているのは、このような非凡な記憶ではない。この本の中で称賛されている記憶は、選択的記憶である。選択的記憶とは、過去の中から私たちに現在を生きるすべを教えるものを記憶することに存する。

リュドの曾祖父はすでに「歴史的記憶」に苦しんでいた。曾祖父は〈人権宣言〉を暗唱することができた。すぐれた記憶力をもつことは、リュドの国語の先生のモットー、すなわち「自分の生存理由を守ること」の等価物である。記憶すること、それは自分の理想にふさわしくあること、名誉を失墜したりしないことである。戦時中は、リュドの場合、自分の記憶を保持することはレジスタンスに参加することである。この時期には、彼だけはでない。もうひとりの男が彼のように「全面的に記憶によって」生きている。「それがロンドンのド・ゴールである。」理想への忠実さ、あるいは人への忠実さ。戦争の数多くの試練を通して、リュドは記憶にリラを保持するだろう。そしてリュドがリラに忠実であるのは、ただたんにリュドが彼女しか愛さないからではなく（リラは他の多くの男を知っているが、リラ自身もリュドに対して忠実である）、リュドが自分のうちにリラへの信頼を無傷なままで維持しているからである。存在と原理に対するこの二つの忠実さは、最終的には統合される。そしてこの点においてもル・シャンボンは模範的である。というのも、ここでは個別的な人間の生命が救われるからである。それは、とガリはいう、「高邁な忠実さ(43)」の場なのである。

つまり、記憶は一息で二つのもっとも高邁な人間的美徳を想起することを可能にする。正義と愛である。これが理由で、記憶はロマン・ガリが定めた名誉ある地位にあたいするのである。

6　民主主義の危機

そして若い母親である彼女は、息子を腕に抱いて、自分の宿命のほうに歩いていくだろう。人類の新しい世代が生じるときに、彼女は空に、強い、まばゆい光を見るだろう——水素爆弾の初めての爆発である。新しい全面的な戦争の開始を告げているのである。

ワシーリー・グロスマン『システィナ礼拝堂のマドンナ』

広島と長崎の原爆

〈第二次世界大戦〉の終わりは、二つの異なった意味をもつ二つのエピソードによって刻印されている。一方では、全体主義のもっとも醜悪で、もっとも極端な形態であるナチズムが敗北を喫し、壊滅する。他方で、民主的国家の連合をリードする国であるアメリカが、戦争の最末期に、比較を絶する破壊力をもつ恐るべき新兵器を使用した。原子爆弾である。

普仏戦争の直後、ルナンが全体主義国家の予示である科学主義的国家を想像しようとしたときには、恐怖政治が内政の代わりになると考えていた。それに対し、外交は「地球を破壊する」ことができる絶対兵器の発明によって変化させられるべきであった。ところで、全体主義国家――ソ連とナチス・ドイツ――が実際に恐怖政治体制を敷くとすれば、絶対兵器を開発し、ただちにそれを使用することを決定するのは、すぐれて民主的な国家――アメリカ――なのである。ドイツとロシアの内部の敵を死に至らしめるには、何世紀も前からとはいわぬまでも、数十年来知られている手工業的な原始的武器の使用しか必要としない。銃殺、毒ガスによる殺害、飢えと寒さによる衰弱である。民主主義の敵の殺害は、地球上でもっとも偉大な学者たちに貢献を呼びかける。それは科学技術上の急速な進歩を前提としている。全体主義国家はその科学主義的な根拠ゆえに殺害する。民主的国家は科学的実践の助けを借りて殺害する。

この比較は不謹慎だといえるかもしれない。いずれの側にも死者が出るとしても、その意味はまるで異なっているからである。URSSでは、「敵」は、推定される〈歴史〉法則に服し、〈党〉またはその指導者の権力を強化するために殺害される。ドイツでは、人類から寄生虫的存在を排除し、〈党〉とその指導者の権力をさらに強化するために敵が殺される。それに反して、原子爆弾が広島と長崎という日本の都市に投下されたのは、戦争を終結させ平和を取りもどすため、全体主義的ではないとしても、いずれにしても軍国主義的で、抑圧的で、攻撃的な体制を転覆させるためであった。殺害するのは、前者は私たちには不正の化身と見えるものの名においてであり、後者の場合は、正義の名においてである。差異は莫大であるはずである。しかも、原子爆弾の使用は期待された結果を生みだした。数日後、日本は無条件降伏に調印し、〈第二次世界大戦〉はついに終わりを告げたのである。

もっと正確にいえば、戦争直後にアメリカと連合国で幅を利かせる解釈は以下のとおりである。政治的な要請は明白である。戦争に終止符を打つためには、日本は敗北を喫しなければならないのである。この国は率先して戦争を推進したばかりでなく、拷問をおこない、服従させた住民を抑圧したり虐待し、戦場以外で無数の死を引き起こしたという罪のゆえに、勝利することそれ自体ではもはや不十分である。日本は敗北しなければならないばかりでなく、罰せられなければならない。その国家組織、軍国的ヒエラルキーは解体させられなければならない。そのためにアメリカは攻撃の停止だけでなく無条件降伏を要求する。ところで、折衝の任に当たった者たちが躓くのはこの点にかんしてである。日本は降伏することは受け入れるが、無条件にではない。なぜなら、日本は伝統的な諸構造を保持できることを望むからである。とりわけ天皇という根本的な制度である。つまりこの要請を拒否することによって、日本の軍事権力は、残された唯一の道を選択する。玉砕である。玉砕はたしかに日本軍を絶滅に至らしめるだろうが、血みどろの沖縄戦以来、アメリカ人が知っているように、敵の軍隊にも甚大な損失をもたらすのである。

戦争直後によくもちいられた表現に従えば、原爆投下はたしかに日本人の生命を奪ったが（一九四五年八月六日には広島でおよそ一四万人、八月九日には長崎で七万人。数年後、この数字はそれぞれ一八万人と一四万人になる）、攻撃した場合に犠牲になったと思われる多数のアメリカ人の生命を救うことを可能にした。もっとも頻繁に主張される数字は一〇〇万人である。当時、兵士としてヨーロッパにいたが、この多数の人命を奪う攻撃のために太平洋に移動させられそうになったある有名なアメリカ人歴史家は、雄弁なタイトルをもつエッセーを書いた（一九八一年）。『原爆を神に感謝する』(1)である。ごもっともである。彼は自分が生き残ったのは核爆発のおかげだと考えているのである。

実をいえば、ありえたかもしれないが実際には回避された死者という論法は、かならずしも説得力があるわけではない。この論法は歴史の展開の中に、歴史とはかかわりのない厳密さを想定している。潜在的な死者を記帳することはできない。出来事の流れはまったく別の方向をとることはできなかったからである。ヴィシー政権時代のリヨンの親独義勇隊の長官のひとりであるポール・トゥヴィエは、人道に対する罪の裁判で、これと同じ論理をもちいて釈明しようとする。ゲシュタポは――と彼はいう――親独義勇隊の大臣であるフィリップ・アンリオ殺害への報復として三〇人の人質を死刑に処するように要求した。ところで、彼、トゥヴィエはこの数字を七名に削減することに成功したのであった。彼は人道に対する罪で追及されるどころか、逆に彼を人類の恩人として尊敬し、二三人の命を救ったことを感謝しなければならないのである！　こうした論理に足を踏み入れれば、さらにつけ加えてつぎのようにいうことができるだろう。なぜ、ここでは二三名に、あちらでは一〇〇万人にとどめなければならないのか。死を免れたこれらの人々の将来の子供たちが誕生するのも、この同じ行為のおかげである。原爆がなければ、何百万人ものアメリカ人が陽の目を見ることは決してできなかっただろう！　残念ながら、同じ計算によれば、原爆は潜在的な数百万人の人間（日本人ではあるが）の命を奪ったのである。このような論理はすぐさま不条理に突き当たる。

もう一つ別の問いが伝統的な説明の確かさを揺るがすことになった。というのも、つぎのように自問することが、もちろん可能だからである。すなわち、無条件降伏は本当に不可欠だったのだろうか。そして、不可欠だったとしても、日本の二つの都市に原爆を投下することが、無条件降伏を獲得する唯一の方法だったのだろうか。最初の問いは提起されるにあたいする。というのは、降伏直後、アメリカ人は、日本政府がみずから進んで降伏することの条件として要求していたとおりに、最終的には帝国の制度を維持することに決定したからである。もしこうしたスタイルを受け入れる用意があったのであれば、なぜ原爆だったのか。他方で、もう一つの重大な出来事の結果として、いずれにせよ無条件降伏になる恐れがあった。一九四五年八月初旬に、それまで中立を守っていたソ連が日本に宣戦布告することに決めるのである（公式の通告は八月八日になされるだろう）。このことによって、日本の状況は真に絶望的なものになる。しかし日本の司令部に新しい状況が意味するものを消化する間も与えずに、アメリカの参謀部は決断を下す。ただちに爆撃しなければならない、である。すべてはまるでアメリカ人が、戦争に勝利するのは、ソ連人ではなく自分たちの介入のおかげであることを熱望しているかのようにおこなわれるのである。

最後に、無条件降伏は、市民を標的にするのではなく、日本の学者と軍人が目撃できたような核爆発実験によって獲得することも可能であった。デモンストレーションだけでも十分に納得のいくものであったと想像される。同じ見方をすれば、たとえ広島が必要だと断定されたとしても、三日後の長崎を正当化するものは何もない。デモンストレーションはすでにおこなわれていた。その結果を待つだけで十分であった。

しかし原子爆弾が戦争を終結させるためにも無条件降伏を獲得するためにさえも不必要だったとすれば、またこれにアメリカ人の生命の救済という高潔な役割を付与することができないとすれば、どうして投下したのだろうか。日本の二つの都市の住民三〇万人の生命を一気に抹殺するためには差し迫った理由がなければならない。もうじき四〇年にもなる昔から、アメリカの歴史家[2]はこの問いを提起している。そして彼らがこの問いに対してもたらす答えは、単純なものではないが、勝利の直後に広まった伝説以上に、真実に近づいているように思われる。実際、理由は一つではない。重層的なものである。

トルーマン大統領とその側近の顧問たちは、ありふれた人々である。彼らはそれぞれの力を評価することのむずかしい一連のファクターに押されて行動した。決定へとみちびいたのは、これらのファクターの結合である。もっとも強力なファクターは、おそらくは日本とはまったくかかわりがない。それはURSSとの新しい関係にある。ドイツに対する最終的な勝利以前においてさえ、反ファシズム同盟のメンバー間の合意は、完璧であるどころではない。この勝利の直後に、将来の対立が明白なものになりはじめる。旧連合国は世界の新しい分割においてライバルと化す。ローズヴェルトはソ連人に対して好意的であった。彼は新兵器の秘密をソ連人と分かち合うことを望みさえした。ローズヴェルトのあとを継いだトルーマンはローズヴェルトとは異なった政治的経歴の持ち主であり、ソ連をアメリカにとっての最大の懸念と見なす側近の圧力にずっと敏感であった。いまこそ「アンクル・ジョー」(スターリン)に強烈な印象を与え、真の力がどちら側にあるかを見せつける時である。このようなやり方をすれば、彼の領土拡張の野心に効果的にブレーキをかけることができるだろう。彼は縦列隊形で侵攻する〈赤軍〉の機甲部隊を西欧の征服のために派遣することに躊躇するだろう。事実、求められた効果は獲得される。四〇年代の末期にはソ連の攻撃は鳴りを潜めるだろう。その後の経過は知られている。しかるべく強烈な印象を受けたスターリンは、自分も核兵器を手に入れるためには手段を選ばない。スターリンがこれに成功するときに確立されるのが、二重の抑止力という状況である。この状況については、前の計算に想を汲んで、数百万人の生命に死を免れさせたということができるだろう——広島に投下された原爆は、はじめにそう思っていたよりも、人類のためになおいっそうよい効果をもたらしたのである！　それでも、この観点からすれば、広島と長崎の住人はニューヨーク、パリ、ロンドンの住人の尻ぬぐいをしたことに変わりないだろう。

二番目の理由の全体は、それに反して、日本に、現在史に直接に結びついている。パール・ハーバーは正当に、屈辱として、すすがなければならない侮辱として体験される（大多数が非干渉主義的で、しかもヒトラーに好意的な世論の流れを変え、連合軍の側で戦争に参入することが可能となるために、この侮辱がローズヴェルトによって**願われている**ことは、この当時は知られていない）。いつも正義を引き合いに出しても無駄である。これらの懲罰隊を派遣したのは、まさに復讐であった。占領した国々で日本人が犯した残虐行為の話があらゆる記憶の中に現存しているがゆえに、懲罰隊の派遣を正当化することはますます容易である。これらの記憶はナチスの犯罪にかんする新事実にプラスされて、懲罰にうってつけの風土を新しく生み出す。本当をいえば、このことはこの懲罰をそれほど正当化するものではない。グロスマンが指摘したようにである。「四歳のこの男の子もその祖母も、なぜパール・ハーバーとアウシュヴィッツのために釈明するのが、ほかならぬ自分たちの役目であるのかを理解できなかった。」

人類というパースペクティヴにおいては——もしこういう言い方ができるとすればであるが——、犠牲者の数を増やさずに衝突に何らかの解決策を見出すほうがおそらくよかっただろう。踏みにじられた国家（アメリカ）の名誉というパースペクティヴでは、思う存分に懲罰することにまさるものはなかった。殺した奴に死を！　である。周知のように、今日でも、アメリカの司法体系はこの野蛮な原理にもとづいて機能している。このことによっておそらくは、トルーマンの顧問たちが原爆の純然たるデモンストレーション的使用という考えを捨て去り、二つの都市の破壊を好んだ理由が説明されるだろう。しかも一九四五年三月一〇日には東京がとりわけ死者の多かった爆撃（一〇万人の死者）の対象になっていたし、長崎のあとの一九四五年八月一四日にも爆撃がおこなわれるだろう。降伏はもはや時間の問題でしかないのにである。

原爆投下の第三の説明は、当時、アメリカにふつうにあった反日本の人種主義にある——覚えておられるだろうが、ロマン・ガリによって指摘され、その後、歴史家たちによって詳細に分析された人種主義である。[3] この人種主義は大衆紙の中にもワシントンの意思決定者のあいだにも見ることができる。ワシントンの意思決定者は、おたがいのあいだで日本人を「ジャップ」という軽蔑的用語で呼び合っているのである。アメリカのプロパガンダは日本人を犬、豚、または猿、つまり絶滅にしかあたいしない気の触れた動物として表象する。トルーマン大統領は長崎の直後、民間人を巻き添えにして殺したという非難に対する自己弁護として、つぎのように書く。「けだもの［*beast*］を相手にするときは、けだものとして扱わなければならない。」原爆が非‐ヨーロッパ人、非‐〈白人〉に使用されたという事実は、人種主義の問題に敏感なアメリカの黒人共同体のメンバーに見すごしにはされえない。詩人ラングストン・ヒューズは一九四五年八月一八日につぎのように書く。「なぜ原爆はドイツに対しては使用されなかったのか。彼らは白人には使いたくなかっただけなのだ。ドイツ人は白人である。だから彼らはこれを有色の人々で試すためにヨーロッパで戦争が終わるのを待ったのだ。ジャップは有色人種である。[4]」

最後に、原爆使用を正当化する四番目の理由の全体は、日本と日本人にも、ロシア人との地政学と敵対関係にも無関係である。原爆の使用は原爆の製造にみちびいた動きそのものの結果である。周知のように、原爆の実現に取り組むことに決定したのは、当初は、ヒトラーの側でもこれを製造するのではないかという恐怖からである。しかし一九四三年以降、連合軍情報部はドイツがこの計画を棚上げにしたことを確認する（ドイツが支持するのは、むしろミサイルの開発である）。だが核反応の制御にかんする研究はアメリカでは続行される。物理学者は最終的な正当化の問題を心の奥底に追いやった。彼らはいまや途方もなく複雑な技術的な問題を解明したいという欲望によって動かされているのである。この計画を推進したロバート・オッペンハイマーは、数年後、つぎのように説明する。「私の意見では、技術的に魅力的［sweet］な何かが見えるとき、人はそれを追求し、それを実践する。これでもって何をするかの問題をみずからに突きつけるのは、技術的成功をおさめたあとでしかない。原子爆弾の場合、事態はこのようにして進行したのである。[5]」

道具としての思考は――ここにその雄弁な例を見ることができるが――、強制的につぎのような連鎖をたどる。すなわち、あることが可能であれば、そのことは実現されなければならない、そして道具が存在するのであれば、これを使わなければならない、のである。いついかなるときにも、最終的な目的にかんする問い、現におこなっている如くに行動する理由にかんする問いが介入することはない。技術は私たちの代わりに決定するように思われる。つまり、私たちは技術が可能にしたことを遂行するのである。私たちが有益であると判断することを実現するのに技術が役立つ代わりにである。

似たような、だがいっそう漠然とした動きが、あらゆる官僚体制を、ここではとりわけ軍事的官僚体制を特徴づけている。原爆はヒトラーに対する防衛策として構想されるのであるから、ヒトラーの敗北後はこれを使用することは断念されると考えられ得たかもしれないが、このようなことは道具的で官僚主義的な思考にとっては問題外である。計画が開始された以上、これを最後までみちびかなければならないのである。戦後、オッペンハイマーは証言している。「ドイツが降伏したあとほど私たちが熱心に大急ぎで仕事をしたことはないと私は思う。[6]」実際、彼らは急ぐ。というのも、彼らは素晴らしい発明品をうまく完成させる前に戦争が終わることを恐れていたからである。他方、軍司令部は、戦争を勝利へとみちびくべきは、交渉ではなく直接的な軍事的介入であることを望んでいた。

現代世界では、その世界が民主的であろうと全体主義的であろうと、核攻撃という大規模な行為には、数多くの要因の介入と、連鎖上の幾多の環のあいだでの責任の細分化が必然的にからんでくる。したがって、それらの要因・環のどれも、場合によっては不幸なものとなる結果に対して、みずからが直接に責任があると認識し得ない。全員が情勢の圧力と、彼らにのしかかっている共同体の要請を感じている。全員が目的ではなく方法の観点でものを考える。原爆を投下したパイロットは、もちろん自分に責任があるとは思っていない。彼らは命令に従っているだけである。しかも彼らはこのように行動することは正しいと感じている（彼らは一〇〇万人のアメリカ人の生命に死をまぬがれさせるのである！）。行動するさいに悔恨が目覚めるとしても、彼らは魔法の表現、滑稽な婉曲語法によって急速にこれを眠り込ませる。彼らは広島の原爆を「**リトルボーイ**」、長崎の原爆を「**ファットマン**〔太っちょ〕」と呼ぶのである。メカニズムを開発する物理学者は、このような偉業をなし遂げることができることに満足している。大統領と顧問たちがおこなうのは、権限を有する軍人たちが彼らに勧めることである――この軍人たちのほうは自分たちがはじめたわけではない論理に従っている。政治家が彼らに要求したのは、戦争をすることによって危機を打開することである。軍人は自分たちが使用しうる手段――焼夷弾と原子爆弾――をもちいて戦争を実行に移す。

欧米世界のために広島と長崎が爆撃されたのであるから、欧米世界では今日にいたるまで、これを完全に合法的な戦争行為だったとする見解が優勢である。ジョナサン・グローヴァーは意味深長な出来事を想起させる。一九五六年、オックスフォード大学がトルーマン元大統領に名誉博士号を授与することに決定するのである。式典に先立っておこなわれた会議で、哲学者エリザベス・アンスコンブがこの決定に反対して立ち上がり、一般住民を皆殺しにすることは称賛にあたいする行為ではないことを思い出させる。大学の評議会は投票に移る。博士号は満場一致マイナス一票――エリザベス・アンスコンブの票――で授与される。(7) だが、これはヨーロッパのもっとも威信のある大学の一つなのであって、ありきたりの軍隊学校ではないのである。

当時よりも軍事的状況についてより正確な情報を得ている今日、私たちはこれらの爆撃をどのように形容できるだろうか。このケースにもっともふさわしいと思われる用語は、戦争犯罪である。戦争犯罪とは、一九四九年八月一二日のジュネーヴ協定の文面からすれば、防衛されていず軍事目標でもない民間の人口密集地域への攻撃もしくは爆撃である。というのも、追求されていた軍事的目的は、犠牲者の数のもっと少ない他の手段で達することができたからである。しかも死者は主として民間人である(六対一の割合で)。いずれにしても、アメリカの司令部の意図とは、犠牲者の数を可能なかぎり多くし心理的衝撃を最大にするために、軍事施設ではなく都市を、それもなるべく無傷な都市を攻撃することなのである。

いっておかなければならないのは、民間人と軍人との明確な区別にもとづいたこれら法的な定義は、〈第二次世界大戦〉より以前に書かれた軍事史にかんするある報告書に想を汲んでいるように思われることである。ひとたび戦争が総力戦と化すと、これらの定義はその妥当性の多くを失う。「銃後に」いる人々も、軍隊にとって不可欠な補完物たる経済を機能させることによって、戦争の労力に手を貸していることに変わりない。しかも彼らの国内では、労働への熱情をかき立てるために、この事実を四六時中彼らに思い出させようとする。逆に、周知のように、敵国民を恐怖に陥れれば、もっと早く勝利する――つまり戦争を停止させる――ことができる。この戦術は最初はヒトラーによって採用されるが、すでに見たように、たちまちにして連合軍によって模倣されるだろう。副次的なやり方であるどころか、一般住民への爆撃は勝利を獲得するためのもっとも効果的な――そしてもっとも普及している――手段の一つである。いかなる総力戦でも戦争行為と戦争犯罪とをごっちゃにする。ということは、この戦争犯罪という概念はもはや意味をもたないのだろうか。それとも、いかなる総力戦でも犯罪的なのだろうか。

広島と長崎の爆撃の教訓は多岐にわたっている。私がここで採り上げるのは、私たちに直接にかかわっている教訓だけである。第一に、ウクライナの農民やヨーロッパ・ユダヤ人のジェノサイドがいっそう重くのしかかっているとしても、全体主義国だけが悪に加担したわけではないという確認である。もっと重大な犯罪がよそで犯されたからといって、犯罪はあくまでも犯罪だからである。だがこの新しい悪は善の名において遂行される――それぞれの主体の欲望に対して同語反復的に同一である善のみならず、私たちがつねに熱望している善の名においてである。平和と民主主義である。悪はここでは別の道を通って遂行される。この悪は科学主義的イデオロギーから生じるのではないし、絶対権力の獲得をともなうこともない。それはさらに大きな悪に対する闘いの副次的な――だが何と苦しみに満ちていることか――産物である。この悪は、おそらくは遺憾であるが不可避的な手段、気高い目的の使用に供される手段に過ぎない、と私たちはよくいわれる。だが、それはまた手段と目的とにつながりをもたせることを忘却する思考の結果でもある。

原子爆弾で殺された人々の数は、ウクライナの飢饉の場合よりも、ウクライナとポーランドのナチスの絶滅の場合よりも少ない。両者の共通点とは、殺された人々はみな、当事者によって善に到達するための手段と見なされていることである。同時に、もう一つ別のことがこれらの爆撃を特徴づけている。それは、これらの爆撃がこれを犯した者たちの誇りの源だということである（事実、彼らはオックスフォード大学、そしておそらくはその他多くの大学によって、人類の恩人として特別扱いされるにあたいするのである）。それに対して全体主義の犯罪は、その首謀者がこれを有益な、さらには称賛にあたいする政治的行為と見なしたとしても、秘密は注意深く守られたのであった。スターリンが農民の大量虐殺を企画したためにメダルをもらったことは一度もない。ヒムラーでさえユダヤ人の絶滅という自分の功績が正々堂々と祝ってもらえないことに不平を洩らしていた。だがこの二人のいずれもが、もし外部の世界が彼らの陰謀の正確な性質を知ったならば、自分たちが断罪されていただろうことを理解していたのである。この点で彼らは間違っていなかった。これらの陰謀は知られるや否や絶対悪の象徴と化したのであった。いま問題になっているケースでは事情は異なっている。だからこそ、たとえ犯罪がより小さいとしても、民主主義の名において人を殺す殺人犯の悪習はいっそう重大である。このコンテクストでは、なぜロマン・ガリが「戦争に勝利するとき、解放されるのは敗者であって勝利者ではない」と断言したのかも、よりよく理解できる。敗者は自分たちが善と一体化するという幻想から解放されるのに対して、勝利者はすぐに同じことをくり返しかねないのである。

全体主義は往々にして、当然のことだが、悪の帝国のように私たちには見える。だからといって、民主主義がいたるところでつねに善の王国を具現しているということにはならない。

コソヴォ——政治的コンテクスト

しばしば指摘されてきたことだが、二〇世紀はバルカン半島の戦争で始まったように、バルカン半島の戦争で終わった(つまり私たちの場合、二〇世紀は一九一二年に始まることになる)。この新たな紛争、九〇年代の紛争は、二〇世紀の歴史を支配した全体主義と民主主義の対立との関連で、いかなる意味を帯びるだろうか。過去の教訓は、私たちが現在を分析するのに役立ってくれるだろうか。私たちがこの一連の考察の終わりで試みるのは、これら過去の教訓を、ごく最近、私たちの眼前でおこなわれ、すべての人々の記憶に生々しく残っている出来事に照合することによって、とりわけこの紛争の末尾を飾るエピソード、すなわちコソヴォ戦争を考察の対象とすることによって、この過去の教訓をテストすることである。

しかしながら、この時間的な近さが問題となる。時間の経過は最小限のコンセンサスの形成に一役買う。〈第二次世界大戦〉にかんしては、解釈と評価はつねに分かれるとしても、少なくとも事実そのもの——だれが、いつ、どこで、どれぐらい——にかんする一致は成り立っている。一九九九年に起こった紛争については、事情はまったく異なっている。事実の真相は明らかであるどころではない。それもそのはずである。事実の確立そのものが戦争の一部をなしているからである。したがって、いかなる解釈においてもそうであるように、適切なコンテクストを構成する情報の選択についてためらいが存在するだけでなく、情報の内容そのものについても躊躇しなければならない。これらの出来事に付与される意味、およびこれらの出来事に対して下される評価については、同じ民主的な価値観、同じ正義と平和への理想を共有している人々のあいだでも何から何まで異なっている。コソヴォ戦争についての意見の極端な分散を前にしては、精神はお手上げ状態である。たとえ一国の内部だけにとどめたとしてもである。すべてはまるで私たちの判断が、私たちの得ている情報や推理能力、私たちが公然と標榜している価値観に依拠しているのではなく、もっと漠然とした所与、とりわけ、無限に変化しうる私たちの個人的なアイデンティティ、伝記的な来歴、無意識の愛着に依拠しているかのように進行する。情報と論理的な議論はそのとき、私たちの欲動によって命じられた選択に合理的な外観を付与することにしか役立たないだろう。

私はこれらの決定因から全面的にまぬがれていると主張するつもりはないし、すでに自分の意見を確立している人たちが私の解釈に同意してくれることを期待しているわけでもない。しかしながら、私は何ごとにおいても、コソヴォへの武力介入のあとにおこなわれた激しい論戦の主役たちの轍を踏もうとは思わない。私がある種の意見をダメだと主張しようとするのは、その意見をだれそれが発したからでもないし、この意見が何らかの形で利用されるからでもない。カチンの責任者はソ連人だとゲッペルスが非難したからといって、この主張が真実であることをやめるわけではない。ビヤンクールが絶望したり極右が私たちの町を徘徊するからといって、共産主義体制にかかわる真実を隠蔽してはならない。公開討論では、いかなる真実でも口にしてよいのだ。私はまた、どちらを選択するかがあらかじめ決まっているような対立を持ち出すことによって、私のつとめを容易にしたいとも思わない。あなたは野蛮に賛成ですか。戦争に賛成ですか、平和に賛成ですか。危険に瀕している子供たちを救いたいのですか、文明に賛成ですか。子供たちが大量に虐殺されるのを見過ごしにしたいのですか。人殺しのほうを好みますか、犠牲者のほうを好みますか。それではレーニンの真似をすることになるだろう。レーニンが論争において追求したのは、グロスマンの言に従えば、たんに勝利であって真実ではなかった。おそらくその時がやってきたのである――これが私の希望である――、情熱のうねりに押し流されずに、もう少し多くの冷静さをもって私たちの最近の歴史のこのエピソードを検討する時が、である。

コソヴォにおける一九九九年の出来事は、地理的かつ歴史的なコンテクストの中で発生した。その大ざっぱな輪郭を想起してみる必要がある。そして最初に想起すべきは一見したところ無関係なエピソードであるが、実際には多くの点で、その後にやってきたものの前兆となるエピソードである。問題となるのは、八〇年代を通じて隣国ブルガリアでおこなわれた、少数民族であるトルコ人の迫害である。ブルガリアにはトルコ語を話すイスラム教徒からなる約一〇パーセントの巨大少数民族がいる。二つの共同体の共存は「トルコ人」に対する差別によって特徴づけられていた。この差別は生活習慣の中に組み込まれていたが、それでも重大な軋轢を産み出すことはなかった。だがそれも、トルコ人共同体の全員にかかわる「ブルガリア化」——名前の、そしてそれと並行して生活様式のブルガリア化——のキャンペーンが開始されるまでであった。結果はわかっていた。極端な場合には集団自殺にまで行きつく異議申し立て、トルコへの否応のない移住である。こうした人々の大半は、それまでトルコに行ったことなどなかったのである。こうした措置の意味もまた明らかだった。共産党政権はみずからのイデオロギーが国民に対してもはや何の影響力ももたないことを知っていた。ところで、共産党政権が必要としていたのは、規律のみならず、感情的同意、集団的情熱を拠り所にすることであった。そうするために、領土的実体と言語的（または文化的）実体の不一致を異常なことであると提示することによって国民の多数派のうちにナショナリズムの感情を目覚めさせることに決定したのである。

しかしながら、差別される側の少数派内部に大きな苦痛をもたらしたこれらの措置は、逆の結果にたどりついた。つまり、多数派であるブルガリア人の内部に公然たる対立を生み出したのである。ブルガリア全体主義史上、はじめての対立である！　その結果、これらの措置は、共産党政権の失墜に一役買うはめになった。このような操作をしようとしたせいで評判がひどく傷ついたのである。

今度は隣国ユーゴスラヴィアに身を移し、紛争を理解するために必要な要素を拾い上げてみよう。この連邦国家は六つの共和国の寄せ集めであった。それらの中でもっとも重要な共和国——セルビア——の内部には二つの自治地域があった。ハンガリー語を母語とする人々が大半を占めるヴォイヴォディナ、およびアルバニア語使用者が住むコソヴォである。一九八〇年までは、共産党のきびしい統制下でナショナリズム的な下心は抑えられ、国家の平和が保証されていた。一九八〇年に〈第二次大戦〉の英雄であり国家元首であるチトーが死ぬ。チトーの後継者たちはチトーほどの威信に恵まれていない。しかも共産党政権はもうこれまでのような抑圧はおこなわない。共産党の指導者たちがナショナリズムのリーダーへと転向するのは、そのときである。ブルガリアの共産党員においては成功しなかった転向である。この転向は、もう一度いえば、ある種の全体主義が他の全体主義へと容易に移行することを例証している。特定の階級に定められていた特権的な位置を、民族が占めるのである。セルビアの――そしてなおしばらくはユーゴスラヴィアの――実権を握る人物、スロボダン・ミロシェヴィッチが体現しているのが、この変化である。もはやイデオロギー的（共産主義的）情熱を目覚めさせることができないので、ミロシェヴィッチは過去の不正の犠牲者であったという多くのセルビア人が抱いている感情に巧妙につけ込むのである。

格好の口実は一九八七年に見出されるだろう。コソヴォ地域のセルビア人住民は二〇〇万人対二〇万人と圧倒的に少数である。少数民族に対してよくあることだが、セルビア人住民は多数派を構成するアルバニア人からの冷遇と差別の対象となっている。ミロシェヴィッチはこうした不正を是正すると約束し、記憶に訴える。すなわち、一三八九年にコソヴォ平野で決定的な戦闘がおこなわれた。この戦闘でスラヴ人はイスラム教徒であるトルコ人に敗れた。ふたたび屈するようなことがあってはならない。記憶は征服し返すために役立てられるのである。一九八九年、ミロシェヴィッチはこの地域の自治を廃止し、反対方向の迫害を開始する。今度はユーゴスラヴィアの少数民族であるアルバニア人に対する迫害である。

この抑圧的な行動はこの国の残余の部分に警報として作用する。旧共和国はすべて（モンテネグロをのぞいて。モンテネグロの住民はセルビアの住民同様、正教の伝統に属し、セルビア語を話す）一つまた一つと独立を宣言し、連邦を離れていく。ある原理がこうした動きを律しているように思われる。文化的に異なった各住民は自立的国家をもたなければならないということである。これらの文化的実体を把握することは、外部の観察者にはかならずしも容易ではない。往々にして宗教的伝統が引き合いに出されるが——正教徒、カトリック教徒、イスラム教徒が同じ領土の上でひしめき合っている——、四〇年間の共産主義も手伝って、住民の大半が無神論者であることを忘れてはならない。ある場合には言語の多様性が強調される。たしかにハンガリー語とアルバニア語はスラヴ諸言語とは異なった言語族に属している。しかし後者のスラヴ諸言語についていえば、セルビア語、クロアチア語、ボスニア語は、二つの異なったアルファベットによって書き写される本質的にただ一つの言語であって、この言語を話す者は、マケドニア語もスロヴェニア語も理解できるのである……。しかもユーゴスラヴィアは一九一八年以来、一つの国家を形成していたがゆえに、住民は移動や結婚によって混淆している——この結婚は「民族間の」結婚と呼ぶのにさえあたいしない。

独立の達成は予想したとおりの軋轢を産み出す。というのも、いまや必要とされるのは、諸国家間に境界線を引くことであって、もはや同じ一つの国家のさまざまな部分のあいだに境界線を引くことではないからである。いまや多数のセルビア人がクロアチアに住み、クロアチア人がセルビアに住んでいる。セルビアとスロヴェニアのあいだで、セルビアとクロアチアのあいだで戦争が勃発する。遺恨と復讐の理由が積み重なる。これらの新しい国の指導者はみな同じ原則に従っているように見える。一民族に一国家を、である。このことが「民族浄化」という表現であらわされる住民の強制移住の理由となる。これは〈第二次世界大戦〉後におこなわれた強制移住に似ている。ポーランド人はソ連に併合された土地を去ることを余儀なくされ、ドイツ人はいまやポーランドのものとなった地域から強制移住させられ、云々である。

ところで——このことは強調しておかなければならないが——この国家と民族の一致の原則ほど異論の余地だらけのものはない。それも二つの大きな理由からである。第一の理由は事実の次元のものである。「民族の自決権」という決まり文句は、このコンテクストでしばしば引き合いに出されるが、正確な意味をもたない。というのも、それは国民が国家形成以前に存在していることを前提としているからである。これは幻想である。というのも、どんな民族集団でも「国民」と呼べるわけではないことはもちろんだからである——この表現にいかなる定義を付与しようともである。私は、今日、世界には約二〇〇の国家が存在するが、多少とも明確に識別される六〇〇〇の言語集団と五〇〇〇の民族集団が存在することを引き合いに出したい。しかも周知のように、文化的な諸特徴はきちっとした仕方で分配されてはいない。宗教による分割は言語集団とは一致しないし、ましてや身体的特徴とは一致しない。共通の過去——共通の敵——は往々にして、言語と宗教によって産み出される連帯よりも強い連帯を作り出す。要するに、領土、住民、国家の重なり合いという夢（一部の者には悪夢と見えるかもしれない）は、非現実的なのである。

この夢は、その上、民主主義の精神とは無縁である。というのも、この夢は個人に判断の自律性を表明する可能性をゆだねる代わりに、両親と誕生にまつわる事情によって付与されるアイデンティティの中に個人を閉じ込めることを要求するからである。民族国家は**自然的国家**としてみずからを提示する。民主的国家は逆に**契約国家**だと考えられている。その住人は自分の意志を行使する主体であって、みずからの身体的または文化的なアイデンティティに服した、共同体のたんなる代表者なのではない。

というのも、民主的国家は血縁の共同体でもなければ、起源の共同体でさえないからである。民主的国家はまた各人に自由を行使したり、自分がこうむっている制限から逃れたりする可能性をゆだねている。この国家はさまざまな共同体をうちに取り込んでいる。これらの差異を規制する契約を採用することによってである。ある場合には寛容とか非宗教性というモデルにもとづいて（宗教はプライベートな問題である。あらゆる宗教が、宗教の拒否と同様、近代民主主義の内部では実践可能である）、ある場合には単一性というモデルにもとづいてである（西欧諸国の大半は——これをもう一つの例として採り上げれば——唯一の公用語をもちいている）。民主主義体制の目的とは、一国の文化的または「民族的」な均質化ではまったくない。民主主義体制の目的とは個人の権利を保護することだけであって、その権利の中には自分が文化的少数派に所属する権利も含まれている。この原理の名において、人々は少数派集団にかかわる下品な常套句と闘おうとしたり、少数派集団にも彼らの言語、宗教、伝統を実践することを可能にしようとしている。この原理によって、住民が大昔から混じり合い、移動しているという事実を法的に認め、何らかの土地をある限定された住民にのみ割り当てることを放棄するのである。

つまり、個人の権利または少数派への尊敬と違って、民族的純潔の原理には民主的国家との類縁性はまったくない。だがこの原理が、ユーゴスラヴィアから派生したすべての国の政権を握っているチームの活動を方向づけたのである。この原理を選択したことによるもっとも破局的な結果が見られるのはボスニアにおいてである。それもそのはずである。この旧共和国は起源の均質性を完全に欠いていたからである。この時期におこなわれた調査によって、私たちはボスニアに住んでいたのは、イスラム系ボスニア人が四三パーセント、正教系セルビア人が三一パーセント、カトリック系クロアチア人が一七パーセントであったことを知ることができる。これらの調査が述べていないことは、ボスニア人がこれらのアイデンティティから一つを選ぶことを迫られたとき、大多数のボスニア人、とりわけ都市の住人は、これらのカテゴリーのどれにも自分たちの姿を認めていなかったと思われることである。彼らは自分たちをただたんにボスニアの住人またはユーゴスラヴィアの住人といっていたのである。忘れてならないのは、彼らが同じ言語を話し、全員がむしろ無神論者であることである。

民族－国家の一致という原理が三つの共同体の指導者たちによって採用されたがゆえに、また人々がボスニア共和国を三つの自律的国家へと分割する方向へとみちびかれたがゆえに、予想されていた結果が産み出された。土地を守るために「外国人」を追放しなければならなかったのである。実際、同じ原理がさまざまな党派の態度をみちびいた。というのも、少数民族の強制退去と国家の自律の要求は、共通点をもっているからである。文化的に均質な領土的実態の設立の要求という共通点である。衝突はここでは異なったイデオロギー上の枠組みからやってくるのではない。原因は二つの党派が領土の分割について合意できないということにある。だからボスニア戦争はとくに長くつづき、血なまぐさいものとなった。この戦争においてもっとも積極的な役割を演じたのは、セルビア人指導者と軍人であった。実際、数々の大量虐殺、集団暴行、あらゆる種類の掠奪に対して最大の責任を負っているのは、このセルビア人指導者と軍人である。これらの領土に住んでいるセルビア人住民の一部が、今度は自分たちが民族的純潔の名においてそこから強制退去させられるとしてもである。

そのとき、新しい立役者が出来事の展開の中に割り込んだ。「欧米」、いいかえれば、欧州連合のいくつかの国とアメリカである。この立役者は二つの仕方で自己の存在を示した。一方で、これらの国は種々の戦争当事国によって実行されている民族的均質性という原理を支持した。つまり、契約モデルにもとづいて設立される国家という理念を放棄するのである。これらの国はそうするだけの明確な理由をもっていたとはいわなければならない。契約国家であるユーゴスラヴィアは、共産主義の継承者、ミロシェヴィッチとその協力者の手中に落ちていた。それに対して、未来の民族的に純粋な「自然的」国家であるスロヴェニア、クロアチア、ボスニアは、共産主義の遺産と手を切り、西欧との同盟を後ろ盾にすることは必至だと思われていたのである。よく知られた話だが、外国による同時に抑圧的な監督からの解放が問題となるときには、屈服させられている住民のナショナリズムを鼓舞しなければならないと、えてして信じられがちである。だが新しい権力、今度は現地の住民による新しい権力が、なおいっそう抑圧的ではないと保証するものは何もない――その間に、人々が国民の均質性と自然的国家という非‐民主的な原理を支持したという事実については語らぬとしてもである。

　つまり、欧米――および民主的――諸国がこの非民主的な原理に同意することを選択したことは理解可能である。だがこの選択を遺憾とすることもできる。欧米諸国の第二の示威行為もまた逆説的な成り行きを示すことになった。この示威行為とは紛争の現場にちょっと顔を出すことであったが、いっさいの介入をみずからに禁じていたからである。実際、国連は欧米諸国の圧力でユーゴスラヴィア、とりわけボスニアに軍事視察団を派遣したが、その兵士はたとえ必要だと思われる場合にも闘う権利をもたなかったのである。結果は知られている。イスラム系住民は「国連平和維持軍の兵士《ブルーヘルメット》」に守ってもらえると信じて彼らのところへ逃げ込んだが、「ブルーヘルメット」はセルビア正規軍と非正規軍がイスラム系住民に襲いかかり虐殺するのを妨げなかったのである。たとえばスレブレニカにおいてである。一九九五年のこのエピソードは、何年も前に開始されたユーゴ紛争のもっとも極端な要約のように出来《しゅったい》した。同じシナリオはすでに一九九四年にルワンダにおいてくり返されていた。ルワンダでは少数民族のツチ族の人々が何十万人も国連の無力な代表者たちの眼前で虐殺されたのであった。国際連合がこれらのエピソードを経て成長したとはいえない。

　この軍事的非‐介入の態度と同時に、無為という印象を打ち消すためであるかのように、道徳的な憤りがあちらこちらで表明された。この道徳的な憤りは、とりわけ記憶の強度の使用と過去の徹底的な大衆化の様相を帯びた。ユーゴスラヴィアの民族間紛争は――いっさいの真実らしさをねじ曲げて――〈第二次世界大戦〉に同一視されはじめた。ヒトラーの役割はミロシェヴィッチである。テレビは有刺鉄線の向こうにボスニアのイスラム教徒のやせ衰えた顔を映し出す。「それはホロコーストを彷彿とさせた」と、過去に他のいかなる暴虐も知っているはずのないホワイトハウスのある顧問はただちに発言する。一九九二年の選挙キャンペーンで、クリントンは宣言する。「私たちがホロコーストのおぞましさから何かを学んだとすれば、それはジェノサイドを前にして沈黙したり何もせずにいたりすることが、いかに高くつくかということである。」一九九五年、ユーゴスラヴィアにおけるアメリカ国務省の代表者であるリチャード・ホルブルックは、自分はユーゴスラヴィアで権力を握っている者たちを犯罪人だと思っているが、自分の道徳感覚を黙らせて彼らと話し合いをもつ用意があると断言する。彼は迫害されたユダヤ人を死から救うために、ためらうことなくナチの虐殺者と話し合いをしたラウル・ヴァレンベリに自分をなぞらえて自分を慰めている。同じ時期に、さまざまな人道組織がヒムラーと交渉しようとはしなかっただろうか。自分を歴史上の人物になぞらえることにおいてホルブルックが忘れているように見えるのは、彼が発言している時期には、彼は世界最強の軍事力を代表しているという事実である。それに対し、ナチ占領下のブダペストのスウェーデン大使館員であるヴァレンベリは自分の生命の危険を冒して行動した――しかもその生命を、〈歴史〉の悲劇的な皮肉によって、彼はもう一方の全体主義国であるソ連の牢獄で失おうとしていたのである。

この男たちを裁かなければならない、と、ホワイトハウスのもうひとりの顧問が宣言する。そうしなければ、第三帝国の敗北後にゲーリングとゲッベルスを自由にしておくようなものだろう、と。〈第二次大戦〉中にチェコスロヴァキアから逃げ出した家族の出で、一九九六年に国務長官となったマドレーン・オルブライトは、現在の出来事を幼年時代の思い出のプリズムを通して見る。ボスニア戦争は彼女にナチズムを思い出させる。欧米諸政府の態度は一九三八年のミュンヘン会談におけるイギリス人とフランス人の態度と似たようなことになりかねない。一九九四年におこなった「ホロコーストの光で照らしたボスニア」と題したワシントン・ホロコースト博物館での演説で、彼女は国連におけるアメリカの代表者であるにもかかわらず、つぎのように主張した。「ボスニアのセルビア人指導者が模索したのは、自分たちの統制下にある非セルビア系住民の問題に対して絶滅か、もしくは国外追放という最終解決であった。(8)」今日ではだれもが、自分は新たなホロコーストを妨げたのだといいたがっているような気がする。

ユーゴスラヴィアの解体は、八〇年代末に、ユーゴスラヴィアがはじまったところで完了した。コソヴォである。第一に想起しなければならないのは、一九一二年まで、この領土全体がトルコに所属していたということ、バルカン戦争、ついで〈第一次世界大戦〉ののちにアルバニア国家が建国されたが、アルバニア語使用者は、相変わらずこの国の外に住みつづけた。たとえばマケドニア、セルビア（コソヴォ地域）、モンテネグロ、あるいはギリシアである。他方では、南スラヴの人々もアルバニアに居住をつづけている。コソヴォ人口の当初の均衡は徐々に崩れていく。戦争が終わるとセルビア人がもどってくるが、その後の何年かのあいだに不均衡は増大しつづける。アルバニア人は大家族で、彼らの割合がますます大きくなっていくのである。しかもコソヴォは経済的にはユーゴスラヴィアでもっとも遅れた地域である。こうしたコンテクストの中で一九八九年の崩壊が起こるのである。

この地方の生活におけるここ二〇年の歴史は、ますます大きくなっていく振り子運動のようなものとして記述できるだろう。巻き添えになった一方の側の一つ一つの行動に他方の側の反応が応え、このエスカレートしていく運動は、もはや何も押しとどめることができないように思われる。一九七四年から一九八九年にかけてセルビア人が差別されたのにつづいて、一九八九年以降はアルバニア人に対してもっとずっとひどい迫害が加えられる。セルビア人が恐れるのは、この地域が独立したり、住民の民族的な差異の名において、アルバニアへの帰属を要求したりすることである。だからセルビア人は躍起となって、アルバニア系住民の特殊性を徐々に消し去ったり、彼らを亡命に追いやったりする。彼らは同化か亡命かで選択を迫られるのである。アルバニア語は禁止され、アルバニア語での教育はできなくなる。アルバニア語使用者は管理職から退けられ、あらゆる種類の嫌がらせを受ける。そこで非暴力的な抵抗運動が組織される。この抵抗運動はみずからの制度と学校を設立する。抵抗運動は地方選挙によって合法化されるだろう。地方選挙でイブラヒム・ルゴヴァ率いる穏健派が過半数を得るのである。たしかに、同じ時期にもっと急進的なグループが出現する。コソヴォ解放軍（UCK）である。一九九六年以降は、このコソヴォ解放軍がセルビアの権力に対する武装闘争をリードする。

見かけはどうあろうとも、機械的な厳密さでつづけられるこの暴力のエスカレーションは、不可避的なものではまったくない。危機の脅威を遠ざけるには、一九八九年にこの地方の自治権を保護するだけで、またこの地方を連邦国家の内部にしっかりと維持しつつ、もっと実質的な自治権を認めさえすれば十分だったと思われる。少数民族が守られ、よい扱いを受ければ、彼らが分離を要求することはないからである。ところが、ミロシェヴィッチはまったく別の戦略をもっている。ユーゴスラヴィアでは少数民族であるアルバニア語使用者の心情は、彼にとってほとんど物の数に入らない。他方、彼がセルビア人に民族の歴史を思い出させる名をもつこの地方の再征服を、想像力をふくらませるのにもってこいの対象として提供するならば、彼はライバルたちに勝利をおさめ、多数派であるセルビア人の贔屓《ひいき》を得ることができるのである。

自治権の廃止がUCKのような急進的なグループを産み出したのである。もともとUCKはアルバニアでおこなわれている毛沢東主義のイデオロギー、つまり共産主義イデオロギーを共有している。だが共産主義が瓦解したあとは、このグループのイデオロギーは民族主義的な要求にのみ制限される。共産主義の瓦解によって、他の元共産主義国と同様、だがアルバニアにおいてはとりわけ顕著に、国家がとうの昔に崩壊していたことが明らかになる。瓦解は軍隊の武器庫の掠奪に成功したマフィアの一味が取り仕切る無法地帯の成立にたどりつく。UCKはコソヴォに隣接するアルバニアのさまざまな地域に根城を構え、武装闘争を開始する。UCKは政治的、軍事的なセルビア権力の代表者に攻撃を加え、その何人かを殺害する。UCKはまた敵への協力の責任を負わせて穏健派のアルバニア語使用者を処刑する。ユーゴスラヴィアの中央権力はこのチャンスに飛びついて抑圧を強化し、UCKの戦闘員を大量に虐殺し、彼らのシンパと見なされた村民を迫害する。

力関係は不平等である。ユーゴスラヴィア軍は、数でも、装備でも、訓練でもUCKをはるかに上回っている。だがUCKは新しい札を切ることを思いつく。このことによって、国際共同体、というよりもむしろ欧米を自分の側に加担させることが可能になる。力関係は再度、逆転するだろう。そうするために、UCKの宣伝者は犠牲者のタイプの物語を広めた。ロマン・ガリはこのようなことにはとうに気づいていた。「歴史のあらゆる運動の終わりと始まり、すなわち犠牲者。」ユーゴスラヴィアの指導者自身も、こうした表象が招き寄せる同情を知らないわけではないし、彼らもこれを使う。だがもっと制限された仕方でである。セルビア人は過去において犠牲者であった。一三八九年およびコソヴォの戦いののち四世紀以上にわたるトルコ人の犠牲者、〈第一次世界大戦〉の時期にはオーストリア-ハンガリー帝国の、ついで〈第二次大戦〉のあいだはナチス・ドイツの犠牲者、一九四七年からスターリンが死ぬまではソヴィエトの脅威の犠牲者、である。かくも長いあいだ犠牲者の物語の主役であったあとに、彼らは役割を変更する時が、英雄的な勝利の物語の中に踏み込む時がやってきたと決意するのである。ミロシェヴィッチが彼の同国人を勝利へとみちびくだろう！　過去の苦しみが、彼が語りかけるセルビア人を熱狂させ、今度こそ、彼らを勝利者にしなければならないのである。

過去に対する報復を推奨するというこの心理的戦略に対してＵＣＫが突きつけるのは、もっと単純な戦略、現在の犠牲者の苦しみを強調するという戦略である。そのためには、基準の枠組みを変更し、このような苦しみに無関心なユーゴスラヴィア政府に訴えることをやめ、第三者機関――欧米――に訴えるだけで十分である。この第三者機関は最終的には、自分が関係していると感じ、紛争に介入してくるだろう。そしてこの戦略は、自分がかかわっているのは依然としてたんなる力による決着だと信じて――これには勝つ自信があるのである――、罠に落ちつつあることに気づかないユーゴスラヴィア権力の後押し（無意識的なものであると思われる）もあって、みごとに図に当たる。つまり、ユーゴスラヴィア権力は一九九八年、いっさいの敵対的な動きを猛然と抑圧しはじめる。戦闘員も共犯の嫌疑をかけられた者も等しく処刑し、不審な者すべてを迫害したり追放したりするのである。ＵＣＫも暴力を忌避しているわけではない。だが彼らが自由にできる手段はずっと制限されている。だが、私たちはまだこれらの出来事にあまりに近いところにいるために、はたしてアルバニア語を使用する住民に対しておこなわれたこのような異例の大量虐殺が、巧妙な挑発に対する応酬なのか、それともユーゴスラヴィア軍の主導によるものなのか、これらの死体が武装したアルバニア人兵士のものなのか、それとも間違って折悪しく悪い場所にたまたまいた一般市民のものなのかを、確信をもって断定することができない。

いずれにしても、欧米の政治的決定者はそのとき、どの陣営につくかを決定する。それはアルバニア独立派、とりわけＵＣＫの陣営であって——ところが、わずか二年前には、ＵＣＫはアメリカ政府によって「テロリスト・グループ」と形容されていたのである——、ルゴヴァによって代表される非暴力的な穏健派の陣営ではないだろう。穏健派はみずからの声を聞かせることはできなくなるのである。一九九九年初頭に開かれるランブイエ会議は、この政治的関与の到達点である。

対峙するこの二つの党派をいましばらく観察してみよう。それぞれの党派はみずからに犠牲者としてのステイタスを要求することができる。一方は過去における犠牲者であり、他方は（そしてこっちのほうが都合がよい）現在における犠牲者である。それぞれが完全に自分のほうに理があると信じている。それぞれの党派が引き合いに出す原則は異なっているが、いずれの党派でも、そのベースになっているのは、私たちの世界の決まり文句である。

セルビア人は「共和国は一つであり不可分である」という原則、およびこの原則から導き出される諸帰結のうちにみずからを認めている。すなわち、シャルル・ペギー(9)のいくつかの表現を借用すれば、「戦時には一つの体制しか存在しない。ジャコバン体制である」、つまり「内部の敵を打倒しない党に災いあれ」である。セルビア人は、居住している人々の大多数が別の言語を話し、別の宗教を奉じているという口実でもって、自分たちの国家がその領土の一部を失うようなことがあってはならないと考える。それでは国家が血縁の権利にもとづいていること、国家が自然的なものであって契約にもとづくものではないことを認めることになるからである。しかしながら、彼らはこの原則の代償を忘れている。その代償とは個人の諸権利の保護であって、そこには自由に尊厳をもって個人の言語、宗教、伝統を実践することも含まれているのである。ユーゴスラヴィアのアルバニア語使用者のほうは、民族自決権のうちにみずからを認める。自律の要求の集団的レベルでの帰結である。だが彼らは、アルバニア民族をセルビア人の抑圧から解放しなければならないと主張することによって、まるで自分たちのグループの自国民が抑圧したりするようなことはありえないかのように振る舞う。それでも、これがかなり一般に広まった典型的な通念なのである。これが理屈に合わないことは、七〇年代のアルバニア人自身の運命によって例証されている。共産党の独裁者エンヴェル・ホッジャが支配するアルバニアに住んでいる人々は、チトーのユーゴスラヴィアでアルバニア系少数民族を形成している人々よりも貧しいばかりでなく、迫害も受けているのである。コソヴォ独立の信奉者たちのほうは、新しい独立国家における未来の少数派のステイタスの問題を闇に放置する。

つまり、UCKが駆使する政治的手腕に感嘆することもできるだろう。少し前には「テロリスト」小集団であったUCKが、いまや世界最高の軍隊――NATO――の支持を取り付けたのである。もう一つ驚くべきことは、欧米が一方に反対して他方の立場を断固として選択したことである。いずれの立場も弁護可能であると同時に批判可能であるにもかかわらずである。たしかにこの均衡は、ただイデオロギーの次元で成り立つにすぎない。事実の次元では、暴力、破壊、迫害にかんしては、セルビアの民兵と軍隊のほうがその敵対者よりもはるかに責任が大きい。彼らがボスニアで犯した暴行の思い出もまた、あらゆる記憶の中にありありと残っている。にもかかわらず、この欧米が、一方ではいっさいの民族浄化の政策、つまり国家と民族を一致させようとする試みを断罪し、他方ではもっぱら「民族」自決権のために闘っている人々の立場を支持し、「民族的に」純粋な多数の小国家の設立を後押しすることによって、同じ民族浄化の政策に同意するのを見ると驚きを禁じえない。たしかに欧米諸国が採る方法はまったく異なっている。欧米諸国は住民を強制収容所に送ったり恐怖に陥れたりするよりも、新しい首都に外交代表団を据え、そこに人道援助を送り込むのである。

最後に驚くべきことは、パリ、ロンドン、またはニューヨークに居住しているときには、それぞれの党派が自分の選択を情熱的に弁護するのが見られることである。いずれの共同体の指導者にとっても、このことは当然である。愚かで屈辱的な命令に服するよりも自己自身が主であるほうが好ましいからである。住民そのものが問題となるときには、情熱的な政治的主張の理由はそれほど透明ではなくなる。個人的なレベルではどうでもいいのに、この領土のステイタスまたは国家の定義への執着はなぜなのか。一九九五年のボスニア分割にかんする折衝のさい、フランスのある新聞につぎのようなニュースを読むことができる。「一一月二六日日曜日、イリヴァの墓地で、戦線で息子を殺された母親たちが、もし自分たちの地区がボスニア政府軍に返還されるならば集団自殺すると予告した。(10)」この母親たちは息子が死んだために狂気に陥ったのだろうか。さもなければ、この母親たちが、自分たちの地区が行政的に新しく併合されるぐらいなら死を選ぶというようなことをどのようにして説明すればいいのだろうか。まるで、ごく最近の戦争のすさまじさのせいで、敗者は絶望のあまり暴力を自分自身に振り向けざるを得ないかのようである。

私たちは、全体主義後に情熱に変化があったとすれば、その内容であって強度ではないことを確認せざるを得ない。人間はつねにみずからの社会的存在の承認を必要としている——承認がなければ、人間は自分の実存そのものを疑いはじめるからである。この承認は二重である。近親者によって子供に与えられる私的な承認と、個人が所属している共同体によって与えられる公的な承認である。伝統的な社会では、公的な承認は堅固に確立された規範に従って与えられる。それぞれの人は自分の立場をもち、それらの立場がそれぞれの役割を担っている一つの全体に属している。共通の記憶がそこで演じている役割は、すでに見たとおりである。全体主義国家は伝統的な愛着を断ち切るが、少なくとも全体主義国家のユートピア的な相においては、それに代わって他の愛着を提供する。万人が同じイデオロギー的共同体の性質を帯びるのである。全体主義を体験しなかったか、全体主義をずっと昔に排除してしまった欧米諸国が同じ問題に遭遇するのは、伝統的な関係が衰微し、古来の宗教がその役割を果たさなくなる時期である。これらの国々がこの問題から癒されるのは（かならずしも成功するわけではないが）、プライベートな世界に過大な価値を付与することによってであり、古来の共同体の廃墟の上に新しい共同体を設立することによってである。同時に、国家の諸制度の安定が諸個人の統合を促進する。

これらの治療薬のいずれもが、旧ユーゴスラヴィアの住人には実際に手の届かないところにある。東欧の多くの国についても、同じことが——ただしその程度にはいろいろあるが——いえるだろう。そこでは全体主義がかつての構造を破壊し尽くしたのである。現在おこなわれている宗教的伝統へのアピールもごまかしにすぎない。宗教的伝統は、直接的に政治的な目標のための手段と化しているのである。そのようなものとしての国家は、全体主義の体験から抜け出した時点で恐ろしく弱体化していた。というのも、国家は体制による自律性を完全に奪われていたからである。体制の瓦解によって国家の貧窮状態が明らかになった。権力はさまざまなマフィア、利害のみで行動する臆面もない不当利得者、種々の利益団体、圧力団体の手中に落ちた。市場経済との接触によって、かつての国家経済は崩壊し、全面的な貧困化が生じた。このような条件下では、いかにして個人の成功や開花という殻に閉じこもることができるだろうか。住民がやむを得ず最後の頼みの綱にすがるのはそのときである。すなわち、半ば夢見られたアイデンティティ、言語、もうずっと以前から実践していない宗教、状況に応じてアレンジされた歴史（ある者たちの場合は「一三八九年のコソヴォ・ポーレの戦闘」であり、他の者たちの場合は一八七八年のプリスティナにおけるアルバニア民族設立へのアピールである）、「私たち」と象徴的に同一化された領土（「この地区がボスニアやセルビア、アルバニアのものになれば、私は自殺するわ」）、への帰属である。このように想像上のアイデンティティに逃げ込むことが、絶望と闘うためにもちいることのできる唯一の手段なのである。

一九九九年二月、ランブイエ国際会議はコソヴォ紛争の解決を試みる。アメリカ代表団はユーゴスラヴィア爆撃が望ましいとヨーロッパの同盟諸国を説得するのに途方もない苦労をする。「フランスとイタリアは、［アメリカの］行政機関が反ベオグラード体制でNATOを結束させるためにおこなっていた努力が水泡に帰しかねないような態度をとった」と、その後、オルブライトの右腕であるジェームズ・ルービンは語るだろう。(11)「全NATO」の推進者たちは最終的には勝利をおさめる。具体的には、欧米は――ミュンヘンの二の舞になることを防ぎたいのである――、アルバニア語使用者には独立宣言を三年間遅らせることを要求し、ユーゴスラヴィア政府には国の一部に対する主権を放棄して国際的な監視下におき、NATO軍がユーゴスラヴィアの全領土を往来することを許可することを要求する。何度もためらったあげく、アルバニア代表団は――その正当性は選挙によってではなく武力によって獲得されたのであったが――さらに三年間我慢することを受け容れる。ユーゴスラヴィア政府は合意の条件を拒絶する。折衝は中断される。状況の唯一の打開策は戦争であるように思われる。

軍事介入

実をいえば、一九九九年三月二四日から六月一〇日にかけてユーゴスラヴィアで起こったことは、かならずしも戦争の名にあたいしない。戦争が前提とするのは二つの交戦国の存在であり、この交戦国がそれぞれ攻撃し合うのである。この場合は、軍事行動はむしろ討伐部隊の派遣に似ている。しかも欧米の政府は議会に宣戦布告の許可を求めずに済むように好んでこの軍事行動をそうしたものとして提示した。ユーゴスラヴィアの領土は二か月半にわたって爆撃を受けたが、その間、ユーゴスラヴィア軍のほうはいっときたりとも外国の領土を攻撃してはいない。正確には、だれがユーゴスラヴィアに対するこの討伐部隊派遣を指揮したのかさえ、かならずしも明確ではない。討伐部隊派遣の公式のアナウンスをおこなったのは、NATOの事務総長ハビエル・ソラナである。ところでNATOは軍事組織であるが国家ではない。大西洋同盟で結ばれた一九か国のうち一三か国が介入に参加した。これらの戦闘の最終局面で、新たな立役者が登場した。G8、すなわちもっとも工業化のすすんだ七か国プラス、ロシアである。世界の諸問題を引き受ける一種の権力者のクラブである。かくして、平和条約はG8によって提案された表現に従って締結されるだろう。国連も、そのままでは欧州連合も、全ヨーロッパ諸国を結びつける組織も、この紛争においても、いかなるときにも積極的な役割を演じなかった。

介入の大っぴらな理由とは、コソヴォ地方における人権侵害、とりわけ殺人、拷問、レイプ、および民族浄化の動きを妨げることである。これらの人道に対する罪が介入に先立つ数か月間におこなわれたというのは本当なのだろうか。結論の多くがこの問いに対する答えに依拠していることは当然である。ところで、情報源は交戦するものどうしのいずれかに属している。だから主張される数字は問題となる国の政策を正当化するのにもちいられ得た。はじめのうち欧米の諸政府は明らかに自国の世論を操作しようとしている。最初の攻撃の直後、アメリカ国務省はコソヴォのアルバニア系住民五〇万人が「行方不明」だと発表する。これはジェノサイドに匹敵するだろう。そもそも、この語は欧米の政府要人によって頻繁に使用されている。数週間後、数字は下方修正される。一〇万人の「行方不明者」について語られるのである。介入の終わりには、主張される数字は一万一〇〇〇人の死者である。その一年後、数字はさらに（幸いにも）下方修正される。国際刑事法廷は――そのセルビアびいきは今後、証明されなければならないが――

紛争全体を通じてアルバニア人住民のうちに二一〇八名の犠牲者を認めた。これに行方不明者として示された四二六六名がつけ加えられる(12)。

軍事行動の開始より以前の暴力についてはどうなのだろう。一九九九年一二月のOSCE(全欧安全保障協力機構)の報告は、おそらくこの問題にかんするもっとも完全な資料であるが、犠牲者の大半は一九九九年春に生じたと主張し、この時期以前には「ユーゴスラヴィアとセルビアの軍隊と治安局の武力の矛先は、コソヴォにおいてUCKのトランジットルートが通っていたり、UCKの基地が存在する地域の共同体に向けられていた(13)」とつけ加えている。一九九七年から一九九八年にかけて、コソヴォはユーゴスラヴィアの軍隊、警察、非正規軍と、UCKの部隊が衝突する内戦の舞台となる。アルバニア人側の犠牲者のほうがはるかに多い。しかしそれらは個別的な殺人であって、一九九九年のラカクでの大量殺戮(四五名の死者。だが事情はあまりよくわかっていない(14))をのぞけば、集団虐殺ではない。つまり、ジェノサイドは存在しないし、それに類したものも何もなかった。だから日本で一〇〇万人のアメリカ人の生命を救ったことをまじめに自慢したりできないように、五〇万人がコソヴォのジェノサイドの難を逃れたことを誇りとするわけにはいかないだろう。潜在的なジェノサイド(または大量殺戮)は帳簿に記入することはできないからである。

だが介入以前のコソヴォにおけるアルバニア人の生活が少しも安楽なものではないことに変わりはない。迫害、いやがらせ、侮辱、ときには拷問、殺人が、加速度的にくり返されていくのである。たしかに、これこそ人権に対する重大な侵害である。だがこれは人道に対する罪なのだろうか。

まさしくこれらの侵害が介入の理由だとすれば、介入の公然たる目的とは民族浄化、住民の移動、共同体の分離を停止させることである。セルビア人とアルバニア人がそれぞれ少数派——ユーゴスラヴィアにおけるアルバニア人、コソヴォにおけるセルビア人――としての権利が保証されて、一緒に平和に暮らすことができるためには、ユーゴスラヴィア連邦の内部でコソヴォの自治を確立しなければならないと思われる。要するに、ミロシェヴィッチの政策が到達したものとは逆の結論である。

欧米の介入は――と三月二四日にハビエル・ソラナは宣言する――「数日」しかつづくはずがないだろう。つまり、爆撃が開始するとべオグラードが理性を取りもどし、以前の最後通牒の文面を受け入れることを明らかに期待しているのである。ところが事件は別の展開を見せる。介入の最初の日から、ユーゴスラヴィアの正規軍・非正規軍はアルバニア人の家々を掠奪することによって、この地方からアルバニア系住民を追い出そうとするのである。その後の何週間かで、隣接するアルバニアとマケドニアに追い出される人々は九〇万人にまで達するだろう。往々にして身分証明書まで取り上げられるのである。このような反応は予見可能だったのだろうか。軍の下士官にとってはおそらく不可能である。だが政治家には自明の理だったはずである。いったん自然的国家（国家と民族との一致）の原理がたてられれば、古い国家を無傷なまま保持しようとする人々は、自分たちがなすべきことを知っている。その名において自分たちが領土を奪われようとしている当の住民を追い出すことである！ＵＣＫとミロシェヴィッチは民族浄化という同じ原理に想を得ているのである。ＮＡＴＯはこれら二つの党派の一方の観点を選ぶことによってこれらの党派と同じ轍を踏んだのである。

しかも、ＮＡＴＯはアルバニア系少数民族の名においてべオグラードに宣戦を布告することによって、この少数民族を嫌われ者から内部の敵へと変化させてしまった。いまやセルビア人は自分たちのアルバニア系同国人の名において行動する敵によって殺されるのである。その上、アルバニア系住民は爆撃（自分たちに自由をもたらすものとみなされている）に拍手喝采する。彼らのうちでもっとも積極的な者たちは欧米の爆撃機を適切な目標にみちびきさえする。こうした条件下では、ペギーが戦争の状況を思い浮かべながら推奨したように、「内部の敵を打倒」しなければならない。手の届くところにいる敵は彼らだけであるから、なおさらである。NATOの爆撃機は高度五〇〇〇メートル以上のはるかな高みにいて、ユーゴスラヴィアの対空防衛の反撃範囲の外にある。どこからかミサイルが撃ち込まれる。その代わりに、自分たちがこの攻撃を受ける口実となっている人たちのほうは、街角の家に住んでいる。この人たちがセルビア人から怨恨の的になることを予想するには、偉い学者先生である必要はない。だが戦争を指揮している将軍たちは、自分たちの行動によって総数一八〇万人のユーゴスラヴィアのアルバニア系少数民族が全員、人質に変化することに明らかに気づいていなかった。

実際、爆撃開始後の数日間に暴力の目くるめく増加がみられる。それ以前にはOSCE〔全欧安全保障協力機構〕の監視団がこの地域にいた。そしてその存在そのものが犯罪増加の妨げになっていた。彼らが空爆を予想して引き揚げた。このことによって法律違反がずっと容易になった。だがいずれにしても戦争状態は現行の法律を中断させるか逆転させる。それまで禁止されていたこと——殺すこと——が、いまや称賛にあたいする行為と化すからである。

爆撃から即座に生じるこの破局的結末につけ加えられるのが、周囲の領土に対する影響である。これはNATO、あるいはNATOの背後にいる国家リーダーたちがおそれていたに違いない影響である。ユーゴスラヴィアそれ自体においては、もう一度いえば、反応は容易に予想できた。共通の危険が紛争を解消させるのである。ミロシェヴィッチに対する民主主義的な反対はその批判を和らげることを余儀なくされる。さもなければ敵の支持者とみなされるからである。爆撃の主たる犠牲者であるセルビア人住民は、この時期に自分たちの政府とたもとを分かつことはできない。つまり、戦争の影響とは自国でのミロシェヴイッチの権力を弱体化させるのではなく強化するのである。隣接する諸国でも、結果は欧米の観点からすれば肯定的なものだとは判断できない。一般に非共産主義または反共産主義の傾向をもつ諸政府は、いつの日かＮＡＴＯに加盟することを望んでいた。ＮＡＴＯだけが、隣国の強国ロシアが共産主義の時代のようにその帝国をいっそう拡大しようとしても守ってくれるからである。だからこれらの政府は介入を支持する。その代わりに国民はむしろこれに反対する。この地域では慢性的なものとなっている民族間の緊張が爆撃によって除去されるなどとは信じられないからである。自分たちの運命が遠い欧米のオフィスで決せられることも気に入らない。このことが悪い記憶を呼び覚ますからである。この食い違いの結果とは、介入に敵対的な旧共産党が勢いを取りもどすということである。

地理的にも文化的にもロシア人に近いヨーロッパの一部分に対するこの欧米の干渉を手をこまねいて見守っているロシアでは、介入は反欧米主義者の水車に水をそそぎ込む。介入は軍国主義的でナショナリズム的な言説をはぐくむのである。その間、欧米では、介入は予想外の副次的な結果を産み出す。政治指導者たちと世論の自信過剰をますます強化することを可能にする。彼らは悪に我慢しなかったばかりではない。善の化身と化しつつあるのである。だがもう少し間近から眺めれば、彼らは民族浄化政策と民族的に均質な国家の創設を支持している。実際、これがこの一〇年間の浄化政策の結果である。クロアチア人だけがクロアチアに残り、スロヴェニア人はスロヴェニアに、ボスニア人（このコンテクストではなおいっそう奇妙なことだが、イスラム教徒とも呼ばれる）はボスニアに、コソヴォ人、つまりアルバニア人はコソヴォに残るだろう。悪と闘おうとして欧米人は、民族対立の悪循環につかまってしまった。おこなわれたことは本当に誇るに足るのだろうか。

一年後、介入の総決算はどうなっているだろうか。アルバニア人難民は、自分たちの家に、多くは破壊されていたがもどってきた——だがたいていの場合、彼らが立ち去ったのは戦争のせいなのだから、この恵み深い結果で戦争を褒めるわけにはいかない。コソヴォでは、力関係はいまや逆転している。ユーゴスラヴィア軍の撤退からNATOが支配するまでには何日もかかったが、その間に多数の報復がおこなわれた。ついでNATO軍の助けを借りて国連の一種の保護領と化したこの地域は、事実上、UCKの幹部によって取り仕切られる。つまり、迫害されるのは、セルビア人、またはセルビア人の友人であると見なされる者たちである。国連のブルガリア人職員は、自分に時間を訊ねた一団の若者にセルビア語で答えると若者たちは彼を蹴りつけ、頭部に銃弾を撃ち込んで殺す。ジプシーは協力のかどで糾弾され、追放されたり虐待されたりする。彼らの地区は破壊される。セルビア人は個人であれ小グループであれ、今度は自分たちが虐殺される。二〇〇〇年一〇月のOSCEの報告書は、国連が配置した司法システムではコソヴォで人権を尊重させることはできず、どの民族に所属しているかによって囚人が相変わらず差別されている、と苦々しげに確認している。ところで、「アルバニア（またはコソヴォ）はアルバニア人に」も「セルビアはセルビア人に」も民主的なスローガンではない。

コソヴォのアルバニア人ジャーナリスト、ヴェトン・スロイは、その記事の中で新しい「ファシズム」を告発する。「ヨーロッパにおける今世紀末の最悪の迫害の犠牲者になったあと、いまや私たち自身が迫害者になりつつある。[15]」これに対抗して、UCKによってコントロールされたコソヴォ通信社はスロイを「スラヴ人を腐らせる」人間として語り、彼の記事によって傷つけられたと感じるかもしれない者たちからの「きわめて得心のいく復讐」に警戒をうながす。戦争が終わって一年後、非アルバニア系住民の半分から三分の二がこの地方を立ち去った。これは民族浄化にきわめて似ている。居残った人たちは、完全なセルビア人区域に集められ、もうそこを立ち去ろうとはしない。これらの暴力はたしかに、NATO介入以前にコソヴォのアルバニア人が対象となった暴力よりも数的にも深刻さにおいても小さい。それは異なった住民がもはや踵を接していないからであり、その上、外国の警察力の存在がそれ以上大規模な迫害を防いでいるからである。

この復讐心の高まりに驚くべきことがあるだろうか。もちろんない。介入以前にコソヴォのアルバニア人がこうむった無数の屈辱に、戦時中の迫害がプラスされた。それらを忘れさせることは容易ではない。これら二つの異なった住民が同じ土地に同居することは数世紀とはいわずとも、数十年は不可能だと予見しても大した間違いにはならないだろう。憎しみがこれらの土地にしっかりと根付いた。それぞれが他方を自分たちの不幸の元凶だと判断している。その名においてみなさんが爆撃された者をどうして許すことができるだろうか。みなさんを避難させ、窮乏と何か月もの難民キャンプ生活を強いた者を？　欧米人の目的がこれら二つの住民の同居を不可能にすることであったとしても、欧米人はこれとは別のやり方はしなかっただろう。「空爆はなおいっそう大きな悲劇を生み出し、セルビア人とアルバニア出身のコソヴォ人のあいだに憎しみと怨恨を増幅した。私たちはそれでもなお人道的活動について語ることができるだろうか」と日本人ジャーナリスト百瀬和元は述べている。(16) これにプラスされるのが、以前の制度の破壊の結果として生じた無政府状態である。この状況が、ナショナリズムによる報復を隠れ蓑にしておこなわれるありとあらゆる犯罪行為を助長するのである。

民族浄化が勝利した。この政策の論理的な帰結であり、いくぶんもっと長くつづく平和を保障する唯一の手段とは、アルバニア人だけ、セルビア人だけが居住する地域にこの地方の土地を分割すること、場合によってはアルバニア人の部分をアルバニアに帰属させることを受け入れることだろう。しかし民族間の緊張に結びつけられる諸問題を解決したことになるのだろうか。あまり解決したことにはならない。バルカン半島の住民は言語的、宗教的、文化的多様性によって、ジグソーパズルのピースのように入り組んでいる。だから「一民族一国家」の原則を実現しようとするなら、一度ならず戦争をしなければならない。UCKはもはや存在理由をもたない。だがつい先だって新たな解放軍が組織された。アルバニア語人口の多いプレシェヴォ、メドヴェジャ、ブヤノヴァッの「解放」を目的とするUCPMBである。つぎの一歩はマケドニアかもしれない。人口の二三パーセントがアルバニア人だといわれているからである。あるいはごく少数派のトルコ人のいるブルガリア。あるいはハンガリー人のいるルーマニア、セルビア、スロヴァキア。あるいはこれらすべての国家にいて、少しも同化されないジプシー。あるいはごく少数のロシア人が住んでいるバルト三国——云々……。こうしたパーセンテージを強調すること自体、民主主義の後退を意味する。

セルビアではNATOの懲罰隊派遣の主たる犠牲者は非戦闘員だった。死者は約五〇〇名。だが何千人もの人たちも間接的に被害を受けた。爆撃を受けたのが発電所、貯水池、橋、鉄道だったからである。軍隊が被害を受けたのは、それよりずっと少なかった。自衛するすべを心得ていたからである。懲罰作戦の一年後、アメリカの週刊誌『ニューズウィーク』は、ユーゴスラヴィア軍の損失は戦車一五両、大砲二〇門だけだったと指摘した。政治体制はまったく被害を受けなかった。むしろこの試練によってますます強化された。このことは二〇〇〇年夏の選挙キャンペーンのさいに確認された。軍事介入の想起は、ミロシェヴィッチの手にかかると強力な説得手段だった。軍事介入を想起させるだけで自分の勝利を保証するのに十分だと（間違って）信じていたほどである。民主的野党からの彼に対するいっさいの攻撃が、爆撃に対する支持であり国家的裏切りと見なされる危険があった。逆にこの野党の指導者たちは、爆撃のあいだもあとも、自分たちとNATOの立場を切り離し、もっとも好戦的な欧米政府の扇動に乗せられないようにつねに気を配っていた。

宣言されて追求された結果とあまりにかけ離れたこれらの結果を前にすると、二つの解釈が可能である。すなわち、これは華々しい失敗であるか、それとも追求されていた目標は大っぴらにされていたものではなかったか、である。最初のケースでは、私たちはマックス・ヴェーバーが信念の倫理と責任の倫理と呼んだものの差異の雄弁な例証に相対している。自分の信念だけにもとづいて行動する個人が何よりも気にかけるのは、自分の行為から得る道徳上の利益である。自分の信念を守りながら、自分の責任を忘れようとしない政治家が第一に念頭におくのは、自分の行為の受け手、つまり自分がそのために行動している集団が得る利益である。この場合、結果のほうが意図よりも大切である。欧米の指導者たちは度重なる人権の侵害に憤慨する。彼らの道徳的信念が彼らを行動へと駆り立てる。彼らは敵を爆撃することに決める。ただ、九〇万人の避難民、二つの住民の憎しみの増大、将来の民族間緊張にもたらされた悪例、ユーゴスラヴィアにおける民主化の中止決定を彼らは予想していなかった。彼らは民族浄化と闘おうとしたが、介入それ自体が民族浄化に一役買うことになろうとは理解していなかったのである。

この解釈の証拠として、遅まきながら一九九九年四月一八日になってやっと表明されたハビエル・ソラナのつぎのような宣言を引用することができる。空爆は、と彼はいった、「多民族コソヴォを守る」ことを可能にするだろう。つまり、欧米の指導者たちは悪しき手段を用いながら善き目的を追求していたが、現実の結果を予見できなかったということになるだろう。もしそうであったならば、これらの戦争行為に責任があると感じている廉恥の士はみな、ずっと以前から公にみずからの非を認め、辞任しているはずだろう。もちろん民主主義の中で生活していると仮定してだが。周知のように独裁的制度の首長であるミロシェヴィッチは、自国民、ならびに旧ユーゴスラヴィアの他の部分の住民にこうむらせた数知れない不幸にもかかわらず、決してみずからの非を認めず、自発的に権力を放棄することはなかった。

しかしひょっとしたら、NATOの目的、またはNATOを利用している諸国同盟の目的が、まったく別であったら？　どのような目的なのだろう。ユーゴスラヴィアに石油もウラニウムもダイアモンドもないことからして、何人かの解説者は、介入のモチーフは必然的に人道的なものだと結論づけた。チェコ共和国大統領ヴァーツラフ・ハヴェルはそのように語っているが、その反全体主義の兵士としての非の打ち所のない過去は、彼の発言に重みを加える。「NATOのコソヴォに対する介入の中には、だれも異議を唱えようのない要素が含まれていると私は思う」と彼は書いている、「空爆、爆撃は、物質的利害によって引き起こされたのではない。それらの性格はもっぱら人道的である。[17]」こんな威信に満ちたペンの下で、「戦争は平和である」とか「自由は隷属である」とかいう有名なスローガンと同じ鋳型から出てきたとおぼしき、人道的爆撃なる**一九八四年**にうってつけの珍品を読むと赤面せざるを得ない。この奇妙な主張によれば、物質的利害でないものは必然的に人道的な義務なのである。たんに政治的な利害はどこに行ってしまったのだろうか。

今日の分析家はこの軍事介入に対して他の多くの解釈を提示した。これらの解釈は「物質的」でも「人道的」でもなかった。ある人たちによれば、アメリカ人にとって問題なのは、広島がそうであったように、ロシア人に対して警戒をうながすことであった。他の人たちによれば、問題はヨーロッパ人に対して戦力の誇示をおこなうことであった。何人かが言及したのは、同じアメリカ人がバルカン半島に地歩を固め、共同体諸国から独立した自由に使える基地を必要としているということである。ほかの人たちは、イスラエルに隣接するアラブ諸国に対してイスラム教徒に味方する善意のあかしを示す必要を強調する――云々。

こうしたタイプの説明には事欠かないが、私はこれらの説明を否定する手段も確認する手段もまったくもたない。私は逆に、先行する説明につけ加えることのできる別種の説明もまた考慮に入れられるべきだと確信している。力は自分自身のほかに正当化を必要としない。力は目的であって、手段であるだけではない。二世紀前に、カントはすでに書いた。[18]「戦争は特別な動機をまったく必要としない」、戦争が勝利者にもたらす威信だけで十分である。自分たちの力を誇示することが、日本の上空で原爆を投下したときのアメリカの主たる目標の一つであった。戦争の指揮が軍司令部にのみ委譲されるときから、作戦の展開に驚くべきものはもはや何もなくなる。第一に、軍人は自分たちの力の道具──武器──を試さなければならない。つぎに、軍人はもはや勝利(または敗北。だがこの場合、敗北は論外であった)の前で立ち止まることはできない。いまだに発言力をもつホワイトハウスのかつての顧問ズビグニュー・ブレジンスキーは、戦争の目的は大西洋同盟の政治的、軍事的優位を証明することであったとずばり宣言した。「NATOの失敗は同盟の信頼性の終焉と、アメリカの世界的**リーダーシップ**の衰微とを同時に意味するだろう。[19]」

その上、現代の軍隊には莫大な費用がかかる。この軍隊に介入を要求した以上、軍隊は自分の義務としてみずからの有効性を証明しなければならなかった。きわめて速やかに、そして望ましからざる結果および攻撃の効果のなさを確認したにもかかわらず、戦争をただたんに開始したがゆえに続行しなければならないことが明らかになった。連合軍の最高司令官、ウェズリー・クラーク将軍は戦闘が終わったあとに言明した。「軍事力行使のしきいをひとたび越えた以上、目的に到達するために可能なかぎり断固としてこれを使用しなければならない。[20]」日本に対する戦争の時代のように、計画の開始それ自体が戦争を最後まで遂行するための十分条件と化す。途中で、究極的には何がこの戦争を正当化するのかといった問いをみずからに課すこともできない。力は自分が強いことを示さなければならないのである。

「人道的な爆撃」と「道徳的戦争」という考えは根本的にショッキングである。ある種の戦争は正当である。たとえば、攻撃から自衛したり、何百万人もの大量殺戮を妨げたりする戦争である。しかしいかなる戦争も慈悲深くはない。正義の戦争でさえもである。そしてとりわけ従順であったり、自分の良心を守ろうとする世論だけが、戦争当事国の一方にとって「人道に対する罪」(非戦闘員の大量殺戮)と呼ばれるものが、他方にとって「付随的被害」として受け入れられ得ることを了承することができるのである。ヴァーツラフ・ハヴェルは、あなた方は攻撃的な爆弾ではなく人道的な爆弾に襲われることを幸せに感じるはずだとセルビア人市民に説明するために、その場にいたわけではない。戦争はすべて残酷であり、罪のない人々に死と苦しみをもたらす。これを知らないでいる権利はないし、それを誇りにするなど問題外である。

これらの「付随的被害」は抑制できないものではまったくなかったがゆえに、なおさらである。欧米の世論、とりわけアメリカの世論は、自国の兵士から犠牲者が出るという思いに耐えることはできない。宣言された目標は、自分の側の人的損失を出さずに戦争を遂行することである。自国の兵士が死ぬのを見ることのこの嫌悪の結果とは、ミサイルや何千メートルもの上空を飛行する爆撃機から投下される爆弾の助けを借りて、遠距離から戦争を遂行することを選択することである。目標から遠ければ遠いほど、攻撃の正確さを保証することができなくなることは自明の理である。自軍の軍人の生命を危険にさらすことを回避することによって、NATOはためらいもせずに「敵の」市民の生命を犠牲にし、その結果、人間の生命の値打ちに前もって定められたヒエラルキーを導入するのである。

近代戦争は、非戦闘員を攻撃することは軍隊を攻撃するよりも勝利にとって有用でありうることを発見した。まさにそれゆえに(公式の説明によれば)、しっかり防御された日本軍ではなく、広島と長崎という二つの都市を爆撃したのであった。イラクやユーゴスラヴィアでおこなわれたように、水と石油の備蓄、発電設備と交通手段、さらには病院でさえ爆撃することに決めるとき、戦争犯罪が発生するのだろうか、しないのだろうか。欧米の軍人の目的は、軍事目標を破壊することだけではなく、非戦闘員に不便（婉曲語法）をもたらし、非戦闘員が政府に敵対するようにすることにあった。空軍の将軍マイケル・ショートはふつうのユーゴスラヴィア人が空爆によって激昂してその指導者につぎのように問いかける様子を想像する。「おい、スロボ、こりゃいったい何のことだよ。こんなことに、これからどれだけ我慢しなければならないんだ。」[21] これによって、マイケル・ショートは人間心理のみならず国際法についても、まだ進歩する余地を残していることを露呈させている。国際法においては、市民に対するこの種の「圧力」は犯罪と形容されているのである。

コソヴォ紛争によって、記憶の使用は、過去を通俗化したせいで有害なものになりうることも明らかになった。対峙している各党は、英雄、犠牲者、または悪人の原型との同一化をおこなうことによって、みずからの現在の政治を正当化するために論拠をそこに汲もうとした——比較対照はつねに速やかに見出されるものである。セルビア人は一三八九年のラザール王の英雄的な敗北に言及した〔以後、セルビアは五〇〇年にわたりトルコの支配を受けた〕。くり返されてはいけない例である。欧米人はすでにボスニア戦争のさいにおこなったように、ミュンヘンの先例を振りかざした。残忍な独裁者を前にして模倣してはいけない譲歩である。アルバニア人はもっと最近の迫害を引き合いに出していた。歴史は万人を納得させる例を提供できるほど十分に豊かなのである。一部の者にとって、アメリカ人の介入は必然的によいことであった。というのも、一九四四年の上陸がよいものであったから。他の者にとっては、アメリカ人の介入は、アメリカ大陸でのインディオの絶滅やヴェトナム戦争が示しているように、悪いことだった。個々の出来事も多数の面をもっており、そのためにどんな役にも立つことができる。ある人々は、一九三六年にフランコに反対して闘ったように、正義のために闘わなければならないと信じている。ほかの人たちは、高潔な装いの背後に、口に出せない意図が隠されている可能性があり、この同じスペイン戦争がスターリンの秘密情報機関にとって反ファシストのライバルを粛正する機会であったことを忘れてはいない。

群を抜いて、もっとも汚れた歴史的な事例は、ヒトラーのそれである。反ヒトラーの勇敢な戦士が今日ほど数多いことはまれであった。最後の紛争で、ユーゴスラヴィアのプロパガンダは当然のことながら、自国に対する最後の攻撃はヒトラーの犯行であったことを思い出させた。つまりクリントン＝ヒトラーである。さらに驚くべきことは、この同じクリントンが軍事介入を正当化するために同じく疑わしい比較をもちいたことである。「チャーチルの言うことをタイミングよく聞き入れていたならば、つまりもっと早くヒトラーと対決していたならば、どうなっていただろうか。どれだけの生命が、そこにはアメリカ人の生命も含まれているが、救われていたことだろうか」と、一九九九年三月二三日に言明している。だがいかなる点において、〈第二次世界大戦〉の潜在的な生存者がユーゴスラヴィアの爆撃を正当化するのだろうか。ミロシェヴィッチが一九三六年のヒトラーのように、ヨーロッパと世界にとって危険だったと本気で考えることができただろうか。過去を想起させるだけで、どんな行為をも正当化するのに十分なのだろうか。

コソヴォへのＮＡＴＯの軍事介入は、善の勝利をもたらすために国際共同体によって遂行される有徳の行為であることからはほど遠い。もう一つ別の問いが相変わらず残されている。仮にコソヴォでの人権侵害が許容できる限界を超えていたとしても、空爆がそれに終止符を打つ唯一の手段だったのだろうか。これが一九九九年三月二三日、介入の開始に当たってハビエル・ソラナが述べ立てた正当化である。「コソヴォ危機に際して交渉による政治的解決に到達するためにおこなわれたあらゆる努力が水泡に帰したために、軍事行動に訴えるよりほかに解決策は存在しない。」だがこの宣言は本当だろうか。

　ランブイエでの折衝が何につまずいたのかを思い出すならば、いくつか疑念を感じざるをえない。ユーゴスラヴィア代表団は、コソヴォの実質的な自律を受け入れながら、NATOがユーゴスラヴィアの領土を自由に動き回り、ある程度の警察機能を果たしたいという要求のまえで尻込みしたのであった。ところで、ほとんど三か月もつづいた爆撃のあとで、停戦はつぎのような結果に到達した。すなわち、コソヴォは実質的な自律性を獲得するが、NATO軍は相変わらずユーゴスラヴィアの領土に介入する権利をもたないというものである。いいかえれば、戦争は補足的な利得をもたらさなかったのである。最終的な妥協は、ユーゴスラヴィア代表団が戦闘行為が開始される前にランブイエで受け入れる用意をしていた妥協そのものだった。一九四五年における日本のように、介入のあとで獲得された結果は、介入がおこなわれなくても到達できた結果とそっくりなのである。

　まるですべては、NATOの交渉委員がこの協定がランブイエでは締結されることを望んでいず、そのために受け入れがたい要求を突きつけたかのように進行する。彼らがこの要求を断念したのは、何千トンもの爆弾をぶちまけたあとであった。ミロシェヴィッチを罰し、同盟の軍事力を誇示するために、戦争がそれ自体として必要だと判断されたのだろうか。広島に先立つ戦略の記憶がよみがえってくる（またもや不確かな歴史上の比較対照だろうか）。アメリカ人が受け入れられることができないと知っている要求――無条件降伏、つまり天皇を退位させる可能性――に固執したのは、原子爆弾を投下するためである。ひとたび降伏させると、アメリカ人はこの屈辱的な要求を取り下げ、天皇制度はそのままにしておいた――たしかに天皇制度のいくつかの特権は奪われたのであったが。

　ソラナの主張とは逆に、ランブイエ会議の最後の瞬間でさえ、最終的な結果はほかの手段によって到達されえた。しかしとりわけ言っておかなければならないのは、もし欧米の大国がバルカン半島の諸民族の運命を本当に気遣っていたのであれば、もっとずっと早い時期から別の可能性が提供されていたということである。介入のさい、欧米の指導者はこの状況を単純なジレンマに還元しようとした。何もしないか（ミュンヘンのように！）、爆撃するか、である。しかし政治的な現実がこのような唐突な選択に帰着することはまれである。このような結末に否応なくいたるのは、「行動する」が「軍事的に行動する」を意味することに前もって決めている場合のみである。ところで、軍事的攻撃以外にも多くの介入形態が存在する。目的にかんする同意があるから、手段にかんする同意が自動的におこなわれるわけではない。さもなければ、ヒトラーの時代の共産党の推論を受け入れなければならないだろう。この推論によれば、ファシストと闘おうとする者は、同時に共産主義者を支持しなければならないのであった（論理学においては、こうした論法を反対対当と矛盾事項の混同と呼んでいる）。

欧米諸国の人々が、個人を保護し、少数民族の権利を保障する民主主義体制をこぞって選択するのはなぜだろうか。なぜなら、彼らは民主主義の中で生きることに利点を見出しているからである。だが彼らもまたスケープゴート――すなわち自分たちの不幸の仮定的説明――を求めはじめるには、事態がもう少し悪いほうに転じれば十分である。このスケープゴートの役割にとって理想的な候補者は、彼らのうちで暮らしているけれども、直接的に認知可能な記号――外国語、異なった習俗、特別な肌の色――によって区別される少数民族である。本質的に悪意があるわけではないが、民主主義体制の住民でさえ、そのときには狂信的または破廉恥なリーダーに耳を傾ける可能性をもっている。

バルカン諸国――ユーゴスラヴィア、マケドニア、アルバニア、ブルガリア、ルーマニア――は経済的、社会的に惨憺たる状況にある。これらの国は豊かであったことは一度もない。しかも、そこでは共産主義は中央ヨーロッパよりも長いあいだ維持された。そして共産主義がこれらの国の破綻を加速した。もし欧米人がヨーロッパのこの片隅の兄弟姉妹が苦しむのを望まないのであれば、さらにはもっとエゴイスティックに、明日、バルカン半島の他の片隅が戦火に包まれるのを望まないのであれば——彼らがそれを望まないのは理にかなっているだろう。それほど、このような戦火の結果は破局的なものになりうるのである——、欧米人は世界のこの部分が経済的、社会的な不況から抜け出す手伝いをしなければならないだろう。これらのケースでよく言われるように新しいマーシャル・プランが、これらの国の国民がトンネルの先に光明をかいま見、自分たちの生活にある意味を見出すことができるように、これらの国に対して適用されなければならないだろう。ニンジンは棍棒よりも有効であることが判明することもありうる。狂信的または破廉恥なリーダーは、ばかげた時代錯誤と化し、おのずと消え去るだろう。

みずからの勝利を過信した彼自身によって前倒しに実施された選挙の結果、二〇〇〇年一〇月に突如、生じたミロシェヴィッチの失脚（他の国家元首も同じ仕方で間違いを犯すことは幾度も見られた通りである）、この失脚は非暴力的な戦略がよりすぐれた有効性を発揮することを見事に例証している。軍事政策がこれほど多くの次元で失敗したことを確認したあとで、何人かの欧米の指導者は自分たちがほかにもさまざまな手段をもっていたことに明らかに気づいた。アメリカ政府はセルビアにおける民主主義を促進させる活動のために二二〇〇万ドルの援助の凍結解除をおこなったらしい（介入に必要とされた軍事予算に比較すれば塵のようなものである）。欧州連合は野党の指導者たちとひそかに接触し、勝利した場合には、制裁をただちに中止することと財政的援助を送ることを約束した（欧州連合は約束を守った）。この約束は選挙キャンペーン中に、完全に秘密保持されたわけではないことは賭けてもいい！　ノルウェー政府はセルビア人学生を迎え入れた。他のさまざまなプログラムが実行に移された。ただ惜しむらくは、再建する前に、まるで援助を開始するにはすでに十分に貧しくなかったとでもいうように、国土をさらにもう少し破壊しなければならなかったのである。

この棍棒ではなくニンジンの選択（実際には棍棒の**あとの**ニンジンの選択）だけで、天秤を傾けさせ、セルビア市民が自由に自律的判断を下させるのに十分であることが明らかになった。セルビア市民は、民主主義体制の住民がしばしばおこなうように、自分たちの利益にもっともかなった解決策を選択した。本当の選択が提供されると、彼らはイスラム教徒の女性をレイプすることだけを夢見る、他者の血に酩酊した怪物のように振る舞うことをやめ、平和と繁栄の約束を選択したのである。そこにあるのは「奇跡」でも何でもない。あるのはただ、民主主義の要である自律的な判断の力を当てにできるという証拠である。選挙の翌日のセルビアの地方議員の誇りは理解できる。「もっとも重要なのは、これらの変化がわれわれのおかげで、われわれだけのおかげで、人民のおかげでおこなわれたということである。アメリカのおかげでもロシアのおかげでもない[22]。」

貧しい国々への経済援助は高くつくのだろうか。もちろんである。だが欧米諸国は飛行機や原子力潜水艦、ミサイルや爆弾を製造するのに、兵士を武装させ、さらには難民の援助をするために途方もない金額を支出してきた。この大地には爆弾よりもドルをばらまくほうがいいのではないだろうか――爆弾もまたドルを必要とするからである。コソヴォのような状況に直面すると、私たちは通常、二者択一の観点で思考する。積極的介入主義か保守主義か、理想主義か現実主義か、左翼か右翼か、軍事行動か無関心か、である。ところで、拒絶すべきは、これらの対立のこれこれの項ではない。そうではなく、問題を表明するこのような方法である。責任の倫理は気高い目的を維持するが、それだけで満足することを拒否し、みずからの名において遂行されるそれぞれの行動の結果を予見しようとつとめる。理想主義と現実主義は、切り離されているならば、いずれも悪い。一緒になれば、それらは正しい政治を可能にする。

この解決策の不都合とは、私たちが自分を、絶対的な悪、悪魔、人間の顔をした怪物に対する勝利者と見なすことがもうできないこと、私たちが同時に法と力の具現であるとして自分を誇りにすることがもうできないということである。しかし結局は、これこそが小さな進歩ではないだろうか。

人道的なものと司法的なもの

人道的活動は今日、欧米諸国の世論においてうらやまれるべき位置を占めている。光輝く未来を約束する政治的ユートピアがもはや信じられない世界、しかも人々が個人的な安逸とレジャーとではもはや満足しようとしない世界においては、この人道的活動が出口を提供しているように思われる。人類との連帯によって行動することがまだ可能だからである。他者の苦痛や貧困を軽減することは、人生に意味を付与する資本投入である。人道的活動は対称をなす二つの暗礁を回避するように思われる。無道徳的な政治的積極的介入主義という暗礁と、無力な道徳という暗礁である。それは理想主義と現実主義のあいだの理にかなった均衡の例を提供するように見える。とくに若かろうと年を取っていようと、気持ちの若い人たちにおいて、人道的活動がこれほど高く評価されていることは何ら驚くべきことではない。

人道活動家は、もっとも多くは、対立する政治力がぶつかり合う戦争、紛争、危機のさいに、国際舞台に介入する。人道的なものは必然的に政治的なものとの関係で位置づけられる。最初は、この関係は望まれた故意の無知として記述することができた。人道活動家は、いかなる政治グループに属するかを問いもせずに、傷ついた者や飢餓に苦しむ者たちの援助に当たった。人道的援助は幾多の政治の一つであることを望まなかった。しかし、政治的色合いについての無知や無関心の要求だけでは不十分であることに早急に気づかされることになった。

政治的対決に介入することによって、人道活動家は望むと望まざるとにかかわらず政治的な役割を負わされることになる。たとえば、ある独裁者が土地を撤収するために一定地域の住民を自国の内部で移住させたり、さらには国外追放にすることに決定する。もし人道組織が難民の苦痛を軽減するために介入すれば、不本意ながらこの独裁者の同盟者になる。しかし人道的次元で介入せずに、公然と攻撃を告発することに決めるならば、難民は飢えや病気で死んでいく。いずれの場合も、高邁な人道活動家は、自分たちの活動を誇りに感じるわけにはいかない。そこにはファウスト的契約のようなものがある。「悪魔」(邪悪な独裁者)とのある種の妥協が人道活動家の有効性の代価である。いっさいの妥協の拒否によって彼らは麻痺に陥る。強者の命令への服従は魂を失わせ、人道活動家には嘆かわしいメッセージが聞こえてくる。食べなければならない以上、犠牲者は正義をあきらめなければならない、と。

このようなジレンマはしょっちゅうである。そして全面的解決は不可能である。それゆえ〈国境なき医師団〉のようなある種の組織は、無知を装うことをやめ、逆に個々の状況を政治的に可能なかぎり深く分析した上で活動をおこなうことに決定する。いずれかの態度の選択、妥協か憤りかの選択は、そのとき原則の問題ではなくなり、時宜を得ているか否かの問題となるだろう。ある場合には、大切なのは告発である。たとえこのことが意味するのが、同時にいっさいの介入の断念だとしてもである。他のケースでは、苦しみの原因となった者のルールに従って行動することを知りつつ、何よりも苦しむ人々を援助するだろう。しかし超えてはならない限界がつねに存在する。すなわち、人道的行為は法的な状況(人道的)を再確立しようとするが、たんに力（政治的）に仕えるようなことがあっては決してならないのである。

政治家が人道活動家を利用する場合は、もっと目立たない形態を採ることがある。欧米諸国の内部それ自体において、政府はNGO――非政府組織――に訴えて、骨折り損の仕事や通常の官僚主義の枠内で扱うのには重すぎる仕事、つまり極端な貧困や薬物中毒をNGOに押しつける。政治的措置を講じることは物質的にも戦略的にも高くつくかもしれない。その仕事をNGOにゆだねることは、悪の根源に手をつけないことを可能にする。再度、人道活動家は原則として政治家の代わりをしたり政治家の援助をしたりすることを断念しなくてもいいことになるが、自分たちがその対象になっている道具化については自覚的であるほうがいい。さもなければ、受け入れがたい政策の補助者であるという口実で、いつの日か、自分たちが援助しようとしている政治家に捨て去られる危険がある――植民地時代におこなわれたように。

ユーゴスラヴィアでの戦争のときほど、政治的紛争に巻き込まれた人道活動家の危うさが明らかになったことはめったにない。そして彼らのアイデンティティそのものが脅かされたのはコソヴォのときである。というのも、紛争の当事者の一方、すなわち欧米諸国それ自体が――そしてこれらの国は同時に人道活動家のスポンサーであるが――、彼らの知らぬ間に彼らに新しい役割を負わせたからである。ジャン＝クリストフ・リュファンの表現を借りれば「武力行使の起爆装置」としての役割である。介入に先立つ数か月・数週間に、人道活動家はしばしばその場に居合わせた唯一の証人であった。何か惨事が起これば、彼らが最初に知ることになるだろう。しかしこのことはまた、彼らが出来事に与えた解釈、彼らが広く伝えた情報が、戦争を開始させたことを意味した。「危機に先立つ数日間は」とリュファンは書いている、「全世界、とくにNATOは、人道活動家がその証人となる暴虐を期待しながら暮らしていた。人権侵害のどんな告発でも、**直接的な**結果として［……］ベオグラードとプリスティナへの集中砲火を開始させることになった。」人道活動家はこの起爆装置または引き金という役割を受け入れなければならないのだろうか。彼らは当初の中立という立場を捨てて、自分たちもまた新しい死者の原因となることを容認できるのだろうか。

ひとたび戦闘が開始されると、人道的活動の曖昧さはいかんともしがたいものがあった。さまざまな組織、それら同じ組織のさまざまな部門は、しばしば矛盾する立場をとった。フランスの〈多国籍医師団〉は爆撃に賛意を表し、地上介入を要求した。スカンジナビアのNGOは陸軍病院を機能させることを了承したが、UCKの兵士専用であった。その間、ギリシアの〈国境なき医師団〉は爆撃されるプリスティナに駐留をつづけ、「そこでは自由に仕事ができる」[23]と断言した。各軍隊はたしかに医療サービスを必要とする。だが医療サービスが他方に勝とうとしている一方の集団にのみ提供されるとき、それでもなおこれを人道的活動だということができるだろうか。

人道活動家と軍人との混同は、この場合、NATOそれ自体によって維持されたといわなければならない。というのも、この軍事組織は本質的に人道的な使命を帯びたものであることを望んだからである。おそらくこれがハヴェルによって褒めそやされた「人道的な爆弾」の意味である。人道的な爆弾の目的とは女性と子供を助けることであるらしい！　莫大なつとめを前にして、しっかり組織され十分に装備された軍隊でなければ、だれが何十万人もの難民の救援に駆けつけることができるだろうか。つまり、NATOの「人道」部門が「戦闘」部門とは別個に公式に創設されたのである。このようにして役割の逆転——というよりも混同——が完成する。人道活動家がみずからをNATOに役立たせるのに対し、NATOそれ自体はスーパー人道組織と化すのである。

このように軍隊が慈善的な機関に転換したことを喜ばなければならないとでもいうのだろうか。私たちの言葉によるアクロバットがいかなるものであろうと、戦争は決して人道的な振る舞いではない。そして、たとえ理論的にはNGOに対するいかなる援助でも喜んで迎え入れられるとしても、軍隊の一方が人道的活動にたずさわることは、人道的活動の不偏不党の裏づけになるような質のものではない。まさしく逆で、この同じ時期、〈国境なき医師団〉の指導者がこぞって指摘したように、このように国家とNGOを同じ次元に位置づけること、相互の援助によって両者を結びつけることは、NGOそのものに疑いを抱かせて当然のこととなる。むしろ望むべきは、各NGOが自分の役割だけでとどめておくことである。何としてでも効果的であろうとすれば、人道活動家は最後にはアイデンティティを棄ててしまうことになるだろう――同時に、彼らの活動の価値をなすもの、すなわち普遍主義的なインスピレーションをも棄ててしまうだろう。不偏不党でない援助はもはや「人道的」という呼称にふさわしくないだろう。

国際裁判についても同じことが言えるだろう。つぎのように考えることができることは、精神には深い満足感をもたらし、人間性について抱く観念にとっては大きな喜びである。すなわち、法はさまざまな法律に先行して存在する、これらの法律がもっぱら解釈しコード化するのは、あらゆる人間に共通の正不正にかかわるある種の感情である、と。私たちはピレネ山脈の手前で真実であるものが向こう側では間違いであるとは信じたくはない。ヒューマニズム思想は、その普遍主義ゆえに逆の公準から出発する。「実定的な法律が命じたり禁じたりすること以外には、正なるものも不正なるものもまったく存在しないというのは、円を描かないうちは、すべての半径は等しくないというようなものである」とモンテスキューは書いた。(24) 国際的な法制度は各国の伝統によって強いられる拘束をまぬがれている以上、これら国際的法制度の中に見出すことが熱望されたのは、この正義――自然的で、普遍的で、絶対的な正義――である。そして現代におけるその実践のもっとも有名な例、すなわちニュルンベルク裁判は、たとえこうした国際的な正義を完全には具現していないとしても、国々の国境を超越することが可能であることを示している。ナチの政府高官は自分たちの国の法律には違反していなかった。国際裁判は普遍的な法のあり得べき具現と化そうとしていた。

ニュルンベルクの約五〇年後の一九九三年二月に、ハーグに新たな国際刑事法廷が創設されることに寄せられた期待は理解できる。国境を越えて法を述べ伝えるための裁判所だからである。その創設の状況は、間近から見ればもっとありきたりである。すでに三年来、ユーゴスラヴィアでは戦争が猖獗をきわめている。荒廃した国土の映像、虐待されたり殺されたりした人々の映像が、テレビの画面に定期的に放映される。もっとも弱い者、潜在的な犠牲者——つまりボスニアのイスラム教徒——が欧米列強に訴えかける。戦争とそのおぞましさに対する反応として二種類の介入が考えられる。一方は軍事的なもので、他方は法的なものである。だれもが法的なものを軍事的なものとの絡みで考える。ある人々（政府の代表者の大半）の場合、裁判所を創設することによって交戦を**回避する**ことができる。それは費用もあまりかからず、国際的な次元で責任をとらせられる危険のより少ない方法である。ほかの人たち（ボスニアのイスラム教徒、および欧米の若干の大立て者、たとえばマドレーン・オルブライト）にとっては、それは第二歩目の軍事介入を**誘発する**はずの第一歩目である。つまりこの段階では、裁判はいずれの側においても政治のために道具化されている。これら矛盾に満ちた期待によって、ひとたび設置された裁判所が、なぜ多数の抵抗、それも心からこれを待ち望んだ政府や、国連とその安全保障理事会とかいった国際機関の抵抗に出会うのかが説明される。

国際裁判が私たちの内なる深いあこがれを満足させるとしても、その存在はやはりすべての国家政策との関連で問題となる。というのも、この二つは同じ原則では支配されていず、優先課題も異なっているからである。民主的国家の首長がみずからの正当性を引き出すのは、彼を権力の座につけた国民の意志からである。彼が守らなければならないのは何よりもまず自国民の利益である。このことはまた、彼が近隣諸国の住民を犠牲にして自国民を特別扱いすることを意味する。クリントン、あるいはアメリカのまったく別の大統領が、アメリカ人の生命の保護を優先させるのを見てもだれもショックを受けたりはしない。自国を強化しようとすることは彼の義務である――しかし彼の選択の結果は国際裁判の目からすれば犯罪である危険がある。

国際裁判が設立されたのは――これは認めなければならない――万国の意志によってではなく、現代の勝利者や強大国によってである。そして国際裁判は政治指導者にとって何よりも大切な国家利益を度外視しようとする。ところで、抽象的な裁判の目に犯罪であるものは、国家政策の枠の中では必然であり、さらには偉業であることもある。すでに各国の内部にしてそうである。殺すことは犯罪であるが、大量殺戮が戦争と呼ばれるならば、栄光の称号となる。政治的な観点が法的なものにまさるのである。国際裁判が回避しなければならないのは、一方では、いっさいのユートピアの誘惑である。だから国際裁判が戦争を犯罪と見なす（人類が平和になるように強制する）ことはない。つまり、大量殺戮がこの戦争という気高い名をもつときには受け入れるのである。それが懲罰を加えようとするのは戦争犯罪だけである。だが、すでに見たように、全面戦争の時代においては、戦争犯罪は通常の戦争行為の中に紛れている。他方で、不公平と道具化の非難をうけることは回避しようとする。だから、国際裁判は政治裁判を起こそうとはしない。これら二系列の自律的な要求を連接させることは、むろん容易ではない。

ニュルンベルクとハーグのあいだには数多くの重大な差異が存在することが白日の下に明らかになった。まず最初に、ナチスの犯罪にかんするコンセンサスはほぼ完全だった。大量殺戮、暴力、絶滅キャンプのイマージュが、すべての人々の脳裏にあった。つぎに、戦争は終わっていた。連合国がこれらの裁判行為を通じて追求していたのは軍事的目標ではなかった。その上、体制の高位の責任者はすでに投獄されていた。つまり、彼らの逮捕はもはや問題ではなかった。

ユーゴスラヴィアのケースではそうはいかない。戦争はまだ荒れ狂っており、法的介入は影響を与えようという目的で戦争後ではなく戦争中におこなわれる。その結果、介入はニュルンベルク裁判にはなかった政治的な意味、さらには軍事的な意味さえ帯びる。操作に対して、存在しない犠牲者を引き合いに出しているという相互の非難に対して、さらには敵を断罪するために考え出された挑発に対して大きな領域が開かれる。いま現におこなわれている行動にかんするコンセンサスは以前とは比べものにならないほど不完全である。犯罪を犯した可能性があるのは、ひとりの主役だけではない。多数の主役、すなわちセルビア人、クロアチア人、ボスニア人である。最後に、犯罪容疑者を逮捕することは、それが高位の政治家や軍人である場合には、つまりしっかりガードされている場合には、危険な試みとなる。兵士を死なせるような行為が選挙民に不人気をこうむることを自覚している欧米の政治指導者は、このようなことに踏み込むことをためらう。ニュルンベルクは完了した事実を前にしている。ハーグの裁判所は判断を下す出来事と同時代であり、出来事の性格そのものが万人の目にはっきりとは確立されていないのである。

裁判を政治のために道具化することは、コソヴォのさいに潜在的な状態から現実の状態へと移行した。というのも、一九九九年五月二七日、ハーグの裁判所検事ルイーズ・アルブールは、ミロシェヴィッチを筆頭とするユーゴスラヴィアの高位の指導者を全員、コソヴォで犯された人道に対する罪の容疑で告訴するのである。裁判所の公正さにこれほど根本的に疑問を投じる振る舞いは想像できなかった。同時に、これほど大きくＮＡＴＯに役立つこともできなかった。交戦国の一方によって設置され支えられた裁判所が、他方の交戦国を犯罪者だとして告発するのである。どうすれば裁判所が中立の立場にあると、なおも信じることができるだろうか。不公平だという非難をまぬがれ、徹底的な調査をおこなうことができるためには、告発は戦争行為が終わるのを待ち、紛争とは無関係であると評価される調査者を選ぶべきだと考えることもできただろう。こうした基本的な諸注意のすべてが不必要だと判断された。同じやり方ですでに、たしかにクウェートを侵略したという罪はあったが、そのイラクに対する戦争の間に、アメリカ大統領ジョージ・ブッシュと英国首相マーガレット・サッチャーはサダム・フセインを、もちろんヒトラーと比較した上で、人道に対する罪のかどで訴追すると脅したのであった。NATOの指導者層については、彼らは理論的には公平である国際制度が自分たちの軍事行動を正当化することに満足を隠さなかった。このようにして、ミロシェヴィッチは自分がまさしく追いつめられたと感じ、結局は降伏しなければならなかったのである。

それに先立つ数年間、ボスニアで犯された犯罪を調査していたとき、裁判所はまさしく不公平であるといういっさいの非難を回避するために、衝突しあう諸党派――セルビア人、クロアチア人、ボスニア人――の代表者を取り調べるという配慮を示していた。たとえセルビア人のほうが圧倒的に多数だったとしてもである。コソヴォ紛争のときには、このようなことは何もおこなわれなかった。だが、NATOのある種の行動は非合法的だとして告発された――この場合は、もちろんほとんど信ずるに足りないユーゴスラヴィア政府によってのみならず、国際人道組織によってである。一九九九年五月一三日、ヒューマン・ライツ・ウォッチ（二）はNATOの事務総長ハビエル・ソラナへ書簡を送り、NATOが国際法を何度も侵害していると警告する。実際、この国際法は軍事力の使用を軍事的目標に限定し、一般市民への使用を禁じているのである。

五月一六日、NATOのスポークスマン、ジャミー・シアが返答する。「NATO諸国は、裁判所を設立させるために資金を提供した国々である。私たちは多数派であるこれら出資者の仲間である。」つまり、こちらの側には心配の種はないのである。これほど恥知らずな返答を、法が力の道具、この場合は金銭の力の道具でしかないことをこれほど率直に許容するのを想像することができるだろうか。この宣言の翌日、裁判所はユーゴスラヴィアの指導者を戦争犯罪および人道に対する罪の容疑で取り調べた。数か月後、裁判所の新しい検事がジャミー・シアの説明を確証した。「デル・ポンテ夫人が力説したところによれば、裁判所にはその最良の支持者であった欧米の指導者を追及することよりも緊急なつとめがあった。(25)」

二〇〇〇年六月六日に、もう一つの人道組織アムネスティ・インターナショナルが介入したのもまた、NATOがユーゴスラヴィアのラジオ局やテレビ局のような民間施設を目標とする爆撃によって国際的な法体系を侵害したことを確認したからである(したがって、これは例の「付随的被害」ではない)。「付随的被害か非合法な殺人か」と題するレポートでアムネスティ・インターナショナルは、政治的、軍事的責任者は一般市民の生命を危険にさらすことを重々承知の上でこの決定をおこなったと指摘している。英国首相トニー・ブレアは、ユーゴスラヴィアのテレビは爆撃による犠牲者の映像を広く伝播させ、欧米諸国の世論に影響を及ぼす危険があると主張した。だからテレビを中立化させる必要があった。クラーク将軍はつけ加えて、テレビはミロシェヴィッチの目標に役立っており、まさにこの事実によって「合法的な戦争の標的(26)」と化すと述べた。しかも国際刑事法廷はこれを法律上有効であると認めたのであった(国際刑事法廷とNATO軍との見事な協力の新たな例証)。アムネスティ・レポートは、軍人にいっさいの危険を回避させるために五〇〇〇メートル以上の高度を飛行するようにというパイロットに与えられた命令は、民間人に対するいっさいの危険を回避することを要求するこの法体系の精神と一致しないことを明らかにした。カルラ・デル・ポンテは、調査の開始は正当化されないと答えただけだった。NATOにおけるソラナの後継者ジョージ・ロバートソンもことば少なに、これらの非難には何の根拠もないと宣言した。

仮に国際的人権への違反を帳簿に正確に記入できるとすれば、ユーゴスラヴィア軍によって犯された違反は、NATOがおこなった違反よりも多いということはまったく確実らしい。しかし裁判所の不公平、出資者の軍事目標に役立とうという欲望は、裁判所の決定の信頼性に深刻な打撃を与える。人間による裁判は本来、不完全で、過ちを犯す可能性があり、不十分である。だが、裁判が最善を尽くそうとしたという証拠を与えようとしないならば、裁判は裁判であることをやめ、他と同様の政治的または軍事的な道具と化す。将来の国際刑事裁判所は同じ危険のもう一つ別の例証をもたらす。アメリカ政府は、アメリカ国民を政府の承諾なしに取り調べることを可能にしたであろうような協定に同意することを拒絶した。いいかえれば、この国は国際裁判には賛成するが、自国民がこれをまぬがれることを条件としているのである。それでもなお裁判といえるのだろうか。ところで、最善の政治でさえ、裁判の理念をないがしろにしていいことにはならない。ボスニアの先例は、もう一度いえば、コソヴォへの介入中に起こったこととは似ても似つかない。裁判所に出資している欧米の諸政府は、ボスニア当時は問題の諸国の一方に対して軍事行動を起こしていなかったからである。ハーグの国際刑事法廷は、いかなる政治的後見からも自由である普遍的正義の理念を危険にさらすことによって国際共同体に迷惑をかけた。戦争は裁判の反対である。裁判は法律が支配しているところでおこなわれる。戦争に訴えるのは、いっさいの共通の法律が不在なので、みずからの大義を力でもって押しつけることを目的としている。裁判を戦争の手段にすることは、裁判の精神そのものを裏切ることである。

人道組織も法制度と同様、財政的手段を必要とする。人道組織は自分たちに財政手段を提供してくれる者たちに、場合によっては反旗を翻し、自分たちを養ってくれる手にかみつくことを、あえてみずからに許すことができるだろうか。答えは、諾である。人道組織の名声とその行為の透明性、また人道組織が容易にマスメディアと接近しうることは、いっさいの政治的干渉から人道組織を守ることを可能にする。そして人道組織にはみずからの独立を守る義務がある。人道組織が政治的な力の道具と化すことに同意するならば、人道組織はみずからの使命を放棄し、それが標榜する普遍性の理念そのものに疑問を投げかけることになる。仮にこれらの資金がなくなる危険が現実のものであるならば、その危険をこうむることを受け入れるべきである。

人道活動家のケースは、比較すればより単純である。彼らは公的な資金に加えて、ともかく私的な資金を駆使しており、その上、紛争において中立を守ることが彼らの使命の精神の中にある。つまり、いざこざは回避されうるのである。反対に国際裁判の代表者は、彼らに出資し、必要な警察力を提供しようとする諸政府に全面的に依存している。しかも彼らはごたごたに無関係ではないけれども、正・不正を述べなければならない。つまり、だれが無罪でだれが有罪であるかを指示しなければならない。そのために彼らは裁判の要求にのみ服するという彼らの義務から自由になることはできない。

つまり、ニュルンベルクのような例外的な状況を別にすれば、みずからの機能を裏切る危険性のある国際裁判を推進するのではなく、個々の国家の裁判の国際的適性、普遍的能力をはぐくむほうがいっそう慎重ではないだろうか。最近のもう一つの例を採り上げれば、ルワンダのジェノサイドの責任者は国家の裁判所で裁くことができる。もちろんルワンダそれ自体の裁判所であるが、実際におこなわれたように、フランスやベルギーの裁判所でもある。フランスの裁判所（あるいはほかの国の裁判所）は外国を揺り動かしている軍事対立の利害関係者ではないので、基本的に公平であることは間違いない。裁判所は外国の諸政府の協力を仰ぐことができる。これらの政府が拒否する場合は、制裁を科される危険がある。裁判所は地上全体に正義を行き渡らせることはできない。しかし「国際法廷」がそれ以上のことをできるとは思えない。しかも、私たちはこのような普遍的王国の代価を支払うことを本当に願っているのだろうか。

干渉権、それともアシスタンスの義務？

コソヴォへの軍事介入は、新しいドクトリンの結果として提示された。この新しいドクトリンは簡略化して「干渉権」と呼ばれている。この干渉権が意味しているのは、ある国家グループ、たとえばＮＡＴＯが維持しているようなグループは、人権侵害が大規模かつ組織的におこなわれるならば、世界中どこにでも軍事的に介入する権利をもつというものである。この原則を擁護したのは、国連事務総長コフィ・アナン、アメリカ大統領ビル・クリントン（「だれかが無辜の非戦闘員に対して大規模な犯罪を犯そうとするならば、私たちはそれを妨げるだろう[27]」）、さらにはこのドクトリンのスポークスマンと化した他の公的な著名人である。たとえば、ヴァーツラフ・ハヴェルはコソヴォについて、あらためてつぎのように述べている。「理性的な人であればだれも否定できない何かがある。それはおそらく、国益の名においてではなく、諸原則と価値観の名においておこなわれた最初の戦争である。戦争について、それは倫理的だったとか、倫理的理由のためにおこなわれたとか言うことができるのであれば、まさしくこの戦争についてである[28]。」軍事的な干渉に先行した状況とは潜在的な市民戦争の状況であり、これが生じさせたのは大量殺戮であって、ジェノサイドではないと指摘することによって、この原則をユーゴスラヴィアに適用することに異議を申し立て、にもかかわらず干渉権という理念に同意することもできるだろう。そうすれば、干渉権のためにもっと異論の余地の少ない例を想起することができるだろう。すなわち、一九三八年以前にヒトラーに対して介入すべきだったのではないだろうか。あるいはジェノサイドを未然に防ぐために一九七六年以後、カンボジアに？　あるいは、一九九四年のルワンダのツチ族の大量殺戮が始まるとすぐに？

干渉権のドクトリンが表明されるとすぐに、これに対してさまざまな異論が呈された。これらの異論は異なった論拠に依拠している。もっとも広く知られている論拠の一つは、このドクトリンが、現在にいたるまで国際関係のベースにある国家主権の原則を放棄することを前提としており、この原則の放棄は利点より多くの危険を含んでいることを指摘することにある。正確にはどうなのだろうか。

まず最初に、もっと広い実体——連邦や国家連合——に所属しており、それゆえに自分たちの主権の一部をみずから放棄した国々のケースはわきに置いておくべきだろう。これがとりわけ欧州連合加盟諸国の状況である。だから、これらの国のいくつかが、オーストリアで（二〇〇〇年に）政府に極右政党が参加するのを非難しても何ら驚くべきことではない。欧州連合が望んでいるのは共通の経済・財政的な空間であることだけでなく、すべての加盟国がある種の政治的価値観——たとえば人種主義と外国人嫌いの断罪——を共有する共同体であることである。オーストリアの極右は住民投票によって選出されたという正当性を有している。しかしオーストリアが欧州連合に参加していることから利益を引き出すことを、それでも願うのであれば、みずからの主権へのこの違反を受け入れる用意がなければならない。あるいは、これに固執することもできるが、連合を立ち去り、連合のうちに見出していた利点を放棄しなければならない。そこには契約があって、その条項は前もって定められているのである。

他のケースにおいては事情は異なっている。問題の諸国が前もっていかなる契約も結んでいないケースである。干渉権への抵抗は、西ヨーロッパにも北米にも属していない国々の側においてとくに激しかった。アフリカ、アジアの南半球の国である。この分割は明らかに偶然ではない。それは一方と他方の記憶における差異によって説明される。ハヴェルが信じているように思われることとは逆に、この干渉権の理論は新しいドクトリンでは少しもない。過去数世紀において少なくとも二度くり返して、ヨーロッパの諸国家は直接的な国益ではなく「諸原則と価値観」によって、国境を越えていくみずからの行動を正当化したことがあった。そのつど、これらの国家は、他の大陸に位置する遠国がみずからの領土に悪の花を咲かせているのに対し、自分たちこそが善の保有者であるという確信から出発した。つまり、ヨーロッパ人は軍事力を発動させ、他者に善を押しつけようとしたのである。

干渉の最初の波はキリスト教の優越性の名においておこなわれたもので、地球上のあらゆる住民を真の神に接近させるため、あるいは異教徒の中で生活しているキリスト教徒を救うためであった。一一世紀から一三世紀にかけて十字軍を開始する人々は、私たちに劣らず自分たちの大義の正しさを確信しており、同じように普遍主義的な(「人道的な」)衝動に突き動かされている。異論の余地なき善の利益を万人に得させること、つまりイスラム教の代わりにキリスト教を押しつけることである。一五世紀と一六世紀のアメリカ大陸の征服においてもまた、キリスト教の伝播に正当性が見出される。しかも、コロンブスがアジアへの「西回りの道」の探索に出発するのは、エルサレムを決定的に解放することを目的とする新しい十字軍のために必要な手段を獲得するためである。たしかに、アメリカ大陸の住民は厳密な意味で国家の中で生活しているわけではない。ここでは介入は異なった性格を獲得する。

第二の干渉の大きな波が起こるのは一九世紀と二〇世紀だが、今回はもはやキリスト教的価値観の名においてではなく、非宗教的なヨーロッパ文明の名においてである。進歩、産業、衛生——そして、すでに人権さえもある。フランスと英国が、当時はヨーロッパ大陸でもっとも先進的な二つの民主主義国だったが、この新しい植民地化の波の先頭に立っている。語られているところによれば、とりわけ血なまぐさかったインドシナ征服の直後、共和国政府の代表ポール・ベールが「最初に気を配ったのはハノイに〈人権〉のポスターを掲示することであった」[29]。これらのポスターにもかかわらず、現実はまったく違っている。もっとあとのことだが似たような例を挙げて思い出してみよう。一九四七年、マダガスカルのフランス当局の選択は、マダガスカル人の反逆者を閉じこめておいた貨車に火を放ったり、飛行中の軍用機の外に押してやって彼らの抵抗を試したりすることであった（このテクニックはその後、アルゼンチンでももちいられる）……。

ソヴィエト・ロシアの帝国主義政策もまた、つねにこの上なく高邁な意図によって身を装っていたことをつけ加えることもできるだろう。たとえば一九二〇年に〈赤軍〉がポーランドに侵攻する際、前線司令官、トカチェフスキー将軍の署名のあるチラシにはつぎのように述べられている。「白兵戦でもって、われわれは勤勉な人々に平和と幸福をもたらすだろう！」二〇年後の一九三九年九月、独ソ不可侵条約を利用してロシアの軍隊がポーランドの東部を占領するとき、ソヴィエト首相モロトフは同じ正当化をおこなう。「自由の軍隊は、［……］その旗に次の崇高な語――人民の友愛、社会主義、平和――を掲げ、これまで人類が体験したもっとも正しいキャンペーンを開始した[30]。」つまり、共産主義のイデオロギーを標榜する征服もまた、善の勝利の外観を呈するのである。

反論することもできるだろう。人権に結びつけられた価値観は今日、理論的にはほとんどいたるところで受け入れられている。そこには人権にまつわる価値観が日常的に踏みにじられている国も含まれている。このようなことはキリスト教の場合にも西洋文明の長所の場合にもなかった。このように世界中で受け入れられていることは事実である。それは喜ぶ以外にない。だが問題はそこにはない。キリスト教徒によって説かれた普遍的な愛、一九世紀のヨーロッパ列強によって要求された理性の支配もまた、擁護されるにふさわしい普遍的価値であった。ただ、この普遍的な愛、普遍的な価値観を押しつける目的で始められた軍事行動の結果、それらが勝利をおさめるということは何ら保証されていない。十字軍兵士によって征服されたエルサレムは愛の勝利の具体化ではないし、フランス軍に敗北を喫したハノイは人権の勝利の具体例ではない。仮にこれらの率先的行動の首謀者が誠実だとしても、使用される手段が追求する目的を台無しにする恐れがある。苦しむ人々を助けるのには、その人々の国の政府に対する戦争が唯一の解決策だとはかぎらない。交渉、圧力、誘惑のほうがもっと効果的であると判明することがある。

非ヨーロッパ諸国が現在、抱いている不信感は当然のことである。それらの国では、以前、善の名においておこなわれた介入の記憶がまだ消え去っていないのである。善意の宣言が善意の保証であったことは一度もない。きわめて多くの場合、善意は巧妙なカムフラージュでしかない。しかも、力によって善を押しつけることは、すでにもう純粋な善ではない。一国をただすためにその国を征服しなければならないとすれば、住民がみなさんに感謝してくれるかどうかは疑わしい（コソヴォについて日本の日刊紙『朝日新聞』[31]が書いているように、「人道的な諸原理の名において人殺しがおこなわれている」のである）。最後に、他者に私たちの普遍的な価値観を強要する前に、他者の意見を訊くことは有用でありうるだろう。私たちが彼らを私たちと同じ資格で人間と認めるならば、彼らの意見は私たちの意見に劣らず重いものになるだろう。私たちは彼らの政府を断罪すべきだと考える。だが彼らの意思が自由に表明されえた場合、私たちはこれを一気に無価値で無効だと見なすべきだろうか。私たちの伝統や欲望の反映でしかないものを普遍的な価値と見なした例は、過去に枚挙にいとまがない。いささかの謙虚さと用心深さは、ここでは当然おこなわれるべきことである。つまり、日本の日刊紙が「コソヴォの破滅的な状況」をＮＡＴＯによる「人道主義的諸原理の一方的な独占」によって説明するのも当然なのである。

ということは、諸価値のいっさいの普遍主義を放棄し、個人の人種、文化、宗教、性別や年齢が何であれ、つねに変わることのない人権という理念そのものを放棄しなければならないということなのだろうか。いささかもそうではない。古典的なヒューマニストはこのことを私たちに教えた。暴政はあらゆる風土のもとにおいて災厄である。問題なのは、「西洋的な」人権のそばに、ほかの伝統に固有で（「アジア的価値観」）、同じく正当性をもつ、神の、自然の、集団の権利を位置づけることではまったくない。ここで問題になっているのは、権利と価値の普遍性ではなく、現実の社会における権利と価値の具体的な発現のさせ方の普遍性である。目的ではなく手段である。常時、美しい理論と不完全な実践とを確認し、つぎの試みは成功するだろうと期待するよりも（キリスト教はたしかに頓挫した。共産主義もそうである。だがいまやなぜ自由主義的な民主主義を試みようとしないのだろうか）、私たちが生きている歴史の方向について問いかけなければならないだろう。

もう一つの理由によって、私たちは干渉権ではなく国家主権のほうを選ぶことができる。主権は国家制度として表現される。干渉は国民国家を破壊する。ところで、一国の住民は、非民主的な国の住民でさえ、人類の構成員として以上に国家の市民としてはるかに多くの権利を有している。国の法律や国家装置によって保証されていない人権にはたいした値打ちがない。つまり、人権の防衛の名において国家を破壊することは、つねに疑わしい行為である。このことによって、私たちが獲物を闇に放置する恐れがあるからである。無政府状態は暴政よりも悪いことがある。というのは、国家の不在である無政府状態は、ひとりの暴政を多数の暴政でもって置き換えるからである。そして法律には、たとえ不正な法律でも安定性という利点がある。このことは共産主義体制の崩壊の直後に見た通りである。多くの国で、体制の崩壊によって、国家構造の弱体化、さらには消滅が明らかになった。そのとき、権力は犯罪じみたマフィア集団によって奪い取られ、最強者の「法」が支配することになるのである。今日、ボスニアとコソヴォに設置されている国連の保護領――過去の植民地の奇妙な変形――も、これらの困難と無縁ではない。いかにすれば国際的な役人が国民国家の衰弱した構造の代わりになることができるのだろうか。こうした論法を容認するならば、つぎのように問うことができるだろう。干渉は、すでに無政府状態の餌食になっている国の中で正当なものとなるのだろうか。無政府状態は、たしかに打倒されるにあたいするが、外から力によって押しつけられた秩序が、国民の目に正当なものと見えることは疑わしい。もう一度くり返すが、交渉、間接的な圧力は戦争よりも効果的であることが明らかになる可能性がある。

今度は踏みにじられた主権はわきにおいておき、干渉を正当化する原理を検討してみよう。すなわち普遍的な価値観、つまり万人に同じ正義の存在である。ただちに、干渉権が実際にはきわめて選択的に行使されている事実に驚かされる――ここでは行使されるが、あちらでは行使されないのである。この扱いの差異はどのように説明されるのだろうか。最初の一連の例は、完全に明確である。それは悪の嫌疑を受けている国があまりにも強大だということである。中国はチベットで人権を侵害している、インドはカシミール地方を占領している、ロシアはチェチェンに対して不正な戦争をおこなっている、そう新聞が騒ぎ立てても無駄である。だれもこれらの国の悪事を終わらせるために爆撃しようなどとはいわない。代価はあまりにも高くつくだろう。つまり、干渉権は制限条項を受け入れなければならないのである。干渉権は懲罰を加える国よりも明らかに弱い国にしか適用されない。こうした状況は人権同盟の同時代の議長フランシス・ド・プレサンセをシャルル・ペギーが揶揄したことを否応なく思い出させる。「プレサンセが力に反対して権利に賛意を表するのは、その力が弱いときである。(32)」

おそらくそこには誇るべきものはないだろうが、世界の現実を考慮しなければならない――これを容認しよう。しかし、ほかのケースも想起することができる。非難される国の力だけでは説明されないケースである。当初の犯罪が少数派住民の迫害、監禁、追放であるユーゴスラヴィアにおける地理的なコンテクストをそのまま延長すれば、イスラエルのパレスティナ人との関係の例、トルコのクルド人に対する措置の例が容易に脳裏に浮かんでくる。たとえ個々のケースが異なっており、含みをもたせなければならないとしてもである。なぜ、あるケースでは介入し、ほかのケースでは介入しないのだろうか。万人にとって同一ではない正義は、それでもなお正義なのだろうか。今日、私たちが理解しているような正義は普遍的である。さもなければ正義は存在しない。正義が一方を断罪し、他方を断罪しないのは、異なった原則がこの選択を律しているということである。どこかで始めなければならない、だから、どこででも法律の支配を確立させるわけにはいかないからといって、それができるところでも適用しないという理由にはならない、と答えることは可能だろうか。だが人道主義の諸原理に対する違反は、ユーゴスラヴィアよりもこれらほかの国のほうがもっと昔からおこなっている。だから、この意味で欧米列強が、なぜこれらの国に政治的、経済的、かつ非軍事的な方法で介入しないのかがわかりづらい。

あるいはむしろ、このような介入に対する障害がどこに存するかは一目瞭然である。だがこの障害は正義とはもはや何の関係もない。それはイスラエルとトルコがNATO諸国の、とりわけアメリカの「友好」国だということである。共通の軍事的・政治的な利害がこれらの国を結びつけているのである。したがって最近の歴史が教える教訓は、国連事務総長やアメリカ大統領、さらにはハヴェル〔チェコ〕大統領が言わんとしているほど栄光に満ちてはいない。人権侵害は妨げられるが、ただ私たちの同盟国でない国においてだけである。私たちの同盟国は、自国の少数民族については好き勝手をおこなうことができるのである。換言すれば、教訓はつぎのとおりである。力のある側に味方するほうが得策だということである。ユーゴスラヴィアの過失とは――と、この臆面もない教訓は明示している――自国の少数民族を迫害したことではなく、自国の軍隊を過大評価し、あるいはロシアがまだユーゴスラヴィアを助ける能力をもっている（助けようとする）と信じていたことである。この教訓は、結局は、国際政治にかんしてはきわめてありきたりである。干渉権はここで第二の制限条項を受け入れる。すなわち、干渉権は私たちの戦略的同盟国には適用されないということである。

もう一つの特殊ケースはルワンダのジェノサイドである。欧米の非-介入に関係する事実を以下、簡単に想起してみたい。一九九三年、国連はカナダ人将軍ロメオ・ダレールが率いる二五〇〇人規模の視察隊をルワンダに派遣する。一九九四年初頭以降、ロメオ・ダレールは自分の上官に対して憂慮に満ちた報告書を矢継ぎ早に書き送る。民族間の憎悪がフツ族の扇動者にかき立てられて危険なまでに高まっている、と彼は観察している。それに対して、自分が自由にできる介入手段は取るに足りない、と。だがダレールの手紙と電報は無駄になる。四月はじめにジェノサイドそのものが始まり、一〇人のベルギー人ブルー・ヘルメットが虐殺されるとき、ダレールは残虐行為の無力な証人と化すのである。苦悶に満ちた彼の報告書は相変わらず知られぬままに放置されている。唯一の返答として、安全保障理事会はルワンダにおける彼の兵員を削減するだけである――これらの兵士の生命が危険に瀕しているからである。その後の三か月間に、多くの犠牲者が命を失うだろう。正確な数字はつまびらかではないが、今日ではツチ族八〇万人前後と見積もられている。これにさらに、ジェノサイドが終わったあと、ツチ族の軍隊に報復として殺されたり医療不足のために死んだ数万人または数十万人のフツ族を加えなければならないだろう。

アフリカ統一機構（OAU）によって注文された「回避できたジェノサイド」と題する報告書が専門家委員会によって作成され、二〇〇〇年七月に公表されたが、この報告書は、安全保障理事会がいっさいの介入を故意に断念することを選択したことを確認している。この安保理の態度はどのように説明されるのだろうか。もっとも直接に関係する安保理メンバーの政治的意志の欠如によってである。アメリカは状況の深刻さについて直接の情報を得ている。しかしクリントン大統領やオルブライト国連大使は、ルワンダへの介入は自国ではきわめて不人気であることを知っている。それに先立つソマリアでの作戦で、アメリカの兵士一八名が死んでいる。アメリカの世論はこのことをまだ忘れてはいない。だから、この国の指導者たちは「ジェノサイド」という用語を決してもちいまいと努力する。このジェノサイドという語は、調印した条約によって彼らに介入を余儀なくさせただろう。だが彼らが語るのは公的にはジェノサイド行為「に類似した」行為についてである。安全保障理事会が新たな派遣隊を送ることに決めるときでさえ、「アメリカの引き延ばし戦術によって、ひとりの補助兵員も、一個の武器もジェノサイド終了前にはルワンダに到着しないことが保証された」。アメリカがツチ族の犠牲者よりもフツ族の虐殺者を好んだというのではない。ただたんに内政の至上命令が人道的な配慮に優先するということである。ほかの場合においても同様である。クリントンはアメリカ連邦議会がトルコ人によるアルメニア人のジェノサイドを公式に認めることにもつねに反対した。このような採決は「私たちの国益の方向には向かわないだろう」ということを理由としてである。

干渉権はここで新たな制限を受けている。物質的な次元でも、政治的な次元でも、最後に国際的な威信の次元でも何も得るものがなければ、干渉権を行使などしようとしないのである。国際共同体がアフリカの他の紛争に、たとえばスーダンに介入しないのは――しかしここでは状況は深刻である――、一般規則からのこの三番目の例外に属しているように思われる。

フランスの立場も結局はあまり違わなかった。ジェノサイドが始まる前はフツ族権力や他のアフリカ国家との良好な関係をおもんぱかるあまり、フランスはルワンダで猖獗を極めている人種主義の扇動者を断罪するのを差し控える。ジェノサイドそのものがおこなわれているあいだ、いかなる介入も企てられない。アフリカのこの部分は伝統的にフランスの「影響下にある地域」であるにもかかわらずである。フランスが、戦っている両者をおそらくは仲裁するために「トルコ石作戦」という名目で軍隊を派遣するのは、ルワンダ愛国戦線（ＦＰＲ）の進出の結果、大量虐殺が終焉に近づいたときでしかない。実際には、そのためにフツ族の虐殺者は隣国のコンゴに逃亡できることになる。以後、ワシントンはその当時、もっと積極的に行動しなかったことに遺憾の意を表明し、パリは問題を研究するために議員による委員会を立ち上げた。ダレール将軍のほうは、何度もくり返し証人台に立ったあとで、二度、自殺未遂を犯し、長い時期をうつ状態で過ごす。

これらの出来事はすべて、もっとも最近の過去に属している。第二次世界大戦以前ではない。イラクにおける「正義の戦争」以後でさえある。ジェノサイドは予想できた。軍事介入はただちにおこなわれえただろうし、その手段があれば効果的でありえただろう。国際共同体はこれがジェノサイドであることを知っていた。そしてそれを妨げるために何もしなかった。その後、同じ政治的な人物を、どうして信頼することができるだろう。

最後に、信頼にあたいするためには、軍事干渉に参加する国々は人権侵害にかんして自分の側に一点の疑いもあってはならない。アメリカがユーゴスラヴィアよりも民主的な国であることは異論の余地がない。しかしこの次元で非難の余地がないと言い切れるだろうか。広島、長崎の原爆までさかのぼらぬとしても、アメリカがおこなったすべての介入が、本当に戦争犯罪とまったく無縁なのだろうか。アメリカに地理的に隣接した地域――中南米――におけるアメリカの「片づけ」方は、一九六八年における近隣の共産主義諸国の軍隊によってチェコスロヴァキアを侵略したさいに公然と表明されたかつての有名な「ブレジネフ・ドクトリン」と、どれほど異なっているだろうか。このドクトリンはＵＲＳＳに隣接した諸国に制限された主権しか認めず、ＵＲＳＳが監督権を行使してこれらの国の問題に介入することを正当化していた。アメリカが死刑の実践をも輸出することは願わしきことなのだろうか――死刑はそれ自体、人権侵害であって、アムネスティ・インターナショナルのような人道組織によって常時、告発されているのである。他国の問題に干渉することを根強い伝統としている他の二国である英国とフランスが今日、以前ほど介入しなくなっており、したがって規則違反を犯す恐れが少なくなっているとしても、その政治が道徳的に高邁になったからではない。物質的手段が削減されたからである。つぎのことは認めなければならない。いかなる国も善の模範的な化身であると主張することはできないということである。だから、いかなる国もこの問題にかんして自動的に正当性を有することはないのである。

　これらさまざまな反対意見が――国家主権あるいは正義の普遍性の名において――抗議しているのは、干渉権そのものに対してではなく、ただその不完全な適用（どうして、ここであって、あっちではないかの）、あるいは悪影響（人権の勝利を招来する代わりに、無政府状態や植民地精神を助長する）に対してである。もっと考えを推し進め、問わなければならない。仮に完璧に適用されうるならば、干渉権が一般化されることは望ましいことなのだろうか。私たちはこの原則にもとづいた世界で生活することを望むだろうか。

　干渉権を普遍的な掟にまで格上げすることに躊躇する第一の理由とは、人権侵害が、形容抜きの権利の違反については語らぬとしても、あまりにも多いということである。これらすべての違反をやめさせなければならないとすれば、戦争を停止することはもはやできなくなるだろう。いかなる大陸も、いかなる国も批判をまぬがれない。ペギーは、こうした断固たる態度の論理的帰結を前にしても尻込みもせずに書いた。「人権宣言の中には［……］すべての人が存続するあいだは、すべての人に戦争を仕掛けるに足るものがある。[33]」この選択の結果に喝采を送るのをためらうことができる。善に到達する前に、多くの悪がなおも必要なのである！ だが一つの原則を一般化することができないからといって、いかなる介入も不当であると結論しなければならないわけではない。しかし人権宣言を引き合いに出すだけでは、干渉を正当化するには不十分である。

しかも非難されるべきは、このような企ての手段だけではない。目的もである。地表から不正を、あるいはたんに人権侵害を根絶しようとすること、戦争と暴力のない新世界秩序を樹立しようとすることは、人類をよりよいものにし、地上に楽園を設立しようとする全体主義的ユートピアに通じる計画である。この計画はまた、宗教戦争におけるのと同様、私たちが善の唯一無二の化身であると確信していることを前提としている。宗教戦争が終結したのは、実際、いくつもの善の概念が共存できることが認められた日である。一方、悪は人類史にとって容易にやっかい払いできるような偶然的な付加物なのではない。それは私たちのアイデンティティそのものに結びついている。悪を退けるには、別の種にならなければならない。

普遍的正義を促進することは、世界政府の構築を前提とする。というのも、正義を発現させるには、犯罪者をとらえ、証人を招集する警察を必要とする。正義が普遍的であるならば、警察もまた普遍的でなければならない。ところで、警察のほうは政府の指図のままに動く――つまり、政府も統一のほうに向かう。そもそも、これは科学主義の計画にとって不可欠な部分である。すべての人間にふさわしい目的を特定し、最善の統治形態を見出したことを確信している以上、法律、制度、警察を一つにまとめることによって、その効用を万人に拡大適用していけないことがどうしてあるだろう。世界政府は完璧なのだろうか。少しもそうではない。その難点は利点よりもなおいっそう大きいのである。

今日では世界政府の計画に言及する人はいない。しかしこうした運動の兆候には事欠かない。たとえば、社会に対して適用される医学的隠喩が私たちの中でふたたびもちいられるようになってきた。これらの隠喩は全体主義体制の中で盛んに使用されたために追放されたと思われていた。外科的介入という言い方がなされ、治療するよりも予防するほうがいいなどと主張される――まるで社会の欠陥が病気の観点で分析されるかのようにである。身体のイマージュが幅をきかすのは、人類を一つの全体と見なすときでしかない。一つの脳と一つの心臓、よく動く腕（いつも同じ腕である）をもち、同時に病気と腐敗の地域をもっている。これらの地域からは、場合によってはこれらを切除することによって身を守らなければならないのである。このような予防の観点は、もちろんジェノサイドの可能性や潜在的な犯罪に対する闘いを正当化する。それはすべての予防攻撃を正当化する――たとえ事後的に危険が幻想だったことが判明するとしてもである。

世界政府に私たちをみちびく計画を警戒しなければならないのは、たんに全体主義体制がこの目標を科学主義的ドクトリンから継承したからだけではない。一八世紀にこの問題をめぐる有名な論争でコンドルセとモンテスキューが対立する。モンテスキューはさまざまな国の法律を分析したあとで、あらゆる法律が正義という同じ偉大な原則をよりどころにしているにもかかわらず、歴史的宿命、文化的伝統、地理的位置、天然資源の多様性の結果、国ごとに違う法律、ならびに複数の統治形態、さらには複数の宗教を守るほうが好ましいと結論する。コンキスタドールの犯罪とは法律を知らなかったことでも、善を断念したことでもなく、世界のすべての国がまるで一つの国を形成しているかのように振る舞ったことであった。「愚の骨頂は」と、インカ皇帝アタワルパの〝裁判〟についてモンテスキューは述べている、「彼らが彼の国の国制および公民の法律によってではなく、自分たちの国の国制および公民の法律によって彼に有罪判決を下したことである。[34]」五つの宗教が世界を分割し合うほうが一つの宗教よりもいい。たとえ、この一つの宗教が五つの宗教の中でもっともすぐれているとしてもである。というのも、ただ一つであれば、その宗教は抑圧的になる恐れがあるのに対し、宗教の多元性を認めれば、それらの宗教は相互に制限し合うからである。多元主義は、多元主義を形成するさまざまな選択の価値とは別個に、それ自体、一つの善である。それが一国の内部であっても（権力の多元性の維持）、国と国のあいだの関係であってもである。

三〇年後、コンドルセは『法の精神』の注釈を書く。その中で、彼はモンテスキューが主張した多元主義の必要性に激しく抗議する。最善の解決策、最善の法律がすでに発見されているのであれば、どうして次善以下を棄却しないのか。政治が科学の産物であるなら、それがおこなう選択は真実である。ところで、真実は多元主義とうまくやっていけない。誤謬のみが多数である。「よい法律はすべての人間にとってよいはずである。真実の命題が万人にとって真実であるように。[35]」ひとたび、さまざまな法律が同じものになれば、諸制度の統合、および通商の統合に取りかかり、最後にもっとも開明された民族の言語――英語とフランス語――がいたるところで採用されるだろう。結局、理性にみちびかれれば、人間は「唯一の目的に向かう、ただ一つの全体しか形成[36]」しない方向にむかうだろう。

なぜ、モンテスキューの多元主義の理想のほうがコンドルセの統合の理想よりも、またヒューマニズムの計画のほうが科学主義の計画よりも好ましいのだろうか。なぜなら、人間の認識は完結することが決してないからであり、あらゆる見地からして、それが理想を産み出すことはできないからである。つまり、科学的な政治というものは存在しないだろう。科学的な政治がないのであれば、諸権力の均衡、相互の寛容、決定機関の多元性のほうが、統一よりもましである――たとえ、この統一を押しつける国が、さしあたって最善の政治形態を所有しているとしてもである――というのも、多元性は探求の自由と可能性を保証するからであり、それに対して、統一はこの自由と可能性を窒息させるのである。国際政治の観点からこれを言い直せば、このことが意味するのは、いくつもの国家グループ相互、あるいはいくつもの超大国相互の抑止的な状況のほうが、世界の憲兵と化し、みずからの規則を万人に押しつける恐れのある唯一の強大国の排他的支配よりも平和にとって有益であり得るということである。私たちはソヴィエト全体主義帝国の崩壊をうれしく思う。だからといって、アメリカの単独支配がそれ自体として望ましいということではない。超大国が実際にはいたるところで平和の守護者を気取るには財力が不足しており、みずからの死活にかかわる利害がかかっている状況のみに介入するだけで満足しなければならないことに気づくとき、危険はささいなものではない。これら一連の理由から、均衡は統一よりも好ましい。今日、私たちが立ち会っている経済的なグローバリゼーションは、政治的な世界化にともなわれてはならない。自律的な諸国家、あるいは自律的な国家グループは、逆に統合の動きの否定的な影響を抑えるのに必要なのである。

世界政府をまぬがれ、地上の楽園を建設する誘惑に負けないためには、人間性をそのすべての病から癒えさせることを責務として引き受けないほうがいい。ということは、他者に襲いかかる災難を前にして無関心で受動的であるべきだということなのだろうか。もう一度くり返すが、疑問視しなければならないのは、まさしくこのような、意気地のない無関心と敵に対する集中爆撃のあいだで選択しなければならないといった類の不毛な対立である。善の誘惑に屈することなく悪に抵抗することは可能である。

国家主権を犠牲にして外国に軍事介入することが正当化されるのは、ある極端なケースにおいてである

（信念の倫理）。しかも軍事介入が犠牲者を減じさせるよりも多くの犠牲者を生じさせる恐れがなければである（責任の倫理）。この極端なケースは数十年来、一つの名を受け取っている。ジェノサイドである。潜在的な、つまり予防攻撃を正当化する潜在的なジェノサイドではない。それによって生じる大量殺戮がいかに恐ろしいものであろうと市民戦争でもない。だから一九三六年にナチス・ドイツに対して宣戦布告すれば正当なものではなかっただろう。ジェノサイドはまだおこなわれていなかったからである。しかし別種の介入ができないわけではなかった。通商上の圧力、外交的な毅然とした態度、政治的プロパガンダ、難民の寛大な受け入れである。他方、たとえ一九三三年にウクライナとカザフスタンの農民がこうむったジェノサイドについて十分な情報を得ていたとしても、軍事介入は正当化されなかっただろう。URSSに対する戦争はなおいっそう莫大な犠牲者を生じさせていただろうからである。一九五六年のソヴィエト軍戦車によるハンガリー制圧はジェノサイドではなかった。だがハンガリー制圧は〈東〉にも〈西〉にも広範な道徳的憤激を巻き起こした。私は思い出すが、私たち〈東〉ヨーロッパの若者はアメリカのタンクが私たちを解放しにやってきてくれることを夢見ていた。ダヴィッド・ルーセは連帯の激情に駆られて「戦闘に突入する」ことを欧米に要求した。あとになって思い返してみると、このような介入は途方もない間違いであっただろう。というのも、その介入は第三次世界大戦を勃発させていただろうからである。

現実のジェノサイドのケースに介入することも、他の形態の干渉と同様にリスクを生じさせるが、それは引き受けるべきリスクである。それほど賭けられたものは莫大なのである。以前の犠牲者を救おうとする行動が、新たな犠牲者をどれだけ生み出すかを正確に知るにはどうすればいいのだろうか。そんなことは不可能である。集団虐殺と発生しつつあるジェノサイドのあいだに、どうすれば厳密な境界線を引くことができるのだろうか。そんなことは不可能である。潜在的なものが現実になる前に介入しようとしなくても行動するのが遅すぎることはないなどと、どのようにすれば確信できるだろう——現実の存在のほうが潜在的な存在、つまり死体に姿を変えられるのに? そんなことは不可能である。私たちにできることとは、人間の実存が数学の証明の優美さも保険証書の明晰さも決してもたず、モンテーニュの語った「未完の菜園」にむしろ似ていると認めること、そして極限に面したときには抵抗しなければならないと認めることである。間違いは排除すべきではない。ジェノサイドだけが軍事干渉を正当化するということを原則として引き受けるならば、間違いは最小限に食い止められると期待される。

〈第二次大戦〉後に発生した二つのジェノサイド、一九七六年からのカンボジアのそれ、および一九九四年のルワンダのそれは、国際共同体の介入を少しも引き起こさなかった。ジェノサイドが、遅くなってからだが中断したのは、間近に軍事力が駐留したためであった。最初のケースではヴェトナム軍、第二のケースではウガンダに駐留したFPR〔ルワンダ愛国戦線〕である。この前例が私たちに考えさせるのは、こうした危機的状況に対するもっとも効果的なリアクションは国連を経由する必要はないということである。この世界的機関は必然的に加盟国間の矛盾した利害のあいだで引き裂かれている。そのせいで国連の活動はつねに麻痺に陥る危険性をはらんでいる。何年も前からアメリカが、相変わらず道徳的な配慮によって自分たちの政治を正当化しながらも、この機関に対する分担金の支払いをいやがっているのは偶然ではない。国連の官僚機構の動きの鈍さは極端である。しかも国連は軍隊をもたない。そしてそれでいいのである。さもなければ、国連は世界政府に姿を変えるかもしれない。その代わり、ジェノサイドが起こる国に隣接する国々には介入するだけの動機がある。それらの国は出来事についてテレビを通じてだけでなく直接的な仕方でも情報を得ている。それらの国には難民がやってくるからである。要するに、近接性は同一化を可能にする、つまり担わなければならないリスクを正当化するのである。地球の裏側に住んでいる国民のために命を危険にさらすことは、隣人のために命を危険にさらすよりもずっとむずかしい。こうした解決策は万能薬ではない。それは普遍的な原理を犠牲にして地域的な強大国に有利に働くことがある。にもかかわらず、ジェノサイドを中止させることが問題となるときには、この解決策が好ましいと私には思われる。

この観点からすれば、欧州連合やヨーロッパにおける安全と協力のための組織はコソヴォの出来事に取り組むのに格好の位置にあった。だがそこで起こっていたのはジェノサイドではなかった。ジェノサイドであれば軍事介入を正当化していたのだが。それはたんに——たとえ、この「たんに」が数千人の犠牲者によって表現されるとしてもである——大量虐殺をともなう市民戦争、和解しがたいナショナリズムの情熱、腐敗した権威主義体制、つまりミロシェヴィッチの体制の悪行であった。軍事介入のほうは、すんでのところでジェノサイドを引き起こすところであった。ユーゴスラヴィアに住んでいる約二〇〇万人のアルバニア語を話す人々を戦争の敵ではなくとも人質へと変化させることによってである。このジェノサイドが回避されたのはNATOのおかげではなかった。

「干渉権」という決まり文句は二重の意味で異論の余地がある。第一にこの「権利」の起源は何かを考えてみよう。ハヴェルが暗示しているように、これを神聖なものと考える代わりに、権利というものは私たちがある国家に所属しているがゆえに与えられるといいたい。ここでは明らかにそうではない。私たちはまた人権というけれども、私たちひとりひとりが人権を付与されているのは、たんに人間としてであるにすぎない。だがこの人権に他人の問題に首を突っ込むための理由を見出すことは、この表現の意味を不当に拡大することではないだろうか。この責任を負うのが私たち自身であれば、これは権利ではなく、自発的に引き受けた義務である。つぎにこの義務が決定されるのは、私たちの介入の形態（軍事的干渉）によってではなく、私たちの介入を要求する者の必要性によってでなければならない。苦しむ者のほうは救われる権利（不文の権利、人権）をもっている。苦しむ者を助ける用意をしている私たちは、**アシスタンス** *assistance*〔居合わせること、援助すること〕**の義務**をもつことができるにすぎない。

「アシステ」«assister» することとは、まず弱い意味で理解される。すなわち、ある場面に居合わせるという意味である。このような義務は万人に共通である。私たちは私たちの周囲で起こっていることを知らないでいるわけにはいかない、少なくとも私たちの時代の証人としての役割を受け入れなければならない、ということである。だが「アシステ」«assister» にはもっと強い意味がある。私たちの中でもっともエネルギッシュな人たち——政治的人物や人道活動家——が引き受けている意味で、「助ける」と等価である。

アシスタンスの義務は軍事介入を排除する。というのは、これが方向づけられるのは犠牲者の利益によってだからである。ところで犠牲者が戦争で利益を得ることはまれである。たとえこの戦争が「倫理的」であってもである。そして往々にして一方の利益は他方の苦痛によってあがなわれる。だからといって、介入が必然的に不当であることにはならない。〈赤軍〉だけがアウシュヴィッツの門を開けさせることができた。このことで〈赤軍〉に感謝していけないことがどうしてあるだろう。だがその行動は本質的には人道的ではなかった。軍事的干渉と人道的アシスタンスのあいだの境界は是非とも明確でなければならない。アシスタンスの義務はまた、私たちが非難する政治をおこなっている国に貿易封鎖をすることを推奨しているわけではない。というのも、その国の指導者は相変わらず必需品を手に入れるのに何ら苦労することがないのに対し、あらゆる窮乏、闇市場のあらゆる悪影響は、すでに政府の犠牲者となっている民間人に重くのしかかるからである。だがこれが今日、イラクに襲いかかっている措置の言語道断のケースである。しかしこのアシスタンスの形態は限定されてはいない。それは厳密な意味で政治的なものであることも(外国の政府に圧力をかけるのである)法的であることもできるし、人道的だったり経済的だったりすることもできる。もし欧米の強大国がバルカン諸国の軍備——ますます進歩し高額になる軍備——に出資する代わりに、その経済に資本を投入していたら、多くの衝突は回避されていただろうとどうしてわかろうとしないのだろうか。しかもアシスタンスはつぎの理由で干渉よりもまさっている。すなわち、アシスタンスは提供されるだけで強制されるのではないということ、したがって提供される側から拒否されることもあり得るということである。私たちは植民地の状況からさらにもう少し遠ざかるのである。

アシスタンスの義務は、善を樹立し、人間性を慢性の病から治癒させるという誘惑——もっと悪くいえば、人道的な爆弾を投下することによってこの慢性的な病を予防する誘惑——とは一つにはならない。私たちはつねにこのアシスタンスの義務を、干渉権と同様、私たち自身の利益にもかなうという理由で、またはとりわけ私たちの利益にかなうという理由で、とりわけ好んで実行するかもしれない。だが少なくとも私たちは力に訴えることはなかっただろうし、今度は私たちが犠牲者の増加の原因となることもないだろう。私たちはこれに奇跡を期待してはならない。アシスタンスは往々にして現政権によって妨げられるからである。そして他方、私たち全員がこの新しい義務を引き受けるとしても、宇宙が完璧になることはないだろう。悪はあちらこちらで減じるだろうが、決定的に排除されることはないだろう。だがそれで十分である。善の誘惑のほうは有害である。というのも、善の誘惑は個別的な人々に代えるに抽象的な目的をもってするからである。グロスマンが善に対立させて考えた善意や愛は、つねに個別的な人間に差し向けられ、この個別的な人間を、たとえ崇高なものであろうとも、ある目的に到達するための手段と化すことを禁じるという利点を有している。

ユーゴスラヴィアへの欧米諸国の軍事介入は苦い教訓に満ちている。不当で抑圧的な体制に迫害された少数民族であるコソヴォのアルバニア人は、もう迫害されることはない。これは喜ばなければならない。だが、いかなる代償を支払ってか。NATOの兵士は自分の家に帰るだろう。それに対して、地元の住民は何世紀もとはいわずとも何十年も、爆撃機によって彼らの記憶にしっかり植えつけられた憎しみをもって生きなければならないだろう。少数民族の少数民族、すなわちコソヴォ地域のセルビア人とジプシーが今度は犠牲者の犠牲者になる。そしてアルバニア人自身は国連によって維持管理されるべく定められた廃墟と化した国土の中にみずからを見出すのである。ユーゴスラヴィアの経済も生態環境も荒廃している（「劣化」ウラン弾を忘れてはならない）。政治生活は介入につづく一年間は動きを止められたままだった。欧米の諸政府にとっては自分たちの良心が立証され、他国の政府は欧米に対する不信感を募らせる。まるで莫大なむだ遣いである。まずは好意のむだ遣い。この好意にはもっとよい使い道を見出すことができただろう。情熱のむだ遣い。情熱はただちに怨恨と復讐の道に投入される。物質的手段のむだ遣い。武器の値段と軍隊の費用はこの地域の諸国の年間予算をはるかに超過する。

軍事介入が間違いであったのは、ミロシェヴィッチの政策が支持されるにあたいするからでも、ヨーロッパ人がアメリカ人のいいなりになっていたからでもないし、軍事介入がいっさいの法的な枠組みの外部でなされたからでさえない。軍事介入が間違いであったのは、求められていた結果が他の手段によっても獲得できたからである。そうすれば、一方の苦しみを減じさせるのに他方の苦しみを募らせるようなことは回避されていただろう。

民主主義は全体主義とは異なった影響をもたらす。しかし、虐殺された子供たちにとって、全体主義の爆弾と、多くの生命を救い、正義と道徳の支配を築くと見なされた人道的爆弾、原子爆弾、または通常爆弾のあいだに違いは存在しない。国際関係の領域では、民主主義と全体主義の差異は、内政問題におけるほど明確ではない。覇権への意志はいずれの側にも存在する。ありのままの現実の世界は、国と国との関係は力関係を考慮に入れなければならないことを私たちに教えている。だからといって、十字軍や植民地征服の古きよき時代のように、これらの力関係を善の高潔なる分配に偽装することを受け入れなければならないということではないし、いかなる政府であってもその正当な目標である国益の防衛と、普遍的正義のための闘いとを同じだと考えなければならないわけでもない。力に対しては法を選択しなければならない。だが二つの力のあいだでは、美徳の仮面の背後にみずからを隠蔽する力よりも、自分の名をそのまま口に出す力のほうが好ましいと考えることができる。

ジェルメーヌ・ティヨンの世紀

50年代末，アルジェリア戦争中のジェルメーヌ・ティヨン

ジェルメーヌ・ティヨンの人生を象徴するために、その驚くべき伝記からただ一つのエピソードを選ばなければならないとすれば、私が採り上げるのは以下のエピソードだろう。一九四四年である。彼女はラヴェンスブリュックの強制収容所に収容されて、じきに一年になろうとしている。日中は、収容者は捕虜作業班として出かける。だが何人かの女性はうまく立ち回ってこれを回避する。そのさい、彼女たちは**フェアフュークバール** *Verfügbar*「自由使用可」と名づけられ、強制収容所内の雑役に使われる。ジェルメーヌ・ティヨンはいつもはこのフェアフュークバールに所属しているが、その日は何両かの貨車で収容所に運び込まれた戦利品の荷下ろしと仕分けに当てられる。しかし彼女は働くよりも荷造り用の大きなケースの中に身をひそめることにする。そしてその中で一つの計画を練る。彼女は『地獄のフェアフュークバール』と題されたオペレッタを書くのである。これはオッフェンバッハのオペレッタの調べを借りて、労働をまぬがれるためにフェアフュークバールがおこなうさまざまな試みを物語り、まだ目録に記入されていないこの動物種を記述する博物学者の努力を物語っている。ときにテクストはラ・フォンテーヌの寓話からリズムを借用する。

教訓
殴られようとしなくても、殴打はちゃんとひとりでにやってくる、
あわてて殴られようとするのは無駄なこと。

別の機会にはフェアフュークバールのコーラスは「三つのワルツ」の調べに乗せて歌う。

私たちは思われているようなものではない、
私たちは言われているようなものではない、
私たちの存在の秘密がどんなものかは
ゲシュタポも言えなかった。

コミックなエピソードが気違いじみた状況につづいてやって来る。病を得た女性の収容者が、もっと自分の面倒を見てほしいという。フェアフュークバールのコーラスは彼女に警戒をうながす。

コーラス　**もうたくさんだ！　あなたはそれではバラ色のカードと黒い輸送車両をまぬがれない……。**
ネネット　**私にはどうでもいいわ……。私、近代的設備を完備した模範的な収容所に行くの。水、ガス、電気……。**
コーラス　**とりわけガスだ……**(1)。

ジェルメール・ティヨンはケースの底に身をひそめながらオペレッタの五幕を書き、自分の仲間たちに無上の喜びを与える（彼女たちのひとりが解放のさいにこのテクストを強制収容所から持ち出すだろう）。彼女のオペレッタは彼女たちを笑わせる。同時に、強制収容所の状況について明晰な分析を伝える。明晰さ、茶目っ気、やさしさが、手を携えている。

ジェルメーヌ・ティヨンは一九〇七年に生まれた。心理学と考古学の研究ののち民族学に向かう。民族学の巨匠のひとり、マルセル・モースに傾倒している。三〇年代初頭には、政治に関心のない人でも、起こりつつある出来事の重大さについて思いを凝らすことができる。一九三三年のケーニヒスベルクに三か月間の留学をしているあいだ、彼女はナチの学生をばかげていると判断し、「人種主義を最低最悪の愚かさ」(2)と見なす。とはいえ、彼女は共産主義に幻想を抱くこともない。「マルセル・モースの多大な功績とは、トゥール会議以来、ボルシェヴィズムを正確に理解していたことだった。私は彼がウクライナでスターリンがたくらんだ飢餓による絶滅について私たちに語るのを聞いたことがあるのを覚えている。(3)」だがそれが彼女の主たる関心事ではない。彼女が何よりもしたがっているのは、遠隔地の民族、できれば「未開の」民族を研究しに出かけることである。そのチャンスが一九三四年にやってくる。奨学金を獲得し、アルジェリア南部のオーレス山地のベルベル人のもとに出かけることが可能になる。彼女は一九三四年から一九四〇年にかけて四度の長期にわたる滞在をおこない、とりわけこの住民の社会組織の研究をおこなうだろう。

彼女がパリに帰るのは一九四〇年六月である。瓦解の年である。ペタンによって表明された休戦要求を聞いて、彼女は決意する。抵抗しなければならない。彼女の動機になっているのは、何らかの政治参加というよりも、愛国的で共和主義的な価値観への賛同である。徐々にレジスタンスのグループが組織される。

このグループはあとで〈人類博物館〉ネットワークと呼ばれることになる。ジェルメーヌ・ティヨンはその中心人物のひとりである。ここで情報が収集され、脱走が画策される。一九四二年八月、ティヨンは密告で逮捕される。長い取り調べのあと、一九四三年一〇月、ラヴェンスブリュックに移送される。彼女は一九四五年四月までラヴェンスブリュックにいる。このときスウェーデン赤十字が一群の収容者を解放しにやってくるのである。

フランスに帰還したジェルメーヌ・ティヨンは、フィールドワークの原稿はすべて失われていたが、ためらわずに民族学者としての仕事を再開する。たった今、経験してきたことが彼女の関心のすべてをかき立てる。そこで彼女はCNRS〔国立科学研究センター〕の現代史部門に移行し、レジスタンスと収容生活の研究に没頭する。直接的な証人であった彼女が専門の研究者になる。記憶が歴史の役に立つのである。つまり、彼女は〈人類博物館〉ネットワーク、およびラヴェンスブリュックにかんする研究を出版する。だが一九五四年になって新たな断絶が突発する。彼女のかつての先生のひとり、東洋学者ルイ・マシニョンが、アルジェリアに行って一般住民の状態について調査するよう彼女に依頼するのである。さまざまなトラブルがフランスの植民地を揺るがしはじめているからである。ティヨンは受諾し、ここに彼女は八年にわたり、徐々にアルジェリア戦争と化していく動乱に巻き込まれていくのである。

一九六二年になってやっと——二二年の中断ののちである——ジェルメーヌ・ティヨンは本来の情熱にもどることができる。民族学である。彼女はこれに全身全霊を打ち込み、一九六六年に大著『ハーレムとイトコ』を出版する。これは地中海世界の家族、社会、経済構造の研究であり、その主導原理は女性の条件の分析である。この日以降、ジェルメーヌ・ティヨンは活動家、歴史家（彼女の『ラヴェンスブリュック』は一九八八年に上梓される）、民族学者としての多岐にわたる活動を断固として推し進めていく。一九九九年に新しい書物が出版される。『昔々民族誌学がありました』という題である。一見すると一貫性を欠いたこの散漫な人生は、二つの定数に刻印されている。ティヨンの収容生活の仲間であるアニーズ・ポステル゠ヴィネはこれを、理解することへの情熱と自分の同類に対する愛情と呼んでいる。(4) 新しい世紀にとって貴重な二つの美徳。それゆえ、もっと間近から観察するにあたいする。

もっとも一般的なレベルでは、世界を理解しようと私たちを駆り立てる動きは正当化の必要はない。私たちは私たちのアイデンティティそのものによって突き動かされるからである。それは――とジェルメーヌ・ティヨンはいう――「それ自体として喜び」であって、この喜びは「理解することは私たちの種の深い性向であり、生命の階梯の中に人類が出現したことの目的の一つである」(5) ことに起源をもっている。人間はみずからの完成のためには、時間の容赦ない歩みの中で自己の実存に意味を見出し、自己を位置づけることを可能にする世界の秩序を見出すことを必要とする。このことによってジェルメーヌ・ティヨンの選択が説明される。「全生涯をかけて、私は人間の本性と、その中で私が生きている世界を理解しようとした。」(6)

しかしこの必要が意味の探求の唯一の理由ではない。私たちは真空ではなく具体的な状況の中で生きている。この具体的な状況には苦しみ、暴虐、暴力も含まれている。それらのメカニズムを理解すれば、それらに働きかけることが可能になる。どんな行動を起こす以前においても、その出来事を精神のカテゴリーで飼い慣らしておけば安心することができる。ジェルメーヌ・ティヨンがこのことを観察できたのは彼女の職業（事実、民族学は他者を理解するための試みと見なされているが）の実践の外部、すなわち強制収容所の内部とアルジェリア戦争においてである。「私は二つの異なった迂路を通じて」と彼女は書いている、「人間が自分たちの作った世界を前にして抱く狼狽を目撃し、二度にわたって人間を押しつぶすメカニズムの理解——すなわち分析——が、それによって押しつぶされる人々に実際的な心の支えをもたらすことができることを確認する機会を得た。」喪についても事情は同じである。愛する人が死んだことを知る日、私たちは茫然自失して身動きができなくなる。この未曾有の出来事を、これに先行し、これを包み込み、このあとにやってくる一連の事実の中に組み込むことによって、私たちはこの人の喪を引き受けることができる。

人間性の認識は、主体が自己の外部に、一見したところ似ているが、まったく異なった別の人間を発見し、その類似と差異の性格を解釈しようとするときにはじまる。主体はこの他の主体と接触し、質問をし、その答えに耳を傾ける。徐々に発見される他者のアイデンティティは、主体に自分のことを教えてくれる。主体は普遍的なものと特異なものとを考慮に入れはじめる——このプロセスは決して終わることがない。それは対話の中心そのものに位置しているのである。民族学のほうは「民族と民族の相互認識のレベルで、対話が個人のレベルで占めている位置と類似した位置を占めている。思考の、絶え間なく修正される絶え間ない往復」である。他者は、私のうちにあって私が知らなかったことを発見させてくれる。たとえ他者が私だけが知っていることに決して近づけなくてもである。その逆も真である。一方の「人間の本性」、他方の「未開人」はもう存在しない。存在するのは同じ本性の二つの異本である。このように他者性を経由するおかげで、私たちひとりひとりは自分の特異性から身を引き離し、素朴な自己中心主義におけるのとはまったく違った仕方で人間性を発見することができる。「したがって、民族学は第一に異文化との対話である。つぎに自己および他者を疑問に付すことである。つぎに、可能であれば、自他を乗り越える照合である。(7)」

だから、この研究分野はそう思われがちなように他者を認識することにのみあるのではない。それは私たちと他者を関連づけるのである。ジェルメーヌ・ティヨンがすでにモースから学んでいた教訓がこれである。モースは――と彼女は述べている――遠隔地の民族と同様、同時代の隣人たちにも関心を抱いていた。ここから一見すると驚くべき結論がやってくる。「一つの文明を真に理解するためには、少なくとも二つの文明を知らなければならない。それもひじょうに深くである。(8)」比較と照合のない人間認識はない。そもそもだからこそ、人間認識から主観性の部分を排除することは決してできないのである。

民族学者の職務である理解の実践は、この女性収容者の役に立つだろう。強制収容所の恐怖の中にあって、自分を不憫に思うよりも、みずから世界にかかわり合うことは、第一に耐えることの手助けになる。世界にかかわり合う努力に見合う力が見出されるならば、つぎに他人のためにこれを役立たせたくなる。つまりジェルメーヌ・ティヨンはラヴェンスブリュック収容所の中で自分の仲間たちに自分たちの状況について、いささかの明晰さをもたらそうとするのである――同時に、苦痛と恐怖のせいで故意に無知のままでいようとするにもかかわらずである。彼女は可能なかぎりたくさんの情報を収集し、つぎにオペレッタのような形式であろうと、一九四四年三月のある日、彼女が聞かせる社会学の身の毛もよだつような発表の形式であろうと、自分の情報を収容所の二区画のあいだで共有する。「不条理ほど恐ろしいものはない。亡霊を排除することによって、私は私たちのうちで最良の人々を精神的に助けるという自覚をもっていた。」だから発表の内容にはそれ自体、喜ばしいことは何もなかったが――この発表は労働による絶滅のからくりを細かく分析している――、これを聞く女性収容者たちは元気づけられたと感じる。知はここでは直接的に自分を守ることに役立つのである。

収容者たちの解放の翌日、やはりスウェーデンにおいて、同じ収容所に収容されていた自分の母親が殺されたことで茫然自失の状態に陥っていたにもかかわらず、ジェルメーヌ・ティヨンは、たったいま終わったばかりのことの調査を開始する。生き残った女性ひとりひとりに詳細な質問をする。彼女はこの調査の結果である最初の著作に『真実を求めて』という題をつけるだろう。「なぜなら、この調査は捕虜時代の私に取りついていたし、いまなお私に取りついているからである。」まもなく彼女は、少なくとも一時的に職業を変えることを決意する。あの残虐行為を理解しようとするためには、火急的速やかに最大限の情報を収集しなければならない。民族学者が歴史家に場をゆずるのである。つとめは二つある。レジスタンスと収容生活の仲間たちに対する場合は、事実を確立し、行為を記録するという義務のようなものがある。悪の手先に対する場合は、問題なのは、いかにして彼らがそのようなことをするにいたったかを理解しようと試みることである。これは苦しい選択――「ヨーロッパの無‐文明（私に嫌悪を催させた）の歴史のためにアフリカ文化（私が愛していた）を一時的にせよ見捨てること」[9]――であるが、必要な選択である。「私はもう民族学に没頭することをやめ、平均以上の教育を受けたヨーロッパの一国民が、いかにしてこのような狂気の沙汰に陥りえたのかを理解することに私のあらんかぎりの努力を傾注することを決意していた。」[10]というのも、まさしくそこに啓蒙主義のいかなる弟子にとっても謎があるからである。

　現在の歴史を書くことは並大抵のことではない。事実にかんする真実、または深い真実の探求は、当事者の抵抗にぶつかる。定義からして利害関係者だからである。善と悪が特定され、異論の余地のないものになっている以上、かつての虐殺者は身の潔白を示し、自分を正当化しようとする。他方、かつての犠牲者は最大限、彼らを苦しめようとする。「強制収容所の大量殺戮に傷つけられた環境では、腹立ちやすさは極端である。犯罪の手先をなおいっそうおとしめることに寄与することはすべて、しばしば批判もなく受け入れられる。そしてちょっとした留保でも怒りをかき立てる。」ジェルメーヌ・ティヨンは自分自身、公平な証人でないことを知っているし、そうなることもできないだろう。彼女にできるのは、自分の理解をみちびく種々の選択に自覚的でありながら、事実にかんする真実を誠実に確立することだけである。これを遺憾に思わなければならない理由はない。人間世界は徹頭徹尾、価値観に浸透されているからである。だから価値観を捨象すれば人間世界を理解することはできないだろう。「偏見なしに生き、行動することは考えられない。」[11]おこないうる最善のことは、事情をわきまえた上で自分の偏見を選択することである。同時に、認識の作業それ自体によって仕掛けられる陥穽の裏をかくすべを知らなければならない。この陥穽のために、私たちは色あせた真実よりも輝かしい結果のほうを好んだり、映画『悲しみと哀れみ』について彼女自身が述べているように、「慣用のために新鮮さを失った四分の三の真実よりも眉をひそめさせる四分の一の真実」[12]のほうを好んだりするのである。

認識はおそらく人類の生来の好みの一つであり、それだけで認識を正当化するのに十分だろう。だがその上、これは男たちにも女たちにも役立たせることができる――この有用性を、ジェルメーヌ・ティヨンは一度として見失うことがない。民族学者であった時期、彼女は自分の著作がその対象としている人々の助けになることを、つとに望んでいた。だから、心がけて共通言語、万人に理解できる語を使用していた。フランス‐アルジェリア紛争がはじまったので、これを鎮静化させる手伝いをしてほしいとマシニョンが民族学者としての彼女に助けを求めると、彼女は一瞬たりとも躊躇しない。ここでは認識は自分自身の増大のためにあるのではない。認識はそれが可能であるそのつど、行動に貢献しなければならない。「私は民族学者としての私の職業上の義務を弁護士の義務のようなものだと考えていた。違いは、私の職業が、ひとりの人間の代わりに一つの国民を守るようにと私を強いることである。」

利害とは無関係に蓄積される学校的な知にしてそうであるならば、それと比較して、収容所での窮乏と拷問の結果、自分の肉体的苦痛の中で獲得した認識は、どれほど強く作用するだろうか！　かつての収容者は権利を有しているが、同時に義務も負っている。あらゆる新しい悪の発現と闘うために自分たちの経験と威信を活用するという義務である——新しい悪の発現は必然的に異なっているが、比較は可能である。ラヴェンスブリュックから出るとすぐに、ジェルメーヌ・ティヨンは刑務所を訪れることを仕事とする——だが刑務所にはレジスタンス活動家はもはやくすぶっていない。一九五九年、彼女は——これは彼女が自分の誇りとする活動の一つである——刑務所に教育を導入することに成功する。以来、フランスでは、読み書きのできない者が刑務所に入り、大学卒業の免状をもって出所することが可能となる。この活動はまさしくジェルメーヌ・ティヨンの政治参加の特徴である。彼女は地上の楽園を設立しようとも、人間性をその犯罪への欲動から癒そうともしない。人間の実存は永遠に「未完の菜園」のままであるだろう。いや、彼女がもたらす改善は限界はあるが現実的である。すなわち、囚人に文化に接近することを可能にするのである。この例だけではない。一九五〇年にダヴィッド・ルーセが〈反強制収容所国際委員会〉を組織するとき、この委員会は元収容者の内部で共産主義者と非共産主義者の分裂を生じさせるが、ティヨンはルーセに賛意を表し、一九五一年にブリュッセルで招集される国際審査委員会に参加する。一九五七年にアルジェリアに行って、フランスの刑務所と収容所での拷問について調査するのも、この委員会の一環としてである。

ジェルメーヌ・ティヨンがふたたびアルジェリアに——だがまったく別な仕方で——取り組むことを決意するとき、だからそれは民族学者としての過去のみならず、収容者としての過去によって動機づけられている。そもそも「アルジェリアにおける出来事」について教えてほしいと、はじめて彼女に依頼するのは、彼女の〈元女性収容者協会〉である。そしてこの主題をめぐる彼女の最初の書物は、彼女が元女性収容者にあてて書く報告を下敷きにしている。「一九五六年、極端な悲惨という彼女たちの実体験のせいで、

〝第三世界〟と呼ばれる諸国のひどい貧困について私が知っていることを私の収容生活の仲間たちに捧げることを望んだ。」ダヴィッド・ルーセの構想では稼働中の収容所を調査するのに元収容者がもっともふさわしいのと同じように、収容所のかつての賤民《パリア》は植民地被支配者の悲惨さについていうべき言葉をもっているのである。

アルジェリアに介入している間中（刑務所での拷問について情報を収集しているときだけではない）、ジェルメーヌ・ティヨンは自分のレジスタンス活動家および収容者としての経験をつねに念頭においている。一四年の空白ののち、一九五四年にオーレス山地に到着すると、彼女はフランス人兵士たちがひとりの羊飼いの老人の身体検査をしているのを目撃する。「恐怖におののいた農夫は、どこの国でも容疑者がそうするように両手を空に挙げていた。一九四〇年から一九四二年にかけてパリで何度も見た光景だが、一九三四年と一九四〇年のあいだにはアルジェリアでは一度も見たことがなかった。」(13)「テロリスト」として死刑を宣告されたアルジェリア人兵士の死刑執行に彼女が骨の髄まで苦しんだのは、〈人類博物館〉ネットワークの彼女の仲間の一〇名が一九四二年二月に、彼女が彼らを救うために必死に奔走したにもかかわらず銃殺されたことがあったからである（この奔走は結果として彼女を破滅させることにしかならなかった）。「私はそれから、何か月ものあいだ、週に何度も、処刑柱に引かれていく仲間に永久《とわ》の別れを告げる機会をもった。そのとき私を襲った憤り、悲しみ、怒りは、今日でもなお私のうち生きている」と、彼女は一九五七年に書いている。(14) レジスタンスの栄光に満ちた叙事詩と「テロリスト」の行動とのこの関連づけは、当時、無理解のみならず、憤りさえ引き起こす。

思い出を呼び起こすだけでは不十分である。それでも思い出が何の役に立つのかを考えなければならない。過去の敗北の記憶は祖国愛をはぐくみ、勝利の記憶は平和主義をはぐくむことがある。いずれの記憶も新たな戦争へとみちびくこともある。忘れることのできない苦しみは、かならずしもよき忠告者ではない。「屈辱、これは忘れられることなく、暴力と裏切りに帰着する危険がある」と、ジェルメーヌ・ティヨン[15]は一九四〇年のペタンの態度を理解させようとして述べている。ある種の元レジスタンス活動家はアルジェリアで落下傘兵となって、一九四〇年の敗北のいわば報復をしようとする。今度こそ、自分たちは祖国を防衛することができるだろう！　というわけである。ジェルメーヌ・ティヨンのようなほかの元レジスタンス活動家は、自分たちの過去の経験に、死刑執行に反対して闘うための理由を見出した。

集団への忠実さよりも正義への忠実さである。これが彼女のような人の行動原理である。ところで、彼女はある確認をおこなっている。「当時、つまり一九五七年のアルジェリアでは、ナチズムが実行したようなことがおこなわれている。ナチズム、私はこれを憎悪し、総力を挙げてこれと闘った。[16]」だから彼女はこの闘いにかかわっていく――反フランスのＦＬＮ〔民族解放戦線〕ではなく、戦争、拷問、死刑に反対する人間性の立場に立って。

アルジェリア戦争が終わっても、ジェルメーヌ・ティヨンは行動をやめない。奴隷制度の消滅、少数民族の保護のために闘い、あるいは飢餓に対処し、陰核切除という「野蛮な拷問」に反対して闘う国際組織とともに働く。つねに、戦時中に彼女のうちで固まった諸原理の名においてである。植民地でおこなわれていたことに慣れ親しんだこともまた、それとして役立つことが判明する。かくして、彼女は女性を非植民地化するという恐るべき企てに乗り出していったり（「非植民地化が一般化している私たちの時代にあって、広大な女性的世界が多くの点でいまだに植民地のままである[17]」）、多数民族が少数民族と同じ領土を奪い合う最近のルワンダやユーゴスラヴィアの紛争に分析のメスを入れたりする。第三（または第四）世界の極貧に彼女はいつも腹を立てる。彼女が「ホームレス化」と呼んでいるものも同様である。これは極度の貧困であるとともに古い社会・家族構造の破壊である。これは今日、大都市周辺のスラム街に観察できる現象であって、強制収容所それ自体は、その「極端な合理化」、「それを可能なかぎり〝最大限利用〟するための試み(18)」にほかならない。さまざまな認識対象のあいだの往復運動が常時、維持されている。そして、このことが認識と行動のあいだの関係を可能にするのである。

「理解することへの情熱」は、結局はそれほど驚くべきものではない。それ以上に当惑を覚えるのは、ジェルメーヌ・ティヨンの活動のもう一つの定数、つまり自分の同類に対する愛情を前にしたときである。というのは、彼女の経験は、たしかにそれだけというのではなく大半がと言うべきではあるけれども、「悪の横断」(これは一九九七年に出版されたジャン・ラクチュールとの対談の書に彼女が付与する題名である)によって成り立っているからである。もっと正確にいえば、ティヨンは人類のうちには二つの極微少数派を判別できると示唆している。一方に、残忍で野獣のような人、金で身を売る裏切り者、徹底したサディストからなる少数派、他方に「偉大な勇気を備え、利害を離れて行動する人間」——優越する力を手中にしているとしても、乱用することはせず、逆にこれを善のために活用する人々——からなる少数派である。これら二つの極端のあいだにある私たちの最大多数は、平和と繁栄の時代には無害だが、ちょっとした危機にさいしても危険であることをあらわにする平凡な人々によって形成されている。

ラヴェンスブリュックでは、いやそれ以上であっても、ナチの制度においてティヨンがすれ違う個人は怪物ではない。どちらかといえば凡庸な人々であって、それが訓練を受けて怪物じみた行為が可能になったのである。これらの人々には、彼ら自身としては、またそれ以前の彼らの経歴からは、文明化された平均的な人々と区別されるものはない。収容所に収容された女たちは、自分たちのあいだの憂鬱な気晴らしに打ち興じる。最初こそ臆病で愛想のいい新任の女監視人が、はたしてどれだけの期間で野獣のように成り下がって、殴打することに快感を覚えるようになるかの賭けをするのである（一、二週間が標準規格である）。だがティヨンは同じ変化をアルジェリアにおけるフランス兵のうちにも観察するだろう。「私は穏やかで物静かな男たちと知り合いになったが、この男たちが下卑た狂信者に変貌するのには、四時間の飛行で十分だった。」[19] アルジェリアのフランス人もまた例外ではない。あちらでもこちらでも、いるのはふつうの人々である。しかも強制収容所王国の最高責任者ヒムラーでさえ、ジェルメーヌ・ティヨンの目には「たまたま自分の凡庸さには不釣り合いな手段を手に入れた、偏狭で小心な出世欲の強い小役人」のように映ずる（彼女がヒムラーの肖像を描き出す章は「怪物は人間である」と題されている）。ところで、こうした確認は私たちを安心させるどころか、不安に陥れるはずである。「きわめて恐怖すべきものがある。というのも、この腹は〈けだもの〉のそれよりもなおいっそう多産だからである。」[20]

集団についても事情は同じである。とりわけ国家的集団については。収容所から出たとき、ティヨンは自分たちの強い立場を乱用したポーランド人の女たちに恨みを抱き、それを口に出していう。自分の書物の第二版の出版に当たって彼女は思い直し、このことを読者に告白する。「今日、私はこの判断を恥ずかしく思う。どうしてもそう言っておきたいのは、同じ状況におかれれば、他のいかなる国家も、それをこのように乱用していただろうからである。」ドイツ人をこのような仕方で扱うことへの誘惑は、もちろんとりわけ強い。だがこの場合にも、彼女が暴き出すのは、自分たちがあまりにも悪の間近にあることへの恐怖にほかならない。「私は多くの人々が〝ドイツ人種〟の残虐さ、変態趣味について語るのを耳にした。そのように考え、このようにして災厄を囲い込んでしまうことは、何と安心感をかき立てることだろう！真実とは、人種主義もナチズムも、その原因が〝人種〟でも〝国家〟でもない現象だということである。」[21]

悪人が他と同様の人間であることを理解したあと、ジェルメーヌ・ティヨンは行為と行為者の区別を維持するとともに、犯罪を本質化しないことに心をくだく。「夢見るのは、犯罪には情け容赦なく、犯罪者には情け深い裁判である」と、彼女は記しているが、これがほぼ同じ時期に書かれたグロスマンの文と同じであることを彼女は知らない。グロスマン自身、「六世紀に生きたシリアのあるキリスト教徒が述べた〝罪を断罪し、罪人を許す〟(22)という真理」を引用している。実際、夢である。だが場合によっては実現可能な夢である。かくして一九五〇年、ティヨンはあえてドイツにおもむき、ラヴェンスブリュックのかつての二人の女監視人にとって**有利になるように**証言する。二人の監視人はありもしない犯罪で告発されていたのである。一九四七年には、彼女は収容所での彼女自身に対する虐待者の裁判にも出廷していた。虐待者の行為が断罪されるのを見て満足しながら、彼女はこのような人々に対してさえ、「深い悲しみに満ちた同情(23)」を感じることを禁じ得ない。同じく彼女が出廷したペタン裁判が彼女にもたらすのも、これと異なった感情ではない。

アルジェリア戦争中、全員が自分の陣営を選択することを余儀なくされる。FLNかフランス領アルジェリアかである。世界が黒と白に分割されることを拒否するものには何ができるだろうか。一九五六年のアルジェリア戦争についてティヨンが書いているように、「いかなる人類の系統も知性や公正さを占有できないし、すべての系統がその種腹《たねはら》の中に、おそらくは一定した割合である大勢のならず者と愚か者を数える(24)」と考えるものには何ができるだろうか。いずれにしても、彼女はあらゆる過激派から非難の集中砲火を浴びることしかできない。彼女はFLNの弁護士ジャック・ヴェルジェからも、その不倶戴天の敵、フランス領アルジェリアの狂信者からも、さらには真実を知っていると思いこんでおり、善と悪の割り振りを前もって決めているパリの知的な教条主義者からさえも嫌われるだろう。これを証明しているのが、アルジェリアの状況にかんするジェルメーヌ・ティヨンの著述をめぐるシモーヌ・ド・ボーヴォワールのつぎの注釈である。「私たちはジェルメーヌ・ティヨンの記事をずたずたに批判しながらマリ・クレールの店で全員で夕食をとった。ボスト、ランズマン、それに私は、これをたわごとだとみなしているのである。(25)」

人種主義とナチズムの原因が人種でも国家でもないとすれば、その原因をどこに求めればいいのだろうか。『ラヴェンスブリュック』は多くの描写と心理分析に富んだ書物だが、ヨーロッパの中心部に勃発した大惨事の源泉について、もっと遠くまでさかのぼって思いを凝らすことはない。アルジェリア戦争と第三世界のホームレス化の原因のほうは、もっとはっきりしている。原因は、歴史の推移の不均等なテンポにある。さまざまな国民が異なった発達段階にあったときに接触がおこなわれたからである。悪は人間の条件の真実ではない。悪はある状況に由来する――不幸にして、しばしば起こるように。「悪意のある人間と善良な人間がおり、その上、あらゆる愚か者が悪意を抱くような状況がある。残念なことに、そのような愚か者はどこにでも大勢いる。(26)」

私たちの同類に対する愛情が存在するとしても、この愛情はジェルメーヌ・ティヨンがときに「種の傾向」、またはもっと容赦なく「人間性の残酷な側面(27)」と呼んでいるものへの無知からは出てこない。彼女は人類にかんしていかなる幻想も抱かない。だが悪い側面だけだとも考えない。「道徳的には真の凡人は存在しない。存在するのは、それらを暴き出すような出来事に遭遇しなかった人々だけである」と『ラヴェンスブリュック』の末尾で彼女は書いている。(28) 人間は道徳的には未決定である。善良であり同時に悪辣である。だから活動領域が大きく開かれているのである。

善はどのようにして生じるのだろうか。ジェルメーヌ・ティヨンはその起源をロマン・ガリとワシーリー・グロスマンが求めていたところに見出すだろう。すなわち、小さな子供を包み込んでいる母親と父親の配慮と愛の中である。小さな子供は不測の事態をのぞいて、そこで「幸福へのある種の素質[29]」、さらには自分もまた愛する能力を獲得する。他者の存在を前にしたこの愛‐歓喜は、人間の生命を正当化するものに言及しなければならないときに、ガリやティヨンのような著者にとって象徴として役立つ。幸福の性格をめぐって自分に突きつける問いに対して、ガリは幼年時代の思い出に言及しながら答える。「そのとき、私は寝ていた、耳を澄ましていた、うかがっていた、それから私は鍵が鍵穴に入れられる音を聞いた。［……］私は何も言わなかった、笑みを浮かべていた、待ちかまえていた。私は幸せだった。[30]」ジェルメーヌ・ティヨンも自分の書物の一冊をマシニョンに献ずるさいにほとんど同じ言葉を見出す。そのとき彼女は典型的な生命に言及しようとするのである――「与えられた生命」である。マシニョンが亡くなる数週間前、彼女は彼の家の椅子に座っていて、深い疲労感にひたっている。そのとき、老人は「にわかに明るい顔になって立ち上がり、目に輝かしく若々しい喜びをたたえて」ほほえむのである。「彼は鍵が踊り場の鍵穴に触れるかすかな物音を聞いたのだった。〝私はあの子の鍵だとわかっていた……。〟それはまさしく彼の娘だった。」人間には愛も可能である。だから人間には愛を拒むことはできない。これが「死の貪欲さよりも強い、憔悴した存在の枯渇よりも強い、父親としての若々しい愛情の発露[31]」の意味である。

ジェルメーヌ・ティヨンが人格に対する尊敬を強固なものにすることができたのはラヴェンスブリュックにおいてである。というのも、たとえ悪が人格にくまなく行き渡っているとしても、善もなくはないからである。エゴイズムと気高さは並行して花開く。まるで個々の存在が、それまで社会的慣習によって隠蔽されていたみずからのアイデンティティを暴き出すかのようである。善は日常的な美徳を通して強められる。個人の尊厳の維持、ときに身近な人であり、ときに未知の人である他者に対する配慮（収容所ではだれも他人の助けなしには生き延びられなかった）である。精神の活動そのもの、たとえば強制収容所の世界を理解しようとし、それを他者に理解させようとするティヨンの努力が、今度は美徳と化す。収容所から出て直接的な危険をまぬがれたティヨンは、苦しむ未知の人々に対するこの種の活動を数多くおこなうだろう。彼女は党派にはいって活動することもユートピアを建設することもない。彼女は個別的な問題を解決することに没頭するだろう。かくして教育を万人の手に届くものにする。一九五五年にはアルジェリアの農民、一九五九年にはフランスの囚人、さらには――そしてこのつとめはとりわけ彼女の心をとらえている――女性の手に届くものにするのである。彼女の著書『ハーレムとイトコ』は女性の条件を深く分析している。世界の研究に没頭したあとで、この博識な女性は行動しようとする。女性が人類の隷属的な半分であることをやめるためには、女性は学ばなければならないからである。

このように選択した道は正当である。だがこの道は少しも勝利を保証しない。ジェルメーヌ・ティヨンは一九五四年から一九六一年にかけて、アルジェリアで苦い経験をなめている。一五年の不在ののちに、はじめてアルジェリアに赴くとき、彼女はまず診断を試みる。ところで何よりも先に目にするのは政治や軍事の問題ではない。イスラム系住民の経済的状況の悪化である。イスラム系の住民は「難局のただ中に」置き去りにされていた。古い構造はヨーロッパの工業文明と接触して崩壊したが、イスラム系住民は新しい構造を確立することを可能にするような能力と技能を獲得していない。その結果がホームレス化である。農民はその数がめくるめくスピードで増加していくために、もはや農村にとどまっていることができなくなり、スラム街に集中する。だから悪は何よりもまず人口とテクノロジーに結びついている。治療薬もまたそうである。過去への回帰は不可能である以上、少なくとも、かつての農民がこの新しい社会の中で生きていくのに不可欠な知を獲得できるように援助をしなければならない。ジェルメーヌ・ティヨンは、万人にこの新しい教育を施す〈社会センター〉と呼ばれる特殊な機関を創設することに没頭するだろう。「私はもはや大地が養うことのないすべてのアルジェリア人に手職を身につけさせることを夢見ていた。そのためには、まず最初にフランスのそれに匹敵するような教育をアルジェリアで創始しなければならなかった。(32)」

このような活動が功を奏しうるのは、この活動のために十分な時間がある場合である。ところで、一九五五年のアルジェリアでは時間は得がたい。住民のもっとも活発なメンバーは、独立という名の直接的な解決を熱望している。フランスがアルジェリアの住民に独立を認めようとしない以上——アルジェリアの土地には一〇〇万人のピエ - ノワール〔アルジェリア生まれのフランス人〕がおり、これが決定をきわめてデリケートなものにする——、武力でもって独立を奪い取らなければならない。このような背景では、ジェルメーヌ・ティヨンが推奨する解決策はだれの賛同も得られない。これは独立主義者には適していない。というのも、この解決策は二つの国土のあいだの形式的な関係を維持することを前提とするからである（アルジェリア人を教育すべきはフランス人である）。だが反独立主義者もこれを拒絶する。この解決策がアルジェリア人に自分たち自身の問題に取り組む能力を付与することを可能にするからである。ジェルメーヌ・ティヨンは『一九五六年のアルジェリア』と題する小冊子を出版して、自分の診断と自分が推奨する治療薬を提示するが、もう遅すぎる。武器がものを言いはじめ、教師たちの声はもう耳に届かない。一九五六年のアルジェリアには、彼女がもっと緊急だと考える他の心配事がある。ティヨンの経済分析は——その妥当性はその後も否定されていない——、フランス領アルジェリアの擁護者に取り込まれるのである。〈社会センター〉は嵐に見舞われるだろう。推進者たちがＯＡＳ〔〔アルジェリア独立反対の〕秘密軍事組織〕によって迫害を受けたり暗殺されたりするのである。

一九五七年、すでに見たように、ジェルメーヌ・ティヨンは刑務所でおこなわれる拷問について調査するためにアルジェリアに引き返す。今や戦争は最高潮に達している。彼女が所属する委員会は彼女の報告を公刊する。だがこのことはアルジェの戦いを勝つためにマシューの落下傘部隊が拷問の実施を日常化させるのを妨げることにはまったくならないだろう。驚くべきエピソードを見ることができるのは、このときである。ジェルメーヌ・ティヨンは「ある人」が自分に会いたがっていることを知る。「ある人」とは、彼女がこれを知るのはその後のことであるが、アルジェ地域の軍事行動の責任者、サアディ・ヤセフとその補佐アリ・ラ・ポアント〔切っ先のアリ〕、いいかえれば、当時の二人の主要な「テロリスト」である。ジェルメーヌ・ティヨンは「敵」に語りかけるためにこの機会をとらえることに決める。アルジェリアそのものにあって、彼女はイスラム系住民のうちに多数の友人をもっており、高い評価を得ている。フランスでは公的な地位はいっさい占めていないが、かつてのレジスタンス活動家の仲間の何人かが、その間、大臣となっており、自分は彼らと接近できることを知っている。

一九五七年七月四日、奇妙な光景がくり広げられる。ジェルメーヌ・ティヨンは見知らぬ案内人のあとを追ってアルジェのカスバをぬっていき、ある部屋にたどり着く。そこでは二人の女と二人の男が彼女を待ちかまえている。男はヤセフとアリである。話し合いがはじまり、午後いっぱいつづく。ジェルメーヌ・ティヨンはこの機会を利用して休戦交渉を試みる。一方の一つ一つの暴力行為が他方のなおいっそう暴力的な行為を引き起こしていることに彼女は気づく。もし一方の集団にある種の身振りをおこなわせることができるならば、おそらくこの死のエスカレートを停止させることができるだろう。フランス人住民をもっとも激怒させるのは、民間人に対するテロ行為である。FLNの暴力を引き起こすのは、その活動家の処刑である。FLNの二人の指導者を前にして、やってみないはずがあるだろうか。彼女は長時間、確信をもって語りかける。数時間後、ヤセフは目に涙をたたえて叫ぶ。「今後、非戦闘員に手を下さないことを約束しましょう！」これが求めていた目標だった。帰りしなに、ジェルメーヌ・ティヨンはアリ・ラ・ポアントのほうに振り返り、ワイシャツの襟首をつかんで、少し揺り動かしながらくり返す。「私のいったことがわかりましたか？」怖じ気づいたような様子でアリは答える。「ええ、マダム。(33)」それで彼女は自分の家に帰ることができる。

パリに帰ると、この話し合いを高官の友人たちに報告する。この約束には見返りが必要である。フランスはアルジェリア人活動家の処刑を取りやめなければならない。二週間、合意は守られる。暴力はにわかに鎮静化するように見える。つぎに、七月二四日に新たに三つの処刑がアルジェの刑務所で執行される。休戦はフランス側から破られるのである。同じ年の九月末、ヤセフの逮捕後、アルジェリア側からも破られるだろう。戦争はなおも四年間つづくだろう。数多くの犠牲者を産み出し、記憶の中に消えがたい痕跡を残しながら――これらの痕跡は今日のアルジェリアにおける暴力と無関係ではない。ジェルメーヌ・ティヨンの努力は水泡に帰した。だれのせいだろうか。部分的には、少なくともジェルメーヌ・ティヨンの介入を「たわごと」と判断する人々、さもなければマシュー将軍が一九七一年にこれらの出来事について自分なりの解釈を語っているように、欺瞞もしくは裏切りと判断するすべての人々のせいである。これらの非難に対する返答の中で彼女は確認する。一つの戦闘に勝利することによって（アルジェの戦いで、拷問の助けを借りて）、戦争において敗北を喫したのは将軍である、と。そして彼女は結んでいる。「悲惨な結末は下劣な手段に呼応していた。(34)」

彼女が武力紛争について抱いているヴィジョンは、二つの戦闘集団、すなわち一方のＦＬＮ、他方のフランス軍に後押しされたアルジェリアのフランス人のどちらの肩ももたないということにある。それらは「対峙し合う二つのテロリズム」であって、自分たちが実際には相補的であることをもはや思い出すことができないのである。彼らは、戦いながら角をからませ、動けなくなって死ぬカナダの森の愚かなヘラジカを彼女に思わせる。このような戦いでは、二つの敵対者とも敗者である。拷問とテロリズムは相互に正当化し合う。平和は相互の信頼からしかやってこない。だが信頼は平和からしかやってこない。だから戦争がつづくのである。

ジェルメーヌ・ティヨンはこれらの出来事を、私たちが（フランス人であろうとアルジェリア人であろうと、どちらでもいい）最強である、私たちが勝ったのだ、という英雄的な物語として受け入れることを拒絶する。同時に、私たちは正しかった、だが裏切られて敗北を喫した、今日、私たちは賠償をうける権利がある、という犠牲者の物語も拒絶する。彼女には第三の道しか残されていない。紛争における両派の立場を考慮に入れ、両陣営によってもたらされた損害を見ようとする悲劇的な物語の道である。このような状況に追い込まれたのは彼女だけではない。これが――と彼女は述べている――戦争の歳月を「時々刻々、苦悩」として生きたルイ・マシニョンの運命であった。「実際、彼の情報と明晰さは無知を装うことを彼に許さなかったし、いかなる犠牲者も無視することができなかった。というのも、彼は自分が両岸のすべての罪人と親愛の情をもって連帯しており、また彼らに対して責任があると感じていたからである。」(35) 実際、悲劇とは、すべての犠牲者に自己を同一化するだけでなく、それぞれの側の悪の当事者にも自己を同一化することにある。このような状況の中にあるジェルメーヌ・ティヨンの数少ない無条件な支持者のひとりであるアルベール・カミュについても事情はほぼ同じである。カミュが自分はイスラム教徒もピエ－ノワールも理解できるといい、どんなときでも劣勢に立っている側に同意するというとき、両岸の狂信者のうちに「殺せ！」という叫びを巻き起こすのである。

ジェルメーヌ・ティヨンは、自分が自分のために選んだ道はもっとも容易な道ではないことをはっきり自覚している。自分が悲しみ（犠牲者のために涙を流すこと）と恥（自分に責任があることを知っていること）を余儀なくされていることを知っている。戦争のさなかにこうした使命を受け入れるのは、「一方では祖国愛によって、他方ではアルジェリア国民の不幸が私のうちにかき立てる極度の同情のせいで」、二つの敵対者のうちに自分自身を認めることができるからである。いずれをも理解でき、わずかな真実をも放棄できないものは、何をすればいいのだろうか。「かくも近く、かくも異なった二つの世界のこれらのこだまを交互に聴くことほど恐ろしいことはない。(36)」彼女に残されているのは、人類の悲劇的条件を曇りない目で受け入れることだけである。「私が見ているようなアルジェリアの悲劇が蔵しているのは」と彼女は一九五六年に書いている、「数多くの犠牲者であって、裏切り者はほとんどいない――だがその解決の可能性は、ほかの悲劇への出発点のように私には見える。(37)」二〇〇〇年にあって、彼女が正しかったことを認めなければならない。

世界は改善されなかった。運命によって、ジェルメーヌ・ティヨンは耐えがたい苦悩をまぬがれることはできなかった。「愛する人たちの苦痛と死から(38)」生じる苦悩、無力な怒りにしかみちびかない苦悩。彼女の母親は、グロスマンの母親と同様、ナチの蛮行の犠牲者だった。だがティヨンは汚染されることなく「悪を横断する」ことに成功した。さらには喜びの感覚を私たちに伝えることに成功した。グロスマンもそうであるように、彼女は自分のメッセージ内容そのものを、犠牲にされた母親のイマージュ、恐ろしい蛮行の犠牲者となったがゆえにますます愛にふさわしい母親のイマージュの中に見出すことができた。二人とも自分が使命を帯びていると感じた。沈黙のうちに死んだ母親の教えを生きながらえさせることである。ティヨンはどのようにしてこのような変貌を遂げたのだろうか。どのような力の連鎖によってこのようなことが可能になったのだろうか。

彼女の著作を読むとき、往々にして二重人格に相対しているような気がする。しかしこの二つの面は対立し合うことはない。この二つの面は逆に連接して調和し合っている。自分の同類への愛情に動かされる行為者と、認識への情熱に駆られた観察者がいる。この二つは絶えずおたがいに役立っている。

観察者は、行為者としての彼女の人生のもっとも深刻な時期に雰囲気をやわらげにやって来る。これらの時期を外部から見つめ、そこに——無意識に——コミックな様相を指摘するのである。ティヨンは密告によってレジスタンス活動のかどでドイツの軍事警察に逮捕されたばかりである。「そのとき、ちょっとした、かなり滑稽な出来事が突発する」と彼女は回想記の中で述べている。滑稽さはどこにあるのか。自分の絶望的な状況を外から見ていると、彼女はプラニ族〔西アフリカのセネガルからチャドに住む〕のコントを思い出す。そのコントが暗示するところによれば、川を泳いで渡ろうとする人間にとっても、人間を食おうとする鰐にとっても、神は善きものなのである。この物語の記憶、自分の状況をこのコントの観点で見ることができるということが彼女に冷静さを取りもどさせる。「私は悲しみにひたされながら、だがパニックに陥らずに、〝今日は神は鰐にとって善きものなのだ〟と思った。(39)」数か月後、刑務所で、委員が翌朝、銃殺刑が執行されると彼女に告げる。このシーンは何か滑稽なものを含んでいる、とジェルメーヌ・ティヨンはコメントしている。今度は、彼女が自分の運命に驚かされるよりも、委員のほうが彼女の落ち着きに驚かされるからである。

行動する人間と観察する人間のあいだのこの距離は事後的に導入されたものではない。この距離は行動の中心部そのものに存在している。ティヨンが、通常は死刑に至らしめるはずの起訴状を彼女に手渡したばかりの裁判長に、独房から書き送る信じがたい手紙を読まなければならない（そしてすべての小学生に読ませなければならない）。この手紙は茶目っ気と、かろうじて押し隠された皮肉の傑作であり（「皮肉だとがめられたら、私は深く悲しむだろう」）、途中を古いシャンソンの歌詞で中断される彼女の活動報告である。ティヨンはその中で自分はアフリカで魔術を生業《なりわい》としたと告白し、だが自分の力には限界があるとつけ加えている。「これらのドイツ警察の男たちが本当にその無垢さを失ったのであれば、私にはそれを彼らに取り返させることはできません。(40)」まるでフランス語を巧みに使用する喜びが自分が陥っている悲惨な状況をほとんど忘れさせるかのようである。もう一つ別のエピソードが収容者を収容所に運んでいく列車の中で起こる。本来、冗談にはあまり適さない状況であるが。オーレス山地で暮らしていた頃、我らが若き女性学者は時計の鎖でつないだ小さなフェネックギツネを肩にとまらせて散歩するのが好きだった。列車の中で、彼女はこのフェネックギツネの写真を見つけ、ＳＳの監視人の方に歩いていく。「どのようにすれば粗野な人を手なずけるかお見せするわ」と、彼女はおびえている仲間に向かっていう。「彼女は慎重に、長いあいだ、とてもやさしく、ＳＳの目の前にその写真を差し出した。しまいに彼女はそのＳＳの注意を引いた。会話のようなものがはじまったのである。(41)」

観察の実践によって獲得される距離がなければ、ジェルメーヌ・ティヨンはこれほどの落ち着きと茶目っ気と的確さをもって行動することはできなかっただろう。逆に、彼女の学術研究も、その欠点と長所、習慣と奇癖をもった私的な個人によってみちびかれたという事実を私たちに忘れさせることがない。あなたのご本をどのようにして書いたのですか？　と彼女は『昔々民族誌学がありました』が出たときに質問される。彼女は答える。「安心してバカンスに出発するために半分をカットしました。」その上、この本は驚くべき「献辞」ではじまっている。犯罪調査のさいの皮肉に満ちた手紙がそうであったように、この学術書においては驚くべきものである。本の主題を知らせるために、著者はへたな詩句！　で読者に語りかけるのである。情報を収集していた時期においてすら、彼女はたんなる女性学者たらんとはしなかった。

「アフリカに取り組むさい、私は愚かにも〝人文科学〟を化学のようなものだと想像していた。その沈殿した無機物を民族学者はかき乱すことは差し控えなければならないのである。きわめて幸運にも、共感のあまり往々にして私の理論に違反しなければならなかった」と、ある物語──これまたすべての選集に収録されるにあたいするような物語──の序文として彼女は書いている。[42] この書物『昔々民族誌学がありました』はおそらく、これまで書かれたものの中でもっとも自由な学術書の一つである。著者はもはやいかなる暗黙の約束も気にかけず、可能なかぎり正確に自分の体験を私たちに伝えようとのみつとめていると感じさせるのである。読者（それが私である）がうける感銘は、熱狂的である。

ジェルメーヌ・ティヨンは今日では老婦人であるが、この暗黒の世紀において私たちに知るべく与えられたもっとも聡明な公的な人物のひとりである。にわかに、彼女が人類のワイシャツの襟首をつかんで、少し揺り動かしながら、自分の体験の高みから問いかける様子が夢に浮かんでくる。「私のいったことがわかりましたか？」そして人類は恥じ入って答えるのである。「ええ、マダム……。」

エピローグ――世紀の始まり

カレンダー上では二〇世紀は終わりを告げた。だがやはり私たちの記憶につきまといつづけている。記憶については、これまでのページで私が望んだのは、相補的な二つの様式――出来事の概念分析と個人の運命の物語――に従って、そのいくつもの面を探求することである。残されているのは、そこから導き出すことができると思われたいくつかの教訓をここに拾い上げ、私自身につぎのように問うことである。これらの教訓は来るべき世紀について私たちに何を教えてくれるのだろうか。

まず最初は記憶それ自体である。私たちの前に提供される選択は、忘却と思い出とのあいだにあるのではなく――というのも、忘却は選択には属さないからである。それは私たちの意志のコントロールをまぬがれている――、さまざまな思い出の形態のあいだにある。それ自体としての記憶は義務ではない。記憶は私たちのエゴイスティックな利害や他人の幸福をはぐくむことに使用されて、善にも悪にも役立ちうるからである。思い出は不毛であることも、私たちを惑わせることもある。過去を神聖化するならば、過去を理解し、他の時代、他の場所にかかわり、歴史の新しい行為者に適用できるような教訓をそこから引き出すことをみずからに禁じることになる。しかし逆に、過去を新しい状況に押しつけることによって過去を通俗化すれば、つまり現在の難題に対する直接的な解決策をそこに求めれば、損失はちっとやそっとのものではない。過去を曲げるだけでなく、現在を見誤ることにもなる。そして不正に道を開く。類推癖も、字義通りに解釈することへの強迫観念と同じく遺憾である。アウシュヴィッツとヒトラーは私たちに教えるべき教訓を含んでいるが、いずれもが今日、私たちの眼前でおこなわれていることとは少しも似ていない。過去が実り豊かであるためには、過去は抽象のフィルターを通過し、正義と不正にかかわる論争に組み込まれなければならないのである。

私たちは「記憶」を後ろ盾にしたがる。しかし私たちの振る舞いが私たちの祖先の振る舞いよりも賢明であるとは思われない。私たちは他者、私たちの隣人、祖父母の人種主義や暴力を非難する。だからといって人種主義や暴力を私たちが維持することの妨げにはならない。一般に人は他者の過ちからはほとんど学ばない。私たちは他者の無知や、他者がプロパガンダに容易にだまされることをきびしく裁く。だが私たちも同じことをおこなっている。私たちに絶えずつきまとうマスメディアが悦に入ってくり返す大統領と首相の声明を軽々しく信用することによってである。

私たちの時間に対する関係が変化したことは異論の余地がない。定住し安定した住民がおり、年々歳々、堅固に確立されたしきたりが間違いなく見出されるような伝統的社会は終わりを告げた。すべてが私たちのまわりで変化しつつある。絶えず新しい情報を手に入れなければならない。過去の保存は危機に直面しているのである。しかるに、今日では時間の変化を知らずにいるほうが好まれている。私たちの想像力は永遠の現在にとどまりたがっている。そこでは幼年と老年という過渡的な年齢は居場所をもたない。死についてはは言わずもがなである。死は病院の指定された区域に隠匿されている。

みずからのアイデンティティに対するこの攻撃を前にして——というのも、これは攻撃だからである——、この喪失を前にして、現代の個人は身を守ることにつとめている。すべてはあたかも現代の個人が、ますます加速していく時間の流れ、ますます急速になっていく過去の消滅に気づいて恐怖に襲われ、こうした傾向にブレーキをかけるためにあらゆることをなそうとしているかのごとくおこなわれている。だが治療薬はしまいには自分のほうが問題を投げかけることになる。伝統的枠組みの破壊に対しては事跡顕揚〔＝記念〕によって答える。自分の思い出の特異性にしがみついたり、現在を説明するとされる万能鍵に過去を変形することによって乱用したりする。いずれも望ましからざるこれらの対立的な挙措による牽引力から私たちは逃れることができるようになるだろうか。この現在が同時に、その実体においても価値においても過去によってつくられていることを認めることによって、時間の経過を、現在に生きることの必然性と同様、受け入れることができるようになるだろうか。

ヨーロッパ二〇世紀史の中で、私が長々と論じたのは、ある中心的な出来事、すなわち全体主義と民主主義の対決である。この対決は戦場と経済分野においてのみならず、それぞれの体制の存立の基部に横たわる政治的、道徳的な大原則の次元でもおこなわれた。全体主義が民主主義に対して開始した攻撃は、民主主義の霊感の源であるヒューマニズム思想の諸要素を対照によって際立たせた。全体主義は万人に対する幸福を約束する――だが唯一、幸福にあたいしないものたち、つまり敵対する階級や劣等人種を排除してしまったときにのみである。全体主義は個人的主体の自律、個人的主体がそれに従って生きる規範を選択する権利を否認する。しかも一つの全体としてとらえられた社会は、いっさいの後見――神、自然秩序、普遍道徳、または人権――から自由であることを望む。人間の行動に対しては、全体主義は超個人的な価値観を目的として与える。党、国家、体制である。革命、理想的社会、純化された人類が勝利するために、個人が犠牲にされなければならないことを全体主義は認める。民主主義のほうが標榜するのは、**あなた**の合目的性――というのも、民主主義は他人を私の行動の合法的な目的に格上げするからである――、「同意したり抵抗したりする」権利を有する主体としての**私**の自律、および同一の尊厳を付与されているがゆえに、人類のありとあらゆるメンバーである**彼ら**の普遍性である。このようにして民主主義はヒューマニズム思想の基本的な要請をふたたび見出すのである。

現代のヒューマニズム——批判的ヒューマニズム——は、二つの特徴によって際立っている。おそらくいずれもがありふれたものだが、その両者の共存そのものから力を引き出している。第一の特徴とは、人間が残虐行為をおこないうることを認めることである。ヒューマニズムはここでは、人間一般、または個別的な人間の崇拝、人間の気高い本性への信仰では少しもない。いかにも、出発点はここではアウシュヴィッツとコルイマの収容所、すなわち人間が人間に対してなしうる悪について今世紀が私たちに与えた最大の証拠である。第二の特徴は、善の可能性の肯定である。善の普遍的勝利、地上の楽園の設立の可能性ではない。そうではなく、その具体的で個人的なアイデンティティにおける人間を、人間の行為の最終目標とみなすことへとみちびき、人間を慈しみ愛することへとみちびく善の可能性である。つまり人間に代えるに、超自然的存在、つまり神をもってしたり、逆に人類より下等な自然の力、生命の法則をもってしたり、あるいはさらに、繁栄と呼ばれようが、革命、または純血と呼ばれようが、人間が選んだ抽象的な価値をもってしたり、またそれを超えて〈歴史〉の法則をもってしたりすることを断念するのである。一方の人間にかんするこの幻想の不在と、他方の人間を行動の目的として維持することを、どのようにして和解させることができるのだろうか。これが現代のヒューマニスト、コルイマ以後、アウシュヴィッツ以後のヒューマニストが応じなければならない挑戦である。

このような歴史を調べたからには、つぎのように問いたくなる。すなわち予測可能な未来において、私たちは全体主義世界の回帰、あるいはたんにその精神の回帰によって脅かされるだろうか。だが将来は予測可能なのだろうか。見世物小屋の観客の目をくらませるあの占い師の話はだれでもが知っている。この占い師は時間と空間の中を自由に散策することができた。「いま教皇は何をしていますか？」占い師はそれを知っており、それを話した。「一〇〇年後、私たちの町はどうなるでしょう？」占い師はそのごく些細な部分にいたるまで何の苦もなく描写してみせた。そのとき、ひとりの少年が立ち上がった。「ぼくが背中の手にもっているものは何だ？」占い師はこの問いに答えることはできなかった。そしてあざけりを浴びながら、この小屋から立ち去らなければならなかった。この逸話の教訓とは、広大な宇宙のレベルでつぎの千年紀の運命を予言するほうが、つぎのように問うよりも用心深いということである。すなわち、明日、私の国で何が起こるだろうか？　さらには、今日のうちに未来を予告する兆候は何か？　しかし用心深さをしばし忘れて、私としては、過去の分析が未来の道にかんして何を暗示しているかを考えてみたい。

全体主義の経験がヨーロッパの諸国民にもたらしたトラウマは、思うにあまりにも深く、損害はあまりにも重かったので、全体主義のドクトリンが近い将来にその魅力をふたたび見出すことは想像できない。もちろん、ネオナチの小グループ、さらには共産主義のユートピアに誘惑される若干の割合の住民は、つねに生き残っている。にもかかわらず、彼らが近い将来に権力を奪取するという仮説は、採り上げるにあたいしない。とはいえ、この脅威の消滅によって開始するのは、「歴史の終焉」後の牧歌的な時代ではない。全体主義は敗北したが、民主主義にとってすべての危険が退けられたわけではない。

以上のことに照らして、民主的生活の流れを脅かす三つの逸脱を抽出することができるだろう。これらの逸脱は民主的生活の中にそれとはまったく無縁な原則を導き入れるのではなく、民主的生活のある種の特徴――少量であれば民主的生活にとって有用な特徴――を途方もなく強化し絶対化するがゆえに、これと闘うのはますますむずかしい。これらの逸脱は、ヒューマニズムの教義の根本的公準に再度、疑問を投じるのである。

最初の逸脱を**アイデンティティの逸脱**と呼ぶことができるだろう。アイデンティティは個人的なものであれ集団的なものであれ、すでに想起したように、いかなる社会的実存にとっても不可欠である。このアイデンティティを構築し強化するのにもちいられるのは、とりわけ記憶である。しかしこの正当な要求は、集団的アイデンティティへの忠実さが、典型的な民主的な価値、すなわち個人と普遍性にまさるとき、正当でなくなってしまう。民主主義は中間的な集団（全体としてとらえられた社会の内部におけるさまざまな共同体）を黙認するが、それらの集団を特権化することはない。民主主義が望むのは、一つの国家内部のすべての個人が同じ権利を有し、いかなる個人も自分が所属している共同体――民族的、言語的、宗教的、人種的、性的な共同体――のために、みずからの意思と理性を放棄したりしないことである。民主主義国は「自然的」ではない。民主主義国はその国民全員が文化的または身体的な共通の特徴をもっていたり、同じ起源を有していたりすることを求めない。それが要求するのは、彼らが全員――暗黙のうちに――同じ契約に同意することだけである。

こうした状況はそれ特有のフラストレーションを産み出し、今度はこれが昔風の共同体へのノスタルジー、およびプリーモ・レーヴィが語ったあらゆる「ノジスム」の潜在的な上昇をはぐくむことになる。今日、これらの集団的エゴイズムが増加している。欧米の自由主義的な民主主義においてもそうである。そしてその構成員のために集団的特権を国家から奪い取ろうと試みている。ある共同体に所属することは、たしかに個人の権利である。だが義務ではさらさらない。共同体は民主主義の内部では歓迎される。だがそれが不平等と不寛容を産み出さないかぎりにおいてのみである。

おそらく**道徳的逸脱**は私たちにとってそれほどなじみ深くはないが、それでもやはり有害である。民主的国家は出発点においてその国民の多元性と多様性を承認し、それゆえその諸制度の多元主義を保証する。つまり、民主的国家は政治的なものと神学的なものとの切断を強制することからはじまるのである。神学的なものが道徳的なものに制限されるとしても（宗教をたんなる道徳にすることも、共同体の絆に矮小化することもできる）、混乱はやはり重大である。民主主義国は「有徳な」国家ではない。それは各人が自分なりの仕方で最高善を胸に抱くことを可能にする。それがコントロールするのは最高善に到達するための手段だけであって、暴力は禁止する。だからといって、民主主義が道徳に敵対的だというのではない。ただそれをプライベートな領域に制限するのである。ところで、「道徳的に妥当なもの」は、国家の内部ではないとしても、少なくとも社会の中で道徳と政治を再結合させようとする――だが全体主義の中でおこなわれたこととは違って、結合はここでは道徳の庇護のもとにおこなわれる。一国の内部では、この逸脱は違反者の糾弾、他者に向けられる道徳的な戒め、良心の支配を奨励する。国と国の関係では、十字軍計画とか、善の名においておこなわれる植民地戦争へと私たちをみちびく。ここにおいても善に支配させようとする誘惑が、多元性の承認に取って代わる。

そのつど否定されるのは主体の自律である。一方では、個人はもはやみずからの判断を行使する社会的権利をもたない。というのも、「道徳的に妥当なもの」の違反は糾弾されるからである。他方では、その主権を剝奪されるのは諸国民や諸国家である。そして軍事的に上回る他の国家や諸国家の同盟が、力でもって他者に強制すべき善の化身と化して、干渉権を不当に我がものにする。善の誘惑は危険である。二〇世紀では広島と長崎の原爆がすでにこの善の誘惑によるものであった。少しも全体主義的でないさまざまな国で起こった「魔女狩り」については語らぬとしてもである。グロスマンの警告は忘れられてはならない。すなわち、「善の夜明けがはじまるところでは、子供たちと老人たちが死に、血が流される」のである。民主的国家も世界秩序も善の化身となる資格をもたない。神聖さへの熱望はプライベートな問題にとどまるべきである。

アイデンティティの逸脱と道徳的な逸脱は、以前の状態へのノスタルジーから生じるという共通の特性をもっている。共同体の絆がよりいっそう強く、この共同体が公的な道徳を所有していた状態である。第三の種類、典型的に民主的社会を特徴づける**道具的逸脱**はこのかぎりではない。もう一度いうが、問題なのは、それに適した領域に制限されていれば完全に受け入れ可能な、ある種の実践の過度の拡張である。この道具的逸脱は、目的の正当性を問うことなく、この目的へとみちびくべき道具、手段、方法のみに配慮することに存する。きわめて多くの状況はこのような問いかけを必要とせず、これを必要とするのは或る技術的問題のもっとも有効な解決策だけであることは明らかである。しかしながら、この原則を一般化することは危険をともなわずにはいないだろう。さもなければ、その実現にともなう技術的困難にのみ情熱をかき立てられた原爆の企画者の状況に陥ることになる——彼らの幾人かは残りの人生を自分たちの発明の不幸な影響をくり返し考えて過ごすことを余儀なくされたのである。すべての国の軍人たちに、自分たちの行為の最終的な正当化を気にかけずに、純粋に技術的な観点から自分たちにゆだねられた責務を考えさせるのも、これと同じ逸脱である。

道具的逸脱が民主主義国に特有であるのは、まさしく民主主義国が最高善の性格を規定することを拒否し、他者に力で強制しようとさえしなければ、その国民のひとりひとりに自分なりの仕方で最高善を追求することを可能にするからである。この観点からすれば、道具的逸脱は道徳的逸脱の対称物であり反対物である。道徳的逸脱とは、最終目標に影響を与える拘束の不在によって産み出された空虚を改善するための試みにほかならないからである。道具的逸脱は、支持できないような人類学的仮説に根拠をおいている。それによれば、行為者‐手段‐目的のモデルは人間的実践の全体を説明することを可能にする。そうすることで、この仮説は私たちの実存の一つの面全体を無視している。すなわち、間主観的な面であり、これは問題のモデルにはほとんど似ても似つかない。単純な例を挙げれば、友人どうしの出会いでは、手段と目的の分離は不可能である。しかも、友人に会いに行くのは、その友人から恩恵を得るためではなく、一緒にいる喜びを味わうためである。そしてこれが肝心であるが、いるのはただひとりの主体‐行為者ではなく、二人の主体‐行為者、**私**と**あなた**である。そしてそれぞれが順番に語り、聴き、与え、受け取るのである。

道具的逸脱は、個人が私たちの行動の最終目的であることを望むヒューマニズムの公準を否認する。道具的モデルの論理に押し流される現代社会は、人間的実存のこの面を否定する傾向をもち、私たちのすべての問題に純粋に技術的解決を見出すことを期待している（今日では、たとえば「市場」である）。このようにして、現代社会はアイデンティティの逸脱と道徳的逸脱のために地ならしをする。全体主義革命のためではないとしてもである。

どんな社会もみずからのアイデンティティを主張し、理想を守り、みずからに課される問題を解決することを必要とする。しかしながら最終的な原則へと格上げされることによって、これらの必要に対する答えは、その生命への妨げとなる。これらの逸脱がまさしく私たちのあいだに存在することは間違いない。コソヴォ戦争はこれらの逸脱を三つとも例証するものであった。セルビアとアルバニアの側ではアイデンティティの逸脱、西欧諸国の側では、逆説的に結びついた道具的逸脱と道徳的逸脱である。来るべき世紀には民主主義の計画に対するこれらの逸脱のどれかが勝利するのが見られるのだろうか。それとも、民主主義の計画がこれらの逸脱から身を守り、逸脱を妨げるために必要な力を動員できるのだろうか。私はあえて予言しようとは思わない。すべては私たちの反応にかかっている。未来は私たちの手ににぎられているのである。

これらの逸脱に対して勝利しても、各個人の完成に必要な条件しか保証しないとつけ加えることができるだろう。この勝利は個人の完成へと自動的にみちびくことはないだろう。同様に、全体主義に対する民主主義の勝利も、かつての全体主義諸国の国民全体の開花をもたらすことはなかった。現代社会では、個人の完成は善き政治と善き道徳の結果ではなく、愛と精神性に富んだ人生の結果である。このような人生が宗教の形式をとろうが、芸術、または思想の形式をとろうがである。人間が自分の生活に意味があると感じるのは、これを通じてである。道徳と政治だけではそれに不十分である。だがそれらは不可欠である。公的な生活とプライベートな生活の境界線は截然とはしていない。全体主義国では、思う存分精神性を培うこともできなければ、自由に愛することもできない。私的な開花のこれらの条件は、民主主義国においても必要である。

二〇世紀は大規模な対決、とてつもない戦いの世紀だった——民主主義と全体主義の、ナチズムと共産主義の戦いである。だが私は同時に、動乱のさなかでも人間的でありつづけることができた何人かの個人を思い出せればと思った。最後の例。二〇〇〇年夏、フランスの新聞がリラとあだ名されたひとりのアルジェリア人女性のケースに言及した(1)。一九五七年には若い娘だった彼女は、FLNの軍事組織に参加した。ある活動のあとでフランス軍の手にとらえられた彼女は、一九五七年一二月まで三か月間、休みなく拷問を受けるだろう。彼女を拷問者から奪い取ったのは、ある軍医である。軍医は彼女を検査して叫ぶ。「いやはや、お嬢ちゃん、あなたを拷問したんですって!」彼女は——と彼は述べている——自分の娘を思い出させるのである。軍医のおかげで彼女は刑務所に移されるだろう。最初はアルジェリアの刑務所、つぎはフランスの刑務所である。もう一つ別の介入の結果、彼女は刑務所から解放される。ジェルメーヌ・ティヨンの介入である。ジェルメーヌ・ティヨンは当時、文部省のために働いており、刑務所での任務についている。そのために多くの拘留者を釈放させることができるのである。リラはコルシカで居住地拘束処分を受けるだろう。リラは間もなくそこから逃亡するだろう。

アフリカに文明をもたらすフランス人のイマージュよりも、国民の解放のために戦うアルジェリア人のイマージュよりも、私が願ったのは、始まりつつある世紀に、人々がこの単純で善良な二人のイマージュを持参して行ってくれることである。リショー医師（「いやはや、お嬢ちゃん！」）とジェルメーヌ・ティヨンである。二人にとって個人はカテゴリー――敵、囚人――に還元されることはない。そうではなく、個人とは無限に壊れやすく、無限に貴重な人格なのである。

注と参考文献（漢数字は訳注）

プロローグ——世紀末

（1）この書物の最初の萌芽は一九五五年に出版された *Les Abus de la mémoire*〔『記憶の乱用』〕と題する短いテクストである。このテクストからいくつかの断片を再掲載することを許可してくださった Les éditions Arléa にここで謝意を表したい。

1　世紀病

（1）II, VI ; *Œuvres complètes*, Gallimard-Pléiade, t. III, 1964, p. 380.（そうでない場合を除いて、出版地はパリ）〔「社会契約論」、『ルソー全集』第五巻所収、作田啓一訳、白水社〕

（2）*Deuxième traité du gouvernement civil*, 131, *in* P. Manent（dir.）, *Les Libéraux*, Hachette-Pluriel, t. I, 1986, p. 181.

（3）*Entre nous*, Grasset, 1991, p. 118.

（4）*Les Origines du totalitarisme*, t. I, *Sur l'antisémisme,* Seuil, 1984; t. II, *L'Impérialisme*, Seuil, 1984; t. III, *Le Système totalitaire*, Seuil, 1981.〔ハンナ・アーレント『全体主義の起源』、「1　反ユダヤ主義」大久保和郎訳、「2　帝国主義」大島通義・大島かおり訳、「3　全体主義の構造」大久保和郎・大島かおり訳、みすず書房〕

（5）«Qu'est-ce que la totalitarisme ?», *Vingtième siècle*, 47, 1995 p. 4–23：部分的に M. Ferro（dir.）, *Nazisme et communisme*, Hachette-Pluriel, 1999 に採録。«Post-scriptum sur la notion du totalitarisme»: H. Rousso（dir.）, *Stalinisme et nazisme*,

Bruxelles, Complexe, 1999, p. 371-382. に採録。

(6) «Réponse à la question: qu'est-ce que les Lumières ?», *Œuvres philosophiques*, Gallimard-Pléiade, t. II, 1985, p. 209.

(7) *Gal*. III, 28.

(8) «Eres' utopizma», *Po tu storonu levogo i pravogo*, Ymca-Press, 1972, p. 92.

(9) *Les Origines intellectuelles du léninisme*, Calmann-Lévy, 1977, p. 128.

(10) «Thèses sur Feuerbach», in K. Marx, F. Engels, *Études philosophiques*, Éditions sociales 1947, p. 59.

(11) *Derniers essais de critique et d'histoire*, 1894, p. 110.

(12) *L'Avenir de la science*, *Œuvres complètes*, Calmann-Lévy, t. III, 1949, p. 1074.

(13) *Principes de philosophie*, I, 76〔「哲学の原理」、世界の名著27『デカルト』所収、井上庄七・水野和久訳、中央公論社（中公バックス）〕; *Œuvres et lettres*, Gallimard-Pléiade, 1953, p. 610.

(14) *Les Passions de l'âme*, p. 152〔「情念論」、世界の名著27『デカルト』所収、野田又夫訳〕; *ibid*., p. 768.

(15) *Principes*, Préface, *ibid*., p. 568.〔「著者から仏訳者にあてた手紙――序文に代えて――」、「哲学の原理」、世界の名著27『デカルト』所収〕

(16) *De l'esprit des lois*, I, 1, Garnier, 1973, p. 9.〔『法の精神』上、野田良之他訳、岩波文庫〕

(17) «Lettres à Gobineau», *Œuvres complètes*, Gallimard, 1951 s., t. IX, p. 280.

(18) *Du Contrat social*, I, 2 ; *op. cit*., p. 353.〔「社会契約論」、『ルソー全集』第五巻所収、作田啓一訳、白水社〕

(19) *Émile*, IV; *op. cit*., t. IV, p. 601.〔「エミール」、『ルソー全集』第六巻、第七巻所収、樋口謹一訳〕

(20) *Les Essais*, III, 13 ; PUF-Quadrige, 1992, p. 1089-1090.〔『エセー』（六）、原二郎訳、岩波文庫〕

(21) «Lettre sur la vertu, l'individu et la société», *Annales de la Société Jean-Jacques Rousseau*, XLI（1997）, p. 325.

(22) *Dialogues philosophiques*, *Œuvres complètes*, t. I, p. 602-624.

(23) Discours du 7 décembre 1917, in *Lenin i Vchk : Sbornik dokumentov*, Moscou, 1975, p. 36: N. Werth, «Un État contre son peuple», in *Le Livre noir du communisme*, Robert Laffont, 1997, p. 69. に引用。〔ニコラ・ヴェルト「第一部　人民に敵対する国家」、ステファヌ・クルトワ、ニコラ・ヴェルト『共産主義黒書』所収、外川継男訳、恵雅堂出版〕

(24) «Préface» du *Capital*: Lénine, *Œuvres choisies en deux volumes*, Moscou, 1948, t. I, p. 93. に引用。
(25) *Ibid.*, t. I, p. 457 et 545.
(26) *Polnoe sobranie sochinenij*, Moscou, 1958–1965, t. 39, p. 404–405.
(27) «La pensée de droite aujourd'hui», *Les Temps modernes*, 1955, p. 1539.
(28) *Démocratie et totalitarisme*, Gallimard-Folio, 1965, p. 282–299.
(29) Stuart Kahane, *The Wolf of the Kremlin*, Londres, 1987, p. 309. に引用。
(30) *Mémoires*, Julliard, 1983, p. 1030.
(31) *Devant la guerre*, Fayard, 1981.

(一)「世紀病」mal du siècle は、一八世紀末から一九世紀前半にかけて、フランスの若い世代に蔓延した病的な不安と虚無の感情をさす。世紀病を表現した代表的な作品にB・コンスタンの『アドルフ』、A・ド・ミュッセの『世紀児の告白』などがある。mal du siècle は「世紀の悪」と理解することも可能である。トドロフは「世紀病」という表現を「世紀の悪」へと意味をずらしてもちいている。

(二)「慎重さの原理」principe de précaition は、HIVウィルスで汚染された血液やBSE問題、遺伝子組み換え食品の出現などを受けて、環境、健康、食品衛生の保護を目的として一九九八年五月一九日の法律で定められた安全義務。これは「予防の義務」devoir de prévention を一段と推し進めた概念で、「予防の義務」が既知の危険を回避する義務であるのに対し、「慎重さの原理」は危険性を疑われるものに対して適用される。だが欧州連合内部では、これが輸入規制の口実になるとの理由で、二〇〇〇年二月二日には「慎重さの原理」の適用のガイドラインが設けられている。

ワシーリー・グロスマンの世紀

(1) *Vie et destin*, Julliard-L'Âge d'Homme, 1983, p. 296.
(2) *Stalingrad, Choses vues*, éd. France d'abord, 1945.

（3） S. Lipkine, *Le Destin de Vassili Grossman*, L'Âge d'Homme, 1990, p. 40 et 66.
（4） S. Berzer, *Proshchanie*, Moscou, Kniga, 1990, p. 251.
（5） *Vie et destin*, p. 82, 92, 86.
（6） I. Ehrenbourg, V. Grossman, *Le Livre noir*, Arles, Actes Sud, 1995.
（7） J. et C. Garrard, *The Bones of Berdichev, The Life and Fate of Vasily Grossman*, New York, The Free Press, 1996, p. 205.
（8） *Vie et destin*, p. 263.
（9） «Dobro vam !», *in* V. Grossman, *Pozdnjaja proza*, Moscou, Slovo, 1994. p. 165, 226（仏訳 *La paix soit avec vous*, de Fallois-L'Âge d'Homme, 1989）.
（10） «Avel», *Pozdnjaja proza*, p. 24.
（11） «Dobro vam !», p. 215–216.
（12） «Fosfor», *Pozdnjaja proza*; tr. fr. *Le Phosphore*, Aix-en-Provence, Alinéa, 1990.
（13） Garrard, p. 106–107.
（14） Lipkine, p. 75–79.
（15） Garrard, p. 357–360.
（16） «Pis'ma», *Nedelja*, 47, 1988 ou *Daugava*, 11, 1990 ; Garrard, p. 352–353.
（17） Tout passe, Julliard-L'Âge d'Homme, 1984, p. 233, 236.
（18） *Vie et destin*, p. 425.
（19） *Tout passe*, p. 235–236.
（20） *Vie et destin*, p. 600.
（21） *Tout passe*, p. 76, 221, 208.
（22） *Vie et destin*, p. 627, 378, 377.
（23） *Tout passe*, p. 176, 199, 234.
（24） *Vie et destin*, p. 92 ; *Tout passe*, p. 220, 222.

(25) *Vie et destin*, p. 374, 375, 378, 373.
(26) *1933, l'année noire. Témoignages sur la famine en Ukraine,* Albin Michel, 2000.
(27) *Tout passe*, p. 164.
(28) *Vie et destin*, p. 545; *Tout passe*, p. 247.
(29) *Tout passe*, p. 150.
(30) *Vie et destin*, p. 523, 522.
(31) *Tout passe*, p. 110.
(32) *Vie et destin*, p. 200, 651.
(33) *Ibid*., p. 262, 380, 382, 263.
(34) *Entre nous*, p. 242.
(35) *Tout passe*, p. 126.
(36) *Vie et destin*, p. 81.
(37) *Tout passe*, p. 253.
(38) «L'enfer de Treblinka», in *Années de guerre*, Autrement, 1933, p. 266.
(39) *Vie et destin*, p. 791-792.
(40) *Années de guerre*, p. 291（trad. mod.）; «Dobro vam l'», p. 200.

（一）ブーローニュ＝ビヤンクールにルノーの国営工場があったが、会社側はストライキや反抗を恐れてＰＣ（フランス共産党）が支配する労働組合に迎合的な運営を実施した。
（二）「長いナイフの夜」——国内の反対派を一掃したヒトラー体制内で強大な勢力を形成していたＳＡ（武装組織突撃隊）の創設者で総司令官であるエルンスト・レームは、一九三四年六月三〇日、でっち上げの反乱計画でヒトラーにより暗殺された。この六月三〇日から七月二日の「長いナイフの夜」事件で、レームをはじめＳＡの幹部がＳＳ隊員によって逮捕・拘禁、処刑され、名実ともにヒトラーの独裁体制が確立した。

2　比較

（1）*Le Fascisme*, Genève, Rousseau, 1993, p. 15.

（2）*De la religion*, Arles, Actes Sud, 1999, p. 592.

（3）*Démocratie et totalitarisme*, p. 298.

（4）*Lettres persanes*, I. 83; *Œuvres complètes*, Seuil, 1964, p. 106.〔「ペルシア人への手紙」、世界の名著34『モンテスキュー』所収、井田進也訳、中央公論社（中公バックス）〕

（5）R. Brauman, «Mémoire, savoir, pensée», *Le Débat*, 96, 1997, p. 144.

（6）*Po tu stroronu pravogo i levogo*, *op. cit.*, p. 58.

（一）一九八六年、ドイツの歴史家、エルンスト・ノルテの講演のテクスト「過ぎ去ろうとしない過去」とアンドレアス・ヒルグルーバーの著書『ふたつの没落』をユルゲン・ハーバーマスが批判したことが発端となって独仏両国を巻き込んでおこなわれた論争。ノルテは同テクストで、ナチズムと共産主義の類似を強調した。J・ハーバーマス／E・ノルテ他『過ぎ去ろうとしない過去、ナチズムとドイツ歴史家論争』徳永恂／清水多吉／三島憲一／小野島康雄／辰巳伸知／細見和之訳（人文書院）は、「歴史家論争」のドイツ側の詳細な記録である。

（二）一九三八年一〇月、ドイツ国内のポーランド系ユダヤ人に国外追放令が布告された。これにフランス留学中のユダヤ人青年が激高し、在フランス・ドイツ大使館の一等書記官エルンスト・フォン・ラートを射殺した。これをきっかけにナチスはいっせいにドイツ国内のユダヤ人襲撃をおこない、多数のユダヤ人商店やユダヤ教教会（シナゴーグ）が焼き討ちに合った。道に散乱したガラスの破片がきらめく様子から、この事件は「水晶の夜」と呼ばれるようになった。この事件から国外亡命するユダヤ人が激増した。

マルガレーテ・ブーバー＝ノイマンの世紀

（1）*Déportée en Sibérie*, Seuil, 1986, p. 213–214.

(2) *La Révolution mondiale*, Casterman, 1971, p. 74.

(3) «Mein Weg zum Kommunismus», *Plädoyer für Freiheit und Menschlichkeit*, Berlin, Hentrich, 2000, p. 37.

(4) *Révolution*, p. 74.

(5) «Mein Weg», p. 34-35.

(6) *Révolution*, p. 70.

(7) *Von Potsdam nach Moskau*, Berlin, Ullstein, 1990, p. 388.

(8) *Potsdam*, p. 115.

(9) *Révolution*, p. 371.

(10) *Sibérie*, p. 10.

(11) «Menschen unter Hammer und Sichel !», *Plädoyer*, p. 128.

(12) *Déportée à Ravensbrück*, Seuil, 1988, p. 42.

(13) «Qui est pire, Satan ou Belzébuth ?», *Le Figaro littéraire* du 25 février 1950; repris dans *Commentaire*, 81, 1998, p. 244, 241.

(14) *Ravensbrück*, p. 53.

(15) «Déposition de Margarete Buber-Neumann», *in* D. Rousset et *al.*, *Pour la vérité sur les camps concentrationnaires*, Ramsay, 1990, p. 183.

(16) «Satan ou Belzébuth», p. 244.

(17) «Wie Verhält sich der Mensch in extremen Situationen ?», *Plädoyer*, p. 244.

(18) «Author's Preface», *Under Two Dictators*, Londres, V. Gollanz, 1949, p. XII.

(19) Janine Platen *in* Buber-Neumann, *Plädoyer*, p. 182-183; Mme Anise Postel-Vinay, communication personnelle.（ここで彼女に深甚なる謝意を表したい）

(20) *Plädoyer*, p. 53-63; Hans Schafranek, *Zwischen NKVD und Gestapo. Die Auslieferung deutscher und österreichischer Antifacisten aus der Sowjetunion an Nazideutschland 1937-1941*, Francfort, ISP Verlag, 1990.

(21) *Von Potsdam nach Moskau, Stationen eines Irrwegs*, Berlin, Ullstein, 1990.

(22) *Milena*, Seuil, 1986.

(23) *Ravensbrück*, p. 40.

(24) *Kreigsschauplätze der Weltrevolution, ein Bericht aus der Praxis der Komintern 1919–1943*, Stuttgart, Seewald Verlag, 1967; tr. fr. *La Révolution mondiale*, Casterman, 1971.

(25) *Der Kommunistische Untergrund*, 1970.

(26) *Die erloschene Flamme, Schiksale meiner Zeit*, Munich, Langen Müller, 1976.

(27) *Freiheit, du bist wieder mein... Die Kraft zu überleben*, Minich, Langen Müller, 1978.

(28) «Postface», in M. Buber-Neumann, *Déportée en Sibérie*, p. 253.

(29) *Margarete Buber-Neumann, témoin absolu du XXe siècle*, Lyon, Horlieu, 1999.

(30) «Wie verhält sich der Mensch», *Plädoyer*, p. 124.

(31) *Ravensbrück*, p. 73.

(32) *Ibid.*, p. 11.

(一) 普通法——効力のおよぶ範囲が人、事物、行為、地域などの点で制限されず、一般的に適用される法。憲法、刑法、民法など。

3 過去の保存

(1) *Les Naufragés et les Rescapés*, Gallimard, 1989, p. 31.〔プリーモ・レーヴィ『溺れるものと救われるもの』竹山博英訳、朝日出版社〕

(2) *Le commandant d'Auschwitz parle*, Maspero, 1979, p. 272.

(3) *Procès des grands criminels de guerre devant le tribunal militaire international*, Nuremberg, 1947, t. III, p. 145.

(4) G. Herling, *Un monde à part*, Denoël, 1985, p. 112.

(5) E. Kogon, H. Langbein, A. Rückerl, *Les Chambres à gaz, secret d'État*, Seuil, 1987, p. 14.

(6) *Eichmann par Eichmann*, Grasset, 1970, p. 295, 297, 314, 402.

(7) *LTI*, Albin Michel, 1996.

(8) *Tell the West*, New York, Gresham, 1948.

(9) *Mon témoignage*, Seuil, 1970.

(10) H. Weirich, *Léthé, Art et critique de l'oubli*, Fayard, 1999, p. 29. に引用。

(11) R. Pikhoia, A. Geisztor (dir.), *Katyn*, Moscou, Demokracija, 1997, préface d'Alexandre Yakovlev.

(12) *Si c'est un homme*, Juillard, 1987, p. 261.

(13) *Conversations et entretiens*, Robert Laffont, 1998, p. 242.

(14) *Discours sur l'origine et les fondements de l'inégalité parmi les hommes*, *op. cit.*, t. III, p. 142.

(15) E. Endelman, H. Krall, *Mémoires du ghetto de Varsovie*, éd. du Scribe, 1983.

(16) G. Sereny, *Au fond des ténèbres*, Denoël, 1975.

(17) R. Brauman, E. Sivan, *Éloge de la désobéissance*, Le Pommier, 1999, p. 100.

(18) «Le sens de notre combat», *in* Paul Barton, *L'Institution concentrationnaire en Russie 1930–1957*, Plon, 1959: *Lignes*, mai 2000, p. 206. に採録。

(19) T. Todorov, A. Jacquet, *Guerre et paix sous l'Occupation*, Arléa, 1996.

(20) *Les Identités difficiles*, Presses de la FNSP, 1996.

(21) I. Sadowska-Guillon, «Heiner Müller à Verdun», *Bulletin de la Lettre internationale*, 5, 1996, p. 106–109.

(22) «Littérature du 18e s.», *Œuvres complètes*, t. III, vol. 1, Tübingen, Max Niemeyer Verlag, 1995, p. 528.

(23) Stephen Cohen, *Bukharin and Bolshevik Revolution*, Londres, 1974, p. 167–168 (仏訳 Maspero, 1979) に引用。

(24) *Scènes et doctrines du nationalisme*, 1925, t. I, p. 153, 167.

(25) *Mt*, XXII, 37–40; XXV, 34–40.

(26) *Rom.*, XIII, 8–10, etc.

(27) *Fragments politiques*, II, *op. cit.*, t. III, p. 477; *Émile*, IV, *op. cit.*, t. IV, p. 547-548.
(28) *Doctrine de la vertu*, *op. cit.*, t. III, p. 664.
(29) *Entre nous*, p. 119.
(30) *La Concurrence des victimes*, La Découverte, 1997.
(31) *The Content of Our Character*, New York, Harper Perennial, 1991, p. 118.
(32) *Le Juif imaginaire*, Seuil, 1980, p. 18.
(33) J. Dower, «Three Narratives of Our Humanity», *in* E. Linenthal et T. Engelhardt (eds.), *History Wars*, New York, Metropolitain Books, 1996, p. 72, 65, 66.

(一) ポチョムキンの村々の伝統――ポチョムキン（一七三九―一七九一）はロシアの陸軍元帥にしてエカテリーナ二世の寵臣。トルコとの戦争でめざましい活躍をし、ロシアはクリミアと黒海沿岸を獲得。クリミアの視察に出かけたエカテリーナ二世の歓心を買うために、ポチョムキンは急遽、沿道沿いに特別に裕福そうな張り子の村をつくらせた。これが「ポチョムキン村」と呼ばれている。
(二) ステファヌ・クルトワ、ニコラ・ヴェルト『共産主義黒書――犯罪・テロル・抑圧〈ソ連篇〉』外川継男訳、恵雅堂出版。
(三) ハンナ・アーレント『イェルサレムのアイヒマン――悪の陳腐さについての報告』大久保和郎訳、みすず書房。
(四) T・トドロフ『フランスの悲劇――一九四四年夏の市民戦争』大谷尚文訳、法政大学出版局（叢書・ウニベルシタス）、一一九ページ、参照。
(五) 「ヴィクティメール」victimaire は名詞として「死刑執行者」を、形容詞として「供犠にかかわる」を意味する（*Trésor de la Langue Française* による）。だがトドロフはここで、ルネ・ジラール（René Girard, *Le Bouc émissaire*, Grasset, 1982）などによる新語法を引き継いで、victimaire を「犠牲者の、敗者の」の意味でもちいている。トドロフの但し書きが意味しているのはこのことである。

ダヴィッド・ルーセの世紀

(1) «En souvenir de David Rousset», *Voix et Visages*, n° 258, 1998, p. 3.
(2) «Le sens de notre combat», *Lignes*, mai 2000, p. 221, 203, 205.
(3) E. Copfermann, *David Rousset*, Plon, 1991, p. 199, 208.
(4) D. Rousset *et al.*, *Pour la vérité sur les camps concentrationnaires*, Ramsay, 1990, p. 244.
(5) «Le sens», p. 222.
(6) T. Todorov, «Les procès Kravtchenko et Rousset», *L'Homme dépaysé*, Seuil, 1996, p. 89–100.
(7) *Les Jours de notre mort*, Hachette, 1992, t. II, p. 108–109.
(8) *Ibid.*, t. II, 78–79.
(9) D. Bensaïd, «La raison des déraisons», *Lignes*, mai 2000, p. 127.
(10) *Op. cit.*, p. 15.
(11) *Les Jours*, t. II, p. 299.
(12) *Ibid.*, t. I, p. 176 ; t. II, p. 305.
(13) *Ibid.*, t. II, p. 212, 287 ; t. I, p. 121–122 ; t. II, p. 260.
(14) *Ibid.*, t. II, p. 108, 266, 109.
(15) *Ibid.*, t. I, p. 121 ; t. II, p. 143.
(16) *Ibid.*, t. II, p. 229.
(17) E. Copfermann, *op. cit.*, p. 65.
(18) *Les Jours*, t. II, p. 267.
(19) *Ibid.*, t. II, p. 68, 685.
(20) «Le sens», p. 222.
(21) *Les Jours*, t. II, p. 87, 229.

(1) *Histoire et mémoire*, Gallimard, 1988, p. 158.

(2) «Behold Now Behemoth», *Harper's*, juillet 1993.

(3) *Notes d'Hiroshima*, Gallimard-Arcade, 1996: A. Brossat, «Massacres et génocides: les conditions du récit», *in Parler des camps, penser les génocides*, Albin Michel, 1999. p. 164. に引用。

(4) *We Wish to Inform You that Tomorrow We Will Be Killed With our Families*, New York, Farrar, Strauss & Giroux, 1998; 仏訳 *Nous avons le plaisir de vous informer que demain nous serons tués avec nos familles*, Denoël, 1999.

(5) *Le Monde* du 16–17 juillet 2000.

(6) *Le Monde* du 21 janvier 1998.

(7) *Le Monde* du 27 novembre 1998.

(8) *La Traversée du mal*, Arléa, 1997.

(9) «Pour une lecture politique de la Shoah», *in Parler des camps, penser les génocides, op. cit.*, p. 146.

(10) D. Volkogonov, *Lenin : Life and Legacy*, Londres, 1994, p. 310: J. Glover, *Humanity*, Londres, Jonathan Cape, 1999, p. 328. に引用。

(11) *Conversations et entretiens*, Robert Laffont, 1998, p. 242.

(12) *Combat* du 10 mai 1947 : *Acuelles, Chroniques 1944–1948*, Gallimard, 1950, p. 128 に採録。

(13) *Situations V*, Gallimard, 1964, p. 72.

(14) *Le Monde* du 27 mai 1998.

(15) *Coupable de rien*, Plon, 1994, p. 253.

(16) *L'Écriture et la vie*, Gallimard, 1994.

(17) A. Vespucci *et al.*, *Le Nouveau Monde*, Les Belles Lettres, 1992, p. 90.

(18) B. Cottret, *L'Édit de Nantes*, Perrin, 1997, p. 363: P. Chaunu, «Les jumeaux "malins" du deuxième millénaire», *Commen-*

taire, 81, 1998, p. 224. に引用。
(19) Nicole Loreaux, *Usages de l'oubli*, Seuil, 1988. に引用。
(20) Nicole Loreaux, «Pour quel consensus ?», *Politiques de l'oubli, Le genre humain*, 18, 1988.
(21) A. Camus, A. Koestler, *Réflexions sur la peine capitale*, Calmann-Lévy, 1979.
(22) *La Fragilité du bien. Le sauvetage des Juifs bulgares*, Albin Michel, 1999.
(23) *Le Monde* du 29 novembre 1994.
(24) M.-P. Vaillant-Couturier, *in* D. Rousset *et al*., *Pour la vérité sur les camps concentrationnaires, op. cit*., p. 194.
(25) Alfred Grosser, *Le Crime et la mémoire*, Flammarion, 1989, p. 239. に引用。
(26) «Entretiens avec Françoise Magny», *Catalogue des Musées de Saintes*, 1989, p. 62: Jacques Sojcher, *Jeanclos*, Cercle d'Art, 2000, p. 99. に引用。
(27) «L'écriture de l'histoire et la représentation du passé», *Le Monde* du 15 juin 2000 ; *La Mémoire, l'histoire, l'oubli*, Seuil, 2000.
(28) *The Last Puritan*, 1935. の中で。

(一) «conquête de l'Ouest» はアメリカのテレビドラマの題名 «How the West was won» の仏語訳。日本語訳は『西部開拓史』。

プリーモ・レーヴィの世紀

(1) T. Todorov, *Face à l'extrême*, Seuil, 1994, p. 275–278.〔T・トドロフ『極限に面して』宇京頼三訳、法政大学出版局（叢書・ウニベルシタス）〕
(2) *Les Naufragés et les Rescapés*, Gallimard, 1989, p. 134, 165.〔プリーモ・レーヴィ『溺れるものと救われるもの』竹山博英訳、朝日新聞社〕
(3) *Ibid*., p. 197.

(4) *Ibid*., p. 57.
(5) *Conversations et entretiens*, *op. cit*., p. 242.
(6) *Ibid*., p. 242.
(7) *Naufragés*, p. 48.
(8) *Conversations*, p. 245–246.
(9) *Ibid*., p. 212.
(10) *Naufragés*, p. 68.
(11) *Ibid*., p. 80.
(12) *Anneés de guerre*, p. 266.
(13) *Naufragés*, p. 106.
(14) *Ibid*., p. 134.
(15) *Conversations*, p. 241.
(16) *La mort ne veut pas de moi*, Fixot, 1997, p. 107.

5 現在における過去

(1) «Les moyens de la vérité», *Saturne*, 16, 1957 ; *Lignes*, mai 2000, p. 196, 199 に採録。
(2) *Le Sacre de l'écrivain*, José Corti, 1973.
(3) «Les écrans de la vigilance», *Panoramiques*, 35, 1998, p. 65–78.
(4) *Mt*, VI, 1-6. 〔「マタイによる福音書」6、1–6、『聖書』新共同訳所収、日本聖書協会〕
(5) Seuil, 1996.
(6) *Scènes et doctrines du nationalisme*, 1925, t. I, p. 138.
(7) R. Brauman, *Éloge de la désobéissance*, Le Pommier, 1999, p. 53.に引用。
(8) *Le Monde* du 19 mars 1999.

(9) Lettre du 10 décembre 1937, *Le Débat*, 107, 1999, p. 161.
(10) *Libération* du 9 juillet 1997.
(11) H. Rousso, *La Hantise du passé*, Textuel, 1998, p. 138.
(12) *Ibid*., p. 136.
(13) *Ibid*., p. 95.

(一) 「政治的に妥当なもの」le «politiquement correct» は、英語の Political Correcteness のフランス語表現。アメリカで一九八〇年代頃から多用されるようになった用語で、差別や偏見にもとづいた表現や認識を「政治的に妥当な」ものに是正することをさす。

(二) 第二次世界大戦後のフランスの高度経済成長時代を「栄光の三〇年」と呼ぶ。この「栄光の三〇年」は移民労働者によって支えられた。

ロマン・ガリの世紀

(1) *Les Cerfs-volants*, Gallimard, 1980, p. 7 et 369; Dominique Bona, *Romain Gary*, Mercure de France, 1987, p. 398.
(2) *Les Cerfs-volants*, p. 332.
(3) *Éducation européenne*, p. 76, 86.
(4) *Ibid*., p. 261, 282.
(5) F. Larat, *Romain Gary, un itinéraire européen*, Chêne-Bourg, Georg, 1999, p. 52-54.
(6) *La nuit sera calme*, Gallimard, 1974, p. 109, 235.
(7) *Tulipe*, Gallimard, 1970, p. 25, 58.
(8) *Pseudo*, Mercure de France, 1976, p. 26.
(9) Catalogue de l'exposition «Résistance et déportation», 1980.
(10) *La nuit*, p. 234.

(11) *Tulipe*, p. 20, 78, 141.
(12) *La Vie devant soi*, Gallimard, 1982, p. 196.
(13) *La nuit*, p. 26.
(14) *Tulipe*, p. 63-64, 22, 83.
(15) *Chien blanc*, Gallimard, 1970, p. 218.
(16) K. A. Jelenski, «Entretien avec Romaain Gary», *Biblio*, mars 1967, p. 4.
(17) *Les Racines du ciel*, Gallimard, 1972, p. 382.
(18) *Les Mangeurs d'étoiles*, Gallimard, 1981, p. 408-409.
(19) *Chien blanc*, p. 30.
(20) *Tulipe*, p. 79.
(21) *Ibid*., p. 85, 90.
(22) Jelenski, p. 9.
(23) *La Bonne Moitié*, Gallimard, 1979, p. 141.
(24) *Le Grand Vestiaire*, Gallimard, 1985, p. 303; N. Huston, *Tombeau de Romain Gary*, Arles, Actes Sud, 1995.
(25) *Racines*, p. 95.
(26) *Les Cerfs-volants*, p. 278.
(27) *Tulipe*, p. 30.
(28) *L'Angoisse du roi Salomon*, Gallimard, 1987, p. 74-75.
(29) «Résistance et déportation», *op. cit*.
(30) *La nuit*, p. 13.
(31) *Tulipe*, p. 162, 105.
(32) *Le Grand Vestiaire*, p. 291.
(33) *La Promesse de l'aube*, Gallimard, 1980, p. 58-60.

(34) *La nuit*, p. 102.
(35) *Racines*, p. 222.
(36) *La nuit*, p. 229, 104, 228, 230.
(37) *Tulipe*, p. 17.
(38) F. Larat, *op. cit*., p. 46; *La nuit*, p. 231.
(39) *Racines*, p. 162.
(40) *La nuit*, p. 20.
(41) *Pour Sganarelle*, Gallimard, 1965, p. 324-325.
(42) *La nuit*, p. 108, 155, 108.
(43) *Les Cerfs-volants*, p. 18, 21, 207.

6 民主主義の危機

(1) Paul Fussell, *Thank God for the Atomic Bomb*, New York, Summit Books, 1988.
(2) Gal Alperovitz, *Atomic Diplomacy*, New York, Simon and Schuster, 1965 ; *The Decision to Use the Atomic Bomb—and the Architecture of an American Myth*, New York, Knopf, 1995.
(3) John Dower, *War Without Merci: Race and Power in the Pacific War*, New York, Pantheon, 1986.
(4) E. Linenthal et T. Engelhardt（eds.）, *History Wars*, New York, Metropolitain Books, 1996, p. 86, 272. に引用。
(5) Jonathan Glover, *Humanity*, Londres, Jonathan Cape, 1999, p. 103. に引用。
(6) *History Wars*, p. 82. に引用。
(7) Glover, *op. cit*., p. 106.
(8) Gary J. Bass, *Stay the Hand of Vengeance*, Princeton, Princeton University Press, 2000, p. 210, 214, 232, 234, 238, 259, 262.
(9) Charles Péguy, *L'Argent suite*, 1913, p. 145, 116, 131.

(10) *Le Monde* du 28 novembre 1995.
(11) *Le Monde* du 12 octobre 2000.
(12) E. Lévy, «Kosovo: l'insoutenable légèreté de l'information», *Le Débat*, 109, 2000.
(13) *Le Monde diplomatique*, mars 2000, p. 13.
(14) *Le Figaro* du 20 janvier 1999, *Le Monde* et *Libération* du 21 janvier 1999.
(15) V. Surroi, «Fascisme au Kosovo : la honte des Albanais», *Le Monde* du 31 août 1999.
(16) *Asahi Shinbun* du 10 mai 1999〔『朝日新聞』一九九九年五月一〇日〕: *Le Monde* du 13 mai 1999. に引用。
(17) *Le Monde* du 29 avril 1999.
(18) «Projet de paix perpétuelle», *Œuvres philosophiques*, t. III, p. 358.
(19) *Le Monde* du 17 avril 1999.（*Los Angeles Times* から採録）
(20) *Le Monde* du 28 juin 2000.
(21) *Washington Post* du 24 mai 1999.
(22) *Le Monde* du 21 octobre 2000.
(23) Jean-Christophe Rufin, «Les humanitaires et la guerre du Kosovo: échec ou espoir ?», *in Des Choix difficiles, Les dilemmes moraux de l'humanitaire*, Gallimard, 1999, p. 399, 401, 417.
(24) *De l'Esprit des lois*, I, 1.〔『法の精神』上，岩波文庫〕
(25) *International Herald Tribune* du 30 décembre 1999.
(26) *Le Monde diplomatique*, juillet 2000, p. 18.
(27) *Le Monde* du 14 septembre 1999.
(28) *The New York Review of Books*, XLVI（1999）, 10.
(29) Léopold de Saussure, *Psychologie de la colonisation française*, 1899, p. 8.
(30) M. Buber-Neumann, *La Révolution mondiale*, Casterman, 1971, p. 24, 394. により引用。
(31) *Le Monde* du 13 mai 1999. に引用。

（32）*L'Argent suite*, p. 143.
（33）*Ibid.*, p. 149.
（34）*De l'Esprit des lois*, XXVI, 22.〔『法の精神』下、岩波文庫〕
（35）«Observations de Condorcet sur le vingt-neuvième livre de l'*Esprit des lois*», *Œuvres*, t. I, 1847, p. 378.
（36）*Esquisse d'un tableau historique des progrès de l'esprit humain*, Éditions sociales, 1971, p. 248.

（一）ヒューマン・ライツ・ウォッチは、モスクワ、ワルシャワ、プラハ等での人権監視をサポートするために、一九七八年にヘルシンキで設立された。その後、レーガン政権時に、その右寄りの政策に対抗するために「アメリカの監視」が組織され、これが現在のヒューマン・ライツ・ウォッチのアメリカ本部の基礎となった。アメリカを基盤とした人権団体としては最大のもの。

ジェルメーヌ・ティヨンの世紀

（1）*Ravensbrück*, Seuil, 1988, p. 150, 163, 230.
（2）*Il était une fois l'ethnographie*, Seuil, 1999, p. 39.
（3）«Faire confiance», *Esprit*, 261, 2000, p. 155.
（4）A. Postel-Vinay, «Une ethnologue en camp de concentration», *Esprit*, 261, 2000, p. 133.
（5）*Ravensbrück*, Seuil, 1973, p. 186.
（6）Interview dans *Libération* du 3 février 2000.
（7）*Le Harem et les cousins*, Seuil, 1982, p. 20, I-II.
（8）*Les Ennemis complémentaires*, Minuit, 1960, p. 209.
（9）*Ravensbrück*, 1988, p. 200, 12, 14.
（10）*Libération*, *op. cit.*
（11）*Ravensbrück*, 1988, p. 282–283.

(12) *Le Monde* du 8 juin 1971: Jean Lacouture, *Le témoignage est un combat*, *Une biographie de Germaine Tillion*, Seuil, 2000, p. 327. に引用。

(13) *L'Afrique bascule vers l'avenir*, Tirésias-M. Reynaud, 1999, p. 18–19, 63, 21.

(14) *Ennemis*, p. 58.

(15) Interview dans *Télérama* du 8 mars 2000.

(16) *La Traversée du mal*, Arléa, 1997, p. 110.

(17) *Harem*, p. 199.

(18) *Afrique*, p. 85.

(19) *Ennemis*, p. 156,188.

(20) *Ravensbrück*, 1988, p. 95, 98.

(21) *Ravensbrück*, 1973, p. 54, 90.

(22) *Ennemis*, p. 177–178 ; V. Grossman, *Vie et destin*, 1, 4, p. 35.

(23) *Traversée*, p. 83, 88.

(24) *Afrique*, p. 69.

(25) S. de Beauvoir, *La Force des choses*, Gallimard, 1963, p. 462: P. Vidal-Naquet, «La justice et la patrie», *Esprit*, 261, 2000, p. 145. に引用。

(26) *Ennemis*, p. 182.

(27) *Ravensbrück*, 1988, p. 188; *Afrique*, p. 12.

(28) *Ravensbrück*, 1988, p. 283.

(29) *Traversée*, p. 34.

(30) *La nuit sera calme*, p. 362.

(31) *Afrique*, p. 14.

(32) *Ethnographie*, p. 20.

(33) *Ennemis*, p. 49, 51.
(34) *Le Monde* du 29 novembre 1971: Jean Lacouture, *op. cit.*, p. 299. に引用。
(35) *Afrique*, p. 13.
(36) *Ennemis*, p. 54, 203.
(37) *Afrique*, p. 66.
(38) *Ravensbrück*, 1988, p. 143.
(39) *Traversée*, p. 63-64.
(40) *Ravensbrück*, 1988, p. 35-36.
(41) A. Postel-Vinay, *op. cit.*, p. 126.
(42) *Ethnographie*, p. 129.

エピローグ――世紀の始まり

(1) *Le Monde* des 20, 22 et 23 juin 2000.

訳者あとがき

本書は Tzvetan Todorov, *Mémoire du Mal, Tentation du bien, Enquête sur le siècle*, Robert Laffont, S.A., Paris, 2000の全訳である。

トドロフの著書はいずれもきわめてわかりやすい構成になっている。冒頭で作品の意図がはっきりと述べられる。以後に述べられることのあまりにみごとな見取り図になっているために、書かれたのはいちばんあとではないかと思わせる。本論のあとに配置される結論部では、本論で展開された考察全体から明確な教訓が導き出される。たとえば、本書における教訓（または警鐘）とは、現代の自由主義的な民主主義は「アイデンティティの逸脱」、「道徳的逸脱」、「道具的逸脱」という三つの危険にさらされているというものである。ついでにいえば、本書が出版されたのが二〇〇〇年。アメリカで同時多発テロが起こったのは、翌二〇〇一年九月一一日。イラク戦争が起こったのは二〇〇三年。そして二〇〇三年の五月―六月にトドロフは『イラク戦争と明日の世界』（原題、*Le nouveau désordre mondial, Réflexions d'un Européen*, Robert Laffont, 2003）を書いている。『イラク戦争と明日の世界』はこの「道徳的逸脱」という観点からアメリカのイラク戦争の意味を説き明かしているが、本書『悪の記憶・善の誘惑』の、たとえば「エピローグ――世紀の始まり」でトドロフはすでにつぎのように書いている。

一国の内部では、この〔道徳的〕逸脱は違反者の糾弾、他者に向けられる道徳的戒め、良心の支配を奨励する。国と国との関係では、十字軍計画とか、善の名においておこなわれる植民地戦争へと私たちをみちびく。（四四七頁。以下、引用のあとの括弧内の数字は、書名が記されたもの以外は本書でのページ数を示す）

アメリカのブッシュ大統領が「十字軍」という語をもちいて先制攻撃の正当性を訴えたという事実は（途中から大急ぎで引っ込めたが）、本書におけるトドロフの推論の恐るべき正確さの裏付け以外の何ものでもないだろう。また本書の第6章「民主主義の危機」では「予防攻撃」（四〇二頁）の概念さえ提起されていることをつけ加えておこう。

さて、トドロフは本書冒頭の「プロローグ——世紀末」で本書の意図をつぎのように述べている。二〇〇〇年という二〇世紀の終わりの節目の年に当たって自分は「この世紀から何を記憶にとどめるべき」（三頁）かを考えることを余儀なくされる。二〇世紀に起こったもっとも重要な事柄とは何か。この問いには人それぞれによってそれぞれの答え方があるだろうが、自分にとって今世紀最大の出来事とは全体主義（共産主義とナチズム）の出現である。しかしこれらの全体主義は本書を書く時点においては本質的に過去に属しているがゆえに、全体主義の記憶がどのように現在に影響を及ぼしているかを考えてみたい。したがって本書は「全体主義的な過去、この過去が記憶のなかで生きつづけるその仕方、最後にこの過去が現在に投じる光」（七頁）という三つの段階によって形成されている。

トドロフのいう「全体主義的な過去」は第1章「世紀病」と第2章「比較」に相当し、「この過去が記憶のなかで生きつづけるその仕方」は第3章「過去の保存」、第4章「記憶の用法」、第5章「現在における過去」、そして「この過去が現在に投じる光」は第6章「民主主義の危機」に当たっている。さらに章と章のあいだには、トドロフが「批判的ヒューマニズム」と一括して呼んでいる六人の著者の人生と思想にかんする記述が挿入されている。これが本書『悪の記憶・善の誘惑』の構成である。このような構成の仕方は読者に、絶望のさなかでモラルの誕生に立ち会っているような印象を与える。暗黒のさなかに一条の希望の光が差し、その光が未来を指し示すのである。以下、おおよそこの順序に従って、訳者にとって興味深かった点を中心にかいつまんで紹介してみたい。

全体主義

全体主義は「保守主義者が民主主義に差し向ける批判――社会的なきずなの破壊、共通の価値観の消滅――をふたたび採り上げ、急進的な政治行動によってそれをただそう」（二二頁）とした「今世紀の偉大な政治改革」（六頁）である。したがってトドロフはまず最初に、全体主義がそれに対する批判である「私たちの自由主義的な民主主義」とは何かを明らかにする。理想型としての近代民主主義は「共同社会の自律」と「個人の自律」という二つの原理の統合である。共同社会の自律とは、共同社会が特権的な個人（王、専制君主）や超人間的な力（神、宇宙の秩序、伝統）の後見から解放されて「みずから自分自身に付与し、欲するときに修正できる法律のもとで生きることに存する」（一五頁）。しかし個人の自律を保護するためには、「国民の権力はある種の限界（「公益」）まで拡大されなければならない。だが、それ以上であってはならない」（一六頁）。この自律を保証するためにさまざまなレベルで多元主義が採用される。すなわち、公的なものと私的なものの分離、政治的なものと経済的なものの分離、政治生活においては三権分立、等々である。この民主主義の理想型については、『歴史のモラル』、『われわれと他者』、『未完の菜園』、『バンジャマン・コンスタン』などですでに詳細に議論されており、本書における民主主義をめぐる記述は、いわば教科書的にきわめて整然として、その書き方にとどこおりがない。これが『イラク戦争と明日の世界』にいたると個条書きにまで簡略化されるだろう。

ここでトドロフが正義を共同体の自律や個人の自律よりも上位にあるものとしていることが注目される。国民が犯罪を欲し、個人がこれを受け入れたからといって、民主主義であっても犯罪は正当なものと化すことができない。

何かが個人の意志および一般意志よりも上にある。とはいえ神の意志ではない何かが、である。それは正義の理念そのものである。しかしこの優位は自由主義的な民主主義にのみ特有なものではない。それはいっさいの正当な政治的協同組織、いっさいの公正な国家によって前提とされている。この協同組織の形態がいかなるものであれ、つまり部族的な集まりであれ、世襲的君主制であれ、自由主義的な民主主義であれ、協同組織が正当であるためには、協同組織はその臣民の幸福、および臣民どうしの関係の公正な調整を原理としてみずからに与えなければならない。〔……〕政治的な協同組織そのものを臣民のために役立たせ、このことを通じて臣民に払われるべき敬意を主張する正義は、国民の意志の表現や私的な自律よりも優位にある。（一七頁）

逆の言い方をすれば、正義が実現されていればどのような政治体制でも正当である。トドロフが全体主義ではなく自由主義的な民主主義を選択するのは、全体主義は本質的に正義をないがしろにする体制だからである。全体主義のベースには個人の服従という要請がある。つまり「個人の損壊」である。「個人の損壊は個人間の関係の損壊を引き起こす。全体主義国家と愛の自律は相互に排除し合う」（二二三―二二四頁）のである。だからといって、私たちの自由主義的な民主主義が完全だというわけではない。トドロフはよくいわれるように歴史の終焉論者なのではない。民主主義は絶えず危険に脅かされている。だがその危険は、たとえば多くは反‐ファシズムの記憶に足場をおく「説教家」たちが指さす場所にはない。むしろその指さす行為そのものに危険がひそんでいる。同時に、個人の自律にも正義という上限があるのである。

全体主義はこのような民主主義の構成要素に逐一、対立する形で形成される。個人の自律の代わりに「集団の私たち」（二三三頁）が最大限評価され、多元主義に一元論が取って代わる。共同社会の自律は形式的に維持されるが、「実際には指導者グループのために放棄される」（二七頁）。にもかかわらず全体主義が民衆に支持されたのは、これが「充溢、調和に満ちた生活、幸福の約束を含んでいる」（二八頁）からにほかならない。理論的な全体主義はユートピア思想であって、ヨーロッパ史のパースペクティヴで見た場合、一種の千年王国思想、無神論の千年王国思想である。では全体主義はいかにして地上に楽園を創造しようとするのだろうか。ここにデカルトに端を発する科学主義がからんでくる。科学主義の出発点にある仮説とは、「世界はいわば透明で、人間の理性によってあますところなく認識されうる」（三一頁）というものである。「現実の透明性が人間の世界にも拡張されるならば、新しい人間――種が元来もっている不完全さから解放された種――の創造を考えることを妨げるものは何もない。〝救済は知によってもたらされる〟とアラン・ブザンソンは要約して述べている」（三二頁）。全体主義のイデオロギーは、

暴力の使用を前提とする革命精神、ここにいま地上の楽園を建設しようとする千年王国の夢、最後に人類の全面的認識は手の届く範囲にあるということを公準として立てる科学主義の教義（四〇頁）

が結合したときに成立するのである。

ところで、科学主義には「生命の法則とは戦争であり、情け容赦ない闘い」(四八頁) だとする根本テーゼが見出される。ダーウィンの自然淘汰と適者生存の理論が人間社会に適用されるのである。そこから生まれるのが「階級闘争、性の戦争、人種の衝突、民族戦争」(四八頁) という考え方である。つまり、「人間は人間にとって狼である」という古い思想を引きずったこれらの考え方においては、「世界の真実とは〔……〕世界が私たちと彼ら、友人と敵、すなわち二つの階級、二つの人種等々に分かたれており、これらが情け容赦ない闘いを交えているということである。〔……〕アウシュヴィッツの収容所も〝クラーク〟の処刑も、このプログラムに組み込まれているのである。対立の行き着く果ては、敵の排除である」(四九頁)。

つまり、いかなる全体主義も、世界を相互に排除し合う二つの部分、善いものと悪いものとに分割する善悪二元論であって、この善悪二元論の目的とは後者を全滅させることなのである。(四九頁)

かくして全体主義の中心部に善悪二元論が見出される。トドロフが「批判的ヒューマニズム」というレッテルでひとまとめにするワシーリー・グロスマン、マルガレーテ・ブーバー゠ノイマン、ダヴィッド・ルーセ、プリーモ・レーヴィ、ロマン・ガリ、ジェルメーヌ・ティヨンを特徴づけるのは、私たちの道徳感情の起源と不可分のこの善悪二元論との思想的・実践的な闘いである。ついでにいえば、それでは私たちの生活で恒常的に見出される敵対関係は、敵対者を排除するのでなければ、どのように理解されるべきなのだろうか。トドロフの意見を聞いてみよう。

民主主義では、敵対者の一方を物理的に排除することによって争いを解決しようとすることはない。そうではなく、いかなる人間集団においても不可避的である敵対関係を相補性へと変化させるのである。（五六―五七頁）

トドロフが全体主義というとき、共産主義とナチズムを同時にさしている。しかし「ナチズムと共産主義を比較し関連づけるという事実それ自体が、今日でもなお激しい抵抗を呼び起こす」（一〇六頁）。その象徴的な出来事がドイツを中心にして起こった「歴史家論争」である（これについては四五八頁の訳注（一）をご参照願いたい）。トドロフはこうした西欧における反応を前にして、また「個人的にこの出来事を生きた人は、出来事を孤立的に考えようとする」ことに配慮して、共産主義とナチズムの比較の正当性を理論的に説くところから第2章「比較」を開始する。「こうした類の抵抗は完全に理解可能だし、プライベートな次元では受け入れ可能だが（だれが悪魔のグループの一員たろうとするだろうか）、二〇世紀の歴史研究者をストップさせてもならないし政治的なものの理論家をストップさせてもならないだろう。比較はこれらの分野では認識の不可欠な道具である」（一〇九頁）。

かくして両政治体制の類似と差異を検討したのち、トドロフは「それらは等しく嫌悪すべきだ」（一一九頁）と述べているが、全体主義がどれほど陰惨で血みどろの体制だとしても、それが理念の部分では「種が元来もっている不完全さから解放された」新しい人間を創造し（だから、それに反対する者、ふさわしくない者を排除しようとするのである）、地上に楽園を樹立しようとする理想主義的な政治的試みであることを忘れてはならない。それに対し、民主主義は地上に楽園を築こうともしなければ新しい人間の創造を目指すこともない。なぜなら民主主義のベースにあるヒューマニズム思想は「私たちの社会性と不完全性」をありのままに受け入れ、「改良された政治体制が、いっそう高性能となったテクノロジーが、人間の苦しみに決定的な治療薬をもたらすことができる」（三九頁）という考えを放棄するからである。しかし、

人間は物質的な世界では手に入れることのできない幸福をも必要としている。自分たちの生活に意味があることを、自分たちの存在が〈宇宙〉の秩序の中に居場所をもつことを、自分たちと絶対なるもののあいだで接触がおこなわれることを、人間は望んでいるのである。〔……〕民主主義諸国は、みずからの存在そのものを危うくする危険を冒してまで、この超越性への人間的欲求を無視する権利をもたない。（四六―四七頁）

では、昔もいまも必要とされている超越性との関係を求めつつ、「二〇世紀に全体主義が引き起こしたものに匹敵するカタストロフにみちびくことを回避するには、いかにすればいいのだろうか」。この人間的欲求を無視することによってではない。「これを社会的次元と断固として切り離すことによってである」（四七頁）。全体主義後に私たちに残された一筋の希望は、社会的次元ではなくプライベートな領域に見出されるということである。トドロフはどのようにいっているだろうか。

今日、超越性との関係は昔と同様に必要とされている。全体主義的な逸脱を回避するためには、この関係は政治綱領とは無縁なままでなければならない（地上に楽園が建設されることは決してないだろう）。しかしそれは、それぞれの人の生命を内部から照り輝かさなければならない。人は芸術作品や

風景の前でも、祈ったり瞑想することによっても、哲学を実践したり子供が笑うのを眺めることによっても、法悦を生きることができる。民主主義が救済や絶対への欲求を満足させることはない。とはいえ、民主主義は救済や絶対への欲求を無視することを、みずからに許すこともできないのである。(四七頁)

トドロフが推奨するのは『共同生活』で「完結」と呼んでいる生き方である。すなわち、社会性を保持したままで、しかも他者の承認を経由する必要のない自己の承認である。

記　憶

三章にまたがる記憶にかんする部分を筋道立てて要約するのは至難の業である。ここでは訳者にとって貴重だと思われた考察を拾い上げていきたい。

第3章「過去の保存」でトドロフは、過去が記憶され保存されるメカニズムを分析的に明らかにする。枠組みそのものは理論的なものだが、あくまでも全体主義的な過去を現在によみがえらせるプロセスと不可分である。トドロフはまず最初に、過去を現在によみがえらせる作業はいくつものステップを踏むと述べ、「事実の確立」、「意味の構築」、「利用すること」という三つの段階を指摘する。つぎに、「現在に維持される過去の痕跡は、いくつかの大きなタイプの言説に組織化される」(一八二頁)といい、「証人の言説、歴史家の言説、事跡顕揚者の言説」の三つに分類している。証人とは「自分の人生に一つの形を、したがって一つの意味を与え、このようにして自分のアイデンティティを作り上げるために自分の記憶を呼び起こす個人」であり「個人の利害」に支配されている。歴史家は「過去の復元と分析を対象とする専門分野の代表者〔……〕。もっと一般的にいえば、もはや主体の利害ではなく、非人称的な真実を調整原理および最終的な地平として選択することによってこの作業を遂行する人」（一八三頁）である。事跡顕揚者は「証人と同様、〔……〕何よりもまず利害によってみちびかれる。しかし歴史家と同様、彼は公的空間の中で自分の言説を産出し、これを私的な証言の脆弱さとはかけ離れた反駁不能な真実性を付与されたものとして提示する」（一八七頁）。この三者がトドロフにとって記憶の舞台の主役となる。

ここで第一に採り上げたいのは「道徳的評価」と題された項である。この項でトドロフは過去について道徳的評価を下すことは可能なのかという問いを立て、評価の正当性に疑問を呈する思想的な系譜を分類する。第一は人間的自由の存在を否定する系譜である。社会的決定論、生物学的決定論、精神分析的決定論である。二番目はニーチェの「遠近法主義」を継承して道徳的評価を純粋に恣意的であるとする系譜である。しかし「意識的であろうとなかろうと、私たちは全員、絶対的な善悪でなくても、少なくとも最善と最悪とを区別することを可能にするさまざまな基準に依拠している」（一九五頁）。この道徳的評価をめぐる議論は、「私たちの道徳思想と遠い祖先の道徳思想との」差異にかんする考察を通じて（他律から自律への移行、および客観性から間主観性への移行）、子供における道徳感情の発生の問題にたどり着く。子供の発達においては、「基礎を形成する契機は善悪の区別そのものであり、ごく幼少期の子供は、自分に身近な人たちに取り巻かれ、可愛がられることに感じる快感によっても、そこにみちびかれる。これらの情動的体験は倫理的カテゴリーの萌芽を含んでいる」（一九九頁）。しかし子供は第二の発見をおこなわなければならない。「すなわち、善悪の対を私と他者の対から分けて考える必要性、または個人的アイデンティティを集団的アイデンティティに置き換えれば、善悪の対を私たちと他者の対から分離する必要性である。」だがこの自己中心主義の克服のあとに、第三の段階がある。「この段階では、善と悪を区別することをやめることはないけれども、善悪の偏狭で決定的な区分はいっさい放棄される。いまや闘い克服するべきものはニヒリズムでもエゴイズムでもない。**善悪二元論**である。」(一九九頁)

この第三段階を突破する必要性を理解することは、きわめて重要である。思い出していただきたいが、全体主義の出発点には、優遇すべき善き存在と排除すべき悪しき存在とに世界を分かつ、世界の善悪二元論的分割があった。アウシュヴィッツとコルイマはこの最初の分割の到達点にほかならない。(二〇〇頁)

だがトドロフはすぐにつぎのようにつけ加えている。

善悪二元論の誘惑と自己中心主義の幻想は、私たちのもっとも内奥の性向と結びついている、だから敵対者に直面したときの自然な反応の大半はそこから生じる〔……〕。だとすれば、私たちの歴史が体験したさまざまなイデオロギー運動の中に、それらが見出されるとしても驚くべきことがあるだろうか。(二〇一頁)

「大きな物語」の項で、トドロフは「過去を構成する事実は、生のままの状態で私たちのもとにやってくることはない。それらは物語の形式で提示される」(二〇一頁)と述べている。これらの物語は最終的に二つに分類される。「私の仲間の勝利を歌う英雄的な物語、および仲間の苦しみを報告する犠牲者《ヴィクティメール》の〔……〕物語である」(二〇二頁)。しかしトドロフは日本現代史が専門のアメリカの歴史家ジョン・ダウアーがアメリカによる広島の原爆投下をめぐる研究に最終的につけたタイトル「悲劇としての広島」から想を得て、物語の第三の形式として「悲劇としての物語」という概念を提起する。これこそが「英雄的な物語」と「犠牲者の物語」が依拠している善悪二元論を克服した物語形式なのである。いかにも『フランスの悲劇』はこうしたインスピレーションでもって書かれている。「悲劇としての物語」の概念は以下、本書にくり返し登場するだろう。

第4章「記憶の用法」では、過去を現在によみがえらせるその仕方が論じられる。二〇世紀から二一世紀の転換期にあって、「ヨーロッパ人、とりわけフランス人は一つの崇拝、記憶の崇拝に取りつかれているように思われる」（二二八頁）。安定した伝統的社会が終わりを告げ、ますます加速していく変化のなかで、みずからのアイデンティティを守るために過去にしがみつくのである。しかし記憶は二つの危険にさらされている。「神聖化」の危険と「通俗化」の危険である。過去の事実の「神聖化とはつねに、排除、隔離、触れることの禁止である（往々にして名によってさえも。とりわけ「ジェノサイド」とか「全体主義的」のような共通の名であるときは）」（二三一頁）。「そのとき、過去は現在の前に立ちはだかって現在へといたらせることを妨げ、行動しないことの口実と化す」（二三二頁）。その典型的な例が「二〇〇〇年一月、ユダヤ人ジェノサイドを記念するために多数の国家元首がストックホルムに集結」（二三三頁）したけれども、そのさいだれも北朝鮮の全体主義体制によって自国民に加えられている虐待に抗議しようとしなかったことである。逆に「通俗化」においては「現在の出来事は過度に過去の出来事に同一視されて、その特殊性のすべてを失う」（二三三頁）。「ロシアの新大統領プーチンがスターリンと同じ道を歩んでいると主張することは、スターリンとはだれであったか、そしてプーチンがだれであるかを知る妨げになる」（二三五頁）のである。

この章でトドロフが検討するのは「現在に過去をよみがえらせる人の道徳的価値」の評価である。かんばしい結論は得られない。トドロフが確認するのは、「一般に人《オン》は他人の間違いから何も学ばない」（二三八頁）ということである。「一九四四年には犠牲者であった彼ら〔フランス人〕が一九五八年〔アルジェリア戦争時〕に虐殺者に姿を変えることができたのは、まさしく一九四四年に彼らが虐殺者の側にはなかったからである。」エドワード・サイードの言葉を使えば、パレスティナ人は「犠牲者の犠牲者」（二三九頁）になる。「ひとたび〈歴史〉の中に導入されると、悪はその元々の張本人を排除することでは消え去ることはない。今日でもなお、ヒトラーの犯罪もアルジェリア戦争の暴力も、悪の伝播に一役買っている」（二四〇頁）。この伝播を断ち切るのが裁判である。トドロフはプリーモ・レーヴィについて語る準備をしているのである。この文脈で死刑がやり玉に挙がるのは当然である。だが死刑は合法性の衣をかぶった復讐である。死刑は、

> その後もどりできない決定的な性格によって、犯罪者が変化しうる可能性を否認する。ルソーはこの「自己改善能力」のうちに私たちの人間性の定義そのものを見たのであった。他の種と違って、人間はその「自然」によって全面的に規定されているわけではない。人間は自分の意志によってみずからを変化させることができる。この人間の概念が、個人の自律を尊重し保護する民主主義体制の土台に見出される。（二四六頁）

だからといって記憶より忘却がいいというわけでもない。神経症は記憶の抑圧から生じ、この記憶が現在を支配している状態をさしている。

一般的な言い方をすれば、私たちは過去が現在を支配してはならないと考える。（二四七頁）

個人的なレベルでは、記憶を抑圧から回復させ、記憶をその本来の場所に連れもどすことによって神経症を癒やそうとする精神分析がそうであるし、公的な生活のレベルでは裁判の原理、政治的理想、道徳規則がそうである。どれもこれも過去が現在を支配することから解き放つための装置である。「記憶の正しい使い方」（二四八頁）が可能となるのはまさにそのときである。すなわち「正義のために役立つ使い方」である。

だがトドロフはさらにその先に進む。「自分自身の不幸、または身近な者たちの不幸から他者の不幸に移行することには、いっそう大きな尊厳と利点がある」（二四九頁）という。ではそれはどのようにして可能になるのか。それを知るには、批判的ヒューマニズムの担い手たちの思想をあらためて検討しなければならないだろう。

第5章「現在における過去」では、全体主義的な過去が社会的なレベルでどのように扱われているのかが問題となる。トドロフは「道徳的に妥当なもの」を盾にとってマスメディアやジャーナリズムを舞台に世論を支配し誘導する「説教家」を批判している。説教家とは満場一致で承認された価値観にもとづいて、「善悪のあらわれを公然と識別するということから誇りを引き出す者」（二七二頁）のことである。現代では、たとえば「ナチズムは共産主義よりも悪かった」（二七三頁）、だから「もっとも同情すべき犠牲者はナチズムの犠牲者であり、もっとも称賛すべき英雄は反ナチの兵士、軍人、またはレジスタンス活動家である」と主張することが「道徳的に妥当」なのである。説教家の言説が「英雄的な物語」と「犠牲者の物語」を駆使することはおわかりだろう。説教家の活動は本質的にマスメディアにおいておこなわれる。説教家の言説における論理構成上の手法とは、「隣接によるこじつけ」と「排中律の手法」である。フランスにおける人種主義と極右の最良の分析者のひとりであるがゆえに人種主義と極右を疑われ（隣接によるこじつけ）、説教家の攻撃の的になったピエール＝アンドレ・タギエフは「近代民主主義の公共空間では、社会的にとどめを刺すのは、起訴状の最大限の伝播による以外にない」（二七七頁）といい、「ここでは非難は断罪に匹敵する」とトドロフが言葉を継ぐ。説教家のやり方の結果は逆説的なものである。第一に、「敵を過度に黒く汚すことによって、説教家は、もはやモデルには似ても似つかない、つまりもはや信用のおけないタブローを乱雑に描きあげる」（二七八頁）。第二に、「世界が対称性を装った排他的な二つのブロックに分割されているときによく起こったように、治療薬は病（＝悪）それ自体に似はじめる」（二七九頁）。つまり、「排除に対する闘いの名において、みなさんのような考え方をしない者たちを心おきなく排除するのである」。これはもはや全体主義の中心部に見出された善悪二元論以外の何ものでもない。

人類を截然とした二つの半分――善人と悪人、私たちと他者――に分割する、全体主義的ドクトリンの継承者たる善悪二元論のイデオロギーを捨て去るには、自分自身が善悪二元論者にならないほうがいい。次世紀のための教訓とはつぎのとおりでありうるだろう。すなわち、最初におこなうべきは、善の名において悪と闘うことではなく、善と悪がどこにあるのかを知っているとつねに言い張っている者たちの確信と闘うことである。悪魔とではなく、悪魔を可能とするものとである。すなわち、善悪二元論それ自体とである。（二八〇頁）

満場一致で「道徳的に妥当なもの」を求めることは道徳的行為ではない。トドロフは「見てもらおうとして、人の前で善行をしないように注意しなさい。さもないと、あなたがたの天の父のもとで報いをいただけないことになる」（二八一）というイエスの言葉を引用し、しかし熱烈な信者でなければどうなのかと問い、そしていう。

他者からやってくる報いは打算的な行為である。道徳的行為の道そのものは孤独である。にもかかわらずこの孤独な道を通るのは、他者の幸福が私たちの幸福をなすからである。この道が私たちの名声を高めるからではないのだ。（二八一―二八二頁）

道徳的行為は必然的に個人的なものであり、公的空間の外部でおこなわれるが、政治的行為についてはそうではない。ここでは「道徳的に妥当なもの」を追求することの危険は別の形態を帯びる。

これを「善の誘惑」という表現で言い表わすことができるだろう。「善の誘惑」は実際には「悪の誘惑」よりはるかに広まっており、同時に逆説的にいっそう危険である。〔……〕善への誘惑は、自己自身を善の化身として認め、これを他者に強制しようと欲することに存する――プライベートな生活においてのみならず、公的な領域においてもである。それは結局は、全体主義体制が実践しているものと対称をなし、逆方向におこなわれる道徳と政治の混同である。全体主義の場合、道徳的選択は政治的目標に服している。〔……〕ここでは逆に、一体化は道徳の名においておこなわれる。道徳がみずからの選択を政治的なものに押しつけるのである。これを神学がもっぱら道徳に置き換えられたものと想像すれば、神権政治における政治とはこのようなものであるだろう。外部では十字軍（他者がこれを望もうが望むまいが、他者に善を押しつけること)、内部では美徳の支配、「道徳的に妥当性を欠いたもの」に対する迫害である。(二八三頁)

この一節について、訳者はさらにつけ加えるべきものをもたない。

「歴史と神話」の項でトドロフは「最近、公的な人物をめぐっておこなわれた二つの論争」(二八四頁)を採り上げ、「過去に忠実であること、および現在にとって有益であること」という記憶が服している二系列の要求が対立する場合を検討している。一つはチェコ出身の共産党のレジスタンスの英雄アルトゥール・ロンドンのケースであり、もう一つは同じくフランスの偉大なレジスタンス活動家リュシーおよびレイモン・オーブラック夫妻のケースである。アルトゥール・ロンドンは一九六八年に自分の刑務所での体験記である『告白』という作品を書いた。この作品はコスタ・ガヴラス監督、イヴ・モンタン主演で映画となり、世界中で上映された。ところが、一九九九年になって、ソヴィエトがチェコに侵攻した際に国外追放の処罰を受けたチェコの歴史家カレル・バルトセクが、チェコ共産党とフランス共産党の関係をめぐって『記録文書の告白』という本を書いたのである。「この書物でロンドンの事例に捧げられた一章が、マスメディアに侃々諤々たる論争を巻き起こした」(二八五頁)。一方で、「ロンドンの人生、またはこういった類のいかなる人物の人生でも、その人生の個別的な細部がいかなるものであれ、有益なことしか述べてはならない」(二八五―二八六頁)と主張されるのに対し、「歴史家の最大多数は、歴史の役割についてこのような考え方に反対した」(二八六頁)。トドロフはこうして論争の内容を紹介するとともに、カレル・バルトセクが『記録文書の告白』で明らかにしたアルトゥール・ロンドンの人生をなぞっていく。それだけで十分に「歴史を語るものは瀆聖を語るのである」(二八八頁)という言葉を実証する内容になっている。もう軍配をどちらにあげるべきかという問題ではない。この時点ですでにロンドンの神話性は暴露されているからである。二番目のケース。フランスの偉大なレジスタンス活動家オーブラック夫妻は「〈レジスタンス〉における彼らの役割にかかわるある種の当てこすりに反駁するために」(二九二頁)、『リベラシオン』紙が企画した円卓会議に、数名の有名な歴史家とともに参加した。一九九七年五月である。この円卓会議で、夫妻に対してなされた問題の当てこすりには根も葉もないことが判明したが、夫妻がこれまでにしてきた証言に信頼性が乏しいことも明らかになる。オーブラック夫妻は生彩に富んだ話にするために歴史的事実を改竄していたことを認めたのである。オーブラック夫妻がやりこめられて立ち往生し、自分たちは歴史家と違って教育者なのだという捨てぜりふに、非難された側が動揺する様子が記述からは読み取れる。トドロフはいう。「偉大なレジスタンス活動家夫妻の象徴的な死刑に立ち会っていたのではないだろうか」(二九三頁)。トドロフはここでふたたび証人、事跡顕揚者、歴史家の役割の違いに言及して、「証人に期待されるのは、何よりもまず誠実であることである。ところどころで彼らが間違いを犯すのは人間だからである」と弁護する。だが神格化されたレジスタンスの英雄が実は人間であったことが判明すること自体、すでに「象徴的な死刑」である。

つぎの「裁判と歴史」の項でおもに採り上げられるのは、ユダヤ人の強制移送に関与したボルドー警視庁の元事務局長モーリス・パポンの裁判である。「パポンのケースがこれほど注目を集めたのは、これが国民の教育、とくにこういったケースでよくいわれるように、若い世代の教育に役立つと信じられたからである」(二九八頁)。だが有罪／無罪、黒／白、諾／否の二つの真実しか知らない法的な真実では「ヴィシー体制にかんする均衡がとれニュアンスに富んだヴィジョン」をとらえることはできない。トドロフはアンリ・ルーソの言葉を引用している。この裁判は「私の考えでは、いかなる教育的な意義もはらんでいない」（三〇一頁）。このことからトドロフは結論する。「事実の確立とその最初の解釈は歴史家にゆだねなければならない。教育は、まさに教育がその公然の目標の一つである諸制度によって実践されるべきである。すなわち、学校、公共メディア、議会である。裁判所のほうは、法律を明らかにし、それを個人に適用することで満足しなければならないだろう」（三〇一―三〇二頁）。パポンが五〇年前に犯した人道に対する罪で裁かれたことから、トドロフはさらに「不可時効消滅性（時効にかからないこと）の概念」（三〇二頁）の不当性について、五〇年以上も経ってからなされる証言の不正確さ、良識、および「ヒューマニズム哲学の諸原理」（三〇三頁）の観点から言及する。

だが「神話と歴史」と「裁判と歴史」は字面とは別な仕方でも読むことができるかもしれない。アルトゥール・ロンドンもオーブラック夫妻もレジスタンスの英雄であった。したがって彼らの非神格化を物語ることを通じて述べられているのは、いまだに猖獗をきわめている「英雄的な物語」の無効性ではないだろうか。また「過去を構成する事実は、生のままの状態で私たちのもとにやってくることはない。それらは物語の形式で提示される」という言葉をいま一度、引き合いに出せば、ヴィシー政権に加担したパポンこそ反‐ファシズムの「英雄的な物語」と「犠牲者の物語」の背後にひそんでいる「悪人の物語」の主人公ということになるだろう。裁判と不可時効消滅性の不当を立証することによって、トドロフは「英雄的な物語」と同様、「悪人の物語」もまた時効になっていることを示唆しているのではないだろうか。

批判的ヒューマニズム

批判的ヒューマニズムとは何か。トドロフは「エピローグ」で結論としてまとめている。

現代のヒューマニズム——批判的ヒューマニズム——は、二つの特徴によって際立っている。おそらくいずれもがありふれたものだが、その両者の共存そのものから力を引き出している。第一の特徴とは、人間が残虐行為をおこないうることを認めることである。ヒューマニズムはここでは、人間一般、または個別的な人間崇拝、人間の気高い本性への信仰では少しもない。いかにも、出発点はここではアウシュヴィッツとコルイマの収容所、すなわち人間が人間に対してなしうる悪について今世紀が私たちに与えた最大の証拠である。第二の特徴は、善の可能性の肯定である。善の普遍的勝利、地上の楽園の設立の可能性ではない。そうではなく、その具体的で個人的なアイデンティティにおける人間を、人間の行為の最終目標とみなすことへとみちびき、人間を慈しみ愛することへみちびく善の可能性である。つまり人間に代えるに、超自然的存在、つまり神をもってしたり、逆に人類より下等な自然の力、生命の法則をもってしたり、あるいはさらに、繁栄と呼ばれようが、革命、または純血と呼ばれようが、人間が選んだ抽象的な価値をもってしたり、またそれを超えて〈歴史〉の法則をもってしたりすることを断念するのである。一方の人間にかんするこの幻想の不在と、他方の人間を行動の目的として維持することを、どのようにして和解させることができるのだろうか。これが現代のヒューマニスト、コルイマ以後、アウシュヴィッツ以後のヒューマニストが応じなければならない挑戦である。（四四四頁）

本書全体を通じて、とりわけトドロフが批判的ヒューマニズムの担い手としてあげているワシーリー・グロスマン、マルガレーテ・ブーバー＝ノイマン、ダヴィッド・ルーセ、プリーモ・レーヴィ、ロマン・ガリ、ジェルメーヌ・ティヨンの人生と作品を通じて私たちがつぶさに目にするのは、「人間が残虐行為をおこないうること」であり「人間が人間に対してなしうる悪」である。他方でトドロフはロマン・ガリの小説『空の根』から一つのエピソードを引用している。強制収容所に送られた主人公モレルは疲れ果ててへとへとになっているにもかかわらず、仰向けになってもがいているこがね虫を見つけ、ひざまずいて、これを脚で立たせてやる。グロスマンの『動物園《ティーアガルテン》』と題する物語にも同じシーンが見出される。この物語の主人公は、ベルリン爆撃がおこなわれているときに路上にミミズを発見し、押しつぶされないようにわきにどけてやるのである（三二二頁）。爆撃と強制収容所という、生命がいとも簡単に抹殺されていく状況にあって、これらのシーンにはたんなる小動物に対する愛情以上のものがある。訳者はこのような状況に追い込まれた経験がないからわからない。このようなとき人間は不意に視野がせまくなるようなことがあるのだろうか。視線は空に向けられずに地面に落ちるのだろうか。これらの主人公はスポットライトで照らし出されたように、かがめた身の足下に命のはかなさを一身に帯びた小動物を発見するのである。このエピソードには命のいとおしさとともに状況の残酷さ、死の恐怖が刻印されている。トドロフが引用する六人は全員がこのような状況を生きのびた。トドロフは「アウシュヴィッツ以後、詩はもはや存在してはならないと宣言する人々は間違っている」（三二五頁）という。「このような理念を受け入れることは、全体主義者自身の事物を貧困化させる論理に身をゆだねることである。」詩はもはや存在してはならないと宣言する人々は自己の絶望を宣言している。アウシュヴィッツの恐怖のなかに自分をおいてみれば、ここまで言い切ることには犠牲者の特権に似た快感があるのかもしれない。だがこの絶望の暗黒のなかでミミズとこがね虫の命は希望のように光っている。最初に述べたように、本書のような構成に従ってトドロフのヒューマニストたちの人生と思想に触れると、極限に面した絶望的な不幸のさなかでモラルが誕生する瞬間に立ち会っているような気さえする。彼らはこのモラルのありか、希望のありかを私たちに指し示してくれるのである。つまり、いかに生きるべきかを。

私たちはグロスマンの小説『人生と運命』を通じてウクライナの何百万人もの農民が意図的に餓死に追いやられた様子を知ることができる。またグロスマンは従軍記者として赤軍と行動をともにし、トレブリンカ絶滅収容所の解放に立ち会っている。これが、種としての不完全さから癒やされた新しい人間を創造し、地上に楽園を築こうとする全体主義の真実の無惨な姿である。こうして人間が人間に対しておこないうる最悪の場面に直面したグロスマンは自力で全体主義の批判的分析をおこない（ブーバー＝ノイマン以下の五名は西側の人間であるのに対し、グロスマンは最初から最後までソ連人である）、全体主義の悪の根源は個人の服従と価値低下にあることを発見する。そこから自分の至高の価値を演繹する。「行動の源（私の自律）であると同時にその受け手（**あなた**という合目的性）としての個人礼賛である。個人とは自由と善意の同時的具象化なのである」（九八頁）。それを受けてトドロフはいう。

自由はヒューマニズムの第一の価値であり、善意は第二の価値である。というのは、人間はひとりでは完全な人間ではないからである。「個人主義は人間性そのものではない。」人間は自分たちの活動の目的と化す。その源であるだけではないのだ。ところで、対他関係の頂点とは、たんなる善意――すなわち、私たちの心遣いで他の人間を幸福にさせる行為――の発現である。（一〇〇頁）

ヒューマニズムにおいて自由は一番目に大切なものである。善意は二番目に大切である。ところで、「他人は私たちのうちにあり、私たちは他人を通じて生きている」（一七八頁）という人間の条件にさかのぼるならば、対他関係においては善意こそが人間性のもっともすぐれたあらわれ方である。

しかしモンテーニュもルソーもいっているように、善も悪も私たちの生活と不可分であり、同じ源から流れ出る。トドロフはモンテーニュとルソーの考えのあとを継いで書いている。「善と悪の共通の源とは、私たちの社会性と不完全性である。この社会性と不完全性の結果、私たちは自分の実存を確固たるものにするために他人を必要とする。ところで、この必要は二つの対立する仕方で満足させることができる。他人を慈しんで幸せにするか、他人に対する自分の力を享受するために他人を屈服させ辱めるか、である」（三一九頁）。ありのままでは個人は善意の具象化となることも悪意の具象化となることも、どちらでも可能だということである。では善意の発現はどのようにして可能になるのだろうか。今度はプリーモ・レーヴィについて考えながら、トドロフは観察をさらに推し進める。

このようにして善と悪はルソーが述べたように同じ源から流れ出る。つまり、私と他者、私たちと他者たちの連続性からである。他者の幸福と他者の不幸を同じ理由からよろこぶ。それは他者が本当の意味で自己と切り離されていないということである。唯一の差異は、個人がこれらの他者と維持している関係の性格にある。他者の不幸が彼をよろこばせるのは、彼が他者と無縁なままで、自分を他者に比較するときである。他者の幸福が同じく彼をよろこばせるのは、彼が他者を自己の拡張として生きているからである。個人は隣接関係によって他者の不幸を苦しむ。個人が他者の不幸をよろこぶのは、彼が他者の同類だからである。（二六三頁）

個人が「他者を自己の拡張として生きる」のは、むろん家族や友人の場合である。場合によっては同じ国の人々である。私たちは兄弟姉妹や子供の不幸を悲しみ、喜びをよろこぶ。だがこれでは「自己の拡張」でない他人の幸福をよろこぶことはできないだろう。相変わらず他人の不幸は蜜の味のままである。したがって不特定多数の人間、身近なものと限定されない他人を「自己の拡張として生きる」ためには、さらに別な要素がここにプラスされなければならない。グロスマンがすでに答えを用意している。グロスマン／トドロフがどのようにいっているのかを見てみよう。

「〔……〕生命が幸福、自由、至高の価値と化すのは、人間が無限の時間の中でだれも決して反復できない世界として存在するときでしかない。人間が自分自身のうちに見出したものを他人のうちに見出すことによって自由と善意の幸福を感ずるのは、このような条件のもとにおいてでしかない。」自由と善意の価値は個人の唯一性によって説明されている。（九八頁）

この「個人の唯一性」が「他者を自己の拡張として生きる」ことを可能にする。みずからの存在の唯一性の発見は、同時に他者の存在の唯一性の発見でもあるからである。敵対関係が相補性へと変化するのもこのときである。

しかもこの唯一性による連帯においては「世界の善悪二元論的分割」はすでに克服されている。そしてトドロフの六人のヒューマニストたちは、それぞれの仕方でこれを実践している。マルガレーテ・ブーバー＝ノイマンは戦後、「人間をその役割と同一視することを一貫して拒否する──たとえば、ラヴェンスブリュックの女監視人であるランゲフェルトが、ある日、フランクフルトの彼女の家のドアをノックするときである」（一五九頁）。ダヴィッド・ルーセが「発見するのは、人間は自分が所属するカテゴリーによって全面的に決定されることはないということ、自分を支配する諸力とは別に、それらの力に反して、人間は欲し、選択し、行動する、つまり自分の自由を行使することもできるということである。だからこそ、人間はおたがいにかくまで異なっているのである」（二二三頁）。つまり個人の唯一性である。ジェルメーヌ・ティヨンはアルジェリア戦争に直面して「英雄的な物語」も「犠牲者の物語」も拒絶し「悲劇的な物語」を選択する。「悲劇とは、すべての犠牲者に自己を同一化するだけでなく、それぞれの側の悪の当事者にも自己を同一化することにある」（四三五頁）からである。その結果、ティヨンは反独立派からもアルジェリアのＦＬＮ（民族解放戦線）からも総攻撃をうけるだろう。

善悪二元論と正面切った闘いに挑んだのはプリーモ・レーヴィである。レーヴィは「グレーゾーン」という概念を発明する。何から何まで善いという人間はいない。徹頭徹尾悪いという人間もいない。だから大半の人間は「グレーゾーン」に含まれる。ことのほか残忍なＳＳも強制収容所に収容された者たちも。ロマン・ガリの処女作『ヨーロッパ教育』について、トドロフは「ガリの真の敵はすでに善悪二元論的精神そのものであったように見える」（三〇八頁）と書いている。絶筆となった『凧』でガリはいう。「白と黒、もうたくさんだ。灰色、人間的なものはこれしかない。」ガリはそこにとどまらない。善と悪を逆転させる。「戦争が勝利したときに解放されたのは、敗者であって勝利者ではない」（三一一頁）。敗者がみずからの悪に気づかせられたのに対し、勝者は盲目のままだからである。アルジェリア戦争において「悲劇的な物語」を選択したティヨンと同様、小説家としてのガリは「英雄的な物語」と「犠牲者の物語」を解体することに一生をついやす。「悪はある種の人間の専用であり、善は他の人間の専用であると考えることを断念する者は、悲劇的な物語へと定められている」（三一八頁）。つまり善悪二元論との闘いとは「英雄的な物語」および「犠牲者の物語」との闘いにほかならない。善悪二元論こそが全体主義という今世紀最大の悪を産み出した原因だからである。その結果、レーヴィは「悪が狡猾にいたるところに根を張ってしまったことを確認する」(二六四頁)。一方、ガリは「ナチスは**人間的**であった。そして彼らのうちに存在する人間的なものとは、彼らの非人間性であった」(三一七頁)という。まるで人間社会そのものが強制収容所であるかのように。

私たちはふたたびミミズとこがね虫のエピソードに送り返される。つまり、善意の出現である。トドロフは書いている。グロスマンにおいて「この善意は母性愛の中に象徴的に具現される」(一〇一頁)。『人生と運命』の主人公シュトルムの恋人ソフィア・オシポーヴナは、ガス室で自分に最期まで絶望的にしがみついている見知らぬ小さな男の子ダヴィッドに対し心のなかでいう。「私がお母さんよ」。グロスマンにとって、

女性のやさしさ、激励、情熱、母性本能、それは生命のパンであり水である。(一〇一頁)

女性的なものの価値は「英雄的な物語」を解体しようとするガリにおいても重要な役割を演じる。ガリはまず男性的な価値観を批判する。

ガリは英雄とは彼が「男性的な」ものと同一視している価値観であることを確認するのである。力、勇気、自己犠牲、犠牲の能力である。〔……〕この同じ価値観が男性優位の思想をはぐくむのであって、この男性優位の思想にこそ、もろもろの最大の悪の責任があるのである。〔……〕男性優位の思想、他者を支配しようとし、他者を犠牲にして快感を覚えようとする欲望が、何千年来、戦争、絶滅、迫害を産み出してきたのだ。(三一〇—三一一頁)

正義と自由への欲求はさまざまな形態をとりうる。その第一が英雄の闘いである。

しかし彼は人間性の別の形態のほうを好んでいる。すなわち、愛である。そういうわけで、ガリは自分が「女性的な」と呼ぶ価値観を奨励しようとする。その最初の具体化が母性愛である。「人間――つまり文明――は、母親に対する子供の関係の中で開始する。」〔……〕子供が母親を愛するからこそ、つぎに子供は愛する能力をもつ人間――形容抜きの人間――になるのである。これが「女性的な」価値観である。愛情、同情、非‐暴力、弱さに対する敬意――ワシーリー・グロスマンが強調したのは、まさにこれらの価値であった。この二人の作家は母性愛に似たような位置を認めている。すなわち、人間のうちにあってもっとも人間的なものの象徴である。（三二一頁）

トドロフは『共同生活』においても本書においても母親と子供の関係に言及している。母‐子の関係は人間の人生においてきわめて大切だが、それだけではあるまい。母親と子供の関係は象徴的な意味合いを帯びているといわなければならない。母‐子の関係は人間のその後の人生の出発点である。ガリの言葉を借りれば、「人間――つまり文明――は、母親に対する子供の関係の中で開始する」。現代においては、すべてをこの原点に立ち返って再構築せざるをえないのである。そこにこそ唯一、疑いえない愛情があるのだから。

トドロフは『越境者の思想』の「エピローグ　仲介者としての人生」の最後の一節で、「私はつねにたったひとつの答えを探していたような印象を抱いています。その問いとはいかに生きるべきかというものです。この探求は人文諸科学、歴史、人間学、テキスト研究という道をとりました。しかし私にとっては認識はそれ自体が目的ではありません。それはたとえ少しでもより多くの知恵にたどりつくための道なのです」（『越境者の思想』五一〇―五一一頁）と語っている。現代において、いかに生きるべきかという問いはきわめて困難な問題に直面する。悪の問題である。これを直視することなく、もはや人間について語ることはできない。『イラク戦争と明日の世界』「訳者あとがき」でも書いたが、訳者は一度だけトドロフにお目にかかったことがある。出版されたたばかりの『イラク戦争と明日の世界』の原著を手にしながらお話を伺ったのだったが、そのときトドロフの口から、「ワシーリー・グロスマンとジェルメーヌ・ティヨンが私の生きる支えなのです」という言葉を聞いたことが強く心に残っている。本書を訳し終えたいま、トドロフが言わんとしていたことがわかったような気がする。「現代のヒューマニスト、コルイマ以後、アウシュヴィッツ以後のヒューマニストが応じなければならない挑戦」、すなわち「一方の人間にかんするこの幻想の不在と、他方の人間を人間の行動の目的として維持することを、どのようにして和解させることができるのだろうか」という問いを一身に受けとめているのが、ほかならぬトドロフ自身なのである。

「訳者あとがき」が思わず長くなってしまったが、読者には引用文とそのページ数をメモか索引代わりに使っていただければと思っている。

本書の訳出に当たっては、いつものように法政大学出版局の松永辰郎氏のお手をわずらわせた。氏は本年三月でめでたくご定年退職と伺ったが、これまで二〇年の長きにわたっておつき合いいただき、多くのことをお教えいただいた。ここに感謝の念を表するとともに、本訳書がはなむけとなればと念じている。

北上川のほとりにて

訳者

T. トドロフ／既刊

象徴の理論　及川馥・一ノ瀬正興訳　（品切）

象徴表現と解釈　及川馥・小林文生訳　2700円

批評の批評　及川馥・小林文生訳　2800円

他者の記号学　及川馥・大谷尚文・菊地良夫訳　4200円
〈アメリカ大陸の征服〉

はかない幸福—ルソー　及川馥訳　（品切）

極限に面して　宇京頼三訳　3500円
〈強制収容所考〉

歴史のモラル　大谷尚文訳　3700円

フランスの悲劇　大谷尚文訳　3300円

アステカ帝国滅亡記　菊地良夫・大谷尚文訳　6300円
（G．ボド共編）

ミハイル・バフチン　対話の原理　大谷尚文訳　4500円

言説の諸ジャンル　小林文生訳　5000円

われわれと他者　小野潮・江口修訳　6000円

未完の菜園　内藤雅文訳　4400円
〈フランスにおける人間主義の思想〉

バンジャマン・コンスタン　小野潮訳　2600円
〈民主主義への情熱〉

越境者の思想　小野潮訳　5700円
〈トドロフ，自身を語る〉

イラク戦争と明日の世界　大谷尚文訳　1500円

（表示価格は税別）

著者

ツヴェタン・トドロフ

1939年，ブルガリアに生まれる．ロラン・バルトの指導のもとに『小説の記号学』(67) を著して構造主義的文学批評の先駆をなす．『象徴の理論』(77)，『象徴表現と解釈』(78)，『言説の諸ジャンル』(78)，『批評の批評』(84) で文学の記号学的研究をすすめるかたわら，『他者の記号学――アメリカ大陸の征服』(82) 以後，記号学的見地から〈他者〉の問題に関心を深め，『ミハイル・バフチン――対話の原理』(81)，『アステカ帝国滅亡記――インディオによる物語』(83)，『はかない幸福－ルソー』(85)，『われわれと他者』(89)，『極限に面して』(91)，『歴史のモラル』(91)，『フランスの悲劇』(94)，『共同生活』(95)，『未完の菜園』(98)，『悪の記憶・善の誘惑』(2000)，『越境者の思想』(02)，『イラク戦争と明日の世界』(03) などを刊行している．91年，『歴史のモラル』でルソー賞を受賞．現在，国立科学研究所 (CNRS) の芸術・言語研究センターで指導的立場にある．

訳者

大谷尚文 (おおたに　なおふみ)

1947年生．東北大学文学部卒業．石巻専修大学教授．訳書：トドロフ『歴史のモラル』，『ミハイル・バフチン　対話の原理』，『イラク戦争と明日の世界』，『他者の記号学――アメリカ大陸の征服』(共訳)，トドロフ他『アステカ帝国滅亡記』(共訳)，ショーニュー『歴史とデカダンス』，ヴェーヌ他『個人について』，ラルセン『風景画家レンブラント』(共訳)，オリヴィエ『母の刻印』，『母と娘の精神分析』(共訳)，リポヴェツキー『空虚の時代』他．

《叢書・ウニベルシタス　848》
悪の記憶・善の誘惑
——20世紀から何を学ぶか

2006年 6 月20日　　初版第 1 刷発行

ツヴェタン・トドロフ
大谷尚文 訳
発行所　財団法人　法政大学出版局
〒102-0073 東京都千代田区九段北 3-2-7
電話03(5214)5540／振替 00160-6-95814
製版，印刷　三和印刷／鈴木製本所

Printed in Japan

ISBN 4-588-00848-X

人名索引

〔ア行〕
アイスキュロス　Eschyle　245
アイヒマン，アドルフ　Eichmann, Adolf　165, 177
アインシュタイン，アルベルト　Einstein, Albert　34, 80, 89
アシュベルク，オロフ　Aschberg, Olof　147
アゼマ，ジャン＝ピエール　Azéma, Jean-Pierre　294
アタワルパ　Atahualpa　403
アナン，コフィ　Annan, Kofi　301, 389
アメリ，ジャン　Améry, Jean　263
アラファト，ヤセル　Arafat, Yasser　234
アリ・ラ・ポアント　Alli la Pointe　433, 434
アルブール，ルイーズ　Arbour, Louise　384
アレグ，アンリ　Alleg, Henri　238
アレン，ウッディ　Allen, Woody　230
アーレント，ハンナ　Arendt, Hannah　23, 48, 177
アロン，レイモン　Aron, Raymond　51, 52, 53, 54, 56, 61, 112, 113, 115, 117
アンスコンブ，エリザベス　Anscombe, Elizabeth　337
アンリオ，フィリップ　Henriot, Philippe　330
イアゴダ，ゲンリック　Iagoda, Genrikh　166
イエス＝キリスト　Jésus Christ　27, 29, 195, 196, 203, 281, 321
イェセンスカ，ミレナ　Jesenska, Mlena　145, 147, 148, 156, 157, 159
イツコアトル　Itzcoatl　162
イワン雷帝　Ivan le Terrible　237, 302
ヴァイヤン＝クチュリエ，マリ＝クロード　Vaillant-Couturier, Marie-Claude　248, 296
ヴァレンベリ，ラウル　Wallenberg, Raoul　349
ヴェイユ，シモーヌ　Veil, Simone　295
ヴェーバー，マックス　Weber, Max　13, 288, 367
ヴェスプッチ，アメリゴ　Vespucci, Amerigo　241
ヴェツラー　Wetzler　168
ヴェルジェ，ジャック　Vergès, Jacques　428
ヴェルフェル，フランツ　Werfel, Franz　190
ウォーレス，ヘンリー　Wallace, Henry　166
ヴォルテール，フランソワ・マリ・アルエ，通称　Voltaire, François Marie Arouet, dit　38
ウルバ，ルドルフ　Vrba, Rudolf　168
エジョーフ，ニコライ　Ejov, Nikolaï　73, 90, 237

エリオ，エドゥアール　Herriot, Édouard　166
エリツィン，ボリス　Eltsine, Boris　234
エルヴェシウス，クロード・アドリアン　Helvétius, Claude Adrien　38, 120
エレンブルク，イリヤ　Herenbourg, Ilya　79, 81
エンゲルス，フリードリヒ Engels, Friedrich　48, 91, 138
大江健三郎　Oe, Kenzaburo　231
オーブラック，リュシー　Aubrac, Lucie　292, 293
オーブラック，レイモン　Aubrac, Raymond　292, 293
オッカム，ウィリアム・オヴ　Occam, Guillaume d'　15, 18, 19
オッフェンバッハ，ジャック　Offenbach, Jacques　414
オッペンハイマー，ロバート　Oppenheimer, Robert　335
オルブライト，マドレーン　Albright, Madeleine　349, 350, 358, 382, 398

〔カ行〕
カヴァーニ，リリアーナ　Cavani, Liliana　258
カガノヴィチ，ラザリ　Kaganovitch, Lazare　55, 90
カストリアディス，コルネリウス　Castoriadis, Cornélius　61
カストロ，フィデル　Castro, Fidel　274
カフカ，フランツ　Kafka, Franz　145, 157
カミュ，アルベール　Camus, Albert　237, 245, 434
ガリ，ロマン　Gary, Romain　8, 305-326, 334, 339, 352, 429, 430
カーレバッハ，エーミル　Carlebach, Emil　155, 156, 213, 225, 226
カント，エマヌエル　Kant, Emmanuel　28, 39, 195, 197, 281, 369
キケロ　Cicéron　171
キーロフ，セルゲイ　Kirov, Sergueï　116, 149
キング，マーチン・ルーサー　King, Martin Luther　314
ギンスブルク，アレクサンドル　Guinzbourg, Alexandre　186
クラーク，ウェズリー　Clark, Wesley　369, 386
クライスト，ハインリヒ・フォン　Kleist, Heinrich von　17
クラウセヴィツ，カール・フォン　Clausewitz, Carl von　48
クラフチェンコ，ヴィクトル　Kravtchenko, Viktor　153, 154, 155, 248, 286
クラルスフェルド，セルジュ　Klarsfeld, Serge　172
グリックスマン，ジェルジー　Gliksman, Jerzy　166
クリントン，ビル　Clinton, Bill　349, 372, 383, 389, 398
グールヴィッチ，フィリップ　Gourevitch, Philip　229, 232, 233
クレール，ジャン　Clair, Jean　275
クレンペラー，ヴィクトル　Klemperer, Victor　165
グローヴァー，ジョナサン　Glover, Jonathan　336
グロス，バベット　Gross, Babette　143, 146
グロスマン，ワシーリー　Grossmann, Vassili　8, 11, 69-103, 105, 124, 143, 149, 161, 227, 254, 261, 269, 321, 322, 327, 333, 341, 409, 428, 429, 436, 447

グロセール，アルフレート　Grosser, Alfred　187
ゲーテ，ヨハン・ヴォルフガング・フォン　Goethe, Johan Wolfgang von　312
ゲーリング，ヘルマン　Göring, Hermann　116, 349
ケストラー，アーサー　Koestler, Arthur　156
ゲイソ，ジャン＝クロード　Gayssot, Jean-Claude　173
ゲッペルス，ヨーゼフ・パウル　Goebbels, Joseph Paul　165, 341, 349
ケルスノフスカヤ，ユーフロシニヤ　Kersnovskaïa, Euphrosinia　241
ゴーリキー，マクシム　Gorki, Maxime　72, 84, 85, 166
コスタ＝ガヴラス，コンスタンディーノス　Costa-Gavras, Konstandínos　285
コストフ，トライチョ　Kostov, Traïtcho　25
ゴビノー，ド・ジョゼフ・アルチュール（伯爵）　Gobineau, Joseph Arthur, comte de　35, 36, 37, 41, 110, 111
コプフェルマン，エミール　Copfermann, Émile　220, 223
ゴルバチョフ，ミハイル　Gorbatchev, Mikhaïl　66, 172
コロンブス，クリストファ　Colomb, Christophe　391
コンクエスト，ロバート　Conquest, Robert　186
コンスタン，バンジャマン　Constant, Benjamin　14, 16, 19, 112, 121, 191, 193
コント，オーギュスト　Comte, Auguste　35
コンドルセ，ド（侯爵）　Condorcet, marquis de　16, 402, 403

〔サ行〕

サイード，エドワード　Saïd, Edward　239
サッチャー，マーガレット　Thatcher, Margaret　385
サド，ド（侯爵）　Sade, marquis de　258
サルトル，ジャン＝ポール　Sartre, Jean-Paul　213, 216, 238, 287
サン＝シモン，ド・クロード・アンリ・ド・ルヴロワ（伯爵）　Saint-Simon, Claude Henri de Rouvroy, comte de　35
サンタヤナ，ジョージ　Santayana, George　251
サンプラン，ジョルジュ　Semprun, Jorge　241
シア，ジャミー　Shea, Jamie　386
シエイエス，エマニュエル・ジョゼフ　Sieyès, Emmanuel Joseph　16
ジェルジンスキー，フェリクス　Dzerjinski, Ferix　43
ジェレフ，ジェリュ　Jelev, Jeliou　13, 108, 109
ジャケ，アニク　Jacquet, Annik　184
ジャンクロ，ジョルジュ　Jeanclos, Georges　249
ジャンヌ・ダルク　Jeanne d'Arc　288
ジュガーノフ，グエナディ　Ziouganov, Guennadi　234
シュワルツ＝バール，アンドレ　Schwarz-Bart, André　249
ショー，バーナード　Shaw, Bernard　166
ショート，マイケル　Short, Michael　371
ショーモン，ジャン＝ミシェル　Chaumont, Jean-Michel　203

スガレリ　Segarelli　29
スースロフ，ミハイル　Souslov, Mikhaïl　77, 85
スターリン，イオシフ・ジュガシヴィリ　Staline, Joseph Djougachvili　8, 24, 25, 27, 47, 54, 55, 57, 62, 63, 75, 77, 81, 87, 90, 91, 92, 94, 96, 97, 111, 112, 113, 116, 117, 120, 124, 127, 129, 135, 140, 141, 143, 147, 149, 153, 167, 174, 194, 228, 235, 237, 271, 291, 292, 297, 317, 332, 339, 352, 414
スタングル，フランツ　Stangl, Franz　177
スティール，シェルビー　Steele, Shelby　203, 204
スペルベール，マネス　Sperber, Manès　156
スランスキー，ルドルフ　Slansky, Rudolf　25, 285, 290
スロイ，ヴェトン　Surroi, Veton　364
セネカ　Sénèque　25
ソクラテス　Socrate　113, 195
ソラナ，ハビエル　Solana, Javier　359, 261, 367, 372, 373, 385, 387
ソルジェニーツィン，アレクサンドル　Soljenitsyne, Alexandre　71, 89, 194, 323

〔タ行〕

ダウアー，ジョン　Dower, John　206, 208, 209
ダーウィン，チャールズ　Dawin, Charles　48
タギエフ，ピエール＝アンドレ　Taguieff, Pierre-André　276
ダレール，ロメオ　Dallaire, Roméo　301, 397, 399
ダン，ジョン　Donne, John　263
チェーホフ，アントン　Tchekhov, Anton　75, 98, 100
チェルヌイシェフスキー，ニコライ　Tchernychevski, Nikolaï　41
チトー，ヨシプ・ブロズ　Tito, Josip Broz　343, 255
チャーチル，ウィンストン　Churchill, Winston　243, 372
チューリング，グレーテ　Thuring, Grete→ブーバー＝ノイマン，マルガレーテ
デー，ピエール　Daix, Pierre　248
ディドロ，ドゥニ　Diderot, Denis　35
ディミトロフ，ゲオルギ　Dimitrov, Gueorgui　141
ティヨン，ジェルメーヌ　Tillion, Germaine　1, 8, 13, 145, 146, 214, 215, 217, 237, 413−439, 451
デカルト，ルネ　Descartes, René　24, 35, 41
テジャン，ポール　Teitgen, Paul　249
テーヌ，イポリット　Taine, Hippolyte　32, 35
テミストクレス　Thémistocle　171
テールマン，エルンスト　Thaelmann, Ernst　140
デムジャンジュク，ジョン　Demjanjuk, John　302
デュトゥルトル，ブノワ　Duteurtre, Benoît　275
デル・ポンテ，カルラ　Del Ponte, Carla　386, 387
デルレード，ポール　Déroulède, Paul　242

ド・ゴール，シャルル　De Gaulle, Charles　270, 288, 322, 323, 326
ド・ゴール，ジュヌヴィエーヴ　De Gaulle, Geneviève　146
トゥヴィエ，ポール　Touvier, Paul　296, 298, 330
トゥキュディデス　Thucydide　218
トゥカチェフスキー，ミハイル・ニコラエヴィチ　Toukhatchevski, Mikhaïl Nikolaïevitch　392
トクヴィル，シャルル・アレクシス・クレレル・ド　Tocqueville, Charles Alexis Clérel de　37, 111
ドストエフスキー，フョードル　Dostoïevski, Fedor　93, 98
トマス・ア・ケンピス　Thomas a Kempis　83
ドメック，ジャン＝フィリップ　Domecq, Jean-Philippe　275
トルーマン，ハリー　Truman, Harry　313, 332, 333, 334, 336
トルストイ，レオン　Tolstoï, Léon　89, 98
ドレフュス，アルフレッド　Dreyfus, Alfred　171, 192, 286, 287
トロクメ，アンドレ　Trocmé, André　306, 323
トロクメ，マグダ　Trocmé, Magda　323

〔ナ行〕

ナセル，ガマール・アブド　Nasser, Gamal Abdel　234
ニーチェ，フリードリヒ　Nietzsche, Friedrich　193, 280
ネクラーソフ，ニコライ　Nekrassov, Nikolaï　78
ネチャーエフ，セルゲイ　Netchaïev, Sergueï　41
ネフスキー，アレクサンドル　Nevski, Alexandre　91
ノイマン，ハインツ　Neumann, Heinz　139, 140, 141, 142, 143, 149, 159, 290
ノラ，ピエール　Nora, Pierre　246, 299
ノルテ，エルンスト　Nolte, Ernst　89
ノルドマン，ジョー　Nordmann, Joe　153, 296

〔ハ行〕

ハイデガー，マルティン　Heidegger, Martin　60
ハヴェル，ヴァーツラフ　Havel, Vaclav　368, 370, 380, 389, 391, 396, 407
パウロ，聖　Paul, saint　29, 196
パヴロフ，イワン・ペトロヴィチ　Pavlov, Ivan Petrovitch　34, 139
パステルナーク，ボリス　Pasternak, Boris　71, 85
パゾリーニ，ピエール・パオロ　Pasolini, Pier Paolo　258
バーベリ，イサク　Babel, Isaak　72
パポン，モーリス　Papon, Maurice　297, 298, 299, 300, 301, 302, 303
バラク，エフド　Barak, Ehood　234
バルトセク，カレル　Bartosek, Karel　285, 296, 289, 290
バルビー，クラウス　Barbie, Klaus　229, 296, 298
バレス，モーリス　Barrès, Maurice　192, 242, 286, 287

バンスーサン，ジョルジュ　Bensoussan, Georges　237
バンダ，ジュリアン　Benda, Julien　278
ヒトラー，アドルフ　Hitler, Adolf　8, 17, 26, 40, 47, 48, 49, 53, 54, 59, 74, 78, 80, 81, 82, 91, 96, 97, 111, 112, 113, 114, 115, 116, 117, 119, 121, 129, 135, 143, 144, 147, 149, 153, 157, 164, 190, 208, 234, 237, 240, 243, 250, 275, 297, 310, 312, 333, 224, 335, 337, 349, 372, 374, 385, 390, 442
ピノチェト，アウグスト　Pinochet, Augusto　274
ヒムラー，ハインリヒ　Himmler, Heinrich　93, 163, 339, 427
ヒューズ，ラングストン　Hughes, Langston　334
ピョートル大帝　Pierre le Grand　91
ヒルベルク，ラウル　Hilberg, Raul　187
ファラカン，ルイス　Farrakhan, Louis　203
ファンキエルクロー，アラン　Finkielkrault, Alain　204
フィールド，ノエル　Field, Noel　289, 291
フォイエルバッハ，ルートヴィッヒ　Feuerbach, Ludwig　32
ブザンソン，アラン　Besançon, Alain　32, 48
プーシキン，アレクサンドル　Pouchkine, Alexandre　78
ブスケ，ルネ　Bousquet, René　298
フセイン，サダム　Hussein, Saddam　234, 385
プーチン，ウラジミール　Poutine, Vladimir　235
ブッシュ，ジョージ　Bush, George　385
ブーバー，マルティン　Buber, Martin　139
ブーバー，ラファエル　Buber, Rafael　139
ブーバー＝ノイマン，マルガレーテ　Buber-Neumenn, Margarete　8, 119, 133-160, 213, 237
ブハーリン，ニコライ　Boukharine, Nikolaï　73, 191, 291
プラトン　Platon　281
フランク，セミオン　Frank, Sémion　30, 123
フランク，レオンハルト　Frank, Leonhard 136
フランコ，フランシスコ　Franco, Francisco　66, 271, 272
ブルガーコフ，ミハイル　Boulgakov, Mikhaïl　72
フルシチョフ，ニキタ　Khrouchtchev, Nikita　62, 76, 77, 85
プルタルコス　Plutarque　242
ブレア，トニー　Blair, Tony　386
プレサンセ，フランシス・ド　Pressesé, Francis de　395
ブレジネフ，レオニード　Brejnev, Leonid　62, 65, 129, 400
ブレジンスキー，ズビグニュー　Brzezinski, Zbigniew　369
ブレヒト，ベルトルト　Brecht, Bertolt　276
フロイト，ジークムント　Freud, Sigmund　247, 325
ブローマン，ロニー　Brauman, Rony　114, 178, 198
ブロソレット，ピエール　Brossolette, Pierre　301

ブロッサ，アラン　Brossat, Alain　157, 276
フロベール，ギュスターヴ　Flaubert, Gustave　22
ベガン，アルベール　Béguin, Albert　157
ペギー，シャルル　Péguy, Charles　242, 354, 362, 395, 401
ヘス，ルドルフ　Hœss, Rudolf　163
ベダリダ，フランソワ　Bédarida, François　293
ペタン，フィリップ　Pétain, Philippe　250, 297, 299, 416, 425, 428
ベニシュー，ポール　Bénichou, Paul　272
ベーベル，アウグスト　Bebel, August　136
ヘミングウェー，アーネスト　Hemingway, Ernest　311
ベーリヤ，ラヴレンティ　Beria, Lavrenti　90, 117
ベール，ポール　Bert, Paul　392
ヘルダーリン，フリードリヒ　Hölderlin, Friedrich　312
ペロー，ジル　Perrault, Gilles　275
ボーヴォワール，シモーヌ・ド　Beauvoir, Simone de　51
ボードレール，シャルル　Baudelaire, Charles　22
ポステル＝ヴィネ，アニーズ　Postel-Vinay, Anise　145, 146, 155, 418
ボスト，ピエール　Bost, Pierre　429
ホッジャ，エンヴェル　Hoxha, Enver　355
ボナルド，ド・ルイ（子爵）　Bonald, Louis, vicomte de　121
ポミアン，クシシトフ　Pomian, Krzystof　23
ポル・ポト　Pol Pot　264
ホルブルック，リチャード　Holbrooke, Richard　349
ボルヘス，ホルヘ・ルイス　Borges, Jorge Luis　179

〔マ行〕

マシニョン，ルイ　Massignon, Louis　417, 422, 430, 435
マーシャル，ジョージ　Marshall, George　375
マシュー，ジャック　Massu, Jacques　433, 434
マール，ニコライ　Marr, Nikolaï　34
マルクス，カール　Marx, Karl　20, 32, 35, 41, 48, 88, 91, 138, 191, 325
マルタン＝ショフィエ，ルイ　Martin-Chauffier, Louis　217
マルチェンコ，アナトリー　Martchenko, Anatoly　168
マルロー，アンドレ　Malraux, André　188, 325
マンデルスタム，オシップ　Mandelstam, Ossip　194
ミコヤン，アナスタス　Mikoïan, Anastas　149
ミシュニク，アダム　Michnik, Adam　67
ミッテラン，フランソワ　Mitterrand, François　278
ミュラー，ハイナー　Müller, Heiner　189
ミュンツァー，トーマス　Müntzer, Thomas　30
ミュンツェンベルク，ヴィリ　Münzenberg, Willi　143, 147, 156

ミリュー，リアーナ　Millu, Liana　268
ミロシェヴィッチ，スロボダン　Milosevic, Slobodan　234, 343, 347, 349, 351, 353, 361, 362, 363, 366, 367, 371, 372, 373, 375, 384, 385, 386, 407, 410
ムーラン，ジャン　Moulin, Jean　286, 310
ムカガサナ，ヨランド Mukagasana, Yolande　265
ムッソリーニ，ベニート　Mussolini, Benito　40, 258
メルロ＝ポンティ，モーリス　Merleau-Ponty, Maurice　213, 216
メンデル，ヨハン　Mendel, Johann　34
毛沢東　Mao Zedong　325
モース，マルセル　Mauss, Marcel　414, 420
モーツァルト，ウォルフガング・アマデウス　Mozart, Wolfgang Amadeus　222
百瀬和元　Momose, Kazumoto　365
モロトフ，ヴァチェスラフ　Molotov, Viatcheslav　166, 237, 392
モンタン，イヴ　Montand, Yves　285
モンテーニュ，ミシェル・エイカン・ド　Montaigne, Michel Eyquem de　39, 406
モンテスキュー，シャルル・ド　Montesquieu, Charles de　20, 36, 37, 113, 381, 402, 403

〔ヤ行〕

ヤコヴレフ，アレクサンドル　Yakovlev, Alexandre　172
ヤセフ，サアディ　Yacef, Saâdi　433, 434

〔ラ行〕

ラ・フォンテーヌ，ジャン・ド　La Fontaine, Jean de　414
ライボヴィッツ，イェシャヤフー　Leibovitz, Yeshayahou　239
ラクチュール，ジャン　Lacouture, Jean　426
ラザール王　Lazar, roi　371
ラジク，ラスズロ　Rajk, Laszlo　25
ラデク，カール　Radek, Karl　148
ランズマン，クロード　Lanzmann, Claude　429
ランドー判事　Landau, juge　239
リクール，ポール　Ricœur, Paul　251, 304
リショー医師　Richaud, docteur　451
リッベントロープ，ヨアヒム・フォン　Ribbentrop, Joachim von　166
リプキン，セミオン　Lipkine, Sémion　75
リフシツ，ポーラ　Lifszyc, Pola　177
リュファン，ジャン＝クリストフ　Rufin, Jean-Christophe　379
リルケ，ライナー・マリア　Rilke, Rainer Maria　312
ル・ゴフ，ジャック　Le Goff, Jacques　228
ル・ペン，ジャン＝マリ　Le Pen, Jean-Marie　276, 279
ルイセンコ，トロフィム・デニソヴィチ　Lyssenko, Trofim Denissovitch　34
ルーセ，ダヴィッド　Rousset, David　8, 150, 155, 181, 211-226, 233, 248, 270, 296, 311,

405, 423, 424
ルーソ，アンリ　Rousso, Henry　294, 301
ルービン，ジェームズ　Rubin, James　358
ルクセンブルク，ローザ　Luxemburg, Rosa　136
ルゴヴァ，イブラヒム　Rugova, Ibrahim　351, 354
ルソー，ジャン＝ジャック　Rousseau, Jean-Jacques　15, 38, 39, 83, 120, 124, 176, 197, 246, 263, 303
ルナン，エルンスト　Renan, Ernst　22, 33, 35, 41, 43, 44, 45, 48, 49, 110, 328
ルンコウスキー，シャイム　Rumkowski, Chaim　260
レヴィナス，エマニュエル　Levinas, Emmanuel　19, 101, 187
レーヴィ，プリーモ　Levi, Primo　8, 162, 175, 176, 177, 187, 219, 237, 253－267, 446
レーニン，ウラジミール・イリイチ・ウリヤーノフ　Lénine, Vladimir Ilitch Oulianov　24, 26, 40, 41, 46, 47, 48, 49, 52, 53, 55, 60, 62, 63, 90, 91, 96, 112, 116, 129, 290, 325, 341
ローズヴェルト，フランクリン・デラノ　Roosevelt, Franklin Delano　332, 333
ロシ，ジャック　Rossi, Jacques　290
ロック，ジョン　Rocke, John　14, 16
ロバートソン，ジョージ　Robertson, George　387
ロラン，ロマン　Rolland, Romain　166
ロンドン，アルトゥール　London, Artur　284, 285, 286, 289, 290, 291, 292
ロンドン，ジャック　London, Jack　311
ロンドン，リーズ　London, Lise　286